ANATOLE CLAVEAU

CHEF HONORAIRE DES SECRÉTAIRES-RÉDACTEURS
DE LA CHAMBRE DES DÉPUTÉS

SOUVENIRS POLITIQUES

ET PARLEMENTAIRES

D'UN TÉMOIN

★ ★

LE PRINCIPAT DE M. THIERS

1871-1873

PARIS

LIBRAIRIE PLON

PLON-NOURRIT et Cⁱᵉ, IMPRIMEURS-ÉDITEURS

8, RUE GARANCIÈRE — 6ᵉ

—

1914

SOUVENIRS POLITIQUES

ET PARLEMENTAIRES

D'UN TÉMOIN.

★ ★

LE PRINCIPAT DE M. THIERS

1871-1873

DU MÊME AUTEUR, A LA MÊME LIBRAIRIE :

Souvenirs politiques et parlementaires d'un témoin. Tome Ier :
1865-1870. 2e édition. Un volume in-8°.................. 7 fr. 50

PARIS. — TYPOGRAPHIE PLON-NOURRIT ET Cie, 8, RUE GARANCIÈRE. — 19327.

AVANT-PROPOS

L'accueil que le public a bien voulu faire à mon premier volume des *Souvenirs politiques et parlementaires d'un témoin* me décide à lui en offrir aujourd'hui la seconde série.

Elle va du 8 février 1871 au 24 mai 1873, et pourrait s'appeler le *Consulat* ou même le *Principat* de M. Thiers.

C'est assurément une des périodes les plus douloureuses de notre histoire nationale, l'horrible liquidation d'une catastrophe sans nom. S'il est permis de comparer les petites choses aux grandes, je puis dire, comme l'historien romain, que j'aborde ici un sujet lamentable, toutes les calamités, toutes les fatalités réunies, la défaite, l'invasion, la mutilation de notre pauvre pays, un traité désastreux, la guerre civile après la guerre étrangère, la France déchirée par ses défenseurs naturels, à l'heure où elle a sur la poitrine le genou du vainqueur ; le siège de Paris suivi d'une insurrection qui le met à feu et à sang et, pour charpie sur tant de blessures, la paix presque aussi cruelle que la guerre, la patrie divisée contre elle-même, épuisée de luttes intestines, en proie aux factions et aux discordes pour un temps dont les plus optimistes ne sauraient fixer la durée, menacée enfin dans son existence même autant par ses enfants que par ses ennemis.

Pourquoi revenir aujourd'hui sur ce comble de misères? On comprendra que je me sois senti plus d'une fois prêt à y renoncer ; mais c'eût été, dans l'ensemble de mon récit, une lacune inexplicable, doublée d'une injustice. Si j'avais refusé de boire ce calice, il m'eût fallu en même temps oublier ou méconnaître tant d'efforts sincères que firent tous les gouvernements, depuis quarante-cinq ans, pour réparer tant de ruines. M. Thiers y occupe certainement la place d'honneur. ¡Malgré une pointe d'ambition égoïste qui troubla quelquefois sa clairvoyance et contribua à sa chute, on ne peut contester qu'aux heures tragiques il se multiplia pour remettre la France sur pied et qu'on put, sans excès de flatterie, saluer en lui le dernier de nos hommes d'État. Quand on les fait défiler devant soi, sa figure, avec celle de Gambetta, prend un relief qui manque à nos plus récentes illustrations. Je m'empresse d'ajouter que celles-ci n'ont pas dit leur dernier mot.

Comment, d'autre part, passer sous silence tant de discussions mémorables, tant de grandes lois, dont plusieurs subsistent encore, tant de combats livrés pour ou contre l'institution républicaine, et surtout cette formidable bataille du 24 mai 1873, qui aboutit à la fonder en renversant son vrai fondateur ; grande et nouvelle Journée des dupes, dont les conséquences finales tournèrent à l'avantage des vaincus et à la confusion des vainqueurs.

On verra de nouveau dans ce second volume que l'éloquence parlementaire pèse bien moins qu'on ne le croit dans la balance du destin, qu'en tout cas elle exerce sur les événements une influence aussi souvent nuisible qu'utile et qu'il suffit de quelques années pour étaler à tous les yeux la fragilité des décisions qu'elle fait rendre aux hommes soi-disant chargés du sort des peuples.

SOUVENIRS POLITIQUES ET PARLEMENTAIRES

D'UN TÉMOIN

LE PRINCIPAT DE M. THIERS

LIVRE PREMIER

BORDEAUX

CHAPITRE PREMIER

LA SITUATION

Coup d'œil rétrospectif sur l'état du pays à la fin de janvier 1871. — L'armistice et les élections. — La délégation du gouvernement de la Défense nationale. — Paris et Bordeaux. — Dictature de Gambetta. — Arrivée de Jules Simon à Bordeaux. — Attitude révolutionnaire de Gambetta. — Guerre ouverte entre Jules Simon et lui. — Le lion et le chat. — Victoire définitive du second. — L'aspect de la ville. — Les élections du 8 février. — Leur signification. — Difficultés d'installation. — Les députés en camp volant. — Les opinions de J.-J. Weiss — La population bordelaise brimée par une invasion d'émeutiers cosmopolites. — Constitution provisoire de l'Assemblée nationale

Je viens d'assister à la chute d'un empire. Je vais raconter maintenant comment s'y prend une assemblée royaliste pour fonder une république. Ce spectacle prouvera une fois de plus que toute maison divisée contre elle-même est condamnée à périr.

Nous étions envahis, vaincus, écrasés. La dernière armée de la délivrance nationale se repliait derrière la Mayenne. Celle du Rhin était prisonnière en Allemagne ; celle de l'Est allait se réfugier en Suisse ; celle du Nord avait dû s'abriter dans quelques places fortes et ne tenait plus la campagne. Paris, affamé, capitula. Le gouvernement demanda et obtint de l'ennemi victorieux un armistice pour convoquer une Assemblée et traiter de la paix.

Je n'ai pas à revenir sur ces événements ; ils appartiennent à l'histoire — à une histoire qui n'a pas encore réussi à se dégager complètement de la politique. Mon rôle de chroniqueur parlementaire n'a rien à y voir ; mais je vais bientôt le reprendre dans des conditions tellement douloureuses qu'il me faudra imposer silence à toutes les angoisses du patriotisme pour garder un peu de sang-froid.

Qui n'a pas vu Bordeaux dans la crise qui précéda la conclusion de la paix n'a rien vu. Jamais ville n'a présenté un plus menaçant aspect d'anarchie. On y vécut dans le vertige pendant un grand mois. Après quarante ans, il m'en est resté comme une fièvre.

J'arrivai dans cette capitale improvisée le lendemain des élections, c'est-à-dire le jeudi 9 février. Il me fallait d'abord trouver un logement, une chambre, un coin, un abri, et ce n'était pas chose facile. Heureusement je rencontrai le jour même un de nos camarades du *banc*, Paul Dhormoys, mortel débrouillard qui était là depuis quelques semaines et qui avait non seulement observé de près le gâchis où se débattait la patrie en lambeaux, mais qui s'était même employé de son mieux dans le camp des sauveteurs.

Il me dénicha un réduit chez une couturière, dans la rue Poudensan qu'il habitait lui-même, au bout des allées de Tourny, et, tranquille de ce côté, je le questionnai sur la tourmente qui avait failli tout engloutir. A chaque pas que nous faisions dans la ville, nous croisions des gens qui semblaient sortir de sous les pavés et qui, nous supposant *réactionnaires*, nous toisaient de la tête aux pieds avec des figures de défi.

Il me raconta le duel du lion et du chat, autrement dit ce qui s'était passé entre Gambetta et Jules Simon depuis le jour où celui-ci avait été envoyé à Bordeaux par le gouvernement de Paris, avec la mission de faire exécuter coûte que coûte, même par la force, le décret qui convoquait les électeurs. C'était une lourde besogne. Gambetta furieux avait terrorisé ses trois collègues de la Délégation de Bordeaux : Crémieux, Glais-Bizouin et même l'amiral Fourichon, qui n'opinaient plus que du bonnet.

Je lui rendrai justice plus tard, mais, à ce moment-là, poussé et stylé par Ranc, le plus audacieux de ses amis et le plus jacobin des hommes, il s'était juré d'empêcher des élections qui ne pouvaient que mettre fin à sa dictature. Il y fit l'impossible et l'on fut à deux doigts de la guerre civile ; mais il avait affaire à un homme patient et prudent qui sut mettre la plupart des journalistes de son côté et qui découcha deux nuits pour éviter une arrestation, devant laquelle son adversaire n'eût pas reculé. Ce fut Dhormoys qui lui offrit un asile et un lit dans son appartement. De là, il put s'entendre avec Thiers, également menacé, et qui dut aussi varier ses domiciles. Gambetta, déconcerté par ce jeu de cache-cache, perdit chaque jour du terrain. Du renfort fut envoyé, de Paris, à Jules Simon, qui, soutenu par Jules Favre et par Emmanuel Arago, se sentit bientôt maître de la position. Ils parlèrent tous les trois assez haut et ferme pour ôter tout espoir au dictateur, qui n'eut bientôt plus à son service qu'un ramas d'anarchistes méridionaux moins résolus que braillards. Il dut se retirer, la rage au cœur, et la victoire resta décidément au chat contre le lion.

On arriva ainsi au 10 février. Les députés élus depuis deux jours débarquaient peu à peu de leurs provinces. Ils étaient encore en petit nombre, quelques-uns fort agités, et même ahuris. Ils se sentaient dans un inconnu redoutable. La plupart avaient une physionomie inquiète, où se mêlait à la tristesse patriotique le souci de trouver un gîte. Les hôtels envahis débordaient au point que cette invasion découragée avait plutôt l'air d'une retraite. C'était le désappointement de gens qui, après avoir longtemps fait queue aux portes d'un théâtre, apprennent tout à coup qu'il n'y a plus de places. La moindre chambre était hors de prix. On mit des matelas sur les paliers et jusque sur les billards, comme on le fit pendant la terrible insurrection de juin 1848, où Lamoricière dormit sur une table du *Café des Mousquetaires*, boulevard du Temple. Il y eut, m'a-t-on dit, des représentants du peuple qui ne trouvèrent d'asile que dans les hôpitaux. D'autres en furent réduits à coucher, vaille que vaille, dans le port, au fond d'un bateau de pêche plus ou moins couvert.

Le lendemain pourtant, la ville, ses faubourgs et sa banlieue, qu'on croyait désormais incompressibles, se gonflèrent et se distendirent ; tout ou presque tout se tassa et se casa.

Ce même samedi, je rencontrai J.-J. Weiss, dilettante et philosophe quand même, qui, au milieu de ses réflexions sur la crise, s'interrompit tout à coup :

— Savez-vous, fit-il, que les Bordelaises sont charmantes.

— Oui, je les ai vues à Paris, avec leur foulard bariolé sur leur chignon.

— Oh ! il ne s'agit pas de vos petites bonnes si coquettement coiffées et dont beaucoup sont de Montmartre, mais des dames de la société, très supérieures.

Ses petits yeux ronds étincelaient, et il faisait claquer sa langue.

La conversation tomba ensuite sur la politique. Il voyait les choses en noir et, suivant son habitude, jugeait qu'on ne faisait que des sottises.

— Qui, *on*, lui demandai-je?

— Tout le monde ! N'importe, ajouta-t-il, voilà M. Thiers président de la République.

— Oh ! d'une République mort-née !

— Ne vous y fiez pas. Le résultat des élections ne signifie rien. La République durera ; les Français l'ont dans le sang. C'est dans cette direction qu'il faut maintenant s'orienter.

Sa complexion galante ne l'empêchait pas d'y voir clair.
Quelques jours après, en causant avec les députés de Paris dont
le long dépouillement d'un scrutin très panaché avait un peu
retardé l'arrivée à Bordeaux, il prévit et prédit la Commune.
L'admiration que Garibaldi inspirait à ces Parisiens et tout particulièrement à Lockroy et à Victor Hugo le mettait hors de
lui. Il considérait le grand condottière moderne comme un
dangereux saltimbanque. Patriote, oui, et brave, mais avec une
forte partie de cabotin sous sa chemise rouge. Cette chemise
rouge exaspérait J.-J. Weiss, qui pourtant, très cocardier, aimait
assez l'uniforme.

Nombre de députés partageaient son opinion. Ils n'admettaient même pas — ce qui était injuste — que Garibaldi eût
témoigné une sincère volonté de faire quelque chose pour la
France. Ceux qui y apportaient le moins de passion lui refusaient tous les talents nécessaires à un général chargé de grandes
opérations militaires. Ils lui reprochaient surtout sa désastreuse inaction à un moment où tout lui commandait l'activité
et l'énergie. Le fait est que, chargé tout spécialement de barrer
la route à Manteuffel lancé de Paris contre l'armée de Bourbaki en retraite, il avait bel et bien laissé passer devant lui
le Prussien, sans risquer la moindre tentative pour s'opposer
à sa marche. C'était sa faute, à leurs yeux, si cette malheureuse
armée de l'Est, victorieuse à Villersexel, mais battue à Héri-
court, avait dû se régugier en Suisse après un dernier essai de
résistance dans la neige. Il est vrai que Weiss, qui, enfant de
troupe dès sa naissance, se répandait volontiers en considérations stratégiques, ne comprenait pas comment Bourbaki
n'était pas parvenu, en se dérobant par sa droite, à se jeter
dans la vallée du Rhône.

Malgré mon incompétence, je n'étais pas loin de penser comme
lui ; et sur ce qui allait arriver, c'est-à-dire sur la guerre civile
prochaine et inévitable, mes pronostics étaient tout à fait
conformes aux siens. On la sentait venir. Parmi ces orgueilleux
députés de Paris, encore tout chauds de la fièvre obsidionale,
j'en voyais qui avaient figuré, au premier rang, dans les mani-

festations révolutionnaires du siège et qui avaient failli emporter d'assaut l'Hôtel de Ville. Plusieurs n'aspiraient qu'à prendre leur revanche. Louis Blanc, Victor Hugo, Edgar Quinet, Delescluze, Rochefort, Félix Pyat, Lockroy, Gambon, Clemenceau, Floquet, Cournet, Tolain, Ledru-Rollin, Razoua, Millière, Peyrat, Farcy faisaient escorte à Garibaldi. Plusieurs n'étaient pas gagnés d'avance à la révolte annoncée et prêchée. Je ne les nomme pas tous. L'émeute reconnaîtra les siens.

Ils tenaient leurs conciliabules un peu partout, quelques-uns dans ces caves bordelaises, habituées à d'autres visites et à un genre plus inoffensif de célébrité. Mais leur quartier général était le marché. On était sûr de les y trouver, causant ou pérorant devant un étalage de viandes superbes et de magnifiques légumes, qui paraissaient stimuler leur ardeur. Ils y étaient sans doute attirés par un long jeûne et par le plaisir de contempler des victuailles, bien explicable chez des hommes qui n'avaient mangé que du pain de paille pendant cinq mois. Ils s'extasiaient devant les carottes.

L'Assemblée était convoquée pour le 12 février, un dimanche, mais c'est à peine si la moitié de ses membres étaient à Bordeaux. Ils n'en tinrent pas moins au Grand-Théâtre, dans la salle réservée à leurs conférences, une première séance que l'on qualifia de provisoire. Le vénérable Benoist d'Azy, une des victimes du 2 Décembre, y exerça les fonctions de président d'âge. Avec sa cravate blanche, il donnait bien l'idée d'un vieux magistrat, mais sa voix chevrotante révélait plutôt l'antique épave d'un grand naufrage parlementaire. Il avait encore quelque majesté.

Ce Grand-Théâtre de Bordeaux, où l'on faisait naguère de bonne musique, allait recevoir des acteurs dont le jeu lui était inconnu, et représenter un drame d'une palpitante nouveauté. C'en était déjà une suffisamment originale que d'offrir ses planches et ses banquettes à une consultation tragique sur les ruines de la patrie. Dans cette séance préparatoire, où manquaient quatre cents députés, le président prit sur lui de constituer provisoirement l'Assemblée nationale. Ce n'était pas d'une correction absolue, mais on invoqua la gravité des circonstances et l'évidente nécessité d'aller vite. Les quatre membres qui passèrent pour les plus jeunes de la réunion furent désignés comme secrétaires. Trois d'entre eux, MM. Duchâtel, de Castellane et Paul de Rémusat, ont laissé un nom, hérité de leurs pères. Le quatrième est resté obscur. Il s'appelait L'Ebraly. Imberbe et bouffi, il ressemblait à un gros bébé.

La séance avait duré trois quarts d'heure. La fin de la journée et la nuit furent employées à compléter les aménagements provisoires que nécessitait le bouleversement d'un théâtre où il s'agissait d'installer une assemblée politique et ses services. C'était une transformation complète et même une véritable transfiguration, tant l'âme du lieu allait changer avec la destination nouvelle qu'on lui assignait. Le temps manquait plutôt que la place, et une appropriation si rapide paraissait au-dessus des forces humaines d'un architecte. Elle opposait à son ingéniosité des difficultés presque insurmontables, qui furent cependant, vaille que vaille, surmontées. Il se multiplia et fit des miracles. Tout le monde fut logé ou baraqué. Les députés se partagèrent le balcon, l'orchestre, le parterre et les avant-scènes. Le fauteuil du président et la tribune occupèrent une partie de l'hémicycle. Les galeries furent abandonnées aux journalistes et au public. Les bureaux se nichèrent un peu partout. Les divers services subirent une véritable relégation dans les dessous ou les combles, au milieu de planchers à claire-voie et d'inquiétants échafaudages. Le nôtre fut particulièrement sacrifié. On alla jusqu'à supprimer notre banc dans la salle. Pour ma part, je dus pendant plusieurs jours écouter les orateurs, caché derrière une demi-douzaine de députés, dans l'ombre d'une avant-scène de gauche, et lorsque, pour rédiger mes notes, il me fallait reprendre sur un pont tremblant le chemin de ce qu'on appelait notre bureau, j'entrevoyais des abîmes qui me donnaient le vertige. Nous gênions et on nous gênait ; mais tout s'arrange et, peu à peu, nous rentrâmes en possession de l'indispensable.

Le lendemain de la séance provisoire — la seule où notre
présence fut jugée surérogatoire — l'Assemblée put procéder
régulièrement aux opérations préliminaires. Elles commencèrent
par une cérémonie fort triste. Alignés sur la première banquette
de gauche, où beaucoup de députés venaient les regarder dans
le blanc des yeux, les ministres et les membres de la Défense
nationale, qui étaient maintenant en nombre à Bordeaux, donnèrent tour à tour leur démission. Jules Favre présida à cette
retraite forcée avec des attitudes de victime et un accablement
de toute sa personne qui produisirent une impression sympathique. Une larme semblait cachée dans chaque pli de sa
grande figure en croissant de lune. Il prononça à cette occasion
un premier discours où il sut associer mélancoliquement l'oraison
funèbre de la patrie et la sienne propre. Il fit à la concorde un
appel qui fut entendu et applaudi. Sa péroraison serra les
cœurs : « Nous acceptons, d'avance, dit-il, le jugement que dans
votre équité vous porterez sur notre conduite. Je vous demande
la permission de retourner quelques jours à mon poste, où j'ai
des devoirs difficiles et délicats à remplir... Mon premier soin
sera de reporter à ceux avec lesquels nous négocions cette
affirmation que la France est prête, quoi qu'il arrive, à faire
courageusement son devoir.

Plusieurs pensèrent qu'elle ne l'était peut-être pas autant
que le disait Jules Favre ; mais la noblesse de ces paroles en
sauvait l'ambiguïté, et elles furent soulignées par une explosion de bravos. Quel en était le vrai sens? On ne l'a jamais su.
Était-ce à une continuation de la guerre ou à une acceptation
de la paix que l'orateur appliquait son adverbe?

Il y eut bien aussi un peu d'escamotage dans la façon dont
il commenta la révolution exclusivement parisienne du 4 Septembre et la violence que le peuple était censé avoir faite aux
députés de Paris en les obligeant à prendre le pouvoir *vacant*.
Mais l'auditoire, qui devait son existence, ou sa résurrection politique, à ce tour d'adresse, n'avait pas envie de récriminer.

Les ministres démissionnaires, qui renonçaient ainsi, non sans
esprit de retour, à gouverner les débris de la France, promirent,

suivant la coutume, de rester à leur poste, pour l'expédition des affaires courantes, jusqu'à ce que leurs successeurs fussent désignés. Le président Benoist d'Azy les remercia vaguement en prenant acte. De gouvernement, il n'y en avait plus. L'Assemblée inaugura l'exercice de ses pouvoirs par le tirage au sort de ses bureaux dont chacun fut réduit à vingt-cinq membres au lieu des cinquante qui devaient former son effectif complet lorsque tous les élus seraient arrivés à Bordeaux.

On passa ensuite, malgré cette carence, à la vérification des pouvoirs. Jamais on n'en avait vu et probablement on n'en reverra jamais de pareille, d'abord par la hâte qu'on y mit, ensuite par l'indulgence et la loyauté réciproques qu'on y apporta. Nécessité fait loi. La rapidité, la précipitation même s'imposaient ; il fallait constituer définitivement l'Assemblée, fût-ce au prix d'une vérification au petit bonheur, sans procès-verbaux, quelquefois sans dépêches, sur la simple affirmation des élus que tout s'était bien passé. Il n'y eut ni réclamation, ni opposition dans aucun bureau. Les rapporteurs se présentaient à la barre de l'Assemblée, donnaient leur liste, et la validation suivait. Quelquefois l'écart entre le dernier élu et le premier battu était assez faible ; alors on attendait de nouveaux renseignements ; mais je n'ai pas le souvenir qu'un seul changement se soit produit en faveur ou au détriment de personne. Les résultats annoncés demeurèrent tels quels et définitifs. En réalité, la France, dans son désastre, avait eu au moins une occasion, qu'elle ne retrouva plus, d'exprimer sa volonté dans un vote libre et sincère. Ce scrutin, malheureusement, cachait encore une équivoque et autorisait, comme on le vit bientôt, deux interprétations contradictoires.

« Le peuple n'a demandé à ses délégués que de faire la paix », dirent les républicains.

« Il leur a ordonné de faire une Constitution », répondit la majorité royaliste.

Et ce fut la source d'une violente querelle qui dura quatre ans.

CHAPITRE II

LES PREMIÈRES QUERELLES

La démission de Garibaldi. — Gaston Crémieux. — Majorité rurale ! — La vérification des pouvoirs. — Les préfets députés. — Baisers Lamourette. — Résultats électoraux panachés et mélanges imprévus. — Les députés de Paris. — Delescluze, Gambon et Félix Pyat. — Les royalistes insultés dans les rues. — Charles Floquet. — Le Breton Fresneau. — Guyot-Montpayroux. — La ·question des Princes. — Les députés de l'Alsace-Lorraine. — Keller. — Manifestation sympathique. — Constitution définitive de l'Assemblée. — Grévy, président. — M. Baze.

Dès la première séance, un incident imprévu mit les têtes à l'envers. Garibaldi en fut le héros. Élu à Nice, il avait adressé sa démission, un peu emphatique, au *citoyen président* de l'Assemblée nationale ; mais il était resté dans la salle, avec son costume de bataille. Sa chemise rouge tranchait sur la grisaille d'alentour, comme un coquelicot dans un champ de blé noir. Soit que ses fanatiques amis de France l'eussent réservé pour quelque manifestation retentissante, soit que la froideur de la majorité à son égard l'eût piqué au jeu, son amour-propre, blessé sans doute de cette indifférence, s'en vengea par une provocation dans laquelle son besoin de parade et son romantisme habituel eurent certainement plus de part que son ignorance ou que son mépris des usages parlementaires.

La séance était levée, le président se retirait et la plupart des députés se dirigeaient vers leurs bureaux, mais ce qu'il en restait dans la salle suffisait pour tenir tête au *général* et arrêter, en tout cas, le geste d'anathème que son bras tendu commençait à dessiner.

Il s'avance dans le couloir central, bien en vue, posé en escrimeur, et marmotte quelques mots, immédiatement couverts par des huées. On n'entendait dans le bruit que ce veto irrité, qui sortait d'une centaine de bouches : « Assez, assez ! A la porte ! La séance est levée. Un étranger ne nous fera pas la loi ! » Tout à coup des galeries supérieures où s'étaient massés des républicains cosmopolites, un cri furieux domina le tumulte et une voix stridente jeta cette apostrophe aux royalistes : « Majorité rurale, *vous ne représentez pas la France!* » Celui qui les invectivait ainsi, et dont les derniers mots se perdirent dans ce vacarme, ne laissant aux historiens sincères qu'un droit de supposition, était un jeune homme, Gaston Crémieux, qui allait bientôt payer de sa vie son ardeur républicaine. Pris dans la Commune de Marseille, après la débandade qui suivit le bombardement de l'Hôtel de Ville par le général Espivent, depuis sénateur, il fut condamné et fusillé. « Majorité rurale !... » Ce fut son principal crime, car plusieurs de ses amis m'ont assuré qu'il n'avait pas combattu. Son courage et sa sincérité un peu naïve méritaient mieux que cette fin tragique. Il avait des parties de héros et des parties de gobe-mouches.

Cependant Garibaldi insistait avec la turbulente complicité des tribunes, et la scène menaçait de dégénérer en rixe. Le président fut obligé de réintégrer son fauteuil, d'interdire formellement la parole à ce fauteur de trouble et de faire expulser les perturbateurs. Le conquérant de Naples s'en alla lentement, à reculons. Acclamé et suivi par un petit groupe de députés français, il secouait sur la *vile* assemblée la poussière de ses grandes bottes. Cette première séance promettait.

Le lendemain, on put revenir, sans anicroche, à la vérification des pouvoirs. Il n'y eut de difficulté que pour les élus qui avaient été préfets de la Défense nationale. On en valida un par mégarde, Achille Delorme, ancien préfet du Calvados, républicain conservateur, la loyauté même, et qui n'avait porté ombrage à aucune des fortes têtes royalistes de la Normandie. Mais, quand on s'aperçut de la méprise, il alla lui-même de la meilleure grâce du monde au-devant d'une rectification et d'un ajournement nécessaire.

Le sort qu'on fit à ces administrateurs intérimaires, dont plusieurs avaient montré, dans des circonstances épineuses, un dévouement très désintéressé, n'était pas autrement cruel. Il fut entendu, d'un commun accord, qu'on examinerait chaque espèce particulière et qu'on ne statuerait qu'après un supplément d'information. Tous n'étaient point dans le même cas. Plusieurs étaient restés préfets jusqu'aux élections, y compris le jour du scrutin. Quelques-uns même s'y étaient hardiment employés et compromis. Le souvenir récent et cuisant des candidatures officielles ne prévenait pas l'Assemblée en leur faveur ; mais le besoin d'union était si fort qu'en fin de compte presque tous furent admis. Ces quatre ou cinq semaines bordelaises furent sillonnées ainsi de petits baisers Lamourette, dont on se repentit un peu plus tard à Versailles.

On validait en masse, par département. C'était fort monotone ; cependant on écoutait, parce que certaines listes victorieuses étaient si panachées qu'on croyait y voir en raccourci l'image même de la France et son embarras dans ce chaos électoral. Ainsi l'ordre alphabétique appela d'abord le département de l'Ain qui avait fait un salmigondis de toutes les opinions. Jules Favre y figurait côte à côte avec l'avocat Lucien Brun, catholique fervent et royaliste ardent. Deux républicains de nuance mauve, M. Germain, gouverneur du Crédit lyonnais, et M. Francisque Rive, du barreau de Bourg, y coudoyaient MM. Cottin et Bernard, qui les trouvaient un peu foncés et auraient préféré de beaucoup une compagnie encore plus pâle.

Ces dissonances éclataient partout. Dans la Charente-Inférieure, MM. Dufaure, Bethmont, Thiers et le comte Duchâtel arrivaient en tête, suivis de trois bonapartistes, le baron Eschasseriaux, le baron Vast-Vimeux et le marquis de Chasseloup-Laubat. A la vérité, il y avait plus de quarante mille voix d'écart entre ces derniers et les quatre autres, mais aucune personnalité n'avait pu se faire jour dans l'immense intervalle qui les séparait.

J'en citerais aisément cinquante exemples qui laissaient à la monarchie une majorité écrasante ou censée telle, quoique fort hétérogène. Les vieux routiers de la politique en étaient impressionnés. Ils voyaient là des symptômes de divisions prochaines et de ruptures inévitables. Quant aux républicains, ils y dénonçaient déjà des trous qui iraient chaque jour s'agrandissant et par où passerait la République.

Dans la Loire, les électeurs avaient fait balle sur le nom de Dorian, une tête dure et une langue muette ; mais il était du pays par toutes ses racines et il avait rendu des services à Paris pendant le siège. Il distançait de trente mille voix M. Thiers, qui arrivait le second après lui. A côté d'eux, à une très faible distance, le vicomte de Meaux, gendre de Montalembert, et futur ministre du 16 Mai, donnait sa vraie couleur à cet assemblage disparate. Il n'y avait presque pas de départements où certains noms ne hurlassent de se voir accouplés.

Saône-et-Loire avait envoyé à l'Assemblée un Puvis de Chavannes. J'ai su depuis qu'il était le frère de l'illustre peintre idéaliste. Il ne siégea pas et mourut quelques semaines après son élection. Il avait réuni sur son nom près de soixante-cinq mille voix.

Il y eut bientôt une seconde algarade, trois jours après la première. Quoique la liste des élus fût assez mêlée, on y retrouvait certains noms que la majorité eût préféré n'y pas voir. J'ai déjà rappelé que beaucoup d'entre eux avaient figuré dans les récentes émeutes du siège de Paris, et on pouvait admirer là un joli bouquet de révolutionnaires.

Ils étaient, en tout, quarante-trois, fort étonnés de se trouver ensemble. Flourens n'en était pas. La mort, une mort violente et sanglante, le guettait ; mais on pouvait en compter une douzaine qui avaient participé à toutes ces entreprises et notamment à l'occupation momentanée de l'Hôtel de Ville au mois d'octobre.

L'histoire de nos guerres civiles a enregistré leurs noms. A l'heure où j'écris, je n'en vois que trois ou quatre qui survivent, sensiblement déteints. Les préférences parisiennes s'étaient espacées de Delescluze à Léon Say ; de sorte que, dans ce bizarre amalgame, il y en avait pour tous les goûts. Gambon, que l'on appelait *l'homme à la vache*, parce qu'ayant refusé de payer ses contributions, le fisc impérial lui avait saisi et vendu sa vache ; Félix Pyat, l'homme de la petite balle, plus brave dans les meetings populaires que sur les barricades, et auteur du *Chiffonnier de Paris;* Millière, qui devait mourir fusillé, si je ne me trompe, sur les marches du Panthéon, coudoyaient là deux amiraux et M. Thiers lui-même. Quelques-uns se posaient en simples radicaux ou socialistes parlementaires, et affichaient un respect plus ou moins sincère pour trois ou quatre patriarches comme Quinet, Schœlcher et Ledru-Rollin. Ce dernier n'était plus que l'ombre de lui-même. Une large calvitie avait remplacé ses belles frisures noires d'autrefois. Sa figure avachie et ses yeux morts annonçaient la fin prochaine de ce débris du 24 Février.

Mais, quelles que fussent leurs opinions individuelles, la plupart se recommandaient d'un passé républicain qui montrait déjà Paris en désaccord avec la nouvelle majorité. Les casse-cou du Midi, qui s'étaient donné rendez-vous à Bordeaux et que la défaite de Gambetta avait exaspérés, accueillirent à bras ouverts ce renfort parisien. On se reconnut, on fit alliance et bientôt on battit tous ensemble dans les rues de la ville le rappel de la République. Les députés royalistes ou simplement conservateurs ne pouvaient plus venir à l'Assemblée sans qu'on leur mît le poing sous le nez et qu'on joignît souvent de grossières insultes aux plus impératives injonctions. Des loqueteux leur criaient : « Chapeau bas devant le peuple ! » A la fin, ils s'en offensèrent et se plaignirent au président. Le marquis de Franclieu fournit ainsi à Floquet l'occasion d'un facile début. Après avoir provoqué les royalistes en les appelant *citoyens*, le célèbre auteur de *Vive la Pologne, Monsieur!* leur demanda avec un geste à la Robespierre s'ils prenaient le cri de *Vive la République!* pour une injure. L'injure n'était pas le cri, mais le geste. Qu'auraient dit les républicains si on les eût ainsi sommés d'un *Vive le roi?*

Ce n'était pas que Bordeaux fût hostile aux modérés. Bien

au contraire, ils avaient trouvé la plus sympathique hospitalité dans cette bonne ville de Montaigne, qui avait fait des élections très différentes de celles de Paris et s'était bien gardée de nommer aucun des hommes qu'elle avait vus opérer sous ses yeux. Mais il fut démontré là, une fois de plus, qu'une poignée de meneurs résolus suffit à entraîner ou à opprimer une foule pacifique qui n'aurait qu'à se serrer pour les étouffer dans son étreinte. Les ruraux, comme avait dit Gaston Crémieux, ne purent bientôt plus faire un pas dans la rue sans être suivis de quelque drôle qui leur tendait avec son accent le dernier numéro de la *Gironde*.

A la fin, ce qui devait arriver arriva et, quelques jours après l'incartade de Garibaldi, on eut la sortie fort intempestive d'un Breton quinteux.

En voyant, serrés l'un sur l'autre, à un banc de gauche, certains élus de Paris qu'il considérait comme de dangereux malfaiteurs (il suffit de nommer Delescluze « la vieille hyène », Cournet et Razoua), ce chouan irascible ne put se contenir. Il escalada la tribune avec une agilité qu'on n'aurait pas attendue de sa démarche habituelle, et, désignant de la main ces suppôts du diable, il cria d'une voix enrouée qu'il ne reconnaissait pas pour collègues des hommes « couverts du sang des guerres civiles ». Ils lui répondirent par une manifestation furieuse, à laquelle s'associèrent, comme d'habitude, les galeries supérieures peuplées de républicains écarlates, et l'on eut ainsi un second avant-goût des prochaines bourrasques.

L'imprudent qui avait ainsi semé le vent s'appelait Fresneau. Il portait des lunettes, une longue redingote de clergyman et avait l'air d'un régent de séminaire.

L'Assemblée fut longue à se calmer et elle était encore tout émue lorsqu'elle retourna à la pressante besogne de la vérification des pouvoirs. On continua à valider au fur et à mesure des procès-verbaux fort incomplets qui arrivaient de la province. Je ne retiens plus de l'opération que deux ou trois incidents où se manifestèrent les sentiments des partis.

D'abord, une protestation de Guyot-Montpayroux contre

les élections de la Haute-Loire. Dans une lettre adressée au président du huitième bureau et datée de Bordeaux où il avait eu hâte de venir, il alléguait des griefs qui, à première vue, parurent sérieux. Quatre jours avant le scrutin, il lui avait suffi de se montrer à Brioude pour être arrêté, emprisonné et mis au secret. Le jour même du vote, une affiche préfectorale, placardée dans tous les chefs-lieux de canton, l'injuriait de la plus violente façon, sous prétexte qu'il avait été réfractaire au décret sur les mobilisables.

Le rapporteur, M. de Durfort de Civrac, tout en se prononçant pour la validité des élections de la Haute-Loire, rappela le mot de Montesquieu, qu'une république, même provisoire, doit reposer sur la vertu, et se plut à constater que l'acte du préfet manquait certainement de ce caractère fondamental.

Il demanda, à défaut d'enquête, une flétrissure ; il n'eut ni la flétrissure ni l'enquête, et la validation fut accordée, tant on avait hâte d'en finir. Il semble bien que le préfet avait surtout redouté les rares facultés dont sa victime était douée en matière d'agitation électorale.

La décision de l'Assemblée exaspéra Montpayroux. Il arrêtait les passants pour leur raconter son histoire et leur communiquer son indignation ; les abords du Grand-Théâtre retentissaient de ses cris. Déjà, il semblait atteint de la maladie cérébrale dont il devait mourir. Ce n'était pas le premier venu, mais seulement une tête brûlée.

Un souci préoccupait l'Assemblée. Elle se trouvait saisie de la *question des princes*. Le duc d'Aumale avait été élu député dans l'Oise et le prince de Joinville dans la Manche et la Haute-Marne ; mais étaient-ils réellement éligibles ? Exilés, comme fils d'un roi, de cette France à laquelle l'un et l'autre avaient rendu de glorieux services et dont le territoire leur demeurait interdit par une loi spéciale, avaient-ils le droit de siéger ? Quelques légitimistes endurcis contestaient la régularité de leur mandat ; l'ostracisme républicain répugnait à leur admission. Une main alors toute-puissante, celle de M. Thiers, manœuvrait contre eux dans l'ombre. De part et d'autre on s'entendit pour ajourner l'examen d'une situation qui pouvait donner lieu à une première brouille.

Ce procédé, qui recule les difficultés sans les résoudre, n'en est pas moins une précieuse ressource politique. Des conseils, venus, sous des formes diverses, de personnages avertis et défiants, déterminèrent les princes à ne pas insister. On leur persuada qu'ils y avaient intérêt, et la chose, bien préparée dans la coulisse, passa en douceur, avec leur consentement. *Trop tard* est le mot des grandes crises ; *plus tard* est l'expédient des petits embarras.

Une manifestation émouvante se produisit lorsque le cas des députés de l'Alsace fut soumis à l'Assemblée. Déjà, une dépêche de M. Félix Voisin, député de Seine-et-Marne, venait de remuer les cœurs. Il y annonçait que, prisonnier de guerre dans la forteresse de Weichsmunde, il partait pour Bordeaux par la grâce de nos vainqueurs. On n'ignorait pas qu'il devait sa captivité à sa conduite patriotique pendant l'invasion, et nombre de députés étaient sous le coup d'une impression qui leur serrait la gorge, lorsque M. Rameau, député et maire de Versailles, menacé plusieurs fois du sort de Félix Voisin, présenta la liste alsacienne. Ils étaient douze pour le Bas-Rhin et onze pour le Haut-Rhin. Le maire de Strasbourg, M. Kuss, arrivait le premier. Son dévouement et son courage, pendant le siège, avaient puissamment secondé la défense militaire, par l'action et par l'exemple. Tous ses collègues, sans exception, étaient des patriotes, décidés ou résignés à la continuation d'une guerre dont ils espéraient encore la délivrance de leur petite patrie et de la grande. Gambetta, en qui, à leurs yeux, elles s'incarnaient toutes les deux, était élu dans les deux départements. Dans le Haut-Rhin, c'étaient Keller et Denfert-Rochereau qui tenaient la tête du groupe ; Denfert, illustré par la résistance de Belfort ; Keller, d'une indomptable ténacité, que soutenaient, malgré le ciel, sa ferveur religieuse et sa foi fatidique dans la mission de la France. Plus soldat que les soldats, il ne croyait pas Dieu trop haut pour venir au secours des vaincus. A peine consentait-il à reconnaître que Dieu tardait.

Le président de l'Assemblée et les deux rapporteurs s'unirent pour rendre un hommage solennel à cette malheureuse Alsace, et tous ces hommes, qui ne pouvaient pas savoir s'ils resteraient députés, furent admis par acclamation, sans débat. Ce fut un très beau mouvement de douloureuse fraternité.

L'Assemblée nationale siégeait et délibérait depuis plusieurs jours avec son bureau provisoire, mais elle avait hâte de constituer son bureau définitif. Lorsque le président Benoist d'Azy jugea que les députés présents étaient assez nombreux, il précipita une opération qui devait forcément le déposséder. Les partis et les groupes avaient eu le temps de se concerter. Il était entendu que la présidence de cette Assemblée royaliste serait dévolue au républicain Grévy. Son intégrité, sa loyauté garantie par un certain désintéressement qu'on lui supposait, mais surtout sa double opposition à l'Empire et à Gambetta, lui avaient acquis une sorte de popularité parlementaire dont il bénéficiait en ce moment. Peut-être aussi qu'une autre influence plus ou moins dissimulée militait en sa faveur. Il fut nommé d'emblée par 519 voix contre 6. On voulait qu'un scrutin presque unanime lui donnât force et autorité.

Les quatre vice-présidents, MM. Martel, Benoist d'Azy, Vitet et Léon de Maleville eurent aussi, du premier coup, une assez belle élection. La même main discrète se faisait sentir dans ce choix.

Les compétitions ne se montrèrent que pour la questure. M. Baze, désigné par son passé et dont on appréciait l'humeur combative, passa au premier tour avec le général Martin des Pallières. M. Princeteau, qui venait d'être questeur provisoire et qui avait pour concurrent M. Magnin, ne fut élu, assez laborieusement, qu'au second. Enfin, la nomination des six secrétaires nécessita deux scrutins, qui amenèrent au bureau MM. Bethmont, Paul de Rémusat, de Barante et Johnston ; puis, le lendemain, MM. de Castellane et de Meaux. Une impartialité relative, érigée en principe, avait fait sa part, à peu près proportionnelle, à chaque parti. L'Assemblée nationale était définitivement constituée. Elle pouvait agir.

CHAPITRE III

L'HOMME NÉCESSAIRE

M. Thiers. — Sa popularité. — Défiance de quelques légitimistes. — Il
était indiqué. — Mariage de raison. — M. Thiers chef du pouvoir
exécutif. — Précautions inutiles. — La République *provisoire*. —
Protestation de Louis Blanc. — La République de droit divin. — Le
premier cabinet de M. Thiers. — Tous les ministres, sauf un seul, sont
républicains. — Pouyer-Quertier et Dufaure. — M. Thiers s'explique
sur la couleur du ministère. — La motion Keller. — M. Thiers la
dénonce comme dangereuse et réclame un blanc-seing pour les négociateurs du traité franco-allemand. — Il l'obtient et part pour Versailles après avoir congédié l'Assemblée.

Pendant ce temps-là, un vieillard de soixante-treize ans,
logé à l'Hôtel de France dont il avait fait son quartier général,
s'acheminait sans effort visible vers une sorte de dictature
acceptée d'avance par les royalistes qui comptaient sur lui
pour restaurer la monarchie. M. Thiers ! M. Thiers ! L'Assemblée et la France elle-même ne juraient que par lui, n'avaient
d'yeux que pour lui. Comme chef du gouvernement nouveau,
il était, suivant sa propre expression, *indiqué*. Élu député
par vingt-six départements, le pouvoir lui revenait de droit.
On n'hésitait plus guère que sur le titre à lui donner. Dans
l'intimité, on l'appelait Monck. Sauf quelques légitimistes
endurcis qu'un instinct secret et de vieux ressentiments remon-
tant à quarante ans de distance, c'est-à-dire à l'arrestation
de la duchesse de Berry, rendaient plus défiants que les autres,
ou plus clairvoyants, on s'en rapportait à lui pour faire du
définitif. La majorité saluait en ce malin compère le serviteur
de ses désirs et l'instrument de ses desseins. Elle le savait
ambitieux et impérieux, mais elle l'espérait fidèle. Lui-même

sans doute se jugeait loyal et les trompait de bonne foi. Peut-être croyait-il le salut de la France attaché à sa personne, et que l'intérêt national se confondait avec son propre intérêt. Il n'omettait jamais cependant de glisser dans ses promesses quelque courte réticence, une condition d'abord inaperçue, comme ces clauses que les compagnies d'assurances insèrent en petit texte dans un coin de leurs polices.

Se fût-il montré moins accommodant, la force des choses combattait pour lui ; on l'appelait l'homme nécessaire, et il l'était. Déjà il avait une cour, et même une garde, commandée par une manière de géant qu'on rencontrait partout et qui lui était dévoué corps et âme, à la vie, à la mort.

La nation lui savait gré de son énergique opposition à la guerre et ne se demandait pas si cette résistance avait été complètement désintéressée de la part d'un homme d'État que sa politique et son patriotisme condamnaient à redouter également une victoire de l'Empire et une défaite de la France. Elle lui était surtout reconnaissante de ce triste voyage entrepris à toute extrémité pour réveiller l'Europe neutre ou hostile, l'intéresser à notre infortune, et obtenir d'elle une intervention secourable.

Il n'avait pas réussi ; il s'était heurté à d'anciennes rancunes, à d'absurdes jalousies et à des partis pris irréductibles ; mais on se rendait compte qu'il était seul capable de plaider une cause si longtemps perdue, et son échec même lui avait gagné les cœurs. Il le savait, il comprenait que son heure était venue et regardait sans trop d'impatience marcher l'aiguille sur l'horloge. L'heure sonna ; mais l'accord entre les électeurs et l'élu reposait sur un contrat singulièrement fragile. Des malentendus se dessinèrent, se marquèrent chaque jour davantage, suivis de querelles au bout desquelles on entrevit bientôt, à certains signes, la séparation certaine entre le sémillant septuagénaire et la jeune Assemblée.

Au début, toutefois, l'intérêt commun et le devoir patriotique commandaient, des deux côtés, une égale condescendance. On avait trop affaire ensemble avant le divorce, et la nécessité prolongea plus de deux ans la durée de ce mariage de convenance, mal assorti.

Bien qu'il fût, de toute évidence, l'homme incontestable et que, dans l'intimité des conversations, il conseillât sans cesse d'aller vite, M. Thiers mettait une sorte de coquetterie à ne pas paraître trop pressé. Il attendait, il observait, et quelquefois son ambition se donnait l'air de fuir vers les saules, mais il n'entendait pas non plus abuser de cette antique manœuvre. Dès la quatrième séance, les officieux de son entourage rompirent pour lui le silence qu'il s'était personnellement imposé. Une proposition dont le président Benoist d'Azy donna lecture, et qu'il qualifia lui-même de grave, se glissa entre deux scrutins.

Elle était ainsi rédigée :

M. Thiers est nommé chef du pouvoir exécutif de la République française.

Il exercera ses fonctions sous le contrôle de l'Assemblée nationale, avec le concours des ministres qu'il aura choisis et qu'il présidera.

Tout le monde connaissait ce protocole, mais on joua la curiosité, et on fit semblant de n'en avoir pas entendu parler pour qu'il eût l'air d'une solennelle révélation.

Il portait sept signatures :

Dufaure, Jules Grévy, Vitet, Léon de Maleville, Lucien Rivet, le comte Mathieu de la Redorte, Barthélemy Saint-Hilaire. Il garde dans l'histoire le nom de Pacte de Bordeaux.

L'examen de la proposition fut retardé de quelques heures par une motion de M. Keller. Cet énergique partisan de la guerre à outrance avait obtenu de tous les députés de l'Alsace-Lorraine une déclaration unanime, qui eût pu devenir embarrassante pour les négociateurs de la paix. On y protestait d'avance, avec une sorte de fureur contenue, contre toute mutilation de la France.

L'impression en fut telle que je crus assister au « Serment du Jeu de Paume ». On jurait devant l'impossible, mais on jurait. C'était l'enthousiasme du désespoir. L'imagination, dans ces moments-là, va vite d'un souvenir à l'autre ; je songeais main-

tenant aux marins du *Vengeur*. L'urgence fut votée par acclamation.

M. Thiers sentit le coup. Jusque-là il était resté absolument
étranger à toutes les discussions, mais cette fois il n'y tint
plus. Bien qu'il ne fût pas encore président de la République,
l'investiture était si proche qu'il crut l'être déjà ; et comme on
proposait de renvoyer la délibération au lendemain, sa voix se
confondit avec celle de Rochefort dans une arrogante injonction : « Non, tout de suite ! Il faut agir, s'écria-t-il, en hommes
sérieux.

« Donnerez-vous à vos négociateurs, que je ne connais pas, un
mandat impératif, ou leur laisserez-vous la liberté de négocier ?
Il faut savoir ce que nous voulons mettre derrière nos paroles. »

Il les connaissait fort bien, les négociateurs, et cette parenthèse fit sourire, mais on comprit qu'il exigeait un blanc-seing
et qu'il était dangereux de le lui refuser. Au lieu de lever la
séance, on se contenta de la suspendre, et M. Beulé, un des
benjamins parlementaires du moment, répudié plus tard, revint
une heure après, avec un rapport en quatre lignes, qui enterrait
respectueusement l'Alsace-Lorraine et donnait carte blanche
au négociateur.

M. Thiers obtenait ainsi une première satisfaction. Il en eut
bientôt une seconde. M. Victor Lefranc rapporta la proposition
qui faisait de lui, à mots couverts, le maître de l'heure.

Cependant la Commission y avait ajouté, sous forme de
considérant, un petit palliatif qui n'empêcha rien et valut à
l'Assemblée un discours emphatique de Louis Blanc.

Considérant qu'il importe, *en attendant qu'il soit statué sur les institutions de la France*, de pourvoir immédiatement aux nécessités du gouvernement et à la conduite des négociations...

« C'est la garantie ! » murmurèrent quelques philosophes
contents de peu. « C'est la digue ! » ajoutèrent les amateurs
d'images.

Ce n'était pas même un fétu de paille dans le torrent.
M. Thiers se pinça les lèvres. Tout au plus cet innocent codicille

permit-il à la majorité royaliste de crier à tue-tête : « provisoire ! provisoire ! » chaque fois qu'on prononçait devant elle le mot République. Mais il scandalisa Louis Blanc. Cet historien rassembla ses sophismes ordinaires dans un échantillon d'éloquence écrite, qui était un superbe morceau de rhétorique.

Cela commençait par une citation de Machiavel qui s'appliquait à la circonstance comme un *De profundis* à Pâques.

Son auteur parla sur un ton de prophète inspiré que sa petite taille, encore plus exiguë que celle de M. Thiers, rendait un peu ridicule. Les loustics de la droite lui criaient : « Un escabeau ! un escabeau ! » La tablette de la tribune lui venait au cou, mais ce défaut de nature n'était rien à côté de la rapsodie qu'il débitait. On n'y eût pas insisté s'il ne l'eût aggravée par la solennité de son débit. A l'entendre, ce considérant était un outrage à la République, chose sacrée, contre laquelle le suffrage universel, c'est-à-dire le peuple lui-même, ne pouvait rien. Il appuyait cette prétention d'un argument puéril, et déjà banal à cette époque. Selon lui, la génération actuelle commettait la plus odieuse des usurpations « contre la raison humaine » en engageant les générations futures, et il ne s'apercevait pas qu'en imposant aux générations futures une république intangible, il commettait lui-même une usurpation beaucoup plus dure, et surtout plus longue, puisqu'il enchaînait à jamais leur liberté. On le lui fit sentir. Un républicain authentique l'interrompit : « C'est la république de droit divin ! Nous n'en voulons pas ! »

Ils étaient bien une vingtaine qui en voulaient, même au prix d'une guerre civile, mais qui reprochaient au camarade de l'avouer. Lui-même crut se tirer de ce mauvais pas en rappelant un mot de Bonaparte : « La République française est comme le soleil, aveugle qui ne la voit pas ! » Ce jour-là, Bonaparte n'eut pas plus de succès que Louis Blanc.

M. Thiers passa aisément l'éponge sur le considérant ; une longue expérience lui avait appris que de vaines paroles ne peuvent rien contre la nature des choses ; il avait sa commission en poche et s'apprêtait à gagner Versailles où M. de Bismarck l'attendait. Après avoir adressé à l'Assemblée un remerciement obligatoire, il s'adjoignit un ministère qui, si l'on y avait pris garde, révélait, dès le premier jour, les tendances de sa politique. Jules Favre, Picard et Jules Simon en faisaient partie et aussi M. Lambrecht, ami personnel, technicien apprécié, qui n'avait qu'un défaut. Il montrait en parlant une mâchoire trop dégarnie. On lui voyait jusqu'au fond de la bouche.

La droite pure n'obtenait que le ministère des travaux publics. Le ministre éventuel des finances ne figurait pas sur la liste, mais il y brillait par son absence. Personne n'ignorait que ce serait M. Pouyer-Quertier, dont la capacité allait bientôt faire tête à Bismarck. Le personnage en vedette était Dufaure. Les sceaux lui étaient échus, et nul homme n'était plus désigné par sa spécialité comme par son intégrité bourrue pour occuper cette place d'honneur. On a beaucoup raillé son pantalon à pont. La malice parlementaire aurait aussi bien pu se prendre à ses gilets à fleurs, de couleur claire, qui lui retombaient sur le ventre. Il arrivait en fiacre et entrait dans l'Assemblée pliant sous le poids d'une énorme serviette gonflée de dossiers. Il ne montait à la tribune que pour dire et même pour abréger le nécessaire, mais sa parole broyante et contondante vous donnait la sensation d'une meule de pressoir. Le crépitement de son râtelier en complétait l'effet.

M. Thiers ne pouvait manquer de l'employer, mais je me figure qu'il ne lui eût pas donné un portefeuille trop politique. Il redoutait son indépendance et surtout — la chose paraîtra bizarre — il se défiait de sa sensibilité. On sait qu'après le triomphe de la fameuse coalition de 1838 et la chute du ministère Molé, M. Dufaure fut appelé aux Tuileries par le roi Louis-Philippe. Je tiens d'un personnage mêlé de biais aux négociations, que M. Thiers, poussé par M. Guizot, son rival depuis, mais son complice d'alors, avait fait promettre à Dufaure d'aggraver les embarras du roi en refusant d'entrer dans le nouveau cabinet. Ils s'étaient donné rendez-vous sur la terrasse du bord de l'eau, et M. Thiers y attendait impatiemment au bras d'un ami commun, qui était, je crois, M. Vivien, le résultat négatif auquel il avait travaillé, lorsqu'il aperçut de loin, sous ses lunettes, Dufaure, habituellement plus pressé, qui venait vers lui à pas de tortue. Tout à coup, remarquant qu'il avait les yeux rouges : « Ah! s'écria-t-il, il a pleuré, il accepte ! » Dufaure acceptait en effet ; il avait mêlé ses larmes à celles du roi et de ce double attendrissement était né le ministère du 12 Mai, qui passa comme une ombre. Voilà ce que se rappelait M. Thiers ; mais je ne me figurais pas Dufaure si impressionnable.

Après avoir donné connaissance à l'Assemblée de sa liste ministérielle, le nouveau chef de l'État expliqua les raisons qui lui avaient commandé de se recruter un peu partout et d'appuyer son pouvoir naissant sur une combinaison d'une apparente bizarrerie. A l'entendre il n'avait obéi à aucune préférence politique, et avait pris simplement les hommes qui lui paraissaient les plus propres à panser les blessures du pays. Il esquissa même, à ce propos, tout un plan de réorganisation immédiate où figurait en première ligne la libération du territoire. Mais il ne disait pas sa pensée de derrière la tête, qui était manifestement de donner à son premier cabinet une couleur républicaine. Il prêchait d'ailleurs la concorde et adjurait tous les partis de renvoyer la bataille constitutionnelle à des temps meilleurs.

Cette trêve nécessaire, mais boiteuse, ne trompa personne et n'en valut pas moins à celui qui en jouait si adroitement une double salve de bravos. La paix, même provisoire, a tant de douceurs ! Les querelleurs avaient d'ailleurs le sentiment qu'elle ne les empêcherait pas de se quereller. Ils en trouvèrent immédiatement l'occasion. M. Thiers, chef du pouvoir exécutif, et Jules Favre, ministre des affaires étrangères, se trouvaient naturellement désignés pour traiter avec le chancelier de fer. Soit que leur faiblesse en face d'un vainqueur qu'on supposait impitoyable éprouvât le besoin d'un renfort ; soit plutôt qu'ils voulussent diminuer leur responsabilité personnelle en associant à leur œuvre une délégation de l'Assemblée, ils firent présenter par Barthélemy Saint-Hilaire une proposition qui parut suspecte et ne fut votée, sans enthousiasme, qu'après

un très vif débat. Ils y demandaient qu'on leur adjoignît une
commission de quinze députés pour les conseiller et les soutenir
dans les tortures de la négociation. L'Assemblée céda, mais
j'ignore ce que devint, à Versailles, ce comité consultatif, car
on n'en entendit presque plus parler. Sa mission était trop mal
définie pour offrir quelque avantage. Gambetta montra les
inconvénients de cette diplomatie à côté. Il insista pour connaître exactement le rôle de ces accompagnateurs officieux. Il
redoutait que leur participation ne devînt un empiétement et
une gêne. Jules Simon s'efforça de dissiper ses inquiétudes, et
M. Thiers, qui craignait, non sans raison, que l'Assemblée ne fît
quelque sottise en son absence, la pria de suspendre ses séances
publiques jusqu'à son retour. C'était le vœu général. On était
au 19 février et on ne se revit que le 28. L'homme nécessaire
partit tranquille.

CHAPITRE IV

LE TRAITÉ DE FRANCFORT

A peu près congédiés par lui, les députés profitèrent de cette semaine de vacances. Ils n'étaient pas fâchés d'aller voir dans leurs provinces et dans leurs familles comment on avait pris leurs débuts. Un vide se produisit dans les groupes, mais les conciliabules n'en allèrent pas moins leur train, on bavarda beaucoup, et la suite montra que M. Thiers avait fait preuve de perspicacité en redoutant la turbulence d'un certain nombre de ses collègues, surtout parisiens.

Au retour de l'Assemblée, ils soufflèrent leur feu à chaque séance et se firent la main par des essais d'opposition qui précédèrent les grandes hostilités. Ils y déployaient un esprit de combativité généralement théâtrale. Ils se fâchaient à tout propos, pour peu de chose, pour rien. Un geste échappé à quelque membre de la droite, un rire quand ils abusaient du qualificatif « Citoyens », les mettaient en fureur. Leur avocasserie naturelle chicanait sur des misères. Floquet et Brisson firent là leurs premières armes. Le premier se révéla fort agressif, tandis que le second s'appliquait à estomper de modestie ses attaques procédurières contre le règlement et l'ordre du jour.

Mais les plus agités étaient certainement Tirard et le colonel Langlois. Au moindre mot qui leur chatouillait l'oreille, on les voyait quitter leur place et s'avancer avec des poses de fiers-à-bras dans un des couloirs qui séparaient les travées. Edmond Adam en était aussi, et Lockroy. Le colonel Langlois, dont le zèle républicain trouva plus tard sa récompense dans une bonne perception, s'était bravement battu à Buzenval. Il y avait été blessé, ce qui lui permettait de porter son bras en écharpe. Il n'était pas méchant, et il affichait même une certaine modération dans sa réplique, mais il aimait à se donner comme le champion de Paris, et ses attitudes arrachèrent un jour à un droitier agacé par ce genre de manifestations une réponse où l'urbanité manquait :

« A Charenton l'énergumène ! »

Ce fut un effroyable tumulte. Tirard s'y distingua, mais l'affaire n'eut pas de suites. On se réservait pour la rentrée de M. Thiers et le traité de Francfort. Le seul résultat de la bagarre fut un certificat de civisme et de courage qu'on se décerna de part et d'autre. Il fut admis sans enquête que les provinciaux avaient fait tout leur devoir en province et que les députés de Paris s'étaient signalés sur les remparts.

Enfin le grand jour arriva. M. Thiers revint de Versailles avec un traité qu'on savait aussi désastreux qu'inéluctable, et la vraie lutte s'engagea. Il y eut là, pour tous ceux qui en furent témoins, vingt-quatre heures d'un supplice atroce. Plusieurs députés avaient eu soin de demander un congé, entre autres Jules Ferry, qui, retenu à Paris par son orageuse et dangereuse mairie, n'eut pas la suprême amertume d'assister à la perte de cette ligne bleue des Vosges, dont il parle avec tant d'amour dans son testament.

Beaucoup de députés avaient devancé l'heure de la convocation et se tenaient silencieux sur leurs sièges comme les sénateurs romains à l'approche des Gaulois. Une immense tristesse régnait dans la salle, et, malgré la saison, une sueur fine perlait sur les fronts inclinés. On parlait peu, sauf dans quelques petits groupes épars, où l'on essayait de se rassurer, sans y croire, par des pronostics un peu moins sombres que les nouvelles déjà répandues. M. Thiers parut, tous les yeux se tournèrent vers lui, et on lut la vérité sur son visage. Il ne prononça que quelques mots mélancoliques, où l'Assemblée pressentit un désastre. Il y protestait de son énergique effort pour obtenir des conditions meilleures et il ajoutait : « Vous nous jugerez ! » Sa voix s'étranglait. Après avoir présenté le projet de loi qui devait consacrer la spoliation et la mutilation, il se retira en priant la Chambre de laisser lire le traité par un autre. Son dévoué factotum, Barthélemy Saint-Hilaire, s'en chargea. Ce fut très long et pendant ce temps-là on croyait assister aux funérailles de la patrie. M. Thiers pleurait, Saint-Hilaire pleurait, l'auditoire baissait la tête à chaque nouveau coup de massue ; mais il y avait comme un bâillon sur les bouches. Aucune interruption ne coupa les paragraphes de l'inexorable arrêt ; seulement, comme le lecteur se disposait à sauter une énumération des bourgs et des villages cédés à la Prusse, alléguant que cette carte de géographie, en deux énormes pages, ne ferait que rendre moins claire la délimitation de la nouvelle frontière, on lui cria : « Non ! Non, lisez tout. » L'Assemblée voulait boire cette lie jusqu'à la dernière goutte ; mais, lorsque la lecture fut finie, le vase déborda.

Tolain fut le premier qui gémit. La déclaration d'urgence demandée par le gouvernement n'était, disait-il, qu'un moyen d'étouffer la discussion. Il fallait un ample débat pour faire avaler au pays tant de honte. M. Thiers se fâcha. Il jura devant Dieu qu'il était étranger aux fautes commises. Selon lui, la France expiait le crime de l'Empire, et il avait le droit de s'en laver les mains. Il n'était, dans la circonstance, que le malheureux syndic d'une lamentable liquidation. C'était presque vrai, presque. M. Thiers oubliait sincèrement — pour ma part je le crus — cette dangereuse interpellation Cochery qui, machinée dans son entourage, attacha le premier grelot de la guerre.

Les députés de Paris, sauf trois ou quatre, se montrèrent particulièrement belliqueux. Ceux d'entre eux qui, pendant le siège, s'étaient essayés aux émeutes, étaient les plus animés. Tenter de nouveau le sort des armes leur paraissait une affaire toute simple. Il fallait vaincre ou mourir. Millière fit un discours. Langlois en fit un autre. Gambetta et Schœlcher épiloguèrent contre l'urgence, tant qu'à la fin M. Thiers, d'abord très abattu, se ressaisit. Il les rappela, avec sa vivacité habituelle, au calme et à la raison. « Songez au pays avant de songer à vous-mêmes. Ce n'est pas ici une dispute de portefeuilles ! » Avant tout il leur recommandait de se hâter. C'était la France elle-même qui l'exigeait. Il recevait de toutes parts les dépêches les plus pressantes. « Si vous saviez », disait-il, et il ajoutait : « Je n'en puis dire davantage, respectez mon silence ! »

La déclaration d'urgence fut votée, non sans quelques mauvaises chicanes sur le vote. On décida de se réunir le soir même dans les bureaux pour examiner le traité et le discuter le lendemain. Keller incrimina cette précipitation et s'écria : « C'est une honte de plus ! »

La séance de mort s'ouvrit à midi. La nuit, qui porte conseil, n'avait pas changé les dispositions des groupes. Partisans de la guerre à outrance et partisans de la paix, on s'était retrouvés tels qu'on était la veille ; mais il y avait certainement chez les pacifiques autant de patriotisme et plus de désintéressement. La politique faisait son petit chemin sous terre.

Le rapporteur du projet de loi, Victor Lefranc, commença par louer les négociateurs. Il ne pouvait glorifier la négociation, mais il fit de son mieux pour en colorer un peu le résultat.

Après un mot très digne sur la dureté du vainqueur, il proposa à l'Assemblée de ratifier les préliminaires du traité imposé aux vaincus. C'était l'opinion unanime de la Commission. A l'entendre, on avait craint pis encore ; Belfort arraché aux exigences de l'ennemi en témoignait. Il affirmait que, si l'Alsace entière nous était ravie, nous ne perdions qu'un cinquième de la Lorraine. Ce n'était pas très excat. Il faisait appel à la conscience de la nation dont le territoire était entamé mais dont l'honneur restait sauf. En pleine victoire, le roi de Prusse ne l'avait-il pas proclamé?

Tout à coup deux interruptions éclatèrent : l'une de Keller, l'autre de Quinet. Le mot de honte retentit de nouveau et exaspéra M. Thiers. « Que celui qui parle de honte se lève ! » s'écria-t-il. Personne ne se leva, et Victor Lefranc termina son discours en opposant aux dangers d'un *risquons tout* téméraire les avantages d'une résignation patriotique. L'immense majorité de l'Assemblée n'avait pas besoin d'y être convertie, mais il y avait encore des furieux qui persistaient dans leur involontaire fanfaronnade et qui voulaient à tout prix lancer ce qui restait de la France dans un suprême casse-cou. Ceux-là disaient : « Elle n'est pas morte et vous la tuez en l'enterrant. Il ne lui faut qu'un héroïque effort pour se relever et renaître. » Les autres répondaient : « Elle n'est pas morte, mais elle est malade et c'est vous qui l'achevez en lui demandant, après tant de blessures reçues et de maux subis, une rescousse immédiate. Elle ne peut se rétablir que par le repos, des soins attentifs et une convalescence dans la paix. Les revanches de l'avenir sont à ce prix. »

Tel fut le sens de tous les discours. J'ai entendu dire depuis que les deux thèses pouvaient se soutenir et que ceux qui voulaient jouer la grande partie n'étaient pas des fous. Mais je doute que les générations actuelles, qui n'ont pas vu la France à ce moment-là, puissent apprécier ce qui se passait en elle. L'histoire elle-même aura quelque peine à s'y débrouiller. Le découragement était partout. Tant de défaites avaient brisé le ressort national. La France ne croyait plus aux levées en masse et aux *sorties torrentielles*. D'un seul mot, elle en avait assez.

Edgar Quinet parla le premier et dit de belles choses ; qu'avant tout l'Assemblée, c'est-à-dire le suffrage universel, ne pouvait sanctionner cette violation cynique du droit des peuples. L'Alsace ayant crié : « Je suis France ! et je veux rester France ! » la France n'avait pas le droit de la livrer. C'eût été un retour aux procédés du Moyen Age. Les coups de tête du désespoir valaient mieux qu'un pareil consentement. D'ailleurs cette paix, à laquelle on allait sacrifier le plus sacré des principes, ne pouvait être que provisoire. C'était la guerre à perpétuité.

La prédiction de Quinet semblait d'une logique irréfutable ; l'événement ne l'a pas justifiée. Beaucoup de gens commencent à penser que l'impossible d'alors est devenu aujourd'hui l'irréparable.

Un député de la Moselle, M. Bamberger, prit ensuite la parole et provoqua un incident d'une violence inouïe, l'incident Conti, où je crus alors et persiste à croire que l'Assemblée n'eut pas le beau rôle. On la vit tout entière déchaînée, enragée contre un seul homme qui lui tint tête avec une énergie obstinée et un indomptable courage. Je n'y reviens — très brièvement — que pour noter au passage l'impression que j'en eus et qui fut partagée alors par les admirateurs de la vraie bravoure. L'Assemblée me parut lâche et sotte, pourquoi ne l'avouerais-je pas?

Le Corse Conti avait été le secrétaire intime de Napoléon III. Bamberger ayant dit, en termes romantiques, que le nom de cet empereur resterait éternellement cloué à l'infamant pilori de l'histoire, les débris bonapartistes, Galloni d'Istria, Haentjens, Conti, qui avaient échappé à l'ostracisme électoral de février, objectèrent fort dignement que l'heure n'était peut-être pas très bien choisie pour accabler un souverain prisonnier des Allemands. Alors six cents furieux, parmi lesquels se faisait remarquer Jules Simon, sommèrent Conti de monter à la tribune. Il y monta et je crus un moment qu'on allait le mettre en pièces. Langlois bondit sur lui comme un dogue. Qu'avait-il dit? Tout simplement qu'il protestait contre le pilori de Bamberger. En même temps il rappelait que, dans la salle, siégeaient un certain nombre d'hommes moins intransigeants naguère avec l'Empire. Enfin il plaidait les circonstances atténuantes en faveur d'un malheureux qui avait été son bienfaiteur. On lui criait de toutes parts : « Assez ! Assez ! Nous ne voulons pas vous entendre ! » Mais il voulait qu'on l'entendît, et un vacarme infernal coupait toutes ses phrases au premier mot.

M. Wilson faisait rage. Son futur beau-père, le président

Grévy, imperturbable, la main sur la sonnette, s'efforçait vainement de calmer cette tempête. Les quelques amis de Conti lui criaient de protester contre la violence de ces aboyeurs et de quitter la tribune. Il finit par en descendre, et Victor Hugo y parut un instant ; mais Conti y remonta, invité par le président qui, dans une phrase assez sournoise, lui recommanda de rester dans la question. Il n'en était pas sorti. Bientôt les illustres s'en mêlèrent : Vitet, la figure convulsée, Dufaure lui-même et, à leur suite, Cochery, qui, frappé sans doute du peu de noblesse d'un tel spectacle, essaya de mettre cette chasse à l'homme sur le compte d'une indignation patriotique.

Il y avait bien, en effet, de l'indignation dans leur fureur, mais il y avait aussi de la rancune. Sous ce juste ressentiment, on devinait l'offense personnelle des candidatures officielles et de tant d'échecs subis. Ils vengeaient la France, mais ils vengeaient aussi leurs propres injures. Tout à coup, quelques voix lancèrent un mot dans le bruit : « La déchéance ! la déchéance ! » Et Bethmont, s'y accrochant, expliqua que le meilleur moyen de clore l'incident était de prononcer la déchéance de l'empereur Napoléon et de sa dynastie. Cent députés applaudirent, et le bon Target, qui était pourtant un excellent homme, en porta la proposition écrite à la tribune, où l'on vit un instant, côte à côte, deux ou trois députés, car Conti y était remonté et s'y cramponnait.

A la longue, épuisé, il fit un geste de désespoir et se décida à regagner sa place sous les sarcasmes et les outrages. On voulut bien lui épargner les crachats.

La séance resta suspendue pendant vingt-cinq minutes, et à la reprise Target vainqueur — je lui aurais souhaité une autre victoire — lut une motion de déchéance, qui fut accueillie par des salves retentissantes. A tout peuple vaincu, il faut un bouc émissaire. L'Assemblée nationale, non contente de s'immoler Napoléon III, déclara qu'il n'y avait pas d'autre coupable. Cette triste scène, assez pauvre imitation du jugement de Louis XVI par la Convention, reste gravée dans mon cerveau.

Je regrettai vivement de voir figurer parmi les signataires de la proposition des hommes que j'aurais crus plus capables de sang-froid et de justice, entre autres Target lui-même, Bethmont, Lambert de Sainte-Croix, Rive, enfin Léon Say, vers qui allait discrètement ma sympathie parce qu'il était l'allié de la famille Bertin, dont la protection et les encouragements avaient soutenu ma jeunesse.

La déchéance fut votée par acclamation, mais sans scrutin, à la suite d'une impétueuse intervention de M. Thiers, qui accusa Conti d'avoir provoqué ce tumulte. Fut-il vraiment le provocateur? Les comptes rendus officiels sont là ! Il tenta encore de protester, mais on étouffa sa parole, et il succomba sous le nombre. Quant à moi, je comprenais le ressentiment de l'Assemblée, mais j'eus alors et je conserve aujourd'hui la conviction qu'il n'y eut ce jour-là qu'un Français vraiment maître de lui, un homme intrépide, en tout cas un loyal don Quichotte, et que ce fut le Corse Conti.

Le nom de Victor de Laprade, parmi les plus échauffés sur la déchéance, ne m'avait pas autrement frappé. Je ne savais pas s'il était vrai que Napoléon III eût donné à ce poète des témoignages de sa bienveillance. Et, à vrai dire, j'ignore encore aujourd'hui ce qu'il faut en croire ; mais plus tard, lors de sa querelle avec Émile Augier, je fus étonné de la verdeur d'une réponse que lui fit dans une lettre célèbre son collègue à l'Académie : « Il y a, monsieur, quelque chose de plus honteux que de lécher la main qui nous nourrit, c'est de la mordre ! » L'auteur des *Effrontés* ne ressemblait en rien à un courtisan, et il était incapable de flatter un empereur ; aussi avait-il la dent dure quand on paraissait suspecter son indépendance. Crut-il que celle de Laprade s'oublia quelquefois jusqu'à l'ingratitude? La chose n'a jamais été bien éclaircie.

Lorsque l'émotion fut calmée, Bamberger continua son discours et produisit, contre un traité qui nous laissait au flanc une plaie à jamais saignante, toutes les raisons que put lui suggérer le patriotisme lorrain. Il n'était pas à l'unisson ; la majorité le lui fit voir assez souvent, et M. Thiers lui-même répéta une question qu'il avait déjà adressée aux partisans de la guerre : « Les moyens? Les moyens? »

On savait que Victor Hugo devait prendre la parole. Le président Grévy la lui donna avec quelque solennité, et l'on fut tout oreilles. Les sentiments qu'il inspirait à l'Assemblée étaient assez mélangés. Elle l'avait vu si changeant et bientôt si excessif en politique, si emporté et si éloquent dans ses diatribes en vers et en prose, et surtout si affamé de popularité, qu'elle réservait sur lui son jugement. A ses yeux, le pamphlétaire nuisait un peu au poète ; mais elle ne refusait pas, de parti pris, sa curiosité sympathique au grand lyrique qui était une des gloires de la France. Elle avait même accepté, en souriant, le képi de garde national dont il s'était coiffé pendant le siège et qu'il persistait à porter sur sa tête comme un symbole. On le trouvait théâtral, péché véniel, péché parisien, disaient les gens de province. Les anciens membres de l'Assemblée législative de 1849 se rappelaient ses duels de parole, presque toujours malheureux, avec Montalembert. Il aspirait manifestement à s'en relever. La gauche républicaine le portait dans son cœur, comme une recrue qui valait une armée.

Je n'ai pas besoin de dire que j'ai toujours professé la plus sincère, la plus profonde admiration pour un génie que beaucoup considèrent comme le plus grand poète et tous comme un des plus grands poètes de notre pays. Lorsque la passion politique, incapable de discernement, s'est efforcée d'en faire un dieu, le seul dieu de la poésie, j'ai toujours crié : « Et Lamartine? » sans que cette réclamation diminuât en rien mon hommage à cet incomparable virtuose. Taine a bien crié : « Et Musset? » Il a fait mieux : il a traité Victor Hugo de garde national en délire. L'esprit de système lui arrachait assez souvent de ces énormités. L'auteur de la *Légende des Siècles* ambitionnait de joindre la gloire de l'orateur à celle du poète, mais il n'y avait pas encore réussi ; il devait même, à mon gré, n'y jamais réussir, tant sa propre nature le rendait réfractaire à l'élan spontané, à l'improvisation. Mais quoi ! Lamartine n'avait-il pas cueilli le double laurier?

On lui connaissait cette orgueilleuse faiblesse ; et, quelques-uns la trouvaient justifiée, la diversité des opinions ajoutait encore à l'intérêt de l'épreuve.

Il commence : « L'Empire a commis deux parricides, le meurtre de la République en 1852 et le meurtre de la France en 1871 ! » Tout l'orateur est là.

Suit une peinture et un panégyrique de Paris pendant le siège, un morceau ; puis une digression sur le concile et un parallèle entre « ces deux moitiés de Dieu déjà utilisées dans *Hernani*, le pape gothique qui essaie de revivre et l'empereur gothique qui reparaît ».

On se regarde, et l'on commence à s'impatienter de cette laborieuse pensée qui a toujours besoin de se poser sur deux objets pour les entre-choquer l'un contre l'autre. Il est évident que Victor Hugo a écrit son discours, qu'il l'a appris par cœur et qu'il le récite. Combien de fois ai-je vu l'auditoire manifester sa mauvaise humeur contre cette rhétorique apprêtée. « Donnez votre manuscrit aux sténographes ! » disait-on à l'orateur. L'Assemblée nationale ne fit pas cette injure à Victor Hugo ; mais sa diversion sur le concile agaça Kerdrel, qui lui cria : « Vous avez devant vous un zouave pontifical blessé au service de la France ! » C'était Cazenove de Pradine, un revenant de Loigny !

Un autre le rappela aux convenances : « Au nom des douleurs de la patrie, laissons tout cela de côté ! »

Tous le rappelèrent à la question. Il se releva un peu par une nouvelle comparaison symétrique entre l'Allemagne victorieuse et la France vaincue ; mais il la prolongea si longtemps que les interruptions recommencèrent, moins respectueuses et plus pressantes : « A la question ! A la question ! » tandis que le président Grévy, d'un air paterne, répétait flegmatiquement à l'orateur : « Continuez, monsieur Victor Hugo, continuez ! »

Il continue par un rapprochement entre Gutenberg et Kléber, qui ont l'un et l'autre leur statue à Strasbourg, et il escompte trop visiblement l'effet de ces deux statues coalisées. Et puis une sorte de combat singulier entre deux idées, entre deux mots, entre deux adjectifs : l'avenir qui ne saurait être supprimé par le passé ; la paix honteuse, qui est la paix terrible ; la fin de la guerre qui est le commencement de la haine ; et enfin une prosopopée stupéfiante dans laquelle on voit la France reconquérir l'Alsace et la Lorraine, prendre toute la rive gauche du Rhin, puis la rendre à l'Allemagne dans un baiser fraternel, éternel : « Allemagne, me voilà ! Suis-je ton ennemie? Non, je suis ta sœur. Je t'ai tout repris et je te rends tout, à une condition, c'est que nous ne ferons plus qu'un seul peuple, qu'une seule famille, qu'une seule république. Ma vengeance, c'est la fraternité... Tu m'as délivrée de mon empereur, je te délivre du tien ! »

Et le discours s'achevait ainsi sur ce monotone artifice du deux par deux qui consiste à tout résoudre par une assimilation ou un contraste. Victor Hugo n'a jamais pu s'en défaire.

J'interroge ma conscience, je lui demande si, dans le jugement que je porte sur l'impuissance d'un grand poète à se transformer en orateur, je n'obéis pas à quelque vieille prévention. L'aversion très réfléchie que j'éprouve devant les soubresauts politiques de l'homme de génie qui a écrit tant de chefs-d'œuvre agit-elle malgré moi sur le critique impartial que je veux être? Ne suis-je pas dupe de quelque méchante humeur, lorsque je mesure la distance entre son point de départ royaliste et son point d'arrivée révolutionnaire ; entre les *Vierges de Verdun* et *Sacer esto?*

Toujours est-il que ce discours farci d'antithèses impossibles, enchâssées péniblement dans un fatras de rêveries humanitaires, produisit sur l'Assemblée tout entière le plus lamentable effet.

Aux légers murmures succédèrent les interruptions désobligeantes, les sourires ironiques, les haussements d'épaules, le bruit des conversations, mal dominé par les avertissements du président et l'effort de l'orateur lui-même, que dans un cas analogue un juge irrévérencieux osa baptiser Jocrisse à Pathmos.

Il ne fut ce jour-là qu'un Jérémie dévoyé. Malgré la bonne volonté intermittente qu'on lui montra, il fut bien forcé de s'en apercevoir, et qu'une pointe de ridicule aggravait son échec.

Il en garda un cuisant souvenir de grand acteur sifflé ; mais il
ne renonça pas à son képi.

Le succès relatif de Louis Blanc souligna encore sa déconvenue. Louis Blanc présenta des considérations philosophiques
dans le même sens que lui, mais avec plus de mesure et de tact.
Il insista particulièrement sur le dommage que se fait un grand
peuple quand il remet ses destinées entre les mains d'un seul
homme. C'était la faute que la France expiait, mais ses vainqueurs la lui faisaient expier comme un crime, et à cette iniquité elle devait répondre par une dernière révolte.

Cette façon de refuser la paix ne blessait personne. L'orateur, ou plutôt l'écrivain (car il écrivait lui aussi, mais il réci-
tait mieux), trouva sur l'Europe une phrase heureuse : « La
postérité ne comprendra pas, s'écria-t-il, que l'aspect de tant
d'égorgements, de tant de ruines, de tant de douleurs n'ait
éveillé chez elle que le sentiment qui, à la vue d'une tragédie
émouvante, anime des spectateurs blasés. »

Il fut moins applaudi en conseillant la guerre au couteau.

D'autres députés combattirent le traité ; d'abord, ceux des
deux provinces déjà perdues : MM. Tachard, Varroy, George ;
l'histoire semble avoir oublié leur nom. Buffet, dans un langage
empreint de la plus noble simplicité, se déclara partisan de la
paix, mais demanda à l'Assemblée la permission, pour quelques
Vosgiens comme lui, de ne pas voter le traité. Cette conduite
s'imposait à leur esprit comme une question de convenance.
M. Thiers expliqua qu'il la comprenait ; mais il repoussait tout
autre prétexte d'abstention. Keller fit entendre la protestation
suprême des sacrifiés. Ce patriote avait une éloquence à lui qui
vous allait au cœur. Elle n'était ni dans la phrase, ni dans le
mot. C'était le gémissement, entrecoupé de colère, d'un mutilé,
à qui on arrache l'âme ; il vous arrachait la vôtre. Cet adieu
déchirant m'étouffait.

Il fallut subir encore deux députés de Paris : Millière, volontiers ergoteur, et qui était déjà intervenu ; Jean Brunet, un
inconnu, sorti on ne sait d'où, qui s'était réveillé un matin
député de Paris et qui retomba ensuite dans son obscurité. Il

avait ses vues très personnelles sur la défense actuelle et future de la France, dont il prétendait transporter la capitale à Bourges ou à Clermont-Ferrand, comme si on pouvait emporter Paris à la semelle de ses souliers. Ensuite un ancien ministre de la Défense nationale, Emmanuel Arago, se prononça pour une reprise immédiate des hostilités. Vues de Perpignan, qu'il représentait, ses espérances ne paraissaient point absurdes. Gambetta ne parla pas.

La paix eut aussi ses défenseurs. A leur tête on parut heureux de rencontrer un philosophe, Vacherot, député et maire de Paris, qui jura que c'était le seul moyen de salut. Il leur «ouvrit son cœur» en confessant que lui, un des derniers chefs de l'école idéaliste, il jugeait nécessaire de sacrifier, en cette circonstance, aux réalités visibles et tangibles, la chimère des sentiments et des principes. Mais il voulait, par une déclaration solennelle, sauver le droit moderne. On accepterait le traité ; mais on dirait à la Prusse que c'était une infamie, parce qu'on ne dispose pas d'un peuple comme d'un troupeau. Il était convaincu que cette réserve impressionnerait Bismarck et Moltke.

Le général Changarnier, pacifique également, mit la Chambre en garde contre la jactance, le « patriotisme dramatique » et les suggestions de la fausse popularité. Le vieux général obtint ainsi une de ces ovations qu'il ne dédaignait pas. L'intervention d'un militaire avait rassuré beaucoup de consciences civiles. Elles se tranquillisèrent complètement lorsqu'un marin, l'amiral Saisset, un des héros du siège de Paris, annonça bravement sa ferme résolution de voter la paix.

Le dernier mot revenait de droit au chef du pouvoir exécutif qui avait été en même temps le principal négociateur, pour ne pas dire le seul. Pendant toute cette discussion, il s'était contenté d'adresser la même invitation aux belliqueux qui jetaient feu et flamme : « Les moyens ! Les moyens ! » Il les avait sommés d'exposer un plan de résistance. Il prit la parole au moment où l'emballé Tirard conseillait la levée en masse. Il promit d'être court, il le fut, et modeste. Il ne développa qu'un argument : on était au fond de l'abîme et on n'en pouvait sortir que par la paix. Jamais il n'avait cru aux levées en masse. Il ne craignit pas de mettre en pleine lumière l'inanité (1) de nos ressources. Nous n'avions plus rien, ni soldats ni argent ; or, on n'improvise pas des armées. Celles de la Révolution, trop exaltées par la légende, ne devinrent bonnes qu'après une longue suite de revers, et encore avaient-elles les cadres de l'ancienne armée royale, utilisée par Dumouriez, « un homme supérieur ». Dumouriez irrita les républicains. Thiers laissa passer les murmures et resta inébranlable sur son idée : « La continuation de la guerre, c'est la fin de la France. » Et il s'écriait : « Dites-vous donc la vérité à vous-mêmes ! Vos meilleurs généraux, Faidherbe, Bourbaki, Chanzy, où en sont-ils ? »

Tout ce raisonnement, si juste qu'il fût, était dur à entendre. Aussi, quand il craignait d'y avoir trop appuyé, opérait-il une petite retraite en échelons. Rien n'était perdu, si l'on savait patienter. Il fallait réorganiser nos forces, panser nos blessures ; ensuite, plus tard... on verrait ! Il ne le disait pas précisément, son rôle de négociateur lui interdisait non seulement les menaces, mais les espérances imprudemment exprimées. On l'écoutait à Bordeaux ; mais on l'écoutait aussi à Versailles, et il savait qu'on y avait l'oreille fine. Je ne crois pas que, dans tout le cours de sa longue carrière, il ait jamais eu plus d'obstacles à surmonter et plus de difficultés à vaincre. Il parlait entre deux précipices, et il eut besoin de toute sa merveilleuse habileté pour se tirer indemne de ce scabreux défilé. Elle y fit des prodiges, soutenue, il est vrai, par le vœu et l'encouragement d'une majorité qui voyait autre chose par-dessus la paix. M. Thiers n'ignorait pas qu'en plaidant la cause de la paix, il enfonçait une porte presque ouverte : mais il avait sans doute des raisons à lui, diplomatiques et personnelles, de vouloir que l'Assemblée l'aidât franchement à l'ouvrir toute grande, sans hésitations ni réserves. Ce qu'il voyait, ce qu'on lui rapportait, ce qu'on appelle les bruits de couloirs lui faisaient craindre quelques défections au dernier moment. Cer-

(1) Elles étaient en réalité *inanes*. J'ai trouvé le mot ce matin dans un grand journal, qui en a fait un mot français.

tains esprits timides, habitués à ne se compromettre ni dans un sens ni dans l'autre, n'essaieraient-ils pas d'abriter leurs perplexités dans le pauvre refuge de l'abstention? Aussi exigeait-il un oui ou non, et foin des tièdes! Il les repoussait. En un mot, il tenait à ce que la France, représentée par la majorité de ses élus, partageât avec lui toutes les responsabilités d'un traité désastreux et ne pût, dans l'avenir, l'accuser d'avoir agi seul. La nomination de la commission des Quinze, ou commission de contrôle, avait déjà révélé chez lui cette préoccupation.

L'accueil de la majorité l'en délivra. Il quitta la tribune en triomphateur, comme ce vaincu de Cannes que le Sénat romain félicita parce qu'il n'avait pas désespéré de la patrie.

Le cri que M. Thiers attendait : « Aux voix! Aux voix! » domina même le tonnerre des applaudissements. Il fallait en finir. Quelques Langlois essayèrent vainement de répondre ; ils se figuraient qu'un audacieux *non possumus* national ferait reculer Bismarck. On les traita comme des matamores de comédie. La capitulation était déjà acceptée et signée dans les cœurs.

Le président Grévy relut le projet de loi qui autorisait le chef de l'État à échanger les ratifications du traité avec « le chancelier de l'*empire germanique*, avec le comte Otto de Bismarck-Schoenhausen, le ministre d'État et des affaires étrangères de S. M. le roi de Bavière, le ministre des affaires étrangères de S. M. le roi de Wurtemberg, et le ministre d'État représentant S. A. R. le grand-duc de Bade... ».

Mon vieux camarade Letellier, qui était à côté de moi, me fit tout bas la réflexion que le nom de M. de Bismarck était seul prononcé. On n'avait désigné les trois autres que par leur titre. Sans doute les rédacteurs du projet avaient trouvé leurs noms allemands trop difficiles à écrire ou à retenir. Peut-être aussi n'avaient-ils vu dans ces trois illustres personnages que des comparses.

La loi de mutilation fut votée par 546 voix contre 107. Les députés de la Moselle, du Bas-Rhin et du Haut-Rhin répondirent à la proclamation du scrutin par un refus formel

d'adhérer au *pacte* maudit. Ils formaient une petite phalange.
Avant de quitter l'Assemblée, ils jurèrent un éternel attachement à la patrie perdue : « Vos frères d'Alsace et de Lorraine,
séparés en ce moment de la famille commune, conserveront à
la France absente de leurs foyers une affection filiale, jusqu'au
jour où elle viendra y reprendre sa place... »

On sait ce qui en est, et j'en connais beaucoup, pour ma part,
de ces Allemands forcés qui demeurent fidèles au serment de
leurs mandataires.

C'était fini ! Telle fut à Bordeaux la bataille qui se livra sur
le traité de Francfort. Ce ne fut pas une bataille sans larmes.

Le duc d'Aumale, le prince de Joinville et — chose plus
étonnante — le duc de Broglie s'étaient abstenus (1). M. Thiers
resta à Bordeaux encore quelques jours. Des signes non équivoques l'avertissaient que sa souveraine, l'Assemblée nationale,
avait un penchant irrésistible à s'émanciper. Les jeunes surtout prétendaient tout démolir pour tout reconstruire sur un
nouveau modèle. Ils considéraient notre vieille France comme
une table rare sur laquelle leur présomption se flattait d'opérer
sans douleur. M. Thiers les surveillait de fort près, par crainte
de leurs fantaisies. Dans son intimité de famille, si on lui
objectait que sa présence était peut-être nécessaire à Versailles,
il se répandait en variantes du proverbe populaire : « Quand le
chat est absent, les souris dansent ! » Et elles semblaient prises
d'une furieuse envie de danser.

(1) *Abstenus* n'est pas juste pour les princes. Le gouvernement leur avait
ordonné, tout au moins insinué, d'être absents.

CHAPITRE V

VERSAILLES

I

Cette affreuse liquidation étant terminée, on se remit à l'ouvrage. Nombre de besognes urgentes sollicitaient l'activité parlementaire, et les propositions tombèrent en averse sur une commission d'initiative qui d'ailleurs n'existait pas encore. MM. Guichard et Raudot réclamèrent la nomination d'une espèce de comité des finances, qui serait tout spécialement chargé de refaire le budget de 1871 alors en cours d'exécution et d'y pratiquer les coupures nécessaires. M. Thiers pensa se fâcher. Il lui fallut encore livrer bataille. Raudot était un vieux député têtu qui avait déjà fait ses preuves d'obstination dans les Assemblées monarchiques. Il contrôlait de ses propres yeux et jusqu'au dernier centime l'emploi des deniers publics. Il exigeait du gouvernement une rigueur d'économie voisine de l'avarice. Les contribuables ne s'en plaignaient pas. Mais, dans cette affaire, sa parcimonie méconnaissait le principe de la séparation des pouvoirs, barrière d'ailleurs fort élastique, souvent franchie avec une parfaite désinvolture par les assemblées et les gouvernements. M. Thiers lui rappela, non sans aigreur, qu'en matière de crédits c'était le gouvernement qui proposait et le législateur qui disposait. Certes le budget de 1871 devait subir une sévère revision, mais il appartenait au ministre des finances d'étudier ce bilan bouleversé par la guerre, d'en refaire les chiffres et de les soumettre ensuite à l'Assemblée qui déciderait. Autrement on empiétait sur les attributions de l'exécutif, on commettait une dangereuse usurpation, à laquelle, pour son compte, et malgré sa respectueuse déférence envers les élus de la nation, il refusait péremptoirement de s'associer. Le mot de Convention fut prononcé et, finalement, l'Assemblée céda, en faisant un peu la moue. J'ai gardé le souvenir de cette petite querelle, parce qu'elle en annonçait d'autres. Ce fut le premier épisode d'une guerre entre le tuteur et sa pupille, ou, si on le préfère, entre le pupille et sa tutrice, guerre sourde d'abord, guerre ouverte ensuite, qui finit par l'éviction du tuteur.

Les lois d'affaires furent peu discutées ; je passe. La prorogation des échéances commerciales, une interpellation de M. Henri Germain sur les émissions de rentes et les emprunts à la Banque de France amenèrent des explications courtoises dans lesquelles M. Thiers eut le dessus. Dufaure, pressé de réparer les accrocs faits à l'inamovibilité des juges par le gouvernement de la Défense nationale, présenta un projet qui mécontenta les républicains et réjouit les conservateurs. Il battit Floquet à plates coutures dans un colloque animé dont le droit d'association et l'article 291 du Code pénal firent les principaux frais. Son libéralisme timoré prévoyait sans doute la puissance prochaine des syndicats et l'abus des grèves. La question des préfets élus députés reprit sa place à l'ordre du jour, s'aigrit en vieillissant et donna lieu à plusieurs débats confus qui partagèrent l'Assemblée en deux fractions presque égales. Fallait-il les invalider? Fallait-il les admettre? Chaque parti prêcha pour son saint. Les uns voulaient qu'on les acceptât ou qu'on les repoussât en bloc ; les autres prétendaient que, les espèces étant différentes, chaque situation devait être examinée. Cet arrangement depuis longtemps indiqué l'emporta. Toute la députation de Vaucluse, y compris Naquet et Taxile Delord, donna sa démission. Un vieux centre gauche, Léon de Maleville, présenta comme de simples peccadilles des fraudes, des désordres et des bagarres, dont Carpentras et Cavaillon avaient été le théâtre. Les uns disaient que cela dépassait tout ce qu'on avait vu sous l'Empire ; les autres soutenaient au contraire que, comparée aux élections de ce régime pelé, galeux et surtout déchu, celle de Vaucluse était immaculée.

Je songeais aux *Animaux malades de la peste*. Selon que l'on était puissant ou misérable, les jugements d'Assemblée vous rendaient blanc ou noir. La vérité est que l'élection innocentée par Maleville était inénarrable, et qu'on n'avait jamais rien ouï de pareil. Maleville et un député de la droite, Depeyre, qui fut ministre plus tard, faillirent se prendre à la touffe de cheveux qui leur restait à l'un et à l'autre. Depeyre était un assez bon avocat provincial. Maleville l'en plaisanta. Il n'était, lui, qu'un épilogueur rancunier. *Avocat* fut considéré comme une injure. Il parut que Maleville l'avait pris dans le sens péjoratif.

Une semaine tout entière fut employée à ces jeux de parole. Dans les intermèdes on envoyait des remerciements à la Belgique, à la Suisse et même à l'Angleterre pour leurs bons offices pendant et après la guerre. Je dis : et même à l'Angleterre, parce que son nom, introduit dans la liste des nations à remercier, souleva quelques murmures. On saisissait aussi toutes les occasions de réconforter l'Alsace-Lorraine et ses députés. Ceux-ci, très dignes, quittèrent l'Assemblée ; et on les reconduisit jusqu'à la porte. On leur serrait les mains, on

versait sur leur retraite un pleur qui finit par devenir banal
et perdre de son prix. On les pria même de rester. Ils en avaient
le droit, disait-on, comme députés de la France, mais cette invitation sentimentale parut trop subtile à ces malheureux dépos-
sédés de leur patrie. Presque tous s'en allèrent. Deux ou trois,
plus accommodants, jugèrent à propos de demeurer. L'un de
ces derniers, M. Varroy, ingénieur distingué, devint plus tard
ministre des travaux publics.

M. Thiers, qui surveillait tout le monde, se surveillait lui-
même. Il intervenait le moins possible de sa personne dans ces
manifestations. Il mesurait, avec la sûreté de son coup d'œil,
tout ce qu'un mot imprudent pouvait lui ôter de sympathies
et d'alliances.

Cependant, il interrompit un jour l'encombrant défilé des
pétitions pour « amorcer » une question infiniment grave, la
translation de l'Assemblée nationale dans un lieu plus rapproché
de Paris. Je crois bien que, s'il l'eût osé, il aurait dit franchement
« à Paris »; mais il avait tâté le pouls à la majorité et le pouls
ne s'y prêtait pas.

Il se résigna et se rabattit sur les environs. Il exposa tous les
inconvénients d'un plus long séjour dans une ville si éloignée
de la capitale politique et administrative de la France, puis il
demanda à l'Assemblée de se réunir immédiatement dans ses
bureaux et de nommer une commission qui ferait un choix ou
qui, du moins, indiquerait sa préférence. La pensée de ce déménagement était si bien dans tous les esprits que la déclaration
d'urgence fut votée sans opposition et que l'Assemblée suspendit
immédiatement sa séance pour nommer dans le recueillement
des bureaux la Commission de quinze membres réclamée par
M. Thiers. On était au 6 mars, il y avait quatre jours que le
traité était signé et on commençait à se remettre de ce terrible *consummatum est*.

Cependant la Commission des Quinze, assiégée de toutes
parts et assaillie de conseils où se heurtaient toutes les opinions,
prit son temps pour délibérer, et l'affaire ne vint en discussion
que le 10. Le rapporteur, toujours Beulé, concluait au transfert

à Fontainebleau, Paris avait ses partisans et le gouvernement voulait Versailles.

Louis Blanc fit encore un grand discours dont Paris eut tout l'honneur. Il supplia l'Assemblée de ne pas rompre l'unité nationale en siégeant ailleurs qu'à Paris ; il ne craignit pas de soutenir qu'en cas de troubles elle serait mieux, dans ce poste central, pour les réprimer ; que Paris était la vraie citadelle contre l'émeute, et il appuya ce criant sophisme d'une citation de Machiavel empruntée au livre du *Prince.* Il avait pour cet historien la même admiration que M. Émile Ollivier. On lui démontra sans peine qu'une évocation de César Borgia n'était pas une recommandation très opportune, il n'en persista pas moins à soutenir que la suspicion dont Paris était l'objet suffirait pour déchaîner la plus formidable des révolutions, et qu'on ne pouvait toucher sans péril à la ville sacrée. Après Machiavel, il prit à témoin le comte de Chambord qui, naguère encore, appelait Paris « sa bonne ville ».

On fit à Louis Blanc la réponse qui était sur toutes les lèvres provinciales. On ne voulait plus, lui dit un député de la Vendée, recevoir tous les quinze ans, et plus fréquemment peut-être, des révolutions par le chemin de fer et par le télégraphe. Quelqu'un avait prononcé le mot de peur. « Oui, j'ai peur, s'écria-t-il bravement. » Du reste, il ne voulait pas plus de Versailles que de Paris, il les trouvait trop près l'un de l'autre.

Il y eut beaucoup de discours. Un député de la Haute-Savoie, un nouveau Français nommé Silva, se fit écouter en se prononçant pour Paris. M. de Belcastel répondit que la France pouvait fort bien vivre sans s'abreuver à l'eau de la Seine.

« Eh quoi ! Serions-nous enchaînés aux pierres d'une cité ? Arrière cette idolâtrie ! » Ce style dans une autre bouche eût paru emphatique. La sienne s'ouvrait naturellement à la grande éloquence méridionale.

Millière, fanatique et froid, qui était peut-être le plus habile et le plus résolu de tous les révolutionnaires, réveilla d'un seul mot les plus sanglants souvenirs de la Terreur. Il accusa de fédéralisme les adversaires de Paris. A l'entendre, ils n'étaient, sous prétexte de décentralisation, que des ennemis masqués de la République indivisible. Fresneau parla avec son exaltation ordinaire, tout en se défendant de vouloir découronner Paris.

Lorsque, de part et d'autre, les arguments furent épuisés, M. Thiers prit la parole. Il la garda longtemps et trouva le moyen de glisser dans les sinuosités de ses développements une véritable profession de foi politique qui renouvela le pacte de Bordeaux. Jamais, selon lui, question plus haute n'avait été soumise aux délibérations et à la clairvoyance d'une Assemblée. Il s'agissait de bien autre chose, à cette heure, que de se transporter, avec armes et bagages, dans une ville plus rapprochée de Paris. Il fallait régler définitivement entre le gouvernement et l'Assemblée les conditions du régime provisoire dont la France avait besoin pour se relever et revivre. Avec ce provisoire on referait plus tard du définitif, et l'avenir appartiendrait « au plus sage ».

Mais il se garda bien de commencer par là. Il s'arma d'abord d'un argument pratique sur lequel tout le monde était d'accord, l'inconvénient de gouverner à trop grande distance de ce Paris qui était le siège de toutes les administrations, le centre de tous les services publics. Un orateur moins habile eût dit « l'âme de la France ». Cette expression, aussi juste que banale, eût éveillé les susceptibilités de la province, il l'évita au moyen de quelques compliments qui furent bien accueillis et où il ne s'oublia pas.

L'Assemblée et le gouvernement avaient agi de concert avec une rapidité incroyable et en tout cas méritoire. On avait fait la paix en cinq jours et le peuple en savait gré à ses mandataires. Paix désolante, paix nécessaire, où les négociateurs n'avaient d'autre force que leur indignation et leur désespoir. La sagesse et la dignité de l'Assemblée ayant répondu à leur attente, il fallait maintenant remettre de l'ordre dans cet affreux chaos d'où la nation sortait mutilée et sanglante, mais rendue à elle-même et libre. Il fallait réparer toutes les ruines, il fallait refaire la France de fond en comble. Malheureusement, on se heurtait à des difficultés quotidiennes, et le séjour à Bordeaux ralentissait forcément l'action gouvernementale.

Si hospitalière que fût cette patriotique cité, s'y attarder maintenant ce serait perdre un temps précieux dans une crise où le temps était presque la seule richesse de la France.

Venait ensuite un tableau très exact de l'immense travail qui exigeait un immense effort : l'évacuation à suivre et à surveiller, l'administration à reconstituer, les ressources à se procurer, l'émeute toujours grondante à contenir, la nécessité de réunir des forces capables de maîtriser les entrepreneurs de guerre civile... Bien entendu, l'orateur ne confondait pas ces gens-là avec les hommes honorables et sincères qui font de la République leur idéal politique, et ici perçait sa préoccupation de ne pas se brouiller avec ces républicains vertueux dont il pourrait bientôt avoir besoin.

Mais ce n'était pas tout : cette force militaire indispensable en face d'incorrigibles révolutionnaires, il avait fallu la prendre dans toute la France, la transporter à Paris par des routes défoncées où nos soldats se rencontraient souvent avec les troupes prussiennes qui se retiraient, et ce n'était pas une petite affaire que de régler sans encombre tous ces mouvements.

On y avait réussi, mais il y avait encore autre chose. Le personnel administratif, en partie mal choisi, en partie démissionnaire, en partie hostile, ne pouvait retrouver un peu d'unité que par une très délicate et très épineuse réforme intérieure. Et la magistrature ! Quantité de grandes charges étaient vacantes ! Et nos prisonniers d'Allemagne ! Comment sans eux refaire une armée ! Et nos mobiles et nos mobilisés ! L'agriculture ne réclamait-elle pas leurs bras? Enfin, la tâche du gouvernement consistait à ramener la vie partout. Après quoi, on s'occuperait de l'Europe, encore agitée du terrible drame dont les péripéties n'avaient excité que sa curiosité, mais dont le dénouement lui donnerait sans doute de l'inquiétude.

Jamais M. Thiers n'avait été plus éloquent ; jamais son éloquence n'avait paru plus sincère. Les bravos éclatèrent de toutes parts.

Il profita de cet accueil pour répéter qu'en face d'une pareille œuvre il fallait à toute heure et à tout prix se consulter, s'en-

4

tendre, et que le télégraphe n'y suffisait pas. Il s'adressait particulièrement à des obstinés dont quelques-uns faisaient encore
la sourde oreille et prétendaient que, pour gouverner la France,
il n'y a qu'à mettre un préfet et un général à Paris.

Résolu à ne blesser personne, le chef du pouvoir exécutif leur
fit bonne mesure et s'appliqua consciencieusement à réfuter
toutes leurs raisons. La nécessité de communications continues,
immédiates, presque instantanées, entre les divers ministres,
aussi bien qu'entre le président du Conseil et l'Assemblée, commandait le retour vers Paris et dominait toutes les considérations, tous les arguments contraires.

M. Thiers avait déjà convaincu ceux qui ne refusaient pas
absolument de se laisser convaincre, et ses petits yeux à lunettes
montraient assez qu'il savourait ce commencement de victoire,
lorsque de légers murmures et quelques interruptions à demi-
voix le décidèrent à revenir sur ce qui était, après tout, le naturel
souci de la majorité : une émeute probable, une révolution
possible. Les batteries de canons transportées sur la butte
Montmartre, le jour de l'entrée des Prussiens à Paris, par des
bataillons de garde nationale qui ne passaient pas pour très
dévoués à l'ordre public, avaient inquiété de bons esprits généralement peu accessibles à la crainte. Cette opération ne leur
paraissait pas tout à fait inoffensive.

M. Thiers avait recueilli, çà et là, cette mauvaise impression ;
il entreprit de l'effacer. A l'en croire, c'était pour empêcher les
Prussiens de céder à une tentation que la « population parisienne avait porté les canons dans des lieux élevés ». L'envie
aurait pu venir à l'ennemi de s'en emparer. Cette explication
était précisément celle de la garde nationale. On sut bientôt
ce qu'elle valait ; mais l'orateur se l'appropria. Il ne voulut
pas cependant exagérer l'illusion et il se borna, sur ce point,
à de vagues assurances ; il conservait seulement l'espoir d'éviter
la guerre civile ; mais il ajoutait que, si l'ordre était troublé,
on pouvait compter sur toute son énergie pour le rétablir.

Celui que Rochefort appela plus tard « le petit père Trans-
nonain » n'avait-il pas fait ses preuves? Quand il parlait ainsi,

huit jours à peine le séparaient de la Commune. Cette fois, il avait, disait-il, un grand désir d'éviter l'effusion du sang ; mais il ne parlementerait jamais avec l'émeute. Seulement, pour dominer la situation, il fallait pouvoir s'entendre à toute minute autrement que par correspondance, il fallait quitter Bordeaux !

Il retournait ainsi, par un détour adroit, à son point de départ et son raisonnement se condensait dans une conclusion fort simple : « Le gouvernement a besoin d'être à Paris ou près de Paris ; mais il ne peut pas, il ne veut pas se séparer de l'Assemblée qui est toute sa force ; donc, il faut que l'Assemblée l'accompagne. Il trahirait sa confiance s'il lui disait qu'on peut continuer à gouverner de deux centres aussi distants l'un de l'autre que Paris et Bordeaux. »

Que craint-elle? Sans doute Paris a commis des fautes, Paris a parfois manqué de sagesse, mais est-il vrai qu'il ait toujours été l'auteur de la guerre civile en France? Non, il en a été plus souvent le théâtre que l'auteur.

Cette distinction, habilement amenée, ravit les députés parisiens sans trop indisposer les autres, et l'enchanteur continua. Il ne demandait pas le retour immédiat à Paris, mais seulement une petite station, une halte à proximité ; n'avait-on pas Versailles sous la main? Fontainebleau, indiqué par la commission, était encore trop loin. Peut-être qu'une superstition personnelle lui faisait redouter cette ville des abdications et des adieux.

Ici se dessine, dans ce merveilleux discours, le crochet voulu, la digression longuement préméditée sur laquelle il voulait finir. Pourquoi Versailles? Pourquoi pas Paris tout de suite? Parce que c'était résoudre la question et que toutes les solutions définitives étaient nécessairement à cette heure des solutions prématurées. L'Assemblée elle-même n'en avait-elle pas jugé ainsi, lorsque, armée d'un pouvoir sans limites, souveraine et plus souveraine que toutes les Assemblées précédentes, elle avait, par la plus sage des prétéritions, consenti à ne pas se proclamer Constituante?

Le grand mot était lâché. Elle ne serait pas constituante !
A la réflexion, on ne voit pas très bien par quel lien cette renon-
ciation se rattachait au retour à Paris et, en réalité, l'Assemblée
y avait si peu consenti que, sur quelques bancs de la majorité,
de légers murmures s'élevèrent. Cette façon de dire à des gens
qui avaient leur dessein : « Vous serez constituants si vous le
voulez, mais vous ne le voudrez pas, mais vous ne le voulez
pas » refroidit un peu les adhésions ; plusieurs éventèrent le
piège où aboutissait tout le discours et s'en alarmèrent, au point
que l'orateur demanda humblement la permission d'expliquer
sa pensée. Suivant son habitude il esquissa un petit recul. On
l'avait mal compris. Il ne songeait à discuter ni le droit, ni le
pouvoir de l'Assemblée nationale. Elle les conservait dans toute
leur étendue ; seulement elle les réservait pour en user à l'heure
favorable et, en attendant, elle se contentait de réorganiser.
Pourquoi ? Parce qu'elle sentait bien qu'en essayant de constituer, elle se diviserait, tandis que, pour réorganiser, on serait
tous d'accord.

A part moi, je songeais que c'était un pur sophisme, attendu
que la réorganisation doit s'adapter au régime et que, par conséquent, l'exacte définition, le baptême du régime doit nécessairement la précéder. M. Thiers mettait ainsi la charrue avant les
bœufs, pour conserver la direction de l'attelage, mais comme
tout cela était dit et glissé !

Et comme il avait raison de soutenir que, le besoin d'union
primant toutes les ambitions des partis, on ne pouvait rester
unis qu'à la condition de réserver le problème principal et
même beaucoup de problèmes accessoires, parmi lesquels le
choix de la capitale était le plus important.

Aussi bien, qu'on se rassurât : il ne tromperait, il ne trahirait
personne. Il le jurait solennellement devant Dieu, devant la
France et devant l'histoire, il ne préparait aucune solution
frauduleuse, il n'ourdirait aucun projet dolosif. Pas de ruse !
Pas d'intrigue ! Aucune arrière-pensée infidèle ! Monarchistes et
républicains, tranquillisez-vous ! Ce pays que vous nous avez
confié sanglant et couvert de blessures, si nous parvenons à

vous le rendre un peu ranimé, alors, mais alors seulement, nous vous inviterons à lui donner sa forme définitive, monarchie ou république.

Quare censeo... c'est pourquoi il ne faut aller ni à Paris, ni à Fontainebleau, mais à Versailles.

On applaudit, on acclama, on vota, et l'orateur faillit périr étouffé sous l'embrassade presque universelle.

Il se produisit bien quelque résistance insignifiante, mais inutile, et d'avance écrasée. Paris ne récolta que 154 voix contre 427, et Versailles en obtint 461 contre 104. Les battus eux-mêmes s'étaient découragés et divisés. M. Thiers triomphait et Versailles avec lui, et le pacte de Bordeaux avec M. Thiers et Versailles.

Mais le vainqueur n'était pas homme à négliger les profits de sa victoire et à commettre la faute reprochée à Annibal.

Il demanda à l'Assemblée de fixer immédiatement une date pour sa réunion dans la ville de Louis XIV et de Louis-Philippe. Il annonça que tout y était prêt pour la recevoir. Quant à lui, il avait hâte de partir. Toutes les nécessités de gouvernement l'y obligeaient. Après beaucoup de contredits et d'interlocutoires, on décida de se revoir à Versailles, le lundi 20 mars, et l'on ne tint plus à Bordeaux qu'une séance d'adieux. On avait devant soi huit grands jours de congé.

Toutes les dates portent ici leur marque spéciale. Mais cette journée du vendredi 10 mars méritait une mention à part dans le laborieux enfantement de la troisième République.

Elle avait duré huit heures. Ce fut certainement la plus belle manœuvre, l'Austerlitz de M. Thiers. Il fit un dernier salut à Bordeaux, qui la lui avait procurée. On se sépara à quatre heures et demie, après une cordiale poignée de mains entre Bordeaux représenté par un de ses députés, M. Johnston, et l'Assemblée représentée par son président Grévy.

II

Pour la clarté de mon récit et pour mettre un peu d'ordre et
de suite dans mes souvenirs j'ai dû, interrompant la marche
chronologique des événements, raconter ici cette mémorable
bataille. Il me faut maintenant revenir en arrière sur diverses
escarmouches plus ou moins parlementaires qui se succédèrent
presque sans interruption dans la semaine précédente, c'est-à-
dire entre le vote du traité de Francfort et le choix de Versailles
comme capitale intérimaire et lieu d'asile. Les relations officielles, où la physionomie des Assemblées tient peu de place,
n'en donnent qu'un aperçu qui pourra égarer les historiens. En
réalité, tous ces incidents furent graves, tous révélèrent un
état d'esprit maladif et un commencement d'éruption révolutionnaire. Il était évident, pour l'œil le moins exercé, que la
lave du volcan ne demandait qu'à jaillir et que ce bouillonne-
ment continu était le signe précurseur d'une formidable explosion. Les nouvelles de Paris devenaient chaque jour plus mauvaises, la terre tremblait dans ses faubourgs ; on en voyait
sortir des hommes et des figures qu'on ne rencontre qu'à
la veille des grandes convulsions. La populace était armée, la
Commune approchait.

La paix à peine signée, le lendemain même, quelques agitateurs,
connus que leur passé obligeait, Rochefort et Ranc, Malon et
Tridon, donnèrent leur démission collective et quittèrent l'Assemblée. Ils étaient certainement attendus à Paris par une
clientèle impérieuse et jalouse dont ils devenaient les otages
et qui tenait à les avoir sous la main.

Félix Pyat les suivit, flétrissant le traité de paix au nom du
peuple souverain. « Ma conscience, disait-il, est d'accord avec
la sienne ! » Toutefois il refusait de donner sa démission à une
Assemblée qu'il jugeait dissoute de droit par son vote parri-

cide. Il parla d'un membre du gouvernement qu'il ne nomma pas, mais qui, à son avis, était un faussaire. Sa crânerie l'abandonna pendant la Commune. Vermorel, qui eut le courage de s'y faire tuer, l'accusa de se cacher dans une péniche de la Seine, dès que l'affaire devint dangereuse, et l'appela « le cancrelat du bateau à charbon ». Touchante fraternité, qui peut-être sauva la France !

Le lendemain, Clemenceau déposa la fameuse pétition d'un groupe positiviste qui demandait que la Corse cessât immédiatement de faire partie de la République. Elle prouve à quel ton les partis étaient déjà montés et de quelles extravagances ils étaient capables. Clemenceau ne se l'était pas absolument appropriée, mais il parut surpris des objurgations violentes qu'elle lui attira. Lorsqu'on vit Millière, toujours ergoteur, venir à son secours, on ne douta plus qu'il n'y eût connivence entre ces deux hommes, si différents d'esprit et d'allure, mais unis cette fois dans un même accès de fureur vindicative contre le berceau des Napoléons. Clemenceau, qui n'a jamais passé pour un fanatique, n'y apportait sans doute pas la même conviction que Millière. Il a raillé depuis l'importance que l'Assemblée parut attacher à ce papier d'un club positiviste, dont le positivisme allait jusqu'à sacrifier tout un département de notre pauvre France déjà amputée. Toujours est-il que cette malheureuse pétition s'est accrochée à ses basques et que, président du Conseil, il l'a traînée, comme un fâcheux écriteau, jusqu'à la veille de sa chute. Son dernier discours ministériel y fait allusion.

La querelle dura longtemps. A la fin, Audren de Kerdrel, que la malice des journalistes avait surnommé Loyal-ficelle, parce qu'elle prétendait démêler quelque affectation dans son expansive loyauté, défendit le droit sacré de pétition, et celle du club positiviste alla rejoindre une foule de ses compagnes dans les catacombes d'une commission d'enterrement. Elle y est encore ; elle est du moins aux archives de la Chambre. De leur côté, les conservateurs royalistes ne se faisaient pas faute d'apporter des propositions très susceptibles d'irriter l'opinion

républicaine et qui avaient le tort de ressembler à des représailles. Ces piqûres réciproques se multipliaient et s'envenimaient,
de sorte que, si quelque député candide parlait encore d'oubli
et d'union, les grands augures de l'Assemblée ne pouvaient plus
se regarder sans rire. C'était un refrain qu'on répétait machinalement, une chanson déjà vieille à laquelle on avait cessé de
croire.

A ce moment-là, les plus farouches des députés de Paris, les
têtes de colonne de la grande insurrection annoncée et menaçante, siégeaient encore. Trois de ces chefs renommés, Delescluze, Cournet et Razoua, déposèrent une demande formelle de
mise en accusation contre les membres du gouvernement de la
Défense nationale. Cinq minutes après, Millière en déposait
une autre toute semblable et se glorifiait d'en être l'unique
signataire. Il aimait à faire ses affaires tout seul. On se moqua
de cet orgueilleux isolement. Millière avait une de ces longues
figures pâles qui faisaient peur à César. Je ne sais pourquoi
je pressentis dès lors ses sombres projets et sa fin tragique.

Le lendemain, on se battait à propos du drapeau rouge et du
drapeau tricolore. Le rouge, qui avait été déployé dans les
bagarres électorales de Vaucluse, fut flétri et hué par quelques
patriotes moins éloquents que Lamartine. Une voix de gauche
leur répondit : « Le drapeau tricolore est tombé dans la boue
de Sedan ! » Parole injuste, car dans cette catastrophe nationale
il n'y eut pas plus de boue qu'à Poitiers et à Pavie, où tout fut
perdu, fors l'honneur. Le mot ne fut entendu que par les sténographes ; mais, l'ayant trouvé au *Moniteur*, Kerdrel le releva à
la séance suivante et somma son auteur de se nommer. Deux
jours après, Gambon se nomma. Dans l'intervalle, une pierre
beaucoup plus grosse avait de nouveau remué dans ses profondeurs ce que l'ironie républicaine appelait déjà la mare aux
grenouilles.

Garibaldi absent fut encore une fois le héros de cet incident ;
Victor Hugo en fut volontairement la victime. L'Algérie avait
élu Garibaldi ; fallait-il l'admettre, quoique Italien et démissionnaire ?

La gauche disait oui, la droite disait non. Victor Hugo se lève, il partageait sur ce condottière moderne l'enthousiasme juvénile de son ami Lockroy. Il se lève et, après avoir stigmatisé *la lâcheté* de l'Europe où s'était levé, en notre faveur, un seul homme qui n'avait que son épée, mais qui était une puissance, il proclame que, seul de nos généraux, Garibaldi n'a pas été vaincu.

Alors une bordée d'interruptions se croisent dans un vacarme infernal.

— Il n'a pas été vaincu parce qu'il n'a pas combattu.

— Il a fait semblant !

— Et l'apothicaire Bordone !

— C'est un comparse de mélodrame, que votre héros !

— A l'ordre ! à l'ordre ! Qu'il retire le mot. C'est une parole antifrançaise.

Je n'arrive pas à tout noter, mais j'en passe, des meilleurs. Cinquante députés, debout et menaçants, apostrophent ensemble le malencontreux panégyriste.

— On ne peut pas rester là-dessus ! s'écrie le général Ducrot.

Le président Grévy, submergé, leur répond à tous : « Veuillez vous asseoir !... »

Tant qu'à la fin Victor Hugo, à bout de résistance, finit par leur jeter sa démission à la tête. On refuse d'y voir autre chose qu'un geste de colère ; mais c'est mal le connaître. Il ne revient jamais sur ce qu'il a dit. En descendant de la tribune, il saisit la plume d'un sténographe et écrit sur le rebord du bureau cette tapageuse démission.

Ducrot lui succède, très modéré, très calme, et demande simplement qu'avant de juger Garibaldi on fasse une enquête sur les faits qui ont amené le désastre de l'armée de l'Est. On examinera alors si Garibaldi est venu payer une dette de reconnaissance à notre pays ou seulement défendre sa république universelle.

Cependant Victor Hugo a remis sa démission écrite au président Grévy. Celui-ci s'empresse de lui demander s'il la maintient. « J'y persiste ! » répond Victor Hugo, et, sur une nouvelle

invitation du président, il déclare, au pied de la tribune, qu'il
ne restera pas une minute de plus dans cette Assemblée. En
effet, il quitte la salle, sans doute avec un espoir de retour triomphal, qui aboutit bientôt à l'humiliation d'un échec électoral
contre l'obscur Vautrain.

Une intervention de Lockroy était indiquée. Il s'était déjà
signalé en demandant que tous les complices de l'Empire fussent
expulsés de l'Assemblée comme indignes. Tous les complices
de l'Empire! Ce vague était terriblement extensif. Horace de
Choiseul lui fit honte de comprendre ainsi la liberté. Qui allait-il
dénoncer cette fois? Il réclame la parole. Le président la lui
refuse, mais il la prend, par un biais, et usant de l'artifice qui,
dans le jargon parlementaire, s'appelle *rouvrir l'incident*, il
s'apprête à venger d'un seul coup Garibaldi et Victor Hugo.
C'est à Ducrot qu'il s'attaque. Il rappelle que, dans une proclamation restée célèbre, le général de Champigny a promis de
revenir mort ou victorieux...

Nouveau tumulte, plus violent encore que le précédent! On
traite Lockroy d'insulteur.

Le général Le Flô, ministre de la guerre, s'empare de la tribune et va riposter. Lockroy proteste : « Je ne suis pas un insulteur, je n'ai insulté personne! » Le président le menace de sévir.
Ducrot s'explique très dignement : « Je laisse le soin de me
défendre à ceux que j'ai conduits depuis Wissembourg jusqu'à
Buzenval! » Un tonnerre d'applaudissements avertit Lockroy
qu'il a fait fausse route. On accuse son parti de ne pas s'être
battu. Il montre le bras en écharpe du colonel Langlois. On
lui rendra à lui-même plus de justice le lendemain. Il a fait
très courageusement à Paris son service de garde national.
Enfin le général Le Flô parvient à dominer le tumulte et rend
à la vaillance de Ducrot un éclatant hommage auquel s'associe
l'Assemblée dans une acclamation unanime. Est-ce la faute de
Ducrot s'il n'est pas mort? Il y a fait tout le possible, comme
Ney à Waterloo? Fallait-il qu'il se tirât lui-même un coup de
pistolet comme Bourbaki? Le général Le Flô défend, avec lui,
l'armée de Paris, « si souvent insultée par des gens qui ne se

battaient pas ». Il défend même cette honorable garde nationale, dont la majorité, pleine de patriotisme, a mêlé son sang
sur le champ de bataille à celui de nos soldats, mais il répète
que le plus grand nombre de ceux qui accusent l'armée ne se
battaient pas.

Qu'il se rassure ! Ils se battront dans quelques jours, comme
insurgés.

La bagarre finit par un petit sermon du colonel Langlois.
A voir ce brave homme, il semblait hors de lui. Il prêcha le
calme et la paix avec des gestes furieux. Chacun a son tempérament, disait-il pour son excuse. Il demanda doucement la
validation de Garibaldi, qui resta en suspens et dont on n'entendit plus parler. Quant à l'Assemblée, elle ne se remit jamais
complètement de cette alerte. Les passions étaient trop exas-
pérées de part et d'autre. Tous les députés n'avaient pas la
fougue du colonel Langlois ; mais la plupart nourrissaient au
fond du cœur des haines et des rancunes plus enracinées que
les siennes. Elles éclataient à tout propos, et la Commune, déjà
en action, n'était pas faite pour purger cette bile recuite. La
France allait savourer toutes les beautés de la guerre civile.

LIVRE II

LA GUERRE CIVILE

CHAPITRE VI

LE 18 MARS

Adieux à Bordeaux. — Physionomie de Paris et des faubourgs. — Le 18 Mars. — L'affaire des canons. — La retraite sur Versailles. — La Commune maîtresse de Paris. — Lecomte et Clément Thomas. — Le Comité central. — Difficultés d'une installation à Versailles. — Mésaventures personnelles. — L'arrivée des députés. — Inquiétude générale. — Le mont Valérien. — Première séance. — Discours énergique du président Grévy.

Je profitai de ce répit pour visiter un peu cette ville de Bordeaux, qui est charmante et surtout vivante. Dans la rue Sainte-Catherine je me croyais rue Montmartre. Une famille amie m'arriva de Paris, dont elle n'avait pas bonne opinion. Le siège l'avait moins émue que les événements qui s'y préparaient et lui semblaient inévitables. Les fusils des gardes nationaux commençaient à effrayer beaucoup de braves gens, qui n'avaient eu peur ni du pain de paille ni des obus prussiens. Ils voyaient s'approcher la guerre civile et reculaient devant elle. Il y eut là un second exode plus excusable que le premier. Dès ce moment, nul ne se sentait en sûreté chez soi. Nous fîmes des promenades sur la Gironde avec des exilés volontaires qui, en attendant que l'orage passât, s'en allaient manger des fritures aux bas Meudons bordelais. Ils étaient convaincus que les bataillons des faubourgs ne renonceraient pas sans lutte à leurs trente sous quotidiens, et ils traduisaient leurs craintes par une expression. familière : « Ça ne sent pas bon à Paris ! »

Les hôtels d'Arcachon se peuplaient, et plus particulièrement l'hôtel de la Plage. J'allai voir, en chemin de fer, ce bassin tranquille, dont le calme semblait railler nos alarmes. C'est un lac demi-sel de tout repos. Nous en revînmes le soir. La voie ferrée côtoyant le rivage d'assez près, nous apercevions, allumé sur l'eau, un grand incendie qui marchait à la même vitesse que nous et s'efforçait de nous suivre. Nous pensâmes que c'était un navire en feu qui avait hâte d'atteindre le port ; ce n'était qu'un grand bois de sapins qui brûlait. Il brûla toute la nuit. Les petits pots de résine attachés au flanc des arbres éclataient en explosions intermittentes. On m'a dit depuis que cet accident n'était pas rare. Je quittai Bordeaux le jeudi 16 mars et je rentrai à Paris le lendemain matin. J'habitais alors rue de Ravignan à Montmartre, sur le plan incliné de la Butte. Avant de boucler ma valise pour Versailles, je voulus me rendre compte par moi-même de l'état des esprits et je dus me convaincre que l'aspect de certains quartiers n'avait rien de rassurant. On n'y pouvait faire un pas sans être toisé de haut en bas par des gardes nationaux en tenue de campagne, qui déjeunaient devant leurs portes avec leur fusil à côté d'eux sur un tabouret. J'abrégeai cette inspection.

Le 18, au petit jour, je fus réveillé par un grand bruit de voix qui montait de la rue. En même temps, mon concierge entra : « Monsieur, il y a beaucoup de monde en face ; je ne sais pas ce qu'ils veulent ! » J'entr'ouvris ma fenêtre. Ce *beaucoup de monde* était représenté par une vingtaine de gardes nationaux en simple vareuse, sans armes ni giberne, qui parlaient avec de grands gestes et avaient l'air de se consulter. A un certain moment, le colloque s'anima. Un de ces hommes était certainement plus en colère que les autres : « Est-ce que nous laisserons comme cela prendre nos canons ? » demanda-t-il. A la fin, ils parurent se mettre d'accord et j'entendis très distinctement ces mots :

« Il faut faire une manifestation... oui, une manifestation *sans armes*. »

Il devait être à peu près sept heures ou sept heures et demie du matin. Je note ce détail parce qu'ici les minutes comptent. Il y eut, sans aucun doute, un instant où Montmartre se résignait. Mais tout à coup une demi-douzaine de gardes nationaux, armés ceux-là, débouchèrent du haut de la rue et crièrent à dix pas du premier groupe : « Ils rendent les canons. »

La scène changea. Chez quelques-uns, il y eut encore un peu d'hésitation ; puis, sur un échange de paroles que je n'entendis pas, ils se mirent à courir tous ensemble vers le haut de la Butte. Deux ou trois seulement, essoufflés ou inquiets, se détachèrent de ce galop et suivirent à distance. J'en conclus que ceux-là tenaient pour la manifestation sans armes. Mais c'en était fini des velléités pacifiques ; la fête commençait. Les hommes de la Commune délibéraient déjà dans leurs caves et s'y partageaient le pouvoir. Un beau soleil éclairait ce grand jour.

A vrai dire, je ne comprenais rien au brusque revirement qui venait de s'opérer sous mes yeux. Je m'habillai vite, et, sans savoir au juste où je me dirigerais, je descendis vers le boulevard extérieur par une des petites rues qui aboutissent entre la place Pigalle et la place Blanche, la rue Germain-Pilon, je crois. Là je fus témoin d'un spectacle qui ne me laissa plus de doutes sur un échec que venaient de subir les troupes du gouvernement.

Les gendarmes et les chasseurs qui occupaient les deux côtés de la chaussée battaient en retraite au trot vers le parc Monceau et l'Arc de Triomphe, pendant qu'à une soixantaine de pas en arrière, sur la place Pigalle, éclatait une courte fusillade qui ne fut suivie d'aucune riposte.

Peu curieux de rencontrer les vainqueurs sur mon chemin, j'inclinai moi-même à droite en hâtant le pas et je me trouvai bientôt, je ne sais trop comment, à l'espèce de petit carrefour que forment la rue Notre-Dame-de-Lorette, la rue La Bruyère et la rue de Bréda (aujourd'hui rue Henri-Monnier). Là, un

officier d'état-major montait au galop vers Montmartre. Je
songeai qu'il n'y trouverait plus ceux qu'il cherchait. Au même
instant, de la grande maison qui fait le coin de la rue La Bruyère,
et qui était alors, si je ne me trompe, un cabaret, sortirent
cinq ou six individus qui lui firent signe de s'arrêter. Il ralentit
un peu devant ces gens qui semblaient lui dire, avec obligeance :
« N'allez pas là ! » Mais il avait des ordres et, quand il crut voir,
à leur attitude et à une tentative qu'ils firent pour saisir la
bride de son cheval, que ce n'étaient pas des amis très sûrs,
il esquissa de la main droite vers son sabre un geste si énergique
qu'ils s'écartèrent sans insister et que l'officier reprit sa course,
bride abattue.

J'ai cru découvrir plus tard, dans les documents relatifs à
cette affaire des canons, qu'il portait des instructions au général
Lecomte, mais je n'ai jamais pu savoir ce qu'il était lui-même
devenu. Ah ! le brave jeune homme ! Et quel cœur de soldat !
J'aurais voulu lui serrer la main. On sentait, rien qu'à le voir,
qu'il ne connaissait que sa consigne et qu'au besoin, pour y
obéir, il eût chargé seul contre une foule.

Si vite que les nouvelles se propagent, Paris à peine éveillé
ne savait pas encore ce qui l'attendait. De l'autre côté de l'eau
on ignorait absolument ces premiers épisodes de la plus formidable des insurrections. Même sur les boulevards, où depuis
quelque temps on ne dormait que d'un œil, on se doutait bien
qu'il se passait là-haut quelque chose, mais quoi? On s'interrogeait les uns les autres. Je racontai à des passants le peu que
j'avais vu.

Cependant le bruit se répandait de proche en proche que le
gouvernement avait essayé de reprendre· les canons et qu'il
n'avait pas réussi. La curiosité poussant les gens hors de chez
eux, les trottoirs et la chaussée se remplirent, s'animèrent, et
bientôt on eut de la peine à y circuler.

Je remontai chez moi par la place Pigalle. Le pavé y était
rouge de sang. On me conta qu'un cheval y avait été tué dans
la décharge du matin — celle que j'avais entendue — et que
des mégères affamées s'étaient battues sur son cadavre, à qui

le dépécerait pour en emporter un morceau. Ce sang couleur de
brique était tout ce qui en restait.

Il semble que je m'écarte ici de mon sujet qui est exclusivement parlementaire, mais ce n'est qu'une apparence. L'Assemblée devant se retrouver le surlendemain à Versailles, je ne
pouvais négliger les violents préliminaires de ce rendez-vous
national. Qu'on se représente dans quelles circonstances et
sous quelles impressions les députés allaient y opérer leur
jonction avec le gouvernement. L'Assemblée y apporterait
nécessairement toutes ses colères. Un terrible : « Je vous l'avais
bien dit ! » était sur toutes les lèvres. Et le gouvernement lui-
même, que faisait-il pendant que l'émeute grossissait et s'organisait d'un bout à l'autre de Paris, où il n'était rien moins que
populaire? Il commençait à déménager. Après une délibération
assez confuse, où prévalut non sans peine l'opinion de M. Thiers,
que le seul moyen de reconquérir cet éternel foyer de rébel-
lion était d'abord de s'en éloigner, il faisait ses préparatifs de
départ.

Je ne sais ce qui me retint, ayant un abri dans ma propre
famille, à Bièvres, entre Paris et Versailles, de m'y réfugier
le jour même. Ce fut probablement l'envie d'en apprendre
davantage et de juger les choses de plus près. Dans cet après-
midi du 18, elles se gâtèrent à vue d'œil. De Batignolles à Vin-
cennes et, sur la rive gauche, de Gentilly à Grenelle, des bandes
armées, secouées d'une fièvre sauvage, se promenaient, hurlant
une *Marseillaise* alcoolisée, que n'avait pas encore remplacée
l'*Internationale*. Nombre de femmes et d'enfants se mêlaient
à ces sinistres cortèges. Les faubourgs se couvraient de barricades, où s'ouvrait un léger passage gardé par de farouches
sentinelles. Sur le boulevard Rochechouart, j'entendis dans un
groupe joyeux ces mots qui trahissaient une espérance féroce
et une sorte d'appétit excité par un sanglant apéritif :

— On vient déjà d'en fusiller deux.

— Oui, reprit, de cette voix traînarde du voyou parisien,
un gamin de treize ou quatorze ans, deux généraux qui ont
tiré sur le peuple.

Il s'ensuivit un échange de propos qui signifiaient clairement que ce n'était pas fini, qu'on en voulait davantage et que la bête de proie était lâchée. Je n'étais pas très rassuré, me sachant suspect à plusieurs des locataires voisins qui m'accusaient de modérantisme, et je serais volontiers parti pour Versailles le soir même. Tout pesé, je remis la chose au lendemain qui fut un dimanche superbe. J'allai déjeuner chez un parent, dans le centre de la ville, et j'y observai que, dans beaucoup d'endroits, le 18 Mars était accueilli aussi gaiement que le 4 Septembre. J'étais indigné, mais je ne voyais personne qui partageât mon indignation. En tout cas, personne ne songeait à résister. Une affiche collée sur la porte Saint-Denis me révéla les noms du nouveau gouvernement qui s'intitulait le Comité central. La liste commençait ainsi : « Avoine, Alavoine... » et suivait l'ordre alphabétique. Je veux être pendu si je connaissais un seul de ces messieurs. A la fin, ma colère éclata et je fis très imprudemment au milieu d'une vingtaine de lecteurs ma petite manifestation :

« Comment ! murmurai-je entre haut et bas, la France obéirait à ces cocos-là ! »

Deux ou trois mauvaises figures me regardèrent de travers, mais sans autre protestation, et je continuai ma tournée. Comme je passais devant le Gymnase, un petit vieux propret et ratatiné, qui apparemment m'avait suivi, me toucha le bras et, avec un grand air de conviction : « C'est bien, monsieur, fit-il, ce que vous avez dit là ! » Je n'y pensais déjà plus et mon premier mouvement fut de me tenir sur mes gardes, mais je réfléchis que le nouveau gouvernement ne pouvait pas avoir encore des agents de police si distingués, et nous causâmes. Il m'avoua qu'il avait eu peur pour moi et que l'envie lui était venue de me soutenir, mais qu'il n'avait pas osé. Cette sympathie passive me laissa peu d'illusions sur l'état d'esprit de la bourgeoisie parisienne et, trois ou quatre jours après, à Versailles, lorsque certains députés parurent compter sur elle pour opposer une barrière à l'insurrection victorieuse, je ne me gênai guère pour railler, entre journalistes, cet excès de naïveté.

A la hauteur de la rue Laffitte, on apercevait, luisants au soleil, juste où s'élève aujourd'hui le Sacré-Cœur, les canons de Montmartre, qui plongeaient sur Paris. Cette vue m'ôta le désir de faire un plus long séjour dans la capitale de la France ; je m'assurai que les portes n'en étaient pas encore fermées et je m'en allai coucher à Bièvres. Là même, dans ce village paisible, je rencontrai quelques bons communards, entre autres le médecin de ma famille, qui en tenait. Nous échangeâmes nos opinions dans un dialogue animé qui tourna vite à la querelle, et la querelle à la dispute.

Le lendemain lundi, 20 mars, l'Assemblée reprenait à Versailles ses séances d'exil, et j'étais, avec les camarades, à mon banc de secrétaire-rédacteur. C'est de là que je pus observer et retenir.

Mais il fallait d'abord trouver un logement et je n'avais plus sous la main le débrouillard Dhormoys. Je m'étais figuré que, dans ce noble désert, la chose serait moins difficile qu'à Bordeaux. C'était une erreur. Depuis deux jours tous les hôtels, petits ou grands, débordaient. Leurs planchers croulaient sous le poids. Les gens huppés s'étaient installés aux Réservoirs ; quelques-uns dans le Palais même, transformé en dortoir. Je croyais dénicher un abri à l'hôtel de la Chasse, moins connu. J'y sollicitai humblement une chambre, un semblant de chambre. On me rit au nez comme si je demandais la lune. Quant aux habitations particulières, on ne les ouvrait pas facilement, même avec une clé d'or. Ces grandes maisons gardaient un air d'ancien régime. Bien que beaucoup fussent libres, leur orgueil héréditaire se refusait aux plus appétissantes propositions, et le concierge vous regardait de son haut lorsqu'on risquait une offre.

Enfin je fis provisoirement affaire avec un serrurier. Cet homme noir se tenait sur sa porte et invitait les chercheurs de domicile. Par un escalier en colimaçon qui partait de sa boutique, il me fit monter jusqu'à ma *chambre*. Elle communiquait avec une soupente où lui-même couchait. Nécessité fait loi, je m'en contentai. Malheureusement, le soir, dans l'obscurité de son atelier, je me heurtai à son enclume et mon genou en garda longtemps le souvenir. Si du moins c'eût été la fin de mes misères. Mais, pendant que j'étais à l'Assemblée, mon proprié-taire avait changé d'idée ; il avait pris la chambre pour lui et m'avait laissé la soupente. Je dus, pour y entrer, enjamber un escabeau où reposait son vase de nuit. Avec cela, poitrinaire ! Ce serrurier toussa et cracha pendant six heures.

Dès que le jour parut, je m'évadai et je me mis à errer dans Versailles, où vaguaient d'autres âmes en peine. Cependant, ragaillardi par la fraîcheur du matin, je me souvins que j'avais une parente, ou soi-disant telle, rue André-Chénier. C'était une vieille domestique que les amours ancillaires d'un arrière-cousin à moi, consacrées par un mariage *in extremis*, avaient faite ma cousine ou quelque chose d'approchant. J'allai la trouver, elle fut raide sur le prix et s'autorisant, soit de la parenté, soit d'anciennes habitudes, elle s'appropria en cinq jours tout ce que j'avais d'un peu présentable dans ma valise. Si je n'y eus mis ordre, elle m'eût laissé sans chemise sur le pavé. Ce fut mon serrurier qui me vendit un gros cadenas pour déjouer les dernières tentatives de ma cousine. Je la quittai et je dus me remuer de plus belle pour ne pas coucher à la belle étoile. C'est alors que je trouvai rue Berthier, chez de braves gens, une pièce qui servait habituellement de cuisine et dont le milieu était occupé par un énorme poêle de faïence.

Le vieux ménage qui m'avait donné asile avait de la reli-gion, et je n'eus qu'à m'en louer. Je mangeai une ou deux fois de leur excellent pot-au-feu, écumé sur mon poêle. Tels furent mes débuts à Versailles. Je reviens à mes souvenirs parle-mentaires.

En entrant dans ce palais historique du Roi-Soleil où la royauté allait bientôt rendre le dernier soupir, les représentants de la France avaient, pour la plupart, l'oreille basse : les roya-listes, parce que les craintes qu'ils avaient manifestées à Bor-deaux recevaient de l'événement une inquiétante confirmation ; les républicains, et en général l'entourage du gouvernement, parce que l'insurrection parisienne infligeait à leurs assurances optimistes un éclatant démenti. Dans tous les groupes, on regrettait d'avoir cédé si vite sur Versailles, et beaucoup eussent préféré, à ce moment-là, Orléans ou Fontainebleau. Beulé triomphait.

Non qu'ils eussent peur, car les émissaires de M. Thiers, habilement répandus parmi eux, leur avaient déjà représenté sa retraite comme une habile manœuvre et je n'en ai pas vù, à ce moment-là, un seul qui n'eût pris avec lui-même la résolution de résister à outrance. Mais cette proximité de l'ennemi — cinq petites lieues entre Paris et Versailles — ne laissait pas que de soulever quelques objections chez les plus fermes esprits. Et que feraient-ils si la Commune marchait immédiatement sur eux?

Avec cela — on ne pense pas à tout — que M. Thiers avait oublié, en abandonnant les autres forts, de garder au moins la vraie forteresse de Versailles, le mont Valérien ! Lorsque cette négligence fut connue, elle fit douter un peu du génie militaire de celui qui l'avait commise ; mais on y avait déjà pourvu, grâce à la prévoyance de M. Buffet. Il paraît que les observations de ce dernier n'avaient pas été très bien accueillies. On sait que M. Thiers était homme à soutenir que le mont Valérien n'avait aucune importance ; mais son obstination à nier ses erreurs n'avait d'égale que sa promptitude à les réparer, et bientôt les gardes nationaux s'aperçurent à leurs dépens que le mont Valérien avait une garnison et des canons dont une volée les mit en fuite.

Dès l'ouverture de la séance, le président Grévy, toujours calme, mais encore plus solennel qu'à l'ordinaire, et grave comme la justice, adressa aux députés un petit discours dont l'énergie les réconforta. Il leur promit que la Commune scélérate en serait pour sa scélératesse et que la force resterait au droit. Déjà toutes les dispositions étaient prises pour en finir avec ce ramassis de coquins.

CHAPITRE VII

LA COMMUNE

Attitude de quelques députés. — L'Assemblée décidée à la lutte. — Sa proclamation. — Activité de M. Thiers. — Arrestation de Chanzy par les insurgés. — Turquet en fait le récit à l'Assemblée. — Léo Meillet. — Floquet.

Quelle figure faisaient, pendant ce temps-là, ceux qui brûlaient déjà d'aller les rejoindre, ou qui penchaient tout au moins de leur côté ! Ils s'efforçaient de rester impassibles. A peine, çà et là, se permettaient-ils un petit sourire d'incrédulité ; mais on lisait leurs perplexités sous leur masque. Lorsque Grévy eut ainsi manifesté ses sentiments personnels, l'Assemblée applaudit et enchérit. A la voir, on eût cru que Paris serait repris le lendemain. Ils étaient loin de compte.

En réalité, cette première semaine ne fut qu'une longue anxiété, coupée d'émotions brusques et de surprises. L'incertitude irritait les nerfs et entretenait la fièvre. Les nouvelles s'aggravaient d'heure en heure. On ne voulait pas encore se l'avouer et, entre députés, on échangeait de la confiance, on flétrissait les assassins qui s'étaient emparés de Paris ; on se promettait de le reconquérir bientôt par la persuasion et les voies pacifiques. En un mot, la consigne était de s'encourager au calme pour se donner du cœur ; mais au fond personne n'était tranquille et beaucoup d'autruches se cachaient la tête dans leurs plumes pour ne pas entendre le tonnerre. Les observateurs clairvoyants comprenaient bien, à certains signes, que l'Assemblée et le gouvernement avaient sur les bras une lourde guerre.

Leur mine à tous contrastait singulièrement avec la physionomie de la ville où ils s'étaient réfugiés et où ils vagabondaient comme des cheminots. L'occupation prussienne, si arrogante et si dure, n'en avait pas moins été pour nombre de Versaillais ce qu'on appelle un coup de commerce. Ils avaient vendu fort cher aux officiers allemands, qui s'en montraient particulièrement amateurs et qui se faisaient une gloire d'en boire beaucoup, un champagne quelconque bruyamment savouré, et payé rubis sur l'ongle. Versailles regorgeait de thalers au moment même où une seconde aubaine, également due à nos malheurs, allait y apporter une monnaie plus française en pièce de cinq francs et en louis d'or. Ces profits inespérés de la guerre étrangère et de la guerre civile n'étaient pas de nature à rendre les gens tristes, et une allégresse intérieure, qui ne faisait d'ailleurs aucun tort à leur très réel patriotisme, rayonnait sur le visage des habitants.

L'Assemblée nationale ne pouvait partager cette joie presque involontaire qui se trahissait jusque dans les rues par une vivacité d'allure et de langage peu en rapport avec la disposition habituelle de la population indigène. Cependant, malgré leurs alarmes, les *ruraux* n'étaient pas tellement abattus qu'ils ne songeassent à faire le nécessaire pour se défendre et pour vaincre. La plupart y étaient fermement résolus. Ils déclarèrent, dès la première heure, qu'ils ne voulaient pas créer d'embarras au gouvernement, qu'ils marchaient d'accord avec son chef et s'en remettaient à lui du soin de prendre les principales mesures d'exécution. Mais, en même temps, ils répétaient qu'ils n'entendaient pas rester inactifs et inaperçus dans ce duel à mort entre la France et Paris. Ils affichaient hautement le droit de donner des conseils, que M. Thiers accepta avec la plus respectueuse déférence tant qu'il put conserver quelque doute sur le résultat de la rencontre. Il se réservait sans doute de se montrer moins soumis quand il tiendrait sa victoire.

Le président Grévy avait à peine achevé sa petite allocution ravigotante que les plus consternés se relevèrent tout gaillards. On vit immédiatement que l'Assemblée nationale tenait à

manifester sa présence et même à faire sentir sa main. Un vieux
parlementaire centre-gauche qui portait un abat-jour vert,
M. Jules de Lasteyrie, l'invita à affirmer sa souveraineté en
nommant une commission qui ferait... quoi? D'abord une proclamation au peuple. Et puis quoi encore? La chose demeurait un peu dans le vague, mais l'intention de l'orateur y
perçait. Son discours à ce sujet donne une idée très exacte de
la situation que l'Assemblée comptait prendre à côté de l'exécutif.

Je crois que, dans les circonstances actuelles, il est de notre devoir
impérieux — car c'est notre droit et droit implique devoir — d'affirmer
notre souveraineté (*Approbation*) et d'appuyer, non pas d'une manière
indirecte et implicite, mais d'une manière directe et explicite le pouvoir
exécutif qui défend l'ordre et les lois (*Nouvelle et vive approbation*). Je
propose donc à l'Assemblée de se réunir immédiatement dans ses bureaux
et de nommer une commission qui puisse résumer en elle toutes nos pensées, les faire connaître au pouvoir exécutif, s'entendre avec lui et agir
comme il convient d'agir en face des événements qui se produisent
(*Assentiment unanime*).

Nous devons le faire pour la France dont nous sommes les représentants, pour la France tout entière qui nous a confié la mission de sauve-
garder son indépendance et sa liberté ; nous devons le faire pour la ville
de Paris qui, d'ici à peu de jours, peut être exposée aux plus grands dangers (*C'est vrai!*). Nous devons le faire pour l'armée qui nous garde et
pour qu'elle entende par la bouche des représentants de la patrie mutilée
les paroles du droit et du devoir (*Applaudissements*).

Cette idée parut géniale. Une proclamation au peuple et à
l'armée ; un comité de surveillance ! Lasteyrie avait touché du
premier coup la fibre sensible. L'accueil fut plus que chaud.
Dans l'état où elle était, l'Assemblée se montait facilement à
l'exaltation et à l'enthousiasme. Les adhésions qui lui venaient
des provinces l'électrisaient. Elle adressait des félicitations
publiques à quiconque lui témoignait quelque sympathie, aussi
fausse parfois que la considération qu'on met, sous forme de
compliment, au bout des lettres. Elle eût voulu embrasser
tous ceux qui se présentaient pour la défendre. Un régiment de
ligne, le 69e, qui, le matin du 18 Mars, occupait le Luxembourg,

était parvenu, non sans peine, à traverser tout Paris et à gagner Versailles, sous la conduite d'un chef de bataillon. Elle témoigna son admiration au chef et aux soldats en de tels termes et en de si vifs transports que ses craintes y étaient encore plus visibles que sa reconnaissance. Le *Moniteur* devint pour chaque officier une sorte d'arc de triomphe où son nom fut inscrit. Un détachement du 43ᵉ et une section d'artillerie, d'abord oubliés, eurent part à ces honneurs. La discipline et la fidélité prenaient un air de miracles. On acclamait quiconque n'était pas positivement un factieux ou un traître. Le simple devoir à peu près accompli passait pour une action héroïque.

J'ai entendu dire que M. Thiers aurait voulu modérer un peu ces bruyantes manifestations de la peur, mais, comme il se sentait incapable de les arrêter, il préférait travailler de son côté à refaire une armée qui avait bien besoin d'être refaite, et dont nul encore, en présence de divers symptômes, ne pouvait dire avec certitude ce qu'elle serait et ce qu'elle ferait. L'exemple du 88ᵉ de marche, qui avait mis la crosse en l'air à Montmartre et livré les canons, pouvait devenir contagieux. M. Thiers visitait les casernes et les campements, il prodiguait les encouragements et les éloges, causait avec les soldats et veillait surtout à leur bien-être, se les attachait enfin par ces mille petites prévenances qui, chez les plus démoralisés, changent les dispositions douteuses en bon vouloir et en dévouement. Il sut les prendre en attendant que le retour des prisonniers d'Allemagne lui fournît des cadres pour cette armée tonifiée et en grossît les rangs. Il mit le comble à son habileté en lui donnant pour commandant en chef le maréchal de Mac-Mahon, dont Wœrth et Sedan n'avaient pas trop entamé le prestige. Ainsi l'Assemblée souveraine et le chef de l'État rivalisaient côte à côte de zèle et d'activité.

La Commission des Quinze, imaginée par M. de Lasteyrie, fut nommée le jour même, et elle prépara, sans tarder, sa proclamation à la France. Vitet en fut le principal rédacteur. C'était une explosion de colère, non contre Paris, mais contre les criminels qui le tenaient en leur pouvoir ; elle ne leur épargnait aucune qualification, aucune flétrissure. Elle se terminait ainsi :

Citoyens et soldats. Il s'agit du premier de vos droits, c'est à vous de le maintenir. Pour faire appel à vos courages, pour réclamer de vous une énergique assistance, vos représentants sont unanimes. Tous, à l'envi, sans dissidence, nous vous adjurons de vous serrer étroitement autour de cette Assemblée, votre œuvre, votre image, votre espoir, votre unique salut ! (*Applaudissements prolongés*.)

Je ne trouvais à reprendre qu'un mot dans cette péroraison éloquente, le mot *à l'envi*. Il dut donner de la tablature à beaucoup de soldats et même à quelques citoyens. C'était une expression trop chère pour eux.

Vitet descendait de la tribune lorsque Millière se plaignit de certaines *paroles malheureuses* qu'il avait cru saisir au vol dans la proclamation.

— Lesquelles, monsieur ? Expliquez-vous ! fit Vitet froissé.

L'autre se tut, n'ayant pas le texte sous la main ; Vitet n'avait pas l'air aimable dans ces moments-là. Il appartenait à cette race de grands bourgeois, dont la supériorité intellectuelle et morale a toujours envie de faire la leçon à quelqu'un. Guizot, si grand d'ailleurs, a incarné ce type hautain de pédants politiques, qui croient sincèrement à leur infaillibilité (1).

La proclamation finissait sur un *Vive la France!* bien indiqué. Peyrat voulait qu'on y ajoutât un *Vive la République!* qui l'eût été beaucoup moins dans le manifeste d'une majorité monarchiste. Cet amendement tendancieux souleva une petite

---

(1) Vitet se permettait cependant quelques légères infractions de costume à la tenue sévère que ces doctrinaires de la longue redingote affectaient en public. Bien que vice-président de l'Assemblée, il portait des jaquettes et risquait surtout des cravates vert olive à pois blancs, dont le nœud, artistement épinglé, s'étalait largement sur sa poitrine. J'ai peur d'être prévenu contre lui par un article célèbre qu'il publia alors dans la *Revue des Deux Mondes*, et où il donnait à entendre que la chute de l'Empire était une compensation à la perte de l'Alsace-Lorraine. Son veuvage l'avait laissé fort triste. Il souffrait déjà de la maladie dont il mourut et dont on lisait le progrès quotidien sur ses traits amaigris. Un jour que je me promenais dans une galerie du Palais avec mon bon camarade Ernest Boysse, nous le rencontrâmes adossé à un pilier, la main crispée sur son cœur. Boysse, qui le connaissait un peu par les Nisard, lui demanda de ses nouvelles : « Ah ! mon ami, répondit-il, Dieu m'exauce, je sens que je vais bientôt aller rejoindre Mme Vitet ! » Il mourut deux ans après, le 5 juin 1873.

querelle qui scinda l'Assemblée en deux moitiés fort inégales.

Millière se porta au secours de Peyrat ; Louis Blanc se porta au secours de Millière, tandis que Vacherot s'efforçait de jeter sur ce feu l'eau bénite de la conciliation et de la paix. Force resta à la majorité, et le *Vive la République* de Peyrat disparut dans la bagarre.

Mais le dernier mot n'était pas dit et un second incident allait bientôt mettre aux prises les partis et les passions. Le ministre de l'intérieur, Ernest Picard, avait présenté un projet de loi relatif à l'état de siège. Il s'agissait, en soumettant le département de Seine-et-Oise à ce régime, d'assurer une protection de plus à l'Assemblée nationale. Une pareille mesure semblait naturelle et même nécessaire, alors que la Commune faisait ostensiblement tous ses préparatifs pour attaquer Versailles. Cependant, elle se heurta, chez plusieurs députés de Paris, à une opposition tenace, qui contribua encore à révéler leurs arrière-pensées. D'un bout à l'autre de cette sanglante crise, une quinzaine d'entre eux, qui ne se découvrirent franchement qu'à la fin, se séparèrent non seulement de la majorité, mais du gouvernement, et s'appliquèrent à leur créer des embarras. Ces gêneurs obstinés étaient tous républicains, quelques-uns révolutionnaires. Plusieurs avaient, malgré leurs dénégations, un pied dans la Commune. Trois ou quatre y enfonçaient à mi-corps. Sommés, à plusieurs reprises, de prendre parti, ils désavouaient hautement les assassins et les pillards ; mais, cela dit, on sentait, à un subit changement de ton, qu'ils gardaient aux faubourgs insurgés, dont ils avaient la confiance, un peu de vieille tendresse électorale. Ils ne parlaient que d'avances pacifiques, devant lesquelles Paris céderait. Il suffisait, à les entendre, de faire une petite risette à cet enfant prodigue qui ne manquerait pas d'y répondre, et on se jetterait avec joie dans les bras les uns des autres.

La seule condition de cette embrassade était qu'on dotât immédiatement la Ville-Lumière d'un Conseil municipal et de nouveaux maires librement élus. L'Assemblée était à peine réunie que Clemenceau, député et maire de Montmartre, en fit la demande. Les raisons qu'il en donna, autant que l'air impérieux qu'il y mit, indisposèrent un ombrageux auditoire, déjà prévenu contre lui par l'assassinat des généraux Leconte et Clément Thomas. Comme il avait été impuissant à l'empêcher, on l'accusait d'en avoir été le complice. Non seulement il s'en défendait, mais, soutenu par Tirard, Louis Blanc et par tous les signataires de sa proposition, il insinuait que la responsabilité de l'insurrection retombait sur le gouvernement, trop pressé d'abandonner Paris à la suite d'un coup de force qu'il avait tenté et qui n'avait pas réussi. Ces avocats de l'émeute, Schœlcher, Lockroy, Brisson, Floquet, Greppo, etc…, n'étaient pas tous des enragés, mais tous étaient des aveugles. Leur façon d'écrire une histoire si récente exaspéra Jules Favre, Dufaure, Jules Simon, tous les ministres présents à la séance, et Thiers lui-même, qui les rappelèrent durement, sans les convertir, à une plus saine appréciation de l'événement. Clemenceau possédait déjà ce sang-froid ironique qui a été, dans tout le cours de sa vie politique, sa principale force. Il tint tête à l'orage et se redressa en souriant sous les plus véhémentes apostrophes. Mais ce premier choc fut rude. Le bouillant Langlois répondit sur sa propre tête de cet accusé qui n'en avait pas besoin. Il jura que le maire de Montmartre s'était si bien exposé lui-même pour sauver les généraux qu'il avait failli partager leur sort. C'était miracle de le retrouver vivant dans l'Assemblée. En même temps Langlois insistait avec toute la chaleur de son tempérament pour qu'on donnât à Paris la juste satisfaction qu'il réclamait, des élections municipales d'où sortirait une nouvelle fournée de maires. Cette idée, insensée à force d'être impraticable, s'imposait, disait-il, comme un unique et suprême moyen de salut. Et il n'y avait pas une minute à attendre ; demain il serait trop tard.

En vérité, le croyaient-ils ? Oui, quelques-uns, les impulsifs candides, comme Langlois et Tirard ; mais les autres ! Mais Louis Blanc, Peyrat, Greppo, Cournet, étaient-ils sincères dans cette absurde revendication ? Un vent de folie avait-il passé sur eux et obscurci à ce point leur intelligence qu'ils eussent réellement foi dans une aussi ridicule panacée? Vainement on leur expliquait, on leur prouvait que, malgré leur bonne volonté, ils étaient débordés de toutes parts, qu'ils n'avaient plus aucune influence sur leurs anciens électeurs et amis, qu'ils étaient menacés, insultés dans leurs propres mairies, qu'on les en chassait, baïonnette aux reins ; que des chefs de bataillon avaient essayé de réunir quelques escouades de gardes nationaux pour faire figure au nom de l'ordre, et qu'ils n'en avaient pas trouvé trois cents alors qu'il en aurait fallu trente mille ; vainement enfin on leur montrait qu'ils n'étaient plus rien, qu'ils ne pouvaient plus rien, et que tout, dans Paris, leur criait que les élections, municipales ou autres, y étaient radicalement impossibles. Qui dresserait les listes? Qui tiendrait les urnes? Qui proclamerait les résultats? Ils n'en voulaient pas démordre. Ils restaient sourds à toutes les raisons et à la raison elle-même. Je demeure convaincu, après quarante ans, que leur opiniâtreté n'était qu'une manière de se couvrir auprès de leurs électeurs ordinaires et de ne pas se brouiller complètement avec Paris. On devine très bien qu'ils éprouvaient un embarras égal à celui qu'ils causaient au gouvernement. Paris était républicain, l'Assemblée était royaliste ; comment évoluer, sans entorse, entre ces deux ennemis séparés par un abîme? S'y précipiter comme de nouveaux Curtius, pour le combler de leurs corps, c'est-à-dire rompre délibérément avec des factieux dont beaucoup étaient d'anciennes connaissances, en se mettant une fois pour toutes dans l'axe du droit et du devoir, c'eût été un de ces héroïques sacrifices que la politique regarde généralement comme une duperie. Ces messieurs préféraient biaiser, louvoyer, aller en oblique de l'un à l'autre, dans ce mouvement d'oscillation morale qui se produit nécessairement lorsque la raison et le cœur tirent en sens contraire. Leur raison était à Versailles, mais leur cœur était à Paris. Floquet n'allait-il pas avouer, dans quelques semaines, qu'entre Versailles et Paris « il ne penchait pas »?

Presque tous en étaient là et ils parvinrent, en profitant des occasions et en variant leurs moyens, à prolonger sous différentes formes, cette ritournelle des élections municipales, jusqu'à la fin de la Commune, alors que, depuis longtemps, Paris insurgé s'était passé d'eux pour élire ses vrais et dignes représentants. Ils y mettaient d'autant plus d'entêtement que l'événement donnait chaque jour un démenti à leurs exhortations soi-disant pacifiques, tantôt prières et complaintes, tantôt sommations arrogantes et impérieux ultimatums. Malgré vents et marées ils revenaient sans cesse à leur marotte. Ils exigeaient qu'on risquât l'aventure des élections municipales dans le chaos parisien.

Un jour, ce grelot fêlé sonnait encore lorsqu'un jeune député de l'Aisne, nommé Edmond Turquet, entra tout poudreux dans la salle des séances et, du haut de la tribune, raconta la dramatique arrestation du général Chanzy et la sienne propre.

La scène est restée dans la mémoire de tous ceux qui y ont assisté. Elle eut un côté comique, et l'incident de la *casquette* fit rire un moment ceux qui allaient bientôt s'indigner et gémir. Le narrateur arrivait au débotté, mais frais et fringant, et point trop fâché d'avoir à régaler l'Assemblée d'une émouvante histoire où il avait joué son rôle. Après avoir demandé pardon pour son costume de voyage, il expliqua, sans omettre aucun détail, qu'à la gare d'Ivry des gens habillés en gardes nationaux avaient envahi, après l'avoir défoncé à coups de crosse, le compartiment qu'il occupait avec une partie de sa famille et lui avaient dit sur un ton plutôt rogue : « Le général Chanzy est ici, nous le savons, vous le cachez, livrez-nous-le !

— Vous vous trompez ! leur répondit M. Edmond Turquet, celui que vous cherchez n'est pas dans ce wagon, ni même, je crois, dans le train. »

Ils insistèrent, déjà furieux : « Vous nous trompez, le général est là, et vous êtes son aide de camp. Suivez-nous ! »

La plaisanterie parut un peu forte à M. Edmond Turquet ; mais il comprit bientôt qu'il était redevable de cette fâcheuse méprise à une petite calotte dont il sera question tout à l'heure et qui lui avait paru commode pour le voyage. Toutes ses protestations furent inutiles. On le garda quand même, et ce prologue de la calotte égaya un instant l'Assemblée, qui n'eut pas longtemps envie de rire.

« Je n'ai pas l'honneur d'être l'aide de camp du général Chanzy, dit M. Turquet à cette escouade d'émeutiers, mais j'ai celui d'être son collègue à l'Assemblée nationale. S'il était ici, il verrait ce qu'il devrait vous répondre. En tout cas, vous n'arriveriez pas à porter la main sur lui avant de m'avoir tué. » Alors ils le laissèrent provisoirement tranquille et se mirent à visiter le train dans toute sa longueur (c'est toujours M. Turquet qui parle et je me borne à élaguer un peu son récit). Enfin ils trouvèrent le général dans le wagon de queue. Il ne se cachait pas, puisqu'il était en tenue de campagne, avec la plaque de la Légion d'honneur sur la poitrine. L'homme qui commandait lui dit : « Au nom de la loi, je vous arrête ! — Mais au nom de quelle loi ? — Au nom du Comité de la garde nationale ! »

Ici des exclamations venues d'un peu partout interrompirent le narrateur. On n'entendait que ces mots : « Les misérables ! les coquins ! les scélérats ! les bandits ! » C'était, d'un bout à l'autre de la salle, la même idée exprimée avec toutes ses variantes.

M. Edmond Turquet s'échauffait peu à peu sous l'accueil. Il reprit : « Lorsque je vis le général Chanzy, mon collègue, entraîné par un groupe de gardes nationaux, je me précipitai vers lui et je le suppliai de me permettre de l'accompagner (Bien! bien!), le général résista. Je lui dis : « Acceptez, mon « général, vous pouvez être en danger de mort ; il est bon « qu'un membre de l'Assemblée nationale reste à côté de vous, « peut-être n'osera-t-on pas en tuer deux ! »

Je me rappelle que je ne trouvai pas cet argument très fort. L'assassinat des généraux disait assez que la dualité n'était pas pour déplaire à ces gens-là, et que l'on sait d'ailleurs que l'appétit vient en mangeant. Cependant l'Assemblée admira, et M. Edmond Turquet lui apprit qu'enfin le général consentit.

On les amena, chemin faisant, au milieu d'un groupe de gardes nationaux moins irrités, qui leur épargnèrent les sévices et les injures ; mais bientôt une foule, composée surtout de

femmes et d'enfants, les entoura en criant : « A mort le général
Ducrot ! A mort le traître ! » M. Edmond Turquet s'empressa
d'expliquer à ces forcenés qu'ils étaient en présence non de
Ducrot, mais de Chanzy. Loin de les calmer, cette révélation
détourna leur fureur contre celui qui se jetait ainsi entre eux
et la victime espérée. Tout de suite les choses se gâtèrent et
prirent une tournure inquiétante...

. . . .

Mais ici les épisodes dramatiques se succèdent avec une
effrayante rapidité et j'en affaiblirais certainement l'impression
si je ne laissais la parole, en style direct, à celui qui en fut le
héros. C'est donc M. Turquet qui s'anime et qui raconte :

« La foule, me prenant à partie, s'écria : « A mort le petit
« Prussien ! » Je suis blond et j'avais pour mon malheur... (On
rit.) Messieurs, c'est la vérité que je vous apporte (Parlez!)
d'avoir, pour mon malheur, sur la tête une petite calotte d'officier bavarois, qu'un de mes amis m'avait donnée et qui avait
été prise dans une bataille aux environs de Paris.

« Je répondis alors : — Je ne suis point Prussien, je suis Français ; je me suis battu avec vous pendant le siège de Paris ; je
crois avoir fait mon devoir de bon citoyen. — Vous êtes un
Prussien Français ! c'est encore pis ! » crièrent plusieurs voix.
Nous continuâmes notre chemin au milieu des huées. La foule
grossissait ; mais heureusement nous arrivions dans un lieu de
protection, la mairie du treizième arrondissement. »

Cette mairie va devenir le principal théâtre d'un drame, qui,
contrairement à l'ancienne règle classique des trois unités,
change de lieu à chaque instant.

On fit monter les deux prisonniers au premier étage, où ils
furent accueillis par M. Léo Meillet, un des chefs de la Commune
qui, moins féroce que la canaille environnante, promit de tout
faire pour les sauver et qui, en effet, s'y employa, y réussit et
s'y compromit.

Connaissant son monde, il voulait qu'on les mît d'abord en
liberté ; mais tout à coup intervint un personnage nouveau,
parfaitement inconnu au général Chanzy et à son compagnon.

C'était le *général* Duval (1). Il portait les insignes de son grade et il en exerça immédiatement les prérogatives dans une parodie que Jules Favre et l'Assemblée qualifièrent d'ignoble : « Citoyen général, dit-il à Chanzy, au nom des lois de la guerre, je vous arrête (2) ! »

Je veux bien croire que M. Edmond Turquet, député de l'Aisne, ne calculait point ses effets, mais, s'il les eût calculés, il n'eût pas procédé avec plus d'art. Chez lui, la science de la gradation théâtrale était innée. Sa seule imprudence fut de mêler un instant le plaisant au sévère, commé dans les pièces romantiques ; mais déjà la casquette était oubliée. Une seule fois, un fâcheux lui cria d'abréger ; mais presque toute l'Assemblée répondit à cette invitation désobligeante par un encouragement contraire, et, ainsi soutenu, il eut le droit de dire : « Écoutez, messieurs, c'est de l'histoire... j'écris en vous parlant ! »

C'était en effet de l'histoire et on voulut connaître la suite. Un député, encore plus ému que ses voisins, cria : « Il faut que l'Europe sache tout ! » J'avoue que j'étais moi-même fort alléché et très curieux d'en apprendre davantage, tout en songeant qu'on pouvait dire de M. Edmond Turquet comme de Tite-Live : *in historia orator*.

Il reprit haleine, on fut tout oreilles, et de nouveau je suis pas à pas son discours :

« Chanzy ne discuta point. Il se leva et dit simplement : « Je « suis à vos ordres ! » Mais comme on paraissait négliger son *aide de camp*, celui-ci s'adressa au général Duval et demanda la permission de suivre Chanzy partout où on le mènerait. « Qu'à cela ne tienne ! fit Duval, mais qui êtes-vous ? — Edmond

(1) Il fut pris et fusillé moins de quinze jours après, au Petit-Bicêtre, sur la route de Versailles à Choisy-le-Roi, dans la grande sortie que firent les fédérés par la rive gauche de la Seine, sur Meudon, tandis qu'une autre colonne opérait vers Rueil et Bougival.

(2) Je transcris mes notes, mais les comptes rendus officiels portent une autre expression : « Je vous fais mon prisonnier » ! qui rappelle un peu les formes chevaleresques des anciennes armées féodales et la situation spéciale des prisonniers de guerre avec les obligations réciproques qu'elle créait aux vainqueurs comme aux vaincus.

Turquet, député de l'Aisne. — Alors je ne vous arrête pas. — Pourquoi. — Parce que vous n'êtes pas militaire. Je ne puis vous arrêter que comme aide de camp du général Chanzy. D'ailleurs vous êtes militaire, puisque vous êtes décoré. — Alors arrêtez-moi simplement comme sergent-major; c'était mon grade pendant le siège. — Soit! »

Et le citoyen Gaudin, chef de la prison militaire du 9e secteur, reçut l'ordre d'écrouer le général Chanzy et le sergent qui l'accompagnait.

On les mena d'abord chez Léo Meillet, auprès duquel ils trouvèrent pendant leur captivité une protection efficace pour eux, dangereuse pour lui. Ils n'étaient pas depuis un quart d'heure dans la maison que la foule, restée en bas, manifesta impérieusement ses volontés : « Jetez-nous par la fenêtre le général et son aide de camp ! »

Elle les eût mis en pièces. Elle craignait qu'on ne les fît évader. A deux reprises, des gardes nationaux montèrent, résolus à braver l'énergique résistance de Léo Meillet, pour s'assurer que les prisonniers étaient toujours là et qu'on ne leur avait pas ravi leur proie. Chanzy seul put les calmer en les invitant à mettre des factionnaires dans la pièce, près d'une croisée ouverte qui permettait au peuple de surveiller ses otages. Bientôt même cette garantie ne suffit plus à la férocité populaire. On parla de les conduire en prison, puis quelqu'un demanda s'il n'était pas plus simple de s'en débarrasser sur l'heure en les fusillant devant la chapelle du général Bréa, située juste en face. Alors Léo Meillet prit son pistolet et plusieurs gardes nationaux qui lui étaient dévoués tirèrent leurs sabres pour défendre le général; mais celui-ci déclara péremptoirement qu'il ne voulait pas exposer leur vie, et il se laissa emmener à la prison du 9e secteur. M. Turquet l'y suivit et ils y restèrent pendant deux jours, entourés d'égards par des gardes nationaux qui présentaient respectueusement les armes au général; mais le peuple, excité par de véritables tricoteuses, fut bientôt repris de ce délire sanguinaire qui a toujours caractérisé ses révoltes, et le protecteur, Léo Meillet, jugeant que leur vie était de nouveau en danger, décida de les transférer immédiatement à la prison de la Santé, où montaient la garde deux bataillons à peu près sûrs. On jeta pêle-mêle dans une voiture Chanzy et le général de Langourian, avec ses aides de camp et plusieurs officiers arrêtés par surcroît.

M. Edmond Turquet se trouva alors séparé d'eux, mais Léo Meillet lui raconta ensuite ce qui s'était passé, et il put à son tour renseigner l'Assemblée. La voiture quittait à peine la porte de la prison du 9e secteur qu'elle fut cernée par une foule furieuse, les chevaux dételés, les aides de camp frappés à coup de crosse, les généraux jetés à terre et maltraités. « Fusillez-le ! Fusillez-le ! » criaient quelques misérables en montrant Chanzy. Léo Meillet le sentit perdu et eut une inspiration géniale : « Eh bien, allons, qu'on le fusille, si on l'ose ! »

Personne n'osa, et les gardes nationaux profitèrent de cette minute d'hésitation pour entraîner le général vers la prison. Il était sauvé ! Un autre groupe entourait et menaçait le général de Langourian. Il leur montrait, sans les émouvoir, son bras mutilé par un obus prussien. Il reçut là deux nouvelles blessures.

Restait M. Edmond Turquet. Personne ne faisait plus attention à lui. Il sollicita de nouveau l'honneur d'accompagner Chanzy. On lui répondit : « Vous êtes libre ! Allez-vous-en ! » Léo Meillet, attentif jusqu'au bout, le conduisit à la gare dans une voiture, monta avec lui en chemin de fer et l'escorta ainsi jusqu'à Versailles.

« J'y suis depuis dix minutes, concluait l'orateur, et me voilà ! »

Ainsi se termina ce roman vécu par des hommes qui avaient été si près de mourir. Je crois bien que si on le passait au crible de la critique historique, il faudrait en prendre et en laisser ; mais l'Assemblée n'en était pas à faire ce triage. Elle réunissait dans un même bravo sympathique Turquet et Meillet, lorsqu'un député justement inquiet demanda : « Et Chanzy ? » On apprit alors qu'il était toujours à la prison de la Santé, gardé par des fédérés scrupuleux qui n'entendaient pas qu'un crime souillât leur arrondissement. M. Edmond Turquet exprima l'espoir que le général et une vingtaine d'officiers enfermés avec lui ne seraient pas fusillés... !

« Quelle générosité ! interrompit une voix de droite, et c'est pour ces gens-là qu'on nous demande encore des ménagements ! »

Il est certain que l'aventure de Chanzy mettait dans une assez fâcheuse position les *Parisiens*, je veux dire les députés qui prêchaient sans cesse en faveur de Paris. Sur une exhortation plus ou moins insidieuse d'un membre de la majorité, plusieurs se proposèrent, entre autres Langlois — toujours Langlois ! — et Schœlcher, pour aller à Paris réclamer aux *autorités* nouvelles l'élargissement des prisonniers. Il y eut comme un élan. Tous ! Tous ! Ernest Picard, ministre de l'intérieur, promit d'accompagner ceux qui se dévoueraient.

En fin de compte, Schœlcher et Clemenceau y allèrent, ne purent rien obtenir et furent obligés de revenir à Versailles les mains vides, ce qui ne releva pas leur crédit. On eut ensuite beau jeu à leur rappeler cet échec quand ils se portèrent forts pour Paris.

CHAPITRE VIII

LES PARISIENS

Cette comédie n'en recommença pas moins tous les jours. J'ai déjà dit que les députés de Paris repoussaient avec une indignation à peu près sincère toute connivence avec les assassins et les pillards ; mais qu'ils répondaient du *vrai* peuple parisien pourvu que l'Assemblée daignât lui faire une petite avance... républicaine. Or leur ¡vrai peuple était parfaitement dévoué, de cœur, sinon de bras, à l'insurrection. Il y mettait même de l'amour-propre. Quoi ! Paris reculerait devant Versailles, devant les Seine-Oisillons comme les appelait Rochefort. Lorsque ses défenseurs revenaient ainsi à la charge, on les clouait aisément : « Que peut faire l'Assemblée, lorsqu'on vous rejette, lorsque vous-mêmes, républicains avérés, républicains avancés, républicains rouges, en avez été pour vos frais de cordialité et d'éloquence. C'est une capitulation pure et simple que vous nous demandez ! » Au fond c'était bien un peu cela ; ils le niaient, mais avec tant de précautions et de réticences sous lesquelles on devinait leur véritable pensée, qu'un jour Dufaure excédé les accusa d'hypocrisie.

Ces ardents municipalistes, mesurant la défaveur que leurs

prétentions rencontraient dans l'Assemblée, voulaient au moins savoir si le gouvernement partageait au même degré les sentiments de réprobation que la Commune naissante inspirait aux députés de la province. Ils l'interrogeaient à tout propos sur ses intentions à l'égard de Paris et sur la politique qu'il comptait suivre pour en finir avec l'insurrection. Était-il partisan des voies pacifiques ou d'une guerre de sanglantes représailles? Avait-il résolu d'opposer la force des armes à l'égarement passager d'une population foncièrement honnête qu'une longue suite de déceptions et de calamités avait jetée dans la révolte? Recommencerait-il le siège de Paris avant d'avoir épuisé tous les moyens de conciliation et de rapprochement? Enfin ils lui donnaient à entendre que son devoir était de traiter, par leur intermédiaire, avec l'émeute déchaînée.

Les ministres répondaient invariablement que l'entente n'était possible qu'au prix d'une soumission prompte et complète ; qu'ils la souhaitaient ; qu'ils voulaient, malgré tant de symptômes contraires, l'espérer encore, que leur indulgence était acquise d'avance aux égarés repentants, qu'on ne serait sévère que pour les scélérats qui les avaient entraînés et que M. Thiers lui-même appelait le parti du brigandage. Avec ceux-là, avec l'assassinat et le pillage, jamais on ne pactiserait ; mais les autres, ceux qui n'avaient cédé qu'à une impulsion irréfléchie ou que la terreur avait enrôlés dans l'émeute, qu'ils fissent seulement un signe, qu'ils montrassent un semblant de bonne volonté, et l'on était prêt à leur pardonner, et même à les défendre contre la grossière tyrannie dont ils étaient les premières victimes.

Malheureusement ce signe, ce geste, on l'attendait en vain. Rien n'indiquait jusqu'ici qu'ils y fussent disposés. On leur a, disait M. Thiers, envoyé l'amiral Saisset, un des héros du siège, pour les rallier, pour les aider à se ressaisir ; ils l'ont condamné à mort. On leur a envoyé ensuite le vainqueur de Coulmiers, le général d'Aurelle ; il n'a pu obtenir de la garde nationale aucun concours. On dit que des élections municipales suffiraient à les calmer, mais, s'ils se voyaient menacés de n'être pas élus, ils commenceraient par fenverser les urnes. Et M. Thiers ajoutait : « Paris aura, comme toutes les communes de France, son Conseil municipal, mais il faut nous laisser le temps de faire une loi qui d'ailleurs ne le désarmera pas. Qu'il réfléchisse, qu'il revienne à la raison, qu'il rentre dans le devoir. Quand il y consentira, il trouvera nos bras ouverts, mais qu'il nous ouvre d'abord les siens. C'est aux rebelles à faire les premiers pas. Nous attendons, nous patientons. Vous voulez connaître notre politique, c'est — pour le moment — une politique de temporisation. »

Il voulait, comme on dit, voir venir et arriver à la bonne heure. Clemenceau répliquait, ripostait et ne manquait jamais de rejeter sur le gouvernement la première faute, l'origine du conflit. C'était toujours M. Thiers qui avait précipité le pays dans la guerre civile. Et, devant la stupéfaction générale, il se reprenait, se rétractait à demi, alléguant qu'il n'était pas encore maître de sa parole, que la langue lui avait fourché ; tant qu'à la fin le banc des ministres se fâcha :

« C'est indigne ! Vous nous dénoncez aux bourreaux ! Vous nous désignez à leurs fureurs ! s'écrièrent en même temps Jules Favre et Dufaure. » Et Jules Favre, montant à la tribune avec cette physionomie irritée qu'on ne lui connaissait plus guère depuis la chute de l'Empire, prononça un discours terrible. Son langage dépassait de beaucoup, en énergie, celui que venait de tenir M. Thiers. Il flétrissait en termes enflammés l'insurrection et ses journalistes, avocats du crime ; il exaltait au contraire l'intrépidité des journaux de l'ordre, dont les directeurs, républicains ou royalistes, protestant sous le couteau des assassins contre les usurpations de la Commune, refusaient de la reconnaître et de lui obéir. Ce fut en effet un beau moment pour la presse. Elle eut plus de courage ce jour-là que la Convention au 31 Mai et la Chambre des députés au 24 Février.

C'est dans cet ardent réquisitoire que Jules Favre demanda «pardon à Dieu et aux hommes». Il reconnut qu'en arrachant à l'infernal génie de Bismarck une concession que celui-ci jugeait dangereuse et qui consistait à ne point désarmer la garde nationale, il avait commis la plus lourde des fautes. « Il dépend aujourd'hui de cette garde nationale, disait-il, de consommer son déshonneur ou de se racheter ! » Et il qualifiait sa conduite de folie sanglante, et il ne trouvait pas de mots assez forts pour stigmatiser la tourbe impure dont elle subissait le joug. Son discours était à la fois un anathème et un *meâ culpâ*. Trois fois il y invoqua le nom de Dieu.

L'émotion de l'Assemblée égalait celle de l'orateur : « Oh ! c'est affreux ! c'est affreux ! gémissait Langlois. — Il n'y a qu'à appeler la province et à en finir ! » s'écriait l'amiral Saisset, debout et prêt à marcher. Et le marquis de Mornay : « Il faut que Paris se soumette, entendez-vous ! — Avez-vous les moyens de l'y contraindre? — Nous attendrons ! »

Sur ce mot, Clemenceau se lève et récrimine contre le discours *provocateur* de Jules Favre. Langlois se plaint qu'on discute pendant que la maison brûle. Tirard, héroïque, promet de se faire tuer dans sa mairie.

Thiers, toujours maître de lui quand on ne le mettait pas personnellement en cause, éprouva le besoin de les calmer. Il répéta que la France ne déclarait pas la guerre à Paris, que Paris ne devait pas s'y tromper, et qu'une fois l'ordre rétabli, il aurait, lui aussi, ses franchises municipales. Qu'on relise aujourd'hui les discours de Thiers et de Jules Favre, il y a entre les deux l'intervalle de deux ou trois octaves. C'est que Favre disait du fond du cœur, ou croyait dire, à la politique le plus désabusé des adieux, tandis que Thiers poursuivait, jusque dans la fournaise, les ambitieuses satisfactions qu'il avait recherchées toute sa vie. Elles lui donnèrent, dans cette crise, l'énergie nécessaire pour sauver la France.

Cela se passait dès la seconde journée de Versailles, le mardi 21 mars. Les *Parisiens* faisaient perdre ainsi à l'Assemblée nationale le temps qu'elle aurait pu employer à discuter le statut municipal qu'ils réclamaient. Leurs doléances se prolongèrent, en échos successifs, jusqu'à la prise de Paris. Lorsqu'on put s'occuper de la loi promise par le gouvernement, on ne parvint pas à contenter ce groupe remuant qui, sans faire précisément cause commune avec l'insurrection, ne négligeait aucune occasion de montrer son penchant pour elle. Des élections municipales en plein chaos ! Clemenceau, Lockroy, Peyrat et leur entourage croyaient-ils vraiment à cet emplâtre sur un incendie ? Ou n'était-ce qu'un prétexte pour ne pas rompre complètement avec les insurgés ? Dès le lendemain ils recommencèrent, alors que la vie de Chanzy, prisonnier de scélérats qui le considéraient déjà comme un otage, ne tenait plus qu'à un fil (1) et que la fusillade de la place Vendôme aurait dû leur ouvrir les yeux sur le néant de leur chimère. On sait ce qui advint de cette manifestation débonnaire, organisée par les derniers amis de l'ordre. Elle creusa encore davantage le fossé de sang. Une vingtaine de braves gens y furent blessés. A leur tête, Henry de Pène reçut une balle dans le ventre, et mon ami Gaston Jollivet y apprit à ses dépens qu'il ne faut jamais se frotter sans armes à des brutes armées. Quant à l'amiral Saisset, commandant en chef *in partibus* d'une garde nationale qui se refusait à marcher, il y perdit tout espoir de réunir assez de bonnes volontés pour user utilement des pouvoirs dont M. Thiers l'avait investi. Les fédérés le condamnèrent à mort par contumace (2).

(1) Il ne fut libéré qu'après plusieurs jours d'une détention menacée à chaque heure d'une fin tragique.

(2) Gaston Jollivet, qui m'a raconté en détail cette piteuse échauffourée, en avait compris le péril. Sa conviction était faite sur la nécessité de ne manifester qu'avec des fusils et des cartouches ; mais les bons bourgeois qui étaient à ses côtés voulaient éviter l'effusion du sang. Ils ne répandirent que le leur. De la place occupée par le 215ᵉ et le 75ᵉ fédérés partirent d'abord deux coups de feu et la débandade commença. La queue de la manifestation se jeta dans les rues transversales Saint-Augustin et des Petits-Champs, tandis que la tête continuait sa retraite par la rue de la Paix en s'abritant de son mieux le long des maisons dont les concierges avaient prudemment fermé les portes. Elle offrait ainsi une cible excellente aux soldats de Ferré et de Raoul Rigault. Bientôt Gaston Jollivet se trouva presque seul au beau milieu de la rue. Il se rappelait avoir entendu dire à Ranc qu'un bon émeutier en détresse ne doit jamais raser les murs qui sont de fâcheux points de mire. Il profita de la leçon, se tint au milieu de la rue et en fut quitte pour une balle reçue presque à bout portant dans le bras droit. S'il n'y eut que peu de victimes, c'est que la plupart des insurgés étaient ivres et tiraient mal. Notre ami ne cache pas que ce souvenir l'a rendu moins sévère pour le fléau de l'alcoolisme.

Il y a des familles sur lesquelles pèse une sorte de fatalité. Le père de Gaston Jollivet, député de Rennes (groupe Thiers) depuis 1830, avait été tué le 24 fé-

Cependant, si suggestive qu'elle fût, cette réception faite aux pacificateurs par les fédérés ne découragea pas encore les *Parisiens*. Ils s'empressèrent de revenir à la charge lorsqu'un vent d'émeute souffla de Paris sur la province. Lyon, Toulouse, Narbonne, Limoges étaient en feu. M. de l'Espée, préfet de Saint-Étienne, venait d'être assassiné. Cette contagion, au lieu de les calmer, les excita, et dans leur situation de demi-insurgés, ils s'en autorisèrent pour renouveler leur tentative et forcer la main au gouvernement. Celui-ci se fût montré certainement plus résolu à leur égard s'il n'avait eu ses vues secrètes qui l'empêchaient de leur rompre en visière une bonne fois et franchement. Ces hommes, après tout, étaient des républicains, et M. Thiers, chef de la République, tenait à ne pas se brouiller complètement avec eux. Il pressentait que sa politique personnelle aurait, tôt ou tard, besoin de leur concours. Certaine défiance sourde qu'il devinait dans la majorité de l'Assemblée l'avait mis en éveil, et, dès cette époque, il contait, dans l'intimité, l'apologue du perroquet, oiseau prudent et sage, qui reste toujours accroché d'une patte à son perchoir quand l'envie lui vient d'en descendre.

Pour comble de honte et de malheur, au moment même où, sur la place Vendôme, les fédérés de Paris donnaient un si éloquent commentaire aux émollientes adjurations de leurs maires-députés, les Prussiens faisaient mine de rentrer en scène. Le général Von Fabrice écrivait de Rouen à notre ministre des affaires étrangères que les insurgés usaient de procédés en contradiction avec les préliminaires de paix, qu'ils manifestaient devant les forts du Nord occupés par l'armée prussienne, qu'ils détruisaient les télégraphes et que, si cela continuait, la ville de Paris serait traitée en ennemie. Jules Favre fut obligé de répondre à son sévère correspondant une lettre assez humble où il le priait d'épargner à la population honnête et inoffensive de

---

vrier 1848 sur la place de la Concorde en protégeant un garde municipal assailli par la foule. Comme il montrait sa médaille pour s'ouvrir un passage, des soldats ahuris virent là je ne sais quel emblème et il tomba frappé de trois balles. Il fut enterré dans le sable des Tuileries et identifié seulement trois jours après.

Paris les calamités d'une exécution militaire. En même temps il assurait le général Von Fabrice que le triomphe de l'insurrection n'avait été qu'une surprise, que Paris serait repris sous peu de jours et que Son Excellence aurait alors entière satisfaction.

Deux jours après, M. Edmond Turquet, qui décidément s'essayait aux interventions sensationnelles, donnait connaissance à l'Assemblée d'une lettre où le major général prussien Von Schlotheim s'exprimait à peu près dans les mêmes termes que le général Von Fabrice. Seulement cette dépêche, très courtoise et presque amicale, était adressée au « Comité central de la garde nationale parisienne », d'où il résultait que les chefs de l'armée prussienne correspondaient en même temps avec Versailles et Paris. Le Comité central répondait, dans une dépêche non signée, que la Révolution accomplie à Paris avait un caractère purement municipal et ne serait en aucune façon agressive contre les armées allemandes. Jugez de l'effet : « C'est de l'entente cordiale ! » fit observer M. Antonin Lefèvre-Pontalis. Jules Favre affecta de considérer ces lettres comme apocryphes. L'étaient-elles? Il dut, malgré son doute, avouer qu'en présence des événements les Prussiens avaient suspendu leur mouvement de retraite. « Il faut donc bien que la France le sache, disait-il, c'est la coupable émeute de Paris, c'est cette folie à jamais maudite qui consomme les malheurs du pays... Il est trop certain que la sédition de Paris a singulièrement aggravé la position de la France et si, par une résolution énergique, nous n'arrivons pas à en avoir bientôt raison, le mal pourra prendre des proportions que, pour ma part, je ne saurais mesurer ! »

L'Assemblée feignit, elle aussi, de ne pas croire à l'authenticité des dépêches communiquées par M. Turquet. Elles étaient peut-être fabriquées. Il n'est pourtant pas téméraire d'entrevoir là une combinaison machiavélique imaginée à Berlin pour faire un peu plus de mal à la France. Le chancelier de fer excellait dans l'art des dépêches truquées, et la disgrâce du comte d'Arnim nous a révélé depuis un des principaux secrets de la diplomatie bismarckienne.

Le même jour, Ernest Picard déposa, sans conviction, un projet de loi municipale applicable à toute la France. Les *Parisiens* de Versailles le sommèrent d'en presser la discussion, comme si leur candeur arrogante pouvait espérer encore que ce chiffon de papier ferait tomber les armes des mains qui venaient de s'en servir si prestement place Vendôme. Target lança un mot dans le bruit. Il appela ces farouches révolutionnaires, toujours prêts à fusiller les gens, « la garde prétorienne de l'émeute ».

Une des prétentions de l'Assemblée était de dominer autant que possible ses émotions intérieures pour paraître absolument libre d'esprit. Elle discutait entre temps la loi sur la prorogation des échéances commerciales, que le rigide Dufaure lui-même jugeait nécessaire, et elle accordait aussi à des propositions puériles une attention qui démentait le sang-froid de commande qu'elle aimait à s'attribuer. Un député voulait qu'on entourât d'un crêpe noir le drapeau du 88e de marche qui avait mis la crosse en l'air à Montmartre. Un autre, nommé Ducuing, orgueilleux possesseur d'une barbe magnifique et qui passait pour un éminent financier parce qu'il s'occupait d'affaires financières, réclama des insignes, écharpe et cocarde, afin que les représentants du peuple pussent se présenter devant l'émeute avec ce signalement et en essayer l'effet sur elle. On lui répondit que les insignes étaient facultatifs et que rien ne lui défendait d'en porter. Mais à quoi bon, si l'on ne tentait pas l'expérience qui séduisait Ducuing? Alors Bérenger (de la Drôme), qui est encore aujourd'hui sénateur inamovible, proposa de tirer au sort une commission de quinze membres qui s'en irait parlementer avec les insurgés parisiens et dont la présence rendrait du cœur aux hommes d'ordre.

— Trente ! enchérit un député obscur.

— Tous ! tous ! ajouta un autre enchérisseur.

Une immense acclamation leur répondit. C'était à qui paierait de sa personne et se mettrait en route pour Paris. L'Assemblée décida qu'elle se réunirait immédiatement dans ses bureaux pour examiner la proposition et qu'il y aurait séance le soir pour la discuter.

Heureusement pour les braves à qui cette généreuse idée était passée par la tête, la Commission chargée d'y réfléchir choisit pour rapporteur un homme d'une sérénité imperturbable, le tranquille Batbie, véritable mastodonte rembourré de bon sens. Il vit du premier coup les dangers de ce magnanime enfantillage, et le soir, quand on se réunit de nouveau après dîner, il donna brièvement les motifs d'un rejet, que l'Assemblée, si ardente l'après-midi, accueillit sans trop de grimaces. Elle avait compris que les Quinze — ou les Trente — iraient tout bonnement se fourrer dans la gueule du loup. Seul l'intrépide Bérenger protesta. On l'admira, on le félicita et on donna raison à Batbie.

Le même jour, à la fin de la première séance, un incident s'était produit qui mérite d'être retenu. Il fut encore provoqué par les maires de Paris. L'un d'eux, Arnaud (de l'Ariège), qui faisait partie de l'Assemblée, avait annoncé que ces messieurs arrivaient à Versailles pleins de bonnes intentions, s'étant donné à eux-mêmes le pacifique mandat de se mettre en communication avec l'Assemblée nationale. Ils n'ignoraient pas que l'accès de la salle des séances était interdit à quiconque n'était pas député ou membre du gouvernement ; mais, dans des circonstances aussi graves, ne pouvait-on faire une exception en leur faveur?

« Nous tombons dans le désordre ! » dit Buffet, et une grosse majorité témoigna qu'elle partageait son opinion.

Arnaud (de l'Ariège) était un homme respecté et respectable, s'il en fût. Il représentait un type qui a disparu depuis : le républicain catholique (1). Sa haute honnêteté, sa gravité naturelle, son visage même, d'une expression mystique, sa calvitie monacale qui laissait voir un crâne d'une forme extraordinaire, inégal et bossué, plat dans sa partie antérieure et prodigieusement bombé sur l'occiput, tout contribuait à faire de

---

(1) Je n'oublie cependant pas l'abbé Lemire.

lui un personnage original et à lui assurer la déférence de ses collègues. Le président Grévy ne pouvait lui donner complète satisfaction. C'eût été une vraie déchirure au règlement que d'admettre les maires de Paris à siéger, sans mandat, parmi les députés de la France, dans une sorte de promiscuité parlementaire qui eût créé le plus dangereux des précédents ; mais le questeur Baze mit immédiatement à leur disposition deux tribunes, d'où ils plongeaient sur la salle et pouvaient presque donner la main à leurs amis et camarades de l'Assemblée. Ils y étaient à peine installés qu'ils poussèrent un formidable cri de « Vive la République », auquel ceux-ci répondirent d'en bas, les bras tendus, dans un fraternel transport d'enthousiasme. Ils avaient l'air de s'embrasser à travers l'espace.

« La séance est levée ! » fit le président Grévy. Il quitta le fauteuil et en un clin d'œil la salle se vida. Il me parut bien qu'esclave de sa fonction, Grévy avait voulu couper court à une démonstration incorrecte ; mais il s'en expliqua le soir par une équivoque. A l'entendre, il avait simplement levé la séance pour se conformer à une décision que venait de prendre l'Assemblée. N'avait-elle pas résolu en effet de se retirer immédiatement dans ses bureaux ? Grévy s'excusait ainsi auprès de ses amis républicains qui lui reprochaient sa précipitation. Le questeur Baze ajoutait qu'en procédant autrement le président eût manqué à tous ses devoirs ; mais évidemment il ne l'entendait pas de la même manière que Grévy. A cheval sur les prérogatives de l'Assemblée, il estimait que cette rapide clôture de séance, commentée si diversement, était amplement justifiée par la manifestation inconvenante des *Parisiens*, députés ou maires. On voulut bien ne pas chicaner.

Un fagot d'épines que ce Baze ! Il ne pouvait pas souffrir les journaux et, en quinze jours, il avait trouvé le moyen de se mettre à dos toute la presse. Il se glorifiait d'être hargneux, bourru et mauvais coucheur à plaisir. Questeur au 2 Décembre, il en avait gardé le cauchemar des coups d'État. L'Assemblée était sa chose, son domaine, et il aurait voulu ne la montrer à personne. Quiconque demandait à la voir lui devenait suspect.

Bon chien de garde, d'ailleurs, mais toujours prêt à se hérisser et à mordre.

La réception des maires de Paris et leur admission dans les tribunes de l'Assemblée nationale avaient, en somme, assez mal tourné, et c'était bien leur faute. Ils n'avaient pu s'abstenir de crier leur amour pour la République aux oreilles d'une majorité qui ne le partageait pas. Malgré le tiède accueil qu'elle leur fit, ils essayèrent encore, comme on dit, de se rattraper aux branches. Une proposition présentée par le même Arnaud (de l'Ariège) énumérait les conditions auxquelles Paris, suivant eux, consentirait à se soumettre. Que l'Assemblée voulût bien, en se l'appropriant, lui donner une sanction légale, et on s'acheminerait à grands pas vers la réconciliation définitive.

Cette idée et cette espérance étaient de pures folies. Elles montraient bien que la tête commençait à leur tourner et qu'ils avaient perdu la vue exacte des choses. Cependant une commission fut nommée immédiatement, délibéra sur cet absurde papier et promit de déposer son rapport le soir même, aux chandelles. Au lieu du rapport, on eut une communication dilatoire. Le président de la Commission faisait savoir que M. Thiers en personne avait manifesté le désir d'être entendu par elle. Aussitôt les *Parisiens* bondirent, Clemenceau d'un côté, Tirard de l'autre ; Ducuing lui-même intervint, bien qu'il fût député de Tarbes.

Il était dix heures du soir, et un simple renvoi de la discussion au lendemain prenait à leurs yeux l'apparence d'un défi injurieux, qui mettrait infailliblement le feu aux poudres. Tirard ressemblait à un fou, Ducuing affectait le calme d'un sage. Ils demandaient le rapporteur à cor et à cri. Ce rapporteur était M. de Peyramont, vieux magistrat fort original que je rencontrerai bientôt sur mon chemin, et dont j'admirai dès lors la modération et le bon sens. Le vacarme ne lui faisait pas peur. Il était presque bossu et tout à fait homme d'esprit. Il entre, on le somme de s'expliquer ; il réplique avec un grand sang-froid que M. Thiers jugeait la proposition dangereuse et la discussion encore plus. Les dernières nouvelles de Paris étaient si alarmantes que le moindre mot imprudent prendrait un air de provocation et pourrait faire couler des flots de sang. Là-dessus, Clemenceau proteste, Tirard se précipite à la tribune, en descend, y remonte et ne consent à la quitter que sur une adjuration d'Arnaud (de l'Ariège), qui blâme ses collègues de leur impatience et demande à se concerter avec eux. Le bruit redouble, on ne s'entend plus, Arnaud prêche dans une sorte de fosse aux lions.

Tout à coup M. Thiers paraît, Arnaud lui cède la place et le silence se rétablit.

Il répète ce qu'a dit le prudent Peyramont, que, si on discute, on va infailliblement jeter de l'huile sur le feu. Une parole malheureuse, dite sans mauvaise intention, peut déchaîner une catastrophe. « Si vous êtes vraiment une Assemblée politique, rentrez en vous-mêmes et taisez-vous ! » Clemenceau n'en avait pas envie ; il leur laissa, dans une dernière menace, toute la responsabilité de leur silence, et l'on s'en alla.

Les événements se précipitaient. Le lendemain Arnaud (de l'Ariège), incendiaire malgré lui, retirait sa proposition. Les bras lui tombaient de découragement et d'impuissance. Il n'espérait plus et son noble cœur se brisait. Clemenceau s'était fait la main pour l'attaque. Quatre jours après, il donnait sa démission de député de la Seine et se disait convaincu, dans sa lettre au président, qu'il ne pouvait même plus essayer de rendre quelque service au pays. Mais l'Assemblée n'en avait pas fini pour cela avec ces obstinés *Parisiens*. Louis Blanc voulait que, par une résolution solennelle, l'Assemblée décorât du titre de bons citoyens les maires de Paris qui venaient de convoquer les électeurs.

Alors un député de la droite demanda à cette même Assemblée de déclarer nulles les élections faites à Paris la veille. Elle enterra les deux propositions pour ne causer de chagrin à personne. Elle aimait ces compromis. La crainte de paraître inflexible et brutale l'obsédait. Elle redoutait ceux de ses membres qui la poussaient aux solutions extrêmes. Clemenceau venait de rompre décidément avec Versailles, lorsque le marquis de La Rochethulon, qui avait une réputation de boute-feu, demanda la permission de faire une communication à l'Assemblée. Propriétaire à Paris, on avait collé sur les murs de sa maison une affiche avec ces mots en gros caractères : *Bon à fusiller*. Il s'en déclara très honoré, et Ernest Picard lui dit : « Si on vous avait vu au mont Valérien, on saurait que vous ne craignez pas les balles ! »

Il donna lecture d'un article du *Journal officiel*, dont le directeur était alors Longuet. Cela était signé Édouard Vaillant. Bien qu'on puisse le relire tout au long dans les *Annales parlementaires*, l'impression qu'il produisit, et que j'en ressentis moi-même, m'engage à en donner ici une nouvelle édition.

« On nous assure, mais la nouvelle n'a rien d'officiel, que le duc d'Aumale serait à Versailles. Si cela était vrai, c'est que de Bordeaux à Versailles le duc d'Aumale n'aurait pas rencontré un citoyen. C'est par des faits semblables que l'on voit combien le sens moral et physique s'est affaissé. Dans les républiques antiques, le tyrannicide était la loi. Ici une prétendue morale nomme assassinat cet acte de justice et de nécessité...

« La société n'a qu'un devoir envers les princes : la mort. Elle n'a qu'une formalité à accomplir : la constatation de l'identité !

« Les d'Orléans sont en France, les Bonaparte veulent revenir ; que les bons citoyens avisent (1) ! »

Une colère, manifestée par des exclamations diverses, montait peu à peu dans l'Assemblée. Ernest Picard, qui n'était pourtant pas un homme irascible, échauffa encore les esprits en expliquant que l'auteur de l'article avait soin, dans ses recommandations, de joindre les propriétaires aux princes. La gauche, et surtout les *Parisiens*, visiblement gênés par cet appel direct à l'assassinat, crurent embarrasser le marquis en lui demandant : « Quelle est votre conclusion? »

« Bien simple, répondit-il, je prie mes honorables collègues

(1) M. Édouard Vaillant est député de Paris depuis que l'amnistie de Gambetta nous l'a rendu.

de la gauche, aujourd'hui maires de Paris, de vouloir bien dire à leurs collègues que désormais, à leur égard, je me considère comme en état de légitime défense ! »

Alors, le sabbat commence. Vingt députés de la gauche jouent la fureur et se précipitent vers la tribune. Le candide Victor Lefranc se joint au solennel Schœlcher. Langlois écume, Tolain articule je ne sais quoi de terrible que ses gestes commentent. Tirard ne se connaît plus : « Depuis huit jours, s'écrie-t-il, nous exposons notre vie, et l'on vient nous insulter à cette tribune ! » Schœlcher déclare infâmes les derniers mots du marquis et réclame une rétractation.

Calme au milieu de cette tempête, le marquis ne rétracta rien. Il déclara que ses paroles s'adressaient aux auteurs de l'article et à quiconque faisait cause commune avec eux ; qu'elles ne visaient aucun des membres de la gauche qui reconnaissaient l'autorité de l'Assemblée, que cependant, quelques-uns de ses membres ayant pactisé avec l'émeute, il priait leurs amis de leur transmettre son sentiment.

Schœlcher insista avec des poses de grand justicier, si bien que le marquis finit par lui décocher un dernier trait, auquel il ne put rien répondre : « J'ai dit que mes paroles ne s'appliquaient à aucun des membres de l'Assemblée, parce que je suis convaincu que tout le monde ici reconnaît ses droits. Si, par malheur, il y en avait un qui ne les reconnût pas, mes paroles s'adresseraient à lui. »

Or, il y en avait, et plus d'un, comme on en eut bientôt la preuve, si bien que l'indignation perpétuelle du couple Tirard-Langlois parut un peu hors de saison. Quant à moi, j'étais pour le marquis. Je trouvais qu'il avait eu raison de dénoncer cet odieux papier ; et j'admirai sa fierté dans l'orage un peu factice que cette dénonciation déchaîna. Les *Parisiens* ne voulaient pas en convenir : ils affectaient, en toute occasion, de se séparer des violents de la Commune, mais ils conservaient avec les insurgés de Paris des affinités, visibles dans toutes leurs paroles et dans tous leurs actes. Ni assassins, ni voleurs, ni complices des voleurs et des assassins, c'est entendu ; mais indulgents aux crimes et aux criminels, « complaisants aux méchants ». Jamais ils ne répudièrent franchement l'insurrection. Je crus dès lors et je crois encore aujourd'hui que Catilina, Lentulus, Cethégus et autres Raoul Rigault avaient dans le Sénat français tout au moins quelques amis, disposés, comme César, à leur épargner le châtiment suprême et à plaider en leur faveur les circonstances atténuantes.

Ce premier tumulte était à peine apaisé qu'une *question* de ce même Fresneau, qui avait déjà soulevé des tempêtes, provoqua une nouvelle bourrasque. Il voulait savoir du ministre de l'intérieur si l'Internationale continuait à introduire dans Paris des éléments de désordre.

Il n'avait pas fini sa phrase que Floquet s'écriait :

« Ces gens-là sont fous ! » Appelé à la tribune pour s'expliquer, il s'efforça de réveiller l'incident La Rochethulon, aggrava, au lieu de la retirer, l'injure très préméditée qu'on lui reprochait, et se fit rappeler à l'ordre par Grévy. Au moins eut-il la loyauté de reconnaître qu'il y avait un abîme entre Paris et Versailles (1).

Ce n'était pas par vingt kilomètres mais par mille qu'on était séparé et on ne parviendrait jamais à s'entendre. Floquet ne se gênait pas pour hausser les épaules lorsque les conciliateurs, ses amis, travaillaient ou paraissaient travailler à un accord manifestement impossible. Bientôt ce fut Delescluze, puis Lockroy, puis Millière qui se retirèrent de l'Assemblée. Élus membres de la Commune de Paris, ils annoncèrent qu'ils optaient pour elle et ils le firent en termes si outrageants qu'il fut un instant question de les poursuivre. Dufaure, ministre de la justice, ne s'y refusait pas absolument. Le président Grévy declarait au contraire qu'à ces insultes, sans portée et sans péril, l'Assemblée ne devait répondre que par le silence du dédain. Delescluze et Millière devaient mourir six semaines après sur

_____

(1) Floquet ne manqua, dans cette circonstance, ni de courage, ni de présence d'esprit. Il n'essaya pas un moment de flatter ses juges. Au reste, j'ai été directement sous ses ordres, comme chef des secrétaires-rédacteurs, quand il était président de la Chambre, et je garde de ses bons procédés à mon égard la plus sincère reconnaissance.

les barricades. Lockroy, député inamovible de Paris pendant trente-trois ans, a été un assez bon ministre de la marine. Le moment approchait où les *Parisiens*, complètement discrédités auprès de l'Assemblée, seraient forcés de rester tranquilles. J'ignore comment l'histoire, quand elle essayera d'être impartiale (et ce ne sera pas tout de suite), appréciera leur conduite ; mais je sais bien qu'elle sera mal informée ou injuste si elle néglige de constater que ces « plénipotentiaires de l'émeute », comme les appela un rural, ne cessèrent pas un seul jour de créer des embarras au gouvernement. Celui-ci s'en tirait vaille que vaille, par de douces remontrances, mais je n'avais pas besoin d'une grande perspicacité pour apercevoir qu'à tort ou à raison sa politique lui interdisait de rompre complètement avec eux ; il escomptait leur collaboration éventuelle à l'œuvre républicaine qu'il préparait. Les *Parisiens* le sentaient, le voyaient et ne perdaient pas une occasion de stimuler ainsi celui qu'ils regardaient déjà comme leur « cheval de renfort ».

Les moins violents du groupe, Langlois, Tirard, Tolain, esquissèrent encore quelques petits retours offensifs. Floquet, dégoûté, va partir. Brisson reste, frémissant mais muet, ou peu s'en faut, d'ailleurs parlementaire convaincu et ennemi, comme Grévy lui-même, de toutes les turbulences révolutionnaires. Dans la lutte entre Paris et Versailles, leur rôle est fini.

CHAPITRE IX

FIGURES OUBLIÉES

Les assemblées politiques usent vite les hommes. — De la Constituante, de la Convention, de la Révolution même, combien sont-ils, sur 750, les noms qui ont survécu? — Les lois de l'Assemblée nationale. — La magistrature inamovible et les commissions mixtes. — M. de Peyramont. — Gavardie et le coup de cinq heures. — M. Guichard et la Déclaration de 1682. — Les chevau-légers. — Durfort de Civrac et Valfons. — Numa Baragnon. — L'homme des vacances. — Target et Lambert de Sainte-Croix. — Les amis de M. Thiers. — Barthélemy Saint-Hilaire. — Les fonds secrets. — Sextius Aude. — Les faiseurs de mots. — Tillancourt. — Les excentriques. — Jean Brunet. — Les dames parlementaires. — Symptômes de désunion.

Les Assemblées politiques font une grande consommation d'hommes. La province y envoie, en général, des célébrités de clocher, qui s'éclipsent bientôt dans la foule environnante et dont l'histoire garde à peine le souvenir. Apparus, oubliés. Quelques ambitieux essaient, par des interventions tapageuses, par des discours retentissants, de se défendre contre cette mort hâtive de leur personnage; peu y réussissent. On en parle un jour, mais bientôt s'éteint le petit bruit qu'ils ont fait, et ceux de leurs contemporains qui vivent longtemps s'étonnent de n'en plus retrouver trace dans la mémoire des jeunes générations. Demandez aujourd'hui à un homme de quarante ans ce que furent un Baragnon, un Péconnet, un baron Chaurand, un Bozérian, un Lenoël, et cent autres; voire un Depeyre, un Barascud, un Francisque Rive, etc., etc.; il les ignore, il ne sait même pas qu'ils ont existé et ont eu leur jour. Une douzaine se sauvent plutôt par le nom de leur famille, quand ils s'appellent Barante, Castellane, Ségur ou Haussonville, que par leur action personnelle dans les grandes affaires nationales. Dans la Convention elle-même, malgré ses délégués dans les provinces et aux armées, malgré tout ce qu'elle a remué et détruit, malgré le sang qu'elle a versé, et qui lui reste aux mains, parviendrait-on à trouver, en dehors de ses victimes, recommandées à la postérité par la proscription et l'échafaud, cent de ses membres sur 750, à qui l'histoire ait gardé une petite place? Et la Constituante, si fière, si noble, si peuplée de talents et de vertus! Toute renommée s'y obscurcit dans l'ombre de Mirabeau, de Barnave et de Robespierre. Je n'oublie ni Clermont-Tonnerre, si Sieyès, ni les Lameth, ni l'abbé Maury, ni Lally-Tollendal, ni Malouet, ni Cazalès, mais compterait-on seulement vingt-cinq constituants comme ceux-là qui aient réellement survécu?

On est effrayé, en y songeant, de ce que dévorent les Assemblées. Celle de 1871 apparut comme un réservoir de capacités sans emploi, d'illustrations méconnues, comme un conservatoire de *valeurs*. Et elle fut bien cela, en effet, c'est-à-dire une des plus belles, une des plus brillantes et aussi des plus remuantes que la France ait honorées de sa confiance, un grand Conseil d'État, certainement un état-major, et que reste-t-il aujourd'hui, — je ne dis pas de ceux qui s'étaient produits avant elle, — mais des hommes nouveaux qu'elle mit en lumière? Rien ou presque rien n'en a surnagé. Et elle a fait une Constitution qu'on peut proclamer éternelle, puisqu'elle dure depuis quarante ans, et que, chez nous, c'est l'éternité.

Je voudrais ici rendre un semblant de vie fugitive à ces respectables fantômes qui prirent corps un moment, moins dans les batailles politiques que dans la discussion des lois. Cette œuvre si nécessaire, car la France tombait en ruines, et il fallait tout réparer ou reconstruire, l'Assemblée nationale s'y attela résolument dans les rares intervalles de tranquillité relative que lui laissait la Commune. Elle était de deux sortes : lois organiques à refondre dans un moule plus large et plus libéral que celui de l'Empire ; lois de circonstance à improviser suivant les besoins créés par la guerre étrangère et la guerre civile. Dans la première catégorie se rangent naturellement les lois sur l'armée, sur les conseils municipaux, les conseils généraux, la presse, la magistrature et, en général, sur tout l'appareil administratif battu en brèche par les partisans d'une décentralisation qu'on réclame encore aujourd'hui de toutes parts. Dans la seconde, outre l'affreux traité de Francfort, la loi sur les échéances commerciales, sur les loyers, sur les décrets de la Défense nationale, sur ses marchés, sur les indemnités dues aux populations éprouvées par l'invasion et l'occupation allemande, etc... L'Assemblée nationale ne craignit pas de m'étreindre en embrassant trop. Elle résolut de tout faire et, en réalité, elle fit beaucoup. Elle fit plus en moins de cinq ans que la plupart des Chambres qui l'ont suivie. Elle fit trop !

Au début, lorsque, à peine installée à Versailles, elle s'y trouva en face de la Commune, un zèle sincère, mais un peu agité, l'entraîna à des manifestations, ou plutôt à des imitations inutiles. Elle lança le grand mot : « La patrie est en danger ! » se déclara en permanence, siégea le dimanche, siégea la nuit ; mais cette ostentation énervante et puérile la fatigua bientôt elle-même ; la permanence, qu'on avait vainement essayé de définir, ne dura pas ; le dimanche et la nuit furent rendus au repos, et soulagée de cette excitation superficielle, qui plaisait à la gauche comme une réminiscence républicaine, l'Assemblée nationale travailla.

Dès le vendredi 24 mars elle ouvrit la discussion sur les effets de commerce. Millière, qui n'avait plus que deux mois à vivre, montra en cette matière délicate une compétence qui étonna les spécialistes. Moins esclave de la secte révolutionnaire à laquelle son dévouement était acquis, et moins prompt à payer de sa personne, ce malheureux homme, de cœur ardent et d'extérieur glacé, aurait eu assez d'intelligence pour mourir sénateur, aussi bien que son ancien et prudent camarade Tolain, qu'il regardait comme un traître.

Le lendemain, on s'occupa d'un projet qui intéressait la magistrature. Il s'agissait d'annuler les décrets de révocation rendus par Crémieux contre certains magistrats inamovibles.

La bataille s'engagea entre un principe, l'inamovibilité des juges, et un sentiment, la haine qu'inspiraient les commissions mixtes dont plusieurs de ces juges avaient fait partie. A dire vrai, il n'y eut point de bataille ; tout le monde, sauf trois ou quatre républicains, étant d'accord pour maintenir le principe de l'inamovibilité et flétrir en même temps les juges prévaricateurs. Ainsi l'entendait le président de la Commission, ce même M. de Peyramont, auquel j'ai déjà fait allusion dans une autre circonstance, et dont le nom mérite d'être retenu, ne fût-ce qu'un moment, par l'histoire. Ancien magistrat, il gardait dans sa personne toute l'autorité et toute la dignité de sa fonction. Bien qu'il eût une épaule beaucoup plus haute que l'autre, nul ne semblait aussi capable de tenir, exacte et droite, la balance de la justice, et on ne se souvenait de sa disgrâce physique que pour en faire honneur à son esprit. Par une coïncidence bizarre, le rapporteur, M. de Ventavon, en était, lui aussi, affligé, dans une proportion moindre, le dos un peu bombé seulement, mais boiteux par surcroît. Un type d'ailleurs que ce sexagénaire, nez busqué aspirant, par-dessus la bouche, à rejoindre le menton, petits yeux pétillants de malice, des cheveux crépus qui lui descendaient sur le front, d'autres au contraire défrisés qui lui tombaient en longues mèches le long des joues, le personnage le plus populaire de la comédie italienne et le plus cher aux enfants, surtout quand il rosse le commissaire. Et magistrat, comme M. de Peyramont !

  Le premier orateur qui prit la parole fut un républicain corse ; il tenait à contester le principe de l'inamovibilité, très malmené depuis par la troisième République. Mais on attendait à la tribune le duc d'Audiffret-Pasquier, un des chefs de la droite. On le savait éloquent et si enragé contre l'Empire que l'on comptait sur sa fureur pour donner encore plus de nerf à son éloquence. Il ne trompa pas cette attente. L'Empire, ses origines, son coup d'État, son gouvernement, ses magistrats et ses commissions mixtes furent étrillés à tour de bras par le noble duc. Il leur donna positivement ce que les Allemands appellent la schlague, avec le chat à sept queues des

Anglais. Les pamphlets en prose ou en vers de Victor Hugo pâlissent à côté de cette exécution. Il s'y sentait encouragé par la faveur de l'Assemblée. Au « Tue ! » des uns répondait « l'Assomme » des autres, et lui-même se rappelait sans doute qu'il avait brigué la députation sous l'Empire et que la candidature officielle avait triomphé des « quatre cent mille livres de rentes en terre » dont on l'entendit un jour se prévaloir dans les galeries de Versailles. Je n'oserais pas prétendre, n'en sachant rien, que ce fût un caractère vindicatif, mais, quoique bon chrétien, il ne pratiquait pas le pardon des injures politiques, et jamais homme ne fut moins disposé à tendre l'autre joue.

J'aurai bien d'autres choses à en dire, et je le retrouverai bientôt, porté en triomphe dans une sorte d'apothéose oratoire, qui fut l'apogée de sa vie publique ; mais, en ce moment, je ne veux pas quitter M. de Peyramont, figure de second plan à côté de la sienne. Cet honnête homme fit un discours plein de sagesse. Il s'y associait avec une énergie calme à la réprobation qui poursuivait depuis vingt ans les commissions mixtes ; mais il plaidait les circonstances atténuantes en faveur des magistrats qui s'y étaient laissé introduire. Il rappelait que la France, inquiète sur son avenir, avait été plutôt rassurée que révoltée par le coup d'État. C'était la vérité même, cependant Brisson lui cria : « C'est l'apologie du crime faite à la tribune ! »

Il sourit, impassible au milieu du tapage, et se contenta de répondre : « Oh ! quant à moi, je suis bien à l'aise en cette affaire ! Je ne vous dirai pas pourquoi ; croyez bien, sur ma parole, que je ne fais pas l'apologie du 2 Décembre ! »

On le somma de s'expliquer, mais il refusa, et l'obstination qu'il y mit intriguait son auditoire, lorsque Bérenger (de la Drôme) prit la parole et s'expliqua pour lui :

« M. de Peyramont était procureur général lors du coup d'État, il se démit immédiatement de sa charge, et comme le préfet lui en demandait la raison, il s'excusa ainsi : « Je donne « ma démission parce que mon devoir serait de vous faire arrê- « ter, si je restais en place ! »

Ils trépignèrent d'enthousiasme et je crus un moment qu'ils

allaient l'appeler Caton. Il se contenta de dire qu'avec cet acte
dans son passé, il avait le droit de se tenir dans les limites du
vrai et du juste. Sait-on jamais ce qui, au moment psychologique,
a pu se passer dans une conscience humaine? Peut-être M. de
Peyramont avait-il discuté une minute avec lui-même avant de
prendre son parti, et n'était-ce pas assez pour l'incliner à l'indulgence? Les hommes scrupuleux comprennent les scrupules
d'autrui.

Dans la même discussion se révéla M. de Gavardie surnommé
l'homme-horloge. Invariablement, lorsque cinq heures sonnaient,
on voyait se lever au fond de la salle un petit homme noir qui
lançait une interruption à l'orateur. Chacun réglait sa montre
sur ce signal et si, par hasard, M. de Gavardie oubliait son tic,
il se trouvait toujours quelque collègue facétieux pour lui
crier : « Hé, Gavardie, il est cinq heures ! » Alors il s'exécutait.
On en fit une plaisanterie qui s'attacha à sa personne, et sa
réputation d'horloger nuisit à sa renommée d'orateur.

Ce débat sur les commissions mixtes montra que vingt
années d'Empire n'avaient pas amorti les passions. Si, au coup
d'État, ceux qui furent les vaincus avaient été les vainqueurs,
ils n'auraient pas montré, dans la victoire, un plus ardent désir
de vengeance. Le duc d'Audiffret-Pasquier avait communiqué
à beaucoup de ses collègues sa soif de représailles, et Dufaure,
ministre de la justice, n'en parut guère moins altéré que lui.
Respectueux du principe de l'inamovibilité, il n'alla pas jusqu'à
promettre de révoquer les magistrats coupables d'avoir siégé
dans les commissions mixtes, mais il ne dissimula point qu'il
comptait sur leur pudeur pour se révoquer eux-mêmes, c'est-à-
dire pour débarrasser spontanément la magistrature de leurs
personnes déshonorées.

Je relève dans cette même échauffourée les noms de Victor
Lefranc, de Lepère et de Brisson (1). Ceux-là ne sont pas

(1) Je dirai de M. Brisson ce que j'ai dit ailleurs de Floquet. Président de la
Chambre. il m'a honoré et protégé de toute sa bienveillance. Je ne l'oublierai
jamais, et j'eusse été heureux de lui en adresser ici mon respectueux remerciement, s'il n'était mort depuis.

complètement oubliés. Henri Brisson y fit son apprentissage. Très animé, mais isolé, comme un jeune conscrit, au milieu de la vieille garde républicaine, il se dévoua pour arracher au garde des sceaux des décisions impitoyables. On sait que Dufaure avait une manière assez dédaigneuse de répondre à ces sommations.

Enfin, je remarquai là, pour la première fois, un grand vieillard, républicain lui aussi, qui accusa les commissions mixtes d'avoir fait encore plus de mal à la France que le tribunal révolutionnaire « d'horrible mémoire » ! On opposa à cette opinion un « Oh ! Oh ! » significatif et un léger murmure courut dans l'Assemblée. Celui qui parlait ainsi était M. Guichard, député de l'Yonne, qui, dans la suite, se fit connaître comme anticlérical résolu, et ne manqua jamais de dire son mot dans les démêlés qui s'élevèrent entre l'Église et l'État. Non qu'il fût un ennemi de la religion, mais il appartenait au groupe chaque jour diminué des derniers gallicans et se réclamait de la Déclaration de 1862 comme d'une Charte inviolable, contre laquelle ne saurait prévaloir aucun autre Concordat. Bossuet, en tant qu'évêque, était son homme. Dès qu'il prenait la parole, on croyait voir apparaître la fameuse Déclaration ; il l'enseignait à ses collègues.

Ce sorbonien original, intrépide défenseur du pouvoir civil et des droits de l'État, était le père de Mme Arnaud (de l'Ariège), qui fut, dit-on, pour Gambetta, une Égérie souvent écoutée. Je suppose que le gallicanisme de Guichard inquiétait parfois l'orthodoxie de son gendre. Il avait acquis dans le gaz une fortune royale, dont il usait généreusement en faveur de son parti et pour la propagande de ses idées.

Je voudrais devancer les événements et anticiper sur leur chronologie pour bloquer ici, dans un seul cadre, plusieurs de ces figures de second ou de troisième plan, qui eurent leur jour à l'Assemblée nationale. Pas toutes, cependant ; cela ferait une petite Assemblée dans la grande, et elles se nuiraient réciproquement par la quantité. Je retrouverai, au fur et à mesure des discussions, celles que j'aurai paru omettre et il est possible que j'en réunisse encore un certain nombre dans une seconde liste, pour ne pas leur donner l'importance de portraits isolés.

La grande consultation nationale du 8 février avait éliminé le gros de l'ancienne armée bonapartiste et j'ai eu beau chercher minutieusement, je n'ai pu retrouver, de ce bloc si puissant naguère, qu'une vingtaine de revenants, y compris quelques impérialistes honteux et dépaysés qui tâchaient de faire oublier leurs origines. Quatre ou cinq étaient Corses ; un autre s'appelait Joachim Murat. Les Charentes avaient fourni leur petit contingent, Ganivet, Roy de Loulay, Eschassériaux. On a vu quelle énergie déploya Conti à Bordeaux. Galloni d'Istria, brave et fidèle, mais peu habile à saisir l'à-propos, s'offrait généralement des manifestations intempestives. Arthur Legrand, député de la Manche, disait son mot de temps à autre. Haentjens et Prax-Paris affrontaient sans crainte la défaveur de l'Assemblée et prenaient franchement part aux discussions. Plichon et Kolb-Bernard, très éteints, devaient le respect dont on les entourait encore au souvenir du zèle religieux qu'ils avaient déployé dans les dernières années de l'Empire.

Haentjens ruminait, sous sa grosse moustache noire, des idées financières originales ; une certaine difficulté qu'il éprouvait à les exprimer en dissimulait la hardiesse. Dans le long débat auquel donna lieu la loi municipale, Prax-Paris prononça un discours qui fut très écouté.

La majorité royaliste avait des chefs, dont le nom reviendra à chaque instant sous ma plume, et je ne m'occupe en ce moment que de ses sous-officiers, la plupart comtes ou marquis. Je ne crois faire tort à personne en rangeant dans cette catégorie huit ou dix intransigeants légitimistes, les Dahirel, les Belcastel, La Rochejaquelein, Bouillé, de la Rochette, Bisaccia, les deux Juigné, et Lorgeril, le Lorgeril des chapeaux. Tous ces personnages firent honneur au nom qu'ils portaient, mais ils dépensaient leur activité entre eux, dans leurs groupes, dans leurs cercles, dans leurs clubs. Ils discutaient là les résolutions à prendre et, dans l'Assemblée, ils votaient plus qu'ils ne parlaient. Aucun d'eux n'avait d'ambition personnelle qui le poussât à la tribune. Ils ne réussirent jamais à trouver la monnaie de Berryer. Ils se glorifiaient de pratiquer une politique intransigeante, qui reposait tout entière sur l'espoir d'une troisième restauration avec le roi légitime, le comte de Chambord. Ils s'étaient baptisés eux-mêmes les chevau-légers, ils auraient pu aussi bien s'intituler les *ultras*. Parmi leurs personnalités les plus en vue (encore une fois je laisse de côté les chefs), je rencontre le comte Durfort de Civrac, un vrai Vendéen, reconnaissable à ses longs cheveux, à ses yeux d'un bleu vague et profond où toute son âme semblait retirée. Il fut un moment vice-président d'une Chambre républicaine, un peu empêché et taciturne au fauteuil.

J'ai déjà parlé de Cazenove de Pradine, un glorieux mutilé de Loigny. Le marquis de Valfons, député du Gard, attira tout de suite mon attention. Je venais de lire les *Souvenirs* d'un de ses ancêtres, et ces pages, que leur auteur devait écrire en se jouant, m'en avaient plus appris que tous les historiens sur la guerre et l'amour au temps de Louis XV. Je voyais ce galant soldat survivre, à l'Assemblée nationale, sous les traits de son arrière-neveu, jeune, vif, mince comme lui, élégant, méridional à souhait, cadet de Languedoc, sinon de Gascogne, et de la race jusqu'au bout des ongles. Le contraste était frappant entre ces deux légitimistes, Durfort et Valfons. L'un semblait sorti du marais du Bocage ; l'autre tout frais émoulu de Trianon.

Parmi ces modestes serviteurs d'une monarchie éventuelle, qui semblait reculer devant eux comme un mirage, soldats de seconde ligne mobilisés à l'improviste, réserve auxiliaire serrée et compacte, mais peu agissante, j'hésite à placer Numa Baragnon, d'abord parce que la modestie était son moindre défaut et ensuite parce que sa combativité naturelle était sa force.

Tandis que ses voisins semblaient surpris et comme embarrassés de l'occasion imprévue que leur offrait la fortune, il ne songeait qu'à se mettre en avant pour en profiter. Sa grosse tête ronde et sa figure joviale faisaient songer à un moine rabelaisien, élevé dans l'abbaye de Thélème ; nous l'appelions frère Numa des Entommeures. Il ne manquait pas d'esprit politique, et chaque mot, chaque interruption qu'il lançait au travers d'un débat avaient du sens. Je le trouvais sceptique et même parfois cynique, de franchise trop brutale et de carrure trop hardie, mais il se poussait ainsi, en jouant des coudes, dans la majorité conservatrice, sans qu'on ait jamais pu savoir laquelle des deux branches royales, l'aîné, ou la cadette, avait sa préférence. Au fond, peu lui importait, pourvu que l'une ou l'autre lui permît de faire son trou et le prît à son service? Il avait la parole facile et la riposte prompte, égayée d'un sourire qui trahissait plus de bonne humeur que de conviction. Il finit, après l'échec du 16 Mai, simple mac-mahonien, ignoré ou délaissé. Il s'était vanté, dit-on, de faire marcher la France. Fanfaronnade ridicule que personne n'a entendue, mais que tout le monde a répétée. Il y avait en tout cas chez Numa Baragnon un petit coin d'étourderie qui la rend assez vraisemblable.

Je n'entends pas, on le pense bien, exhumer ici tous les comparses auxquels le peuple français remit le soin de son salut et qui s'assirent sur les bancs de l'Assemblée nationale.. Je ne m'arrête qu'à ceux qui ne se perdirent point dans la foule et qui eurent au moins, en ces temps troublés, un semblant d'originalité personnelle, une petite valeur de types.

En voici encore un, le bon auvergnat Malartre, qui s'appelait lui-même « le pauvre Malartre » et qu'on avait surnommé « l'homme des vacances » parce qu'il avait pris l'habitude d'en demander souvent, et longues. Un jour le général Changarnier fit chorus avec lui et débita une idylle où il célébrait la paix des champs, l'ombre des hêtres et la fraîcheur des ruisseaux. Ils furent conspués l'un et l'autre par la gauche républicaine qui n'entendait pas de cette oreille. Le normalien Beulé s'étonna qu'un soldat comme Changarnier se montrât aussi bucolique et lui fit observer que Virgile avait suivi l'ordre inverse et voué sa muse à l'églogue avant de l'entraîner dans les combats. Le général fut obligé d'en convenir, mais il n'oublia pas de rappeler que lui-même avait fait en action son poème épique. Le pauvre

Malartre nous était cher à tous. Lorsque des vacances se dessinaient à l'horizon, nous allions le *taper*, c'est-à-dire le prier de sonner cette cloche.

Dans le gros bataillon orléaniste, — les légitimistes formaient plutôt un escadron, — j'avais deux amis, ou plutôt deux connaissances de journal, Target et Lambert de Sainte-Croix. Nous nous étions souvent rencontrés au *Courrier du Dimanche*, du temps que Prévost-Paradol florissait, puis au *Journal de Paris*, puis au *Soleil* avec J.-J. Weiss et Édouard Hervé. Ils inspiraient plus qu'ils n'écrivaient, autant du moins que Weiss et Hervé — qui étaient bien des amis, ceux-là — étaient capables d'obéir à une inspiration étrangère. Je n'étais qu'un bien petit compagnon auprès de ces conseillers auliques, mais la fréquentation commune avait rapproché les distances et ils me traitaient volontiers en camarade. Target — mort récemment — racontait des anecdotes politiques, presque toujours piquantes et quelquefois instructives ; Lambert de Sainte-Croix faisait des épigrammes. Il avait beaucoup d'esprit et le dépensait volontiers, sans méchanceté. L'un et l'autre s'attaquaient à leurs bons alliés, temporaires et accidentels, de l'extrême droite. Je me permis un jour de demander à Lambert de Sainte-Croix s'il mettait quelque préméditation à ménager ainsi les républicains, tandis qu'il passait les légitimistes au fil de sa langue. « Non, me répondit-il, seulement je connais les uns et je ne connais pas les autres. » Je le vis chez lui, boulevard de Courcelles, après la ruine de toutes ses espérances. C'était toujours le même aimable homme, quoique désabusé. Il avait d'excellents cigares.

Target, moins sceptique, en était encore à croire que la puissance de la volonté humaine peut changer le cours des destinées.

Le parti républicain se partageait en deux groupes principaux, les vieux et les jeunes. Les vieux, les Schœlcher, les Jules Favre, les Picard, et les Magnin avaient une tendance à faire bande à part ; l'étourderie des jeunes, notamment du couple Floquet-Brisson, les effrayait ; ils ne savaient pas encore au juste ce que serait M. Wilson, un nouveau, de nom, de type

et de caractère anglais, silencieux et renfermé, le futur gendre
du président Grévy. Par contre, les jeunes trouvaient que les
vieux avaient fait leur temps, que l'heure de la retraite avait
sonné pour eux et ne se gênaient pas pour les traiter de patriarches. Les hommes entre deux âges, comme Tolain, Tirard,
Langlois, Bethmont, se flattaient d'unir la fougue des jeunes à
la sagesse des vieux.

Indépendamment de cette première division, forcément
arbitraire et qui résultait simplement d'une date de naissance,
il y en avait une autre à établir, comme on l'avait déjà fait en
1848, entre les républicains de la veille et ceux du lendemain,
entre les amants de cœur et les amants de raison. Ceux-ci cons-
tituaient la garde personnelle de M. Thiers et semblaient prêts
à le suivre partout où son ambition voudrait les mener. Ils
n'étaient pas les premiers venus. Ils s'appelaient Lasteyrie,
Maleville, Bertauld, Choiseul, les deux Rémusat, Rivet, Barthélemy Saint-Hilaire, Casimir-Perier, Dufaure, et cinquante
autres, moins décidés, qui attendaient les événements pour
prendre parti. On sait que Barthélemy Saint-Hilaire était non
seulement l'homme lige de M. Thiers, son *alter ego* et son confi-
dent, mais son factotum jusqu'à la domesticité. Il s'employait
dans la maison autant qu'à l'Assemblée et aucun travail, aucune
commission, même purement ménagère, n'humiliait sa philosophie.

Un jour, on l'a vu, il acceptait l'horrible douleur de communiquer aux députés de la France les conditions du traité de
Francfort et, le lendemain, il aidait Mme Thiers à faire sa
table. La servilité, ainsi entendue, et complètement désintéressée comme elle l'était chez Barthélemy Saint-Hilaire, a certainement sa grandeur. C'est le dévouement à sa plus haute
puissance, presque une religion avec ses joies intimes et ses mor-
tifications volontaires, ses délices et ses cilices.

Toutes les besognes, hautes et basses, de la présidence lui
passaient par les mains. Il avait également, dans son service,
la surveillance des espaliers de Versailles et la distribution des
fonds secrets.

Je tiens ce dernier détail d'un ami, Sextius Aude, qui fut, lui aussi, un des secrétaires intimes de M. Thiers, moins haut placé dans son intendance officielle que Barthélemy Saint-Hilaire, mais plus près encore peut-être de son absolue familiarité. Le chef du pouvoir exécutif avait été à Aix le camarade d'école de son père et ils avaient fait ensemble leurs farces d'étudiants. Farces est bien le mot, car il ne se passait guère de jour où quelque invention nouvelle ne mît toute la Faculté en émoi. Ils poussèrent la plaisanterie jusqu'à faire entrer un âne sellé et bridé dans la salle où le professeur de droit faisait son cours. Ces choses-là ne s'oublient pas et plus tard M. Thiers protégea, en se l'attachant, le fils de son ancien camarade d'espièglerie. Sans le libérer de sa très étroite sujétion quotidienne, il le fit entrer dans notre service, ce qui créa une espèce de lien entre la présidence et nous. Lorsque M. Thiers devait prendre la parole, c'était Sextius Aude qui lui apportait son café de tribune, soigneusement préparé par Mme Thiers ou par Mlle Dosne ; et si, pour une raison ou pour une autre, M. Thiers ne parlait pas, c'était nous qui le buvions. Nous le bûmes plusieurs fois.

Or il arriva qu'un jour, passant dans le vestibule du cabinet présidentiel, où Barthélemy Saint-Hilaire était occupé à fourrer des billets de banque dans des enveloppes, Aude en aperçut une où son nom était écrit avec ce chiffre : 5 000 ; il regarda fixement Barthélemy et lui dit, un peu fâché : « Non, pas ça, jamais ça ! » Et comme le traducteur d'Homère insistait, l'incorruptible Sextius mit à son refus un ton qui n'admettait pas de réplique : « Eh bien, soit, fit Barthélemy, cela grossira la part des autres ! »

Ces *autres*, nous aurions bien voulu les connaître et, de fait on en connaissait quelques-uns qui n'auraient pu vivre sans ce subside, mais Aude mit un doigt sur sa bouche et nous répondit comme à son tentateur : « Non, pas ça ! jamais ça ! » Ce qui ne l'empêchait pas de fredonner avec nous dans notre bureau la jolie chanson composée par Boysse sur le modèle et l'air des *Deux gendarmes* de Nadaud. Je l'avais copiée

8

tout entière, mais je l'ai perdue, et ma mémoire ne m'en rappelle qu'un couplet :

> Je n'ai Montespan ni Fontange,
> La Vallière ni Maintenon,
> Mais j'ai Mme Thiers, un ange,
> Et Félicie, un joli nom.
> Je les mène, quand vient l'aurore,
> Se promener sur le gazon...
> Monsieur Thiers, répondait Dufaure,
> Monsieur Thiers, vous avez raison (*bis*).

Ce fut Léon Say qui paya la dette de M. Thiers. Il nomma Aude entreposeur des tabacs. Ce brave et honnête garçon est mort receveur général.

Il y avait alors, dans le parti républicain, un historien, jeune encore, P. Lanfrey, sur lequel on fondait de grandes espérances. Il avait publié des *Lettres d'Evrard*, livre amer et triste, *wertherien*, que l'on comparait au *Jacques Ortis* de Foscolo, et une *Histoire de Napoléon*, dont ses amis disaient merveille. Je ne sais si, dans son for intérieur, il se piquait d'impartialité, mais il n'y paraissait guère. C'était une histoire *contre* Napoléon. Elle était écrite en bon style, mais on n'en pouvait lire dix pages sans s'apercevoir que l'esprit de parti les avait dictées. Non que les faits y fussent matériellement défigurés, mais un commentaire systématique leur donnait une couleur qui avait ravi les républicains. Les meilleures intentions de l'Empereur, comme ses inspirations les plus glorieuses y étaient ou omises ou méchamment interprétées. Ses batailles, ses victoires même lui étaient chicanées ; quelquefois l'auteur les intercalait presque furtivement dans le texte comme une quantité négligeable, tout au moins comme un élément inférieur. Ou bien il les ôtait à l'Empereur pour les attribuer à ses maréchaux.

On devine ce que devenait entre les mains de Lanfrey l'homme d'Austerlitz et de Marengo sans ses batailles. Figurez-vous Alexandre sans Arbelles et César sans Pharsale. Le moins que pouvait faire un juge équitable était de regretter cette lacune ; dans l'entourage de l'historien, on la trouvait géniale.

Cependant Lanfrey resta un grand homme en expectative ; il manqua au brillant avenir qu'on lui promettait. Est-ce sa mort prématurée qui l'empêcha de donner raison aux flatteuses prophéties dont il fut l'objet? Je croirais plutôt qu'il fut victime de sa timidité. Dans les Assemblées politiques on n'est rien si l'on n'est pas un orateur, tout au moins un parleur. Or Lanfrey avait peur de la tribune. Il savait écrire, mais il ne savait pas ou n'osait pas parler. Il ne fut que sénateur à vie. Napoléon lui a survécu.

Je cherche quel était le trait distinctif, le caractère dominant des divers groupes républicains dans l'Assemblée de Versailles, et il me semble que ce fut la gravité, un peu renfrognée. Ils semblaient prendre leur mandat comme un sacerdoce. La moindre apparence de gaîté, la plus innocente plaisanterie à côté d'eux leur paraissait un attentat contre la majesté de la République. On ne riait jamais dans ce coin-là. Ils se croyaient manifestement chargés d'une mission qu'ils auraient rougi d'appeler providentielle, mais qu'ils considéraient comme sacrée.

Il y avait, sur les banquettes parlementaires, une demi-douzaine de personnages enjoués et badins qui ne perdaient jamais l'occasion de rire un peu en faisant rire les autres, par exemple un député du Nord nommé Beaucarne-Leroux, qui interrompait les orateurs en plein discours pour leur crier : « Parlez ! parlez ! » avec une voix de ventriloque et un accent de Jean Hiroux. Cette jovialité n'était pas très drôle, mais apparemment elle était irrésistible, car on s'esclaffait. Seule, la gauche se retournait en maugréant contre ce farceur qui arrachait ainsi les représentants du peuple à leurs sombres préoccupations et y introduisait une ridicule détente. Grévy n'osa jamais le rappeler à l'ordre et quelques-uns s'étudièrent à l'imiter, entre autres un nommé Descat, député du Nord, jaloux sans doute, si bien qu'ils se sont réciproquement chipé leur gloire et qu'on ne sait plus exactement aujourd'hui si le véritable inventeur de cette bouffonnerie s'appelle Descat ou Beaucarne-Leroux.

Malgré leur aversion pour ce genre, les républicains avaient

dans leurs rangs le rieur qui les surpassait tous, et qui a joui
pendant quelque temps d'une juste célébrité. L'histoire parlementaire n'a pas complètement oublié son nom. Il s'appelait
de Tillancourt, et le département de l'Aisne l'avait déjà choisi
sous l'Empire, sans doute pour sa gaîté, dans les réunions
publiques. Lui aussi, il criait aux orateurs : « Parlez ! parlez ! »
mais il avait une spécialité : le calembour. Dans la salle des
séances comme dans les couloirs, il débitait tout haut des coq-
à-l'âne et en attendait l'effet avec un sérieux de pince-sans-rire.
Avisé d'ailleurs et expérimenté, très fort sur les questions administratives ; un bon conseiller général, ami des digressions
joyeuses et des propos salés.

La gauche républicaine enrageait quand il se livrait à cette
petite débauche ; cependant elle comptait elle-même dans ses
rangs une manière d'halluciné, ce Jean Brunet dont les caprices
du scrutin avaient fait un député de Paris. Il avait sans doute,
pendant le siège, présenté à l'imagination populaire des plans
de victoire et de délivrance qui l'avaient séduite, car elle vit
en lui un grand général, et il dut son élection à l'idée qu'elle
s'en fit. Lui-même se considérait comme un génie militaire de
premier ordre et n'éprouvait aucune fausse honte à le dire. On
le voyait avec terreur monter à la tribune, car on était prévenu
qu'il se proposait d'y expliquer toutes les ressources d'une stratégie qui, si on l'eût écouté, aurait sauvé Paris et la France.
On réussit plusieurs fois, par quelque artifice ou prétexte
réglementaire, à esquiver ce régal ; mais on ne put empêcher
le lunatique Jean Brunet de développer tout au long son invention principale. Je rappelle qu'elle consistait à transporter la
capitale de la France à Bourges ou à Clermont. Il disparut sans
retour avec l'Assemblée nationale. Les Parisiens désavouèrent
un élu qui voulait décapiter Paris. Ceci n'est qu'une esquisse
bien incomplète du tableau bariolé qu'offrait aux regards cette
Convention conservatrice, où le suffrage universel avait envoyé
quelques fantaisistes et monomanes de toutes les opinions.

Vue du haut des tribunes, elle avait grand air, et les tribunes
elles-mêmes, vues d'en bas, avaient aussi de quoi intéresser

l'observateur. Très turbulentes d'abord et toujours prêtes à intervenir dans les débats par des exclamations à demi étouffées qu'on essayait de ne pas entendre, elles se calmèrent peu à peu, et, au lieu de s'y montrer du doigt certains tapageurs brevetés qui, dans les premiers jours, s'y donnaient rendez-vous pour troubler la séance, on y lorgna les jolies femmes. Cette galerie fut bientôt très brillante, et elle eut ses habituées dont le souvenir reste attaché à l'Assemblée de Versailles. Plus de quarante ans ont passé sur elles ; mais mortes ou vivantes (je ne veux pas le savoir) je les revois telles qu'elles étaient alors, sérieuses, attentives, charmantes surtout, se causant à l'oreille, et se pinçant pour ne pas trop rire lorsque tel député, qui était parfois de leur monde et devait dîner chez elles le soir, lançait, pour honorer leur présence, quelque lourde sottise.

Deux d'entre elles surtout, Mmes de Rainneville et d'Harcourt, sont restées dans le souvenir de ceux qui furent alors les témoins de leur gloire. Elles semblaient inséparables. L'une et l'autre avaient beaucoup d'amis dans la salle, sans compter leurs maris, et je n'ai pas besoin de dire que M. de Rainneville, comme M. d'Harcourt, faisaient bonne figure dans la majorité conservatrice. On racontait qu'un jour ces dames avaient montré quelque dépit du silence obstiné que gardaient leurs nobles époux : « Mais parlez donc ! Vous ne parlez jamais ! » avaient-elles dit à ces deux taciturnes. Ainsi poussés, ils parlèrent et ne s'en tirèrent pas plus mal que le commun des amateurs ; tant il est vrai qu'il n'y a rien de tel qu'un ordre de femme pour faire des braves. Je crois que cette anecdote est plus vraisemblable que vraie et qu'elle a été arrangée dans les couloirs, où journalistes et députés jacassaient comme des pies borgnes.

La duchesse d'Harcourt était presque toujours en noir, dentelles, drap et velours, mais personne ne portait le noir comme elle. Son visage ressortait, d'un blanc de lis, dans cette pénombre. Mme de Rainneville donnait la mode des chapeaux. Les siens étaient fort simples, de paille ou de feutre suivant la saison, mais toujours couronnés de quelques fleurs légères, comme ceux des bergères d'idylles. Dans ce printemps de la Commune, elle inventa la capote *jeunes pousses*, qui dura plusieurs années. Rien ne convenait mieux à la souplesse de sa tournure et à la finesse de ses traits.

A côté d'elles, mais un peu moins en vue, exquise de grâce modeste et, pour ainsi dire, bourgeoise, on suivait d'un regard respectueusement sympathique Mme Lacave-Laplagne. Elle marchait les yeux baissés, se dérobant aux regards comme une violette dans l'herbe et visiblement embarrassée de sa bienvenue et du murmure flatteur qu'elle entendait autour d'elle. Elle eût rougi si elle l'eût osé, mais elle aimait mieux prendre un air boudeur que de rougir. Quoique mariée à un député, elle ne briguait pas les suffrages.

Non loin de ce bouquet réactionnaire, un peu à l'écart pourtant, comme il convenait à une austère républicaine, siégeait Mme Arnaud (de l'Ariège) ; un peu moins jeune que ces jolies royalistes, mais vraiment imposante et belle, d'une beauté marmoréenne et sculpturale, elle évoquait à mes yeux les grandes patriciennes de Rome, Cornélie, mère des Gracques. Et je ne fus pas étonné, quelques années plus tard, lorsqu'on apprit qu'elle donnait des conseils politiques à Gambetta. Je la comparai alors, dans ma pensée, à la George Sand de Ledru-Rollin.

J'ai entendu dire que la comtesse de Martel, qui a illustré son pseudonyme de Gyp, venait quelquefois à Versailles étudier certains types qui figurèrent depuis dans sa galerie ; mais, pour ma part, je ne l'y ai jamais vue ; et elle était alors fort jeune ; j'aurais certainement remarqué sa coiffure de béguine, ce fameux petit chapeau qui ressemblait à un bonnet de première communiante. Je ne la vis que beaucoup plus tard dans les Chambres républicaines qui suivirent le 16 Mai.

La plus assidue de toutes ces visiteuses était une étrangère, une Russe, la princesse Troubetzkoï. Elle manquait rarement une séance. On la savait admise et même recherchée dans la société de M. Thiers, pour qui elle manifestait d'ailleurs, en assez bon français, une admiration raisonnée. Il n'en fallait pas davantage pour qu'on lui attribuât, auprès de lui, un rôle politique exagéré et défiguré assez méchamment dans les *Mémoires* du prince de Hohenlohe. On rappelait celui que, trente ans auparavant, Mme de Liéven avait joué auprès de M. Guizot. Elle pouvait naturellement fournir à M. Thiers sur la haute société russe, peut-être sur quelques personnages influents à Saint-Pétersbourg, des informations intéressantes et, d'autre part, elle était bien placée pour envoyer en Russie des lettres documentées sur ce qui se passait dans l'entourage du gouvernement français. Observatrice clairvoyante, plutôt de surface que de fond, il est probable qu'elle ne se refusait pas le plaisir de renseigner, des deux côtés, ses amis franco-russes ; mais aucun papier indiscret n'a prouvé jusqu'ici qu'elle ait jamais cherché à s'introduire sérieusement dans les relations politiques des deux pays. Elle eût applaudi à l'alliance, rien ne porte à croire qu'elle y ait travaillé. L'expression un peu énig-matique de son visage et l'exotisme de toute sa personne con-tribuaient à répandre autour d'elle une impression de mystère qu'elle n'ignorait pas et qui l'amusait. On ne pouvait pas dire qu'elle répondît exactement à notre conception habituelle de la beauté. La sienne ne rentrait dans aucun des types où se confine notre esthétique. C'en était une variété différente, non pas précisément russe, mais moscovite, les méchants disaient tartare, caractérisée par la saillie des pommettes, la petitesse des yeux, avec un je ne sais quoi de fauve et de farouche dans l'ensemble. Il n'y avait pas jusqu'aux robes de reps blanc où elle se drapait qui n'attirassent le regard. Quant à moi, je ne trouvais rien de plus original et de plus attractif que cette *Cosaque*.

Tel est, en raccourci, le tableau exact que présentait l'Assem-blée de Versailles dans les premières semaines de sa réunion. Les têtes de colonne y manquent. Elles n'apparaîtront ici, pour le soutenir et l'orner, pour lui donner la vie et l'éclat, qu'au fur et à mesure de leur emploi. A ce moment, les chefs de parti ne se sont pas encore tout à fait révélés ; ils se sentent emportés, quelquefois malgré eux, dans le grand courant de confiance qui s'en va vers M. Thiers. Aucun homme nouveau n'a surgi ; le conflit entre le gouvernement et l'opposition ne se dessinera complètement qu'après leur victorieuse alliance contre la Commune. Cependant, au fond du décor, de petites vapeurs grises laissent prévoir de gros orages qui n'attendront pas tous, pour éclater, la défaite de l'insurrection parisienne. Il y a de l'hostilité dans l'air, tout au moins de l'inquiétude. On commence à se défier l'un de l'autre, et on échange de mielleux compliments, où se mêle une goutte de vinaigre. Une certaine incompatibilité d'humeur, jointe à une vue différente du lendemain, engendre des malentendus qui tournent vite à la querelle. Ces indices de rupture sont très curieux à noter ; ils sont plus marqués dans la coulisse que sur la scène ; mais, bien renseigné par sa police parlementaire, le principal intéressé ne s'y trompe pas, et il ne manque jamais, chaque fois qu'il y trouve quelque avantage, de fournir ou de réclamer des explications. Agressif et évasif tour à tour, il excelle à la fois dans l'attaque et dans la retraite ; mais il recule toujours moins qu'il n'empiète. C'est son grand art. Dans cette lutte sourde avec l'Assemblée nationale, il me représentait un paysan rusé qui déplace peu à peu à son profit la borne de séparation pour gagner une raie de champ. Je le comparais aussi aux ouvriers sertisseurs qui *nourrissent* un diamant (1).

---

(1) Cette opération consiste à substituer à la pierre qu'on est chargé de sertir une pierre imperceptiblement plus petite. Le changement ne s'aperçoit pas et au bout d'une douzaine de substitutions semblables on a un gros diamant. Je tiens le fait d'un professionnel.

CHAPITRE X

PREMIERS NUAGES

Mariage de convenance. — Attaques directes. — Horace de Choiseul. — Griefs de la majorité contre Ernest Picard, ministre de l'intérieur. — Les préfets. — La situation s'aggrave à Paris. — M. Thiers temporise et s'efforce d'amortir les chocs. — Les larmes de M. Thiers. — Sa tactique. — Ses flatteries à l'Assemblée. — Un mot imprudent. — Intervention de Kerdrel. — Les fureurs de Langlois. — Menaces de démission. — L'incident Mortimer-Ternaux. — L'indignation de M. Thiers. — Il accuse l'Assemblée d'ingratitude. — Il s'emporte jusqu'à l'injurier. — Elle s'humilie. — Gambetta à Saint-Sébastien. — Le duc de Broglie.

Entre l'Assemblée nationale et M. Thiers, chef du pouvoir exécutif de la République française, je ne saurais trop répéter que la confiance n'avait jamais été absolument cordiale. Ayant besoin l'un de l'autre, ils avaient signé, avec une sincérité relative, mais sans élan réel, un traité d'alliance, où la convenance avait plus de part que l'inclination. C'était l'union obligatoire par nécessité. En face d'un désastre national, aggravé par la formidable insurrection de Paris, l'Assemblée ne pouvait pas plus se passer de M. Thiers que M. Thiers de l'Assemblée. Le péril commun les obligeait à faire cause commune ; mais, des deux côtés, le contrat consenti laissa place à beaucoup d'arrière-pensées dont la principale était que l'Assemblée entendait faire la monarchie, tandis que M. Thiers rêvait de continuer la République. Il n'avait aucune chance d'être roi, tandis qu'il pouvait espérer pour lui-même une sorte de consulat renouvelable, dont se contenterait son ambition. Ni elle ni lui n'osaient s'en expliquer nettement ; mais, en dépit de leurs serments réciproques, ce sous-entendu dominait leurs relations et, à travers le vitrage plus ou moins dépoli qui les séparait, on les voyait travailler clandestinement en sens contraire. Dès la première heure, il y eut des suspicions, des ombrages, nés de ce dissentiment capital, en attendant l'inévitable conflit et la rupture définitive. De notre pauvre banc subalterne de secrétaires-rédacteurs, nous la voyions venir, et chacun de nous en parlait avec la plus extrême liberté. Boysse, qui n'aimait pas le gouvernement parlementaire, disait : « Quand tous ces bavards seront balayés... ! » Letellier, qui, ayant servi sous Guizot, ne pouvait souffrir M. Thiers, répondait invariablement : « Lorsque ce vieux farceur sera par terre !... » Et alors Sextius Aude interrompait : « Ménagez-moi, mes amis, je suis de la maison ! » Tous les trois sont morts, Ludovic Halévy est mort Maurel Dupeyré est mort, Behaghel est mort, mais le compte rendu analytique survit et nos successeurs apprécient à leur tour les beautés de la politique. Il ne reste plus de l'ancienne équipe que Ernest Daudet, qui s'en est depuis longtemps retiré et a trouvé de son talent d'écrivain un emploi plus en vue ; Gaston Bergeret, le fin romancier des *Evénements de Pontacq*, honoraire, lui aussi, et moi-même.

L'Assemblée n'était installée à Versailles que depuis quelques jours lorsqu'une première piqûre révéla ce qui se passait au fond des cœurs. On discutait une question peu susceptible, à première vue, d'éveiller les défiances : par qui, du ministre de l'intérieur ou du ministre de la guerre, seraient organisés les contingents de volontaires, demandés à la province pour protéger l'Assemblée et, au besoin, marcher sur Paris. La gauche préférait le ministre de l'intérieur, Ernest Picard, qu'elle savait inféodé à M. Thiers ; la majorité, représentée par Kerdrel, se prononçait pour le général Le Flô, ministre de la guerre, qu'elle jugeait plus indépendant. Elle en voulait aussi à Picard de n'avoir pas épuré assez vite les préfectures. Tout à coup Horace de Choiseul, serviteur dévoué de la politique présidentielle, se lève et interrompt Kerdrel. Son geste et son accent sont d'un homme qui, au courant d'une intrigue, va déchirer les voiles et même casser les vitres : « Est-ce pour prendre la place que

vous voulez renverser le gouvernement? » Le débat s'envenime
et s'égare. Ce sont maintenant dix députés de la droite qui
accusent leurs préfets et contre lesquels Picard est obligé de se
défendre. Puis Choiseul qui s'explique. Il reproche à Kerdrel
et à ses amis d'attaquer le cabinet et de chercher à prendre le
pouvoir : « Si vous pouvez nous donner des garanties suffi-
santes, nous n'hésiterons pas un instant à vous confier le gouvernement ; mais si vous avez l'intention de renverser sans
savoir comment vous pourrez édifier, nous vous disons :
Halte-là, vous ne passerez pas ! »

Cette sortie dépassait tellement l'objet du débat que l'on y
vit, même à gauche, la provocation inopportune d'un auxiliaire
trop zélé qui a mal compris les conseils du chef et récité trop
tôt sa leçon. Il n'était pas étonnant que les députés se plai-
gnissent d'être desservis dans leurs départements par leurs
préfets. Ils y voyaient non seulement une niche, mais une tactique réfléchie de M. Thiers. Celui-ci manquait à sa promesse
de « destituer les indignes et de remplacer les incapables ».
Kerdrel, la main sur son cœur, invoqua la pureté de ses intentions ; quelques hommes de bonne volonté s'interposèrent, et
l'on passa l'éponge ; mais il y resta un peu de fiel.

Quatre jours après, M. Thiers prononça son discours du *silence*.
A Paris, la situation s'aggravait d'heure en heure ; la Commune y organisait ostensiblement une attaque contre Versailles.
Craignant que, des deux côtés, on ne lui demandât des explications dangereuses : ici, des paroles conciliantes en faveur de
Paris égaré ; là, des menaces et des rigueurs contre Paris
révolté ; aux uns et aux autres il s'efforçait de coudre la bouche
en leur prêchant silence et prudence, à la fois comme une nécessité politique et comme un devoir d'honneur. Tous acceptèrent
le bâillon ; mais, sachant bien où le bât blessait les deux troupes
ennemies entre lesquelles il opérait, il jugea bon de les rassurer,
tour à tour par un nouveau serment. Cette manifestation
imprévue prit tout à coup un caractère solennel. M. Thiers
jura encore une fois devant la France, devant l'histoire et
devant Dieu, qu'il ne trahirait personne ni ne favoriserait

personne; il avait trouvé la République établie et certes il ne travaillerait pas à détruire la forme de gouvernement qui lui servait à maintenir l'ordre. Mais, contre aucun parti, il ne préparerait de solution frauduleuse; une fois la vie et la santé rendues à la France, elle seule disposerait de ses destinées. C'était le renouvellement, explicite et formel, du pacte de Bordeaux; il produisit son effet, on parla encore une fois d'union, de concorde, mais ce baiser Lamourette trop souvent répété devenait peu à peu plus machinal et prenait l'apparence d'une clause de style.

Au fond, la majorité monarchique se sentait jouée. Pendant tout le mois d'avril les opérations militaires contre la Commune firent quelque diversion à ses autres inquiétudes. Avant de se quereller, il fallait se battre et vaincre. Elle se contentait, la plupart du temps, soit dans les commissions, soit en séance publique, d'opposer une mauvaise humeur presque systématique aux propositions présentées par ceux qu'elle considérait comme les avocats de M. Thiers, Dufaure, Casimir-Perier, Bertauld, Léon Say, etc. Elle voyait, dans l'amendement le plus inoffensif, des velléités tendancieuses, et le moindre mot lui devenait suspect. De son côté, le gouvernement introduisait dans *le Moniteur* des articles peu en harmonie avec le fameux pacte. M. de Carayon-Latour s'en plaignait et Picard alléguait que c'était seulement la partie non officielle qui se permettait ces petits coups de canif dans le contrat. Enfin on s'épiait, on se guettait, et la guerre qui ne devait finir que deux ans plus tard, par un coup d'éclat, était déjà commencée. L'exécutif y avait nécessairement l'avantage, les principaux instruments de combat étant dans sa main.

Le 27 avril, M. Thiers donna un coup de sonde qui lui permit de montrer et de mesurer son pouvoir. Un jeune républicain catholique, M. Étienne Lamy, député du Jura, qui a depuis fait un assez joli chemin dans la littérature, venait de quitter la tribune et M. Le Royer, de Lyon, l'avait occupée après lui. Le débat portait sur cette révision des services publics qu'on appelle aujourd'hui la réforme administrative. Brusquement

M. Thiers demande la parole, s'excuse d'interrompre une discussion si intéressante et entame un discours dont le but n'apparaît point d'abord très clairement. Où veut-il en venir? Il
commence par donner de bonnes nouvelles du siège de Paris
et affecte de les envoyer à la France entière. Tout va bien et
le dénouement approche. Nous avons une grande et puissante
armée, commandée par des chefs que le gouvernement, fidèle
à sa promesse de neutralité politique, a choisis sans se préoc-
cuper de leurs opinions ou de leurs origines.

Je pense qu'il désignait ainsi, dans un sous-entendu, Mac-
Mahon et Galliffet, suspects aux républicains. Il ne craignait
même pas de comparer le premier, dans une parenthèse qu'il
dut regretter plus tard, au chevalier sans peur et sans reproche
et il le présentait à la Chambre comme un moderne Bayard.

Il continue : « Guerre affreuse, dit-il, dont saigne notre cœur.
Mais à qui la faute? Nous n'attaquons pas, nous défendons
l'ordre, la liberté, la civilisation elle-même. Chaque jour on
vient nous dire : « Soyez conciliants ! Soyez pacifiques ! » Et qui
donc souffre plus que nous de cette horrible guerre?... »

A ce moment, son émotion le domine, il s'interrompt, il
pleure, on le voit, et un immense applaudissement sèche ses
larmes.

Alors, par une transition insensible, toujours la même, car
il l'a déjà utilisée deux ou trois fois, il dévoile sa vraie pensée.
De toutes parts on lui envoie des émissaires chargés de lui dire :
« N'oubliez pas la liberté ». Mais quoi ! Est-ce qu'il l'oublie ? Ne
voit-on pas qu'elle ne s'est jamais présentée sous une forme
plus noble et plus belle ! Qu'est-ce donc que cette vraie et pure
République qui nous abrite dans cette crise. Vous qui semblez
méfiants et mécontents : « Regardez-la ! » Et il la leur montre,
et il leur jure que jamais l'Assemblée nationale n'a songé à la
détruire. Cette Assemblée qu'on accuse disposait du pouvoir
constituant, en a-t-elle usé? Non. Dans sa haute sagesse elle a
respecté ce qu'elle a trouvé. Elle ne songe qu'à aider le gouvernement, non pas à constituer, mais à réorganiser.

Toujours la même antienne. Cette insistance de M. Thiers

à renfermer l'Assemblée dans les limites étroites d'un devoir qu'elle brûlait d'élargir, et à la complimenter d'une discrétion qui lui pesait, commençait à échauffer les oreilles d'un certain nombre de militants royalistes qui devinaient le serpent caché sous les fleurs. M. Thiers y revint encore : « A ceux qui disent que l'on conspire ici contre la République, je réponds qu'ils en ont menti ! »

Ceux qui, sans conspirer précisément contre elle, n'en voulaient à aucun prix, trouvèrent la bravade un peu forte et saisirent au passage, pour protester, le premier mot qui leur parut contestable. L'orateur affirmait que les insurgés n'étaient qu'une poignée de scélérats qui terrorisaient Paris. Un interrupteur fit observer que, s'ils n'étaient qu'une poignée, ils ne donneraient pas tant de mal à nos soldats. Un instant après, M. Thiers, toujours attentif à ne pas trop blesser les Parisiens, laissa échapper un mot malheureux, qui lui fut immédiatement retourné avec colère. « Quelquefois, disait-il, dans cette suprême douleur de la guerre civile, la conscience tourmentée, déchirée, se demande de quel côté est le droit. » Comme, en cette circonstance, le doute n'était pas permis et que le droit était tout entier, sans chicane possible, du côté de Versailles, une explosion de murmures accueillit, comme une offense pour l'Assemblée, ce scrupule feint ou sincère, et M. Thiers, qui probablement s'y attendait, se fâcha ou parut se fâcher. Dans ces cas-là, il n'avait qu'un procédé, mais bon. Il posa la question de confiance et offrit sa couronne au plus digne, il savait bien qu'on le prierait de la garder. Rassuré par les témoignages qu'on lui prodigua, il retourna par un ricochet à son thème favori : « C'est donc bien entendu, vous ne voulez que réorganiser le pays ! » Et il accabla de flatteries un peu lourdes cette Assemblée courageuse, cette Assemblée patriote qui consentait à refouler ses impatiences les plus légitimes dans l'intérêt du pays.

Il fit si bien qu'à force d'appuyer il blessa, et que les mécontents poussèrent à la tribune le *loyal* Kerdrel, qui s'y surpassa lui-même. Il protesta tout d'abord des sentiments de cordiale confiance dont l'Assemblée était toujours animée à l'égard de

M. Thiers, il assura le chef de l'État de son dévouement personnel, il reconnut de nouveau qu'il fallait attendre encore un
peu pour donner à la France désemparée une constitution
définitive ; mais il ne dissimula pas que la majorité royaliste
avait sa pensée, qu'elle y restait fidèle, qu'elle n'y renonçait
pas, et, à la fin de son discours, il mit bravement le doigt sur la
plaie : « On répète trop souvent que nous sommes ici pour organiser et non pour constituer. »

C'était démasquer M. Thiers. Ses amis ne s'y trompèrent pas.
Les républicains entrèrent en fureur. Dans l'hémicycle encom-
bré, le colonel Langlois écumant faisait des gestes et prononçait
des paroles de fou. On eut toutes les peines du monde à le
déloger du pied de la tribune où il montrait le poing à Kerdrel.
Un brave homme, M Féray (d'Essonnes), qui avait fondé un
groupe de bourgeois centre-gauche et qui tirait de là quelque
importance, manifesta l'intention de riposter ; mais la majorité
tenait à rester sur la petite vengeance que lui avait procurée
Kerdrel. Elle réclamait la clôture. Le président Grévy coupa
court, on reprit la discussion soulevée par M. Étienne Lamy,
et M. Thiers en eut gros sur le cœur.

Cette rencontre avait déchiré le voile d'ailleurs transparent
qui séparait sa politique de celle de l'Assemblée. Parties d'un
même sommet, elles s'écartèrent chaque jour davantage comme
les deux côtés d'un angle, et la défaite de la Commune, que
j'aurai bientôt à raconter, ne les rapprocha pas. Victorieux
ensemble, le Président de la République et l'Assemblée nationale se tournèrent le dos et manœuvrèrent ostensiblement en
prévision d'un duel désormais inévitable.

Seulement, M. Thiers, offensé et ulcéré, y mit moins de prudence que l'hydre aux sept cents têtes, comme il appelait
l'Assemblée. Sa colère le conseillait mal et, à la moindre apparence de dissentiment, il éprouvait le besoin de provoquer.
Dans une interpellation dirigée par un député de la droite
contre les magistrats de M. Crémieux, Dufaure ergota, ce qui
n'était pas souvent sa manière. Le gouvernement commençait
à traiter l'Assemblée non pas précisément en ennemie, mais en

gêneuse qui le surveillait de trop près. M. Thiers, entre intimes, parlait de l'opposition qu'il rencontrait comme d'une injurieuse ingratitude. I¹ en gardait un vif ressentiment et cherchait sans doute une revanche, car on ne s'explique pas autrement sa sortie furibonde contre Mortimer-Ternaux, qui paya, le 11 mai, pour toute la majorité. Le pauvre Mortimer-Ternaux, personnellement assommé, ne s'en releva pas, mais la majorité eut aussi son paquet, d'une violence préméditée et poussée jusqu'à l'insolence. Jamais, pour ma part, je n'ai vu M. Thiers dans un pareil état et j'eus alors l'impression non pas précisément d'une comédie, mais d'un emportement dont la griserie croissante aboutissait à une sorte d'exaspération artificielle.

Qu'avait donc fait le malheureux Ternaux?

Le siège de Paris avançait méthodiquement, suivant le règles. Le génie venait d'ouvrir la tranchée à trois cents mètres des remparts. Tous les matins au point du jour, on entendait tonner la grande batterie de Montretout. M. Thiers recevait à chaque instant des délégués parisiens, envoyés par qui? On ne l'a jamais bien su. Avaient-ils un mandat quelconque? Oui, peut-être, de quelque petit groupe inconnu? Je suis porté à croire que la plupart se déléguaient eux-mêmes. M. Thiers les accueillait, convaincu sans doute qu'il y avait quelque parti à en tirer. Généralement ces singuliers négociateurs venaient lui expliquer, sans en trop rien savoir, à quelles conditions Paris capitulerait, en d'autres termes ils ne demandaient pas à M. Thiers ses conditions, ils lui faisaient les leurs, et ils se vantaient d'obtenir des réponses, qu'ils publiaient ensuite, arrangées et tronquées, dans les journaux de Paris. Une de ces *interviews* (car ce n'était guère autre chose) parut dans *le Gaulois*. Mortimer-Ternaux s'en émut, plus que de raison peut-être, et pria le gouvernement de la démentir, ce que fit Picard en rechignant, après un dialogue dans lequel M. Thiers lui-même sema quelques interruptions désobligeantes. On le sentit contrarié. J'en conclus, pour ma part, qu'il causait volontiers avec ces soi-disant mandataires et s'en servait ensuite comme d'émissaires auprès des Parisiens de bonne volonté. Il attachait une certaine importance à ce commerce entre Versailles et Paris ; c'était le moyen d'avoir toujours des intelligences dans la place. Il dut faire quelques promesses vagues, mais amplifiées et précisées par ceux qui les reçurent.

Ce premier pétard fit long feu, mais Mortimer-Ternaux recommença le lendemain et la fusée devint torpille. Il apportait un document plus sérieux, signé du maire de Bordeaux, de son premier adjoint et d'un conseiller municipal. On y faisait encore parler M. Thiers. Il s'y engageait, si la Commune cédait, à laisser les portes de Paris ouvertes même pour les insurgés les plus compromis et n'exceptait de cette manière d'amnistie que les assassins des généraux Lecomte et Clément Thomas.

Mortimer-Ternaux eut beaucoup de peine à lire son papier ; la gauche l'interrompait à chaque mot, l'accusant de jouer un rôle funeste ; les plus acharnés contre lui étaient Dufaure et Jules Simon, alliés pour la circonstance avec Arago et Langlois. Le malheureux dénonciateur, déjà très impressionné, prétendait au contraire rendre service au gouvernement et protestait de sa bonne foi, lorsque M. Thiers monta à la tribune, tout hérissé de colère. Son petit toupet blanc se dressait comme une aigrette sur son front. Il demanda pardon à l'Assemblée d'une émotion qui n'était pas feinte, car on avait violemment contrarié ce petit manège de conciliation qui faisait le jeu des républicains et servait sa politique personnelle ; mais il attribua cette irritation à l'ingratitude de l'Assemblée. Voilà donc comment on payait, par de perpétuelles *tracasseries*, son dévouement et ses services ! Le mot fut vivement relevé, mais il le maintint, soutenu par toute la gauche, et déclara qu'il ne pouvait pas gouverner dans de telles conditions, tandis que les conservateurs un peu surpris d'une telle explosion demandaient : « Mais qu'est-ce qu'il a... Mais qui donc vous attaque, monsieur Thiers ? »

Il ne tint aucun compte de ce commencement d'amende honorable et eut recours à son procédé habituel. Il offrit sa démission. « Donnez-la donc ! lui cria une voix de droite. — Oui, mais pas à vous, au pays ! » Il parla des mauvais traitements qu'on lui faisait subir, il en avait assez, et enfin il jeta

à la face de l'Assemblée nationale cette suprême insulte :
« Attendez un peu, dans huit jours nous serons à Paris, il n'y
aura plus de danger, et alors la tâche sera à la hauteur de votre
talent et de votre courage (1) ! » Aux bravos de la gauche et du
centre répondit un haro de la droite. Le marquis de La Rochejacquelein souligna l'injure. Le pauvre Mortimer-Ternaux, à
bout de souffle et de voix, se défendit comme il put ; il rappela
qu'il n'avait pas prononcé un seul mot qui put être considéré
comme une attaque à M. Thiers.

« Je me tiens pour attaqué et offensé ! interrompit M. Thiers.
La France comptera vos services et les miens. » Puis, se tournant vers la droite : « Je veux une explication et une compensation à vos indignités à mon égard ! Me traduire à la tribune
tous les jours, quand je suis proscrit, et le jour même où on
démolit ma maison ; oui, j'appelle cela une indignité ! »

M. Mortimer-Ternaux a écrit une histoire de la Terreur.

En ce moment-là, hué et conspué par une moitié de l'Assemblée, mal defendu par l'autre, il dut se comparer à quelque victime de la Convention. Il essaya pourtant de résister et protesta encore une fois de son innocence. Il ne parvenait pas à
comprendre que M. Thiers « eût brisé sans motifs une amitié
de trente ans ». « C'est vous qui l'avez brisée ! répliqua sèchement M. Thiers. » Le malheureux courba la tête, et tout son
corps s'affaissa. Politiquement il était mort, et j'ai entendu
dire que, de fait, il en mourut.

M. Thiers eut ce qu'il voulait. L'Assemblée s'humilia. Elle
tendit l'autre joue et demanda grâce. Les circonstances l'y
forçaient. Le haut certificat de confiance, réclamé si impérieusement par le maître de l'heure, fut voté par 490 voix contre 9.

La scène qu'il avait faite me parut dès lors disproportionnée,
excessive, fortement empreinte de cette enflure calculée qu'on
appelle aujourd'hui le *bluff*. Et quand je la relis dans les documents officiels, je la trouve encore plus démesurée. La majorité
avala cette couleuvre, mais elle ne la digéra pas et elle remit sa

(1) Ce texte a été un peu arrangé au *Moniteur*, je garantis l'exactitude du
mien !

vengeance à une meilleure occasion. M. Thiers lui-même l'avait dit : « Encore quelques jours !... » Elle s'en souvint. La guerre était déclarée entre elle et lui, et ils s'en rendaient compte l'un et l'autre. Elle avait maintenant un chef ou du moins un conseiller et un directeur, le duc de Broglie.

Un homme manquait à cette première collision. Il se recueillait à Saint-Sébastien. On pense assez généralement que cette retraite fut une lourde faute. Il me paraît bien, au contraire, que l'hégire de Gambetta fut un chef-d'œuvre, plus ou moins conscient, d'habileté. Elle lui épargna de se compromettre dans la Commune, comme Clemenceau, Lockroy et Floquet qui, entre Versailles et Paris, ne *penchèrent* pas. Il en revint rafraîchi, reposé et, aux yeux même de ses adversaires, acquitté. La prescription fut acquise à ses imprudences ; on ne se rappela que ses services. Un courant le ramenait.

CHAPITRE XI

LA COMMUNE

I

Pendant que les deux pouvoirs rivaux et désormais ennemis, après avoir d'abord procédé par coups d'épingle, commençaient à échanger des coups de lancette, la guerre civile, déchaînée le 18 mars par la Commune, sévissait, entre Paris et Versailles, avec un redoublement d'intensité. Elle durait depuis bientôt deux mois et les progrès quotidiens de l'armée de l'ordre permettaient d'en prévoir la fin. « Dans huit jours ! » avait dit M. Thiers, et il ne se trompait pas de beaucoup. Depuis longtemps déjà, il avait renoncé à la politique temporisante, dont il avait d'abord espéré la soumission ·de Paris, pour prendre contre une résistance inattendue la plus vigoureuse offensive. Personne n'ignore qu'une de ses prétentions était de connaître à fond les choses militaires ; il s'était presque fait général d'armée, un peu gênant quelquefois pour les vrais généraux.

J'ai maintenant à raconter les divers épisodes parlementaires auxquels donna lieu cet abominable conflit. J'étais on ne peut mieux placé pour voir et pour entendre, ayant à ma disposition deux observatoires, mon banc de secrétaire-rédacteur à l'Assemblée et cet asile de Bièvres où s'était rassemblée presque toute ma famille. J'y allais à pied — une heure de marche — par la barrière des Chantiers et l'Hôtel-Dieu, et j'y passais régulièrement tous mes dimanches et la matinée du lundi. C'est même là que j'appris le premier gros échec de la Commune ; j'en fus presque témoin. Le général de Cissey qui défendait les approches de Versailles par la rive gauche de la Seine, c'est-à-dire par Villacoublay, Velizy et Chaville, avait son quartier général au château de Bel-Air, sur un plateau à distance à peu près égale de Versailles et de la redoute de Châtillon qui était au pouvoir des insurgés.

Il surveillait devant lui cette plaine de Velizy où les cavaliers d'Exelmans avaient fait une si rude conduite aux hussards prussiens en 1815, et que traversait la grande route de Choisy-le-Roi à Versailles. A la croisée de cette route avec celle de Chevreuse, qui descend droit à Bièvres, s'élevaient quelques maisons, une tuilerie, une caserne de gendarmerie et surtout une auberge, le Petit-Bicêtre, qui, situé à mi-chemin de toutes les positions d'alentour, en semblait la clé.

Avec ses postes échelonnés, sur une longueur de plusieurs kilomètres, jusque dans les bois qui dominent le chemin de Jouy-en-Josas et les pentes de Villeras, mon village de Bièvres, où j'allais me retremper aussitôt que l'Assemblée me laissait quelque loisir, ressemblait à un camp. Dans les premiers jours, j'y vis passer des régiments assez délabrés, qui venaient de loin et que M. Thiers avait appelés de la province. Ils n'avaient pas

bonne tenue et rechignaient à la marche. On les sentait tra-
vaillés par des meneurs, et rien qu'à leur façon de traîner le
pas, on devinait à quel point la discipline y avait fléchi. Il y
avait parmi ces soldats visiblement désemparés quelques fortes
têtes, qui ne cachaient point leur préférence pour Paris et qui
s'employaient sous main à débaucher leurs camarades. Les
chefs avertis veillaient. Deux sous-officiers y furent pris, jugés
sans délai, fusillés et enterrés dans une sablonnière de la Creuse-
Voie, que les gens du pays, moins soucieux du sens des mots
que des facilités de la prononciation, ont toujours appelée la
Creusoie. C'est un ravin pierreux et très encaissé qui, dans la
traversée de Bièvres, monte droit sur Bel-Air, et où l'on trouvait alors une fontaine, desséchée depuis, dont l'eau très douce
avait la propriété d'accélérer la cuisson des légumes secs. Pour
quelques vieillards qui ont assisté à l'exécution des deux sous-
officiers, c'est aujourd'hui la Butte aux Sergents. Je me disais
que ces régiments qui s'en allaient grossir l'armée de Versailles renfermaient des éléments singulièrement douteux,
exposés par découragement et fatigue à bien des défaillances,
et je les comparais à ceux que M. Thiers avait réunis au pont
Colbert entre Versailles et Jouy. Ceux-ci, bien tenus, bien soignés, doucement traités, un peu surveillés aussi, avaient déjà
repris, avec l'allure martiale, l'habitude de la discipline. J'étais
convaincu que l'on pouvait compter sur eux et l'on ne tarda
pas à en avoir la preuve. Au reste, il ne fallut pas plus de quinze
jours aux autres pour retrouver tout ce que perd le soldat
français vaincu, défiant et las. M. Thiers excellait à le remonter.

J'étais donc à Bièvres le dimanche des Rameaux, 2 avril, et
j'y savourais le vivifiant repos des premières journées printanières, lorsque le bruit se répandit, venu on ne sait d'où, probablement de Meudon, où l'on faisait bonne garde, que les insurgés préparaient une grande démonstration sur Versailles. Je
savais comment ils y seraient reçus, si toutefois ils arrivaient
jusque-là ; mais je crus l'attaque remise, car je n'entendis pas
un coup de fusil. Rien non plus dans la matinée du lundi ; mais
à une heure, comme je me levais de table pour prendre le cour-

rier qui devait me ramener à Versailles, de lointaines détonations, à chaque minute plus distinctes, m'apprirent qu'une affaire était engagée vers la route de Choisy, dans la plaine de Châtillon. Tout à coup le facteur, entr'ouvrant la porte : « Monsieur, me dit-il, on se bat au Petit-Bicêtre ! » Je sortis. Il y avait de petits rassemblements dans la Grande-Rue. On y racontait que le Buisson de Verrières, entre Malabry et Chatenay, était plein de fuyards qui jetaient leurs fusils. On en avait même rencontré à quinze cents mètres du village, dans le Loup-Pendu et dans la Cave à Déman qui cherchaient à se cacher, mais auxquels le bois encore clair n'offrait qu'un douteux abri. Plusieurs étaient descendus sur Igny et Vaupéreux par la Butte-Rouge, ravin à pic où l'on a depuis construit une route qui domine toute la vallée, de Palaiseau à Jouy. Cinq ou six arrivèrent, essoufflés, jusqu'à Bièvres, où ils s'attablèrent dans les cabarets. Personne ne songea à leur demander compte de leur présence. Des ouvriers se mirent à causer avec eux et ils se dispersèrent ensuite sans être inquiétés. Enfin nous en vîmes un dernier qui débouchait noir de poudre par la route de Paris et qui, au passage, échangea des poignées de main avec des amis. C'était un garçon du pays qui avait été enrôlé malgré lui à Paris et qui n'était pas fâché de réintégrer la maison paternelle à la campagne. Il fit pourtant quelque difficulté d'amour-propre à reconnaître que sa colonne de gardes nationaux avait été complètement battue.

Je regagnai Versailles et l'Assemblée. Tout y était en rumeur ; on avait des nouvelles, on en attendait, on en inventait. Les députés montaient en hâte vers le Palais. L'ouverture de la séance était fixée à deux heures. La salle débordait dans les couloirs. Turquet parla le premier sur le traitement des instituteurs. Un impatient lui fit remarquer qu'il n'avait pas le sentiment de l'à-propos. Ernest Picard, ministre de l'intérieur, prit sa place ; l'Assemblée tout entière était suspendue à ses lèvres. Il donna, d'une voix blanche qui ne répondait pas à l'émotion générale, quelques renseignements. Il s'excusa de garder le silence sur tout ce qui n'avait pas encore un caractère de certitude, et on parut l'en approuver ; mais, au fond, l'auditoire haletant voulait à tout prix des nouvelles, vraies ou fausses. Picard raconta que, dès la première heure du jour, une colonne d'insurgés s'était présentée à la hauteur du mont Valérien, vers le pont de Neuilly, qu'il avait suffi de quelques coups de canon pour la disperser. Toutefois, à demi ralliée, elle s'était portée vers Rueil. Sur la rive gauche, une autre colonne s'était avancée jusqu'à Meudon et là, comme à Rueil, une action s'était engagée dans des conditions très favorables. L'armée avait rempli son devoir, tout son devoir, et défendu la cause de la France avec autant d'intrépidité que de patriotisme. Aux dernières dépêches, le mouvement de retraite des colonnes insurgées s'accentuait vers Paris.

« C'est une espèce de fuite ! » interrompait Jules Simon, qui semblait vouloir échauffer le narrateur. De son côté, l'Assemblée acclamait sa fidèle armée avec une ardeur où perçait comme un repentir de ses récentes inquiétudes. Son enthousiasme en donnait la mesure. Elle se réjouissait comme d'une surprise.

Au moment où Picard descendait de la tribune, Journault, député de Seine-et-Oise, apporta des nouvelles de Meudon. Il en arrivait. Elles étaient plus que rassurantes. Le régiment de gendarmerie à pied, soutenu par quelques gardiens de la paix, s'était battu pendant six heures contre des forces très supérieures en nombre, maîtresses des hauteurs de Meudon et de la Grande-Avenue qui va de Bellevue au Château, les avait d'abord contenues, puis repoussées, puis décidément balayées au moyen d'une charge à la baïonnette, en tête de laquelle marchait le colonel Gremelin. Trois pièces d'artillerie arrivées à propos sans en avoir reçu l'ordre et placées sur la plate-forme du château tiraient sur les insurgés en pleine retraite. A midi, le combat était fini et la place nettoyée.

Il me parut bien que les fuyards du Petit-Bicêtre, que j'avais vus à Bièvres, appartenaient à la queue de cette colonne.

Après Journault, c'est Brame, toujours un peu agité, qui se présente. Il parle d'un premier engagement, qui a eu lieu la

veille, du côté de Courbevoie, et dont on a eu connaissance
par les journaux du matin. Là aussi, l'armée a fait preuve de
vigueur, et Brame demande que l'Assemblée se porte au-devant
d'elle en signe de reconnaissance. On a eu le temps de se calmer
et des *mouvements divers* témoignent du peu de faveur que rencontre la proposition. Mais que faire maintenant? Il y a bien
un ordre du jour et il serait assez *romain* de s'y conformer,
comme si les esprits n'étaient pas ailleurs. C'est même à ce dernier parti qu'on s'arrête. A la voix d'Arago, l'Assemblée se
déclare en permanence et se met à discuter tranquillement une
loi excellente et qui lui a survécu sur le vote à la commune.
Un député de Seine-et-Marne, Paul Jozon, la combat pendant
une heure d'une voix un peu zézayante. Le rapporteur Fourtou
— c'est ici qu'il apparaît pour la première fois — la défend ; on
l'adopte, et l'on ne serait pas fâché d'aller prendre un peu l'air ;
mais on n'en a plus le droit, puisque Arago a emprisonné
l'Assemblée dans la permanence.

Force est de se rabattre sur une suspension de séance, après
laquelle Jules Simon vient confirmer les bonnes nouvelles.
L'armée « de l'ordre et de la société » a eu l'avantage constam-
ment et partout. La conduite des troupes, aujourd'hui comme
hier, a été admirable. Le président de la République aurait
voulu venir en personne renseigner l'Assemblée, mais il est
obligé de se tenir, lui aussi, en permanence, au siège du gouvernement, pour recevoir les dépêches et donner des ordres. Dans
deux heures tout sera fini et heureusement fini. L'Assemblée
pourrait se réunir ce soir à neuf heures pour entendre un récit
complet de la journée.

Neuf heures, soit. Mais il n'est que cinq heures un quart et,
empêtrés dans cette maudite permanence, que vont-ils faire
d'ici là? Ils se décident, un peu confus, à la supprimer, et chacun
s'en va chez soi, en attendant le dernier bulletin de victoire
que Jules Simon leur a promis.

Le détail en courait les rues de la ville bien avant l'heure du
rendez-vous. Nous n'avions pas fait trois pas hors du Château
que des crieurs publics nous annonçaient la grande nouvelle,

la grande défaite des insurgés, la grande victoire de l'armée de Versailles sur tous les points. Flourens était tué. Le capitaine de gendarmerie Desmarests l'avait littéralement pourfendu d'un coup de sabre sur la tête. Le général Duval (le Duval de Chanzy) avait été pris et fusillé au Petit-Bicêtre. On s'abordait et on se félicitait entre passants. Chacun apportait sa version, souvent impossible, entremêlée d'anecdotes parfois inventées. C'est ce jour-là, si je ne me trompe, que se forma une légende, dont je retrouve la trace dans mes notes, mais que j'ai cherchée en vain dans les enquêtes? On disait qu'à Courbevoie, lorsque les troupes et les insurgés s'étaient vus pour la première fois face à face, il y avait eu, de part et d'autre, une seconde d'incertitude, à qui des deux adversaires ne tirerait pas le premier ; qu'à ce moment-là un médecin-major de l'armée, le docteur Pasquier, s'était détaché presque seul et avancé vers les gardes nationaux, en parlementaire de bonne volonté, prêt à sacrifier sa vie pour éviter l'effusion du sang, et qu'il commençait à les haranguer, lorsque trois ou quatre coups de fusil, partis de leur côté, révélèrent leurs véritables dispositions. Il tomba, grièvement blessé, et, pris de colère, les soldats de Versailles se précipitèrent pour le venger. On ajoutait que cet incident coupa court aux dernières hésitations et décida de toute la campagne. Le fait, d'ailleurs authentique, est raconté autrement par l'historien anonyme, un officier certainement, qui a écrit *la Guerre des communeux de Paris*. Il se borne à dire que, le dimanche qui précéda la grande sortie du 3, les insurgés se vengèrent d'un premier échec en mettant lâchement à mort un homme qui s'avançait vers eux, seul et sans armes, le docteur Pasquier, que son uniforme de chirurgien devait mettre à l'abri de toute violence.

Le soir, comme je regagnais le Palais pour assister à la séance, je croisai une voiture d'ambulance, que je pris pour une tapissière, et qui marchait au pas. Sur le siège était un conducteur qui, dans l'obscurité, me parut être un soldat d'infanterie. Je pensai qu'il revenait de la bataille et je ne pus résister à mon désir de le questionner. Il me confirma les nouvelles en les

étoffant un peu. « Il paraît, lui dis-je, que Flourens a été tué? —
Si bien tué que je le rapporte. Il est là, dans ma voiture, avec
un autre, son aide de camp ; voulez-vous les voir? »

Je déclinai cette offre et il continua son chemin. La séance
ne fut reprise qu'à dix heures. M. Thiers était là, fatigué,
exténué, presque aphone. On se rapproche pour mieux l'entendre, et il fait à l'Assemblée l'historique complet des deux
victorieuses journées. Hier, l'armée enlevait, d'un élan irrésistible, la position de Courbevoie et les barricades qui couvraient
le pont. Aujourd'hui, elle a énergiquement défendu la position
de Versailles attaquée de deux côtés : au nord, à Courbevoie,
Nanterre, Rueil, Bougival ; au midi, entre Meudon, la redoute
de Châtillon et le Petit-Bicêtre. Partout elle a mis en fuite les
assaillants. Cavalerie, artillerie, gendarmerie, tout le monde
a fait son devoir et contribué au succès. Les insurgés, réfugiés
dans la redoute de Châtillon, n'y pourront tenir ; il suffira
demain de quelques coups de canon pour les déloger, et ils
auront ainsi évacué toute la campagne autour de Paris.

Il ne restera plus aux égarés d'autre ressource que d'implorer
la clémence du gouvernement légal « qui ne leur fera pas défaut
s'ils veulent déposer les armes ».

Ici, on entend quelques murmures sur les bancs où siègent
les intransigeants de la droite, et l'orateur se reprend, se com-
mente : « Messieurs, il ne peut pas y avoir d'indulgence pour le
crime, il n'y en a que pour l'égarement ! »

Rassurés, ils approuvent ou se taisent, et M. Thiers, insistant
sur la sécurité absolue dont jouit maintenant l'Assemblée,
exprime l'espoir que, dans un complet repos d'esprit, elle lui
laissera désormais achever son œuvre.

On sait que cette besogne exigea encore six semaines et que
la trêve qu'il sollicitait ainsi fut troublée, à plusieurs reprises,
par des récriminations et des querelles qui, dans l'incident
Mortimer-Ternaux, allèrent, de son côté, jusqu'à l'injure ;
mais, à partir de ce moment, chaque journée de la guerre civile
engagée entre Paris et Versailles fut marquée par un nouveau
recul de l'insurrection.

II

Le 7 avril, Ernest Picard annonçait que le pont de Neuilly venait d'être enlevé « avec des pertes sensibles ». C'est là que les généraux Besson et Péchot furent tués. Quelque tristesse se mêla à la satisfaction de l'Assemblée et l'on n'osa pas applaudir. On commençait à trouver que chacune de ces étapes, marquées de sang français, coûtait bien cher. « Nous avons vaincu, mais à quel prix » ! s'écria un député, et il proposa de lever la séance. On s'y refusa, pour ne pas trop appuyer sur le sentiment qu'on éprouvait ; mais l'émotion fut longue à se calmer.

Le lendemain, un nouveau dissentiment, d'une gravité exceptionnelle, qui se produisit entre M. Thiers et la majorité de l'Assemblée, détourna un instant les esprits de ces douloureuses préoccupations. Un vote, qui fut une surprise, parut si dangereux au Président de la République qu'il mit immédiatement le marché à la main à ses indociles législateurs. Ou ils reviendraient sur leur imprudente, décision ou lui-même laisserait à de plus hardis ce pouvoir dont on lui rendait l'exercice impossible. Cet épisode de sa vie politique est connu et a pris place dans l'histoire. On discutait la loi municipale. Par qui les maires seraient-ils nommés? Les idées de décentralisation étaient en faveur parmi les libéraux, républicains et royalistes. Ils se trouvèrent naturellement unis pour donner aux conseils municipaux le droit de choisir leurs maires. La commission, qui s'y opposait, fut battue à dix voix de majorité et l'Assemblée eut tout de suite le sentiment qu'elle venait de faire une sottise. Elle parut épouvantée de son audace, comme un enfant qui s'est brûlé en allumant un pétard. Le rapporteur Batbie demanda une suspension de séance et on alla chercher M. Thiers. Il arriva très animé et ne dissimula ni son étonnement, ni son dépit. Il ne pouvait pas croire à tant d'étourderie. Pour la première fois, la gauche murmura, mais il passa outre et résuma sa pensée dans une phrase caractéristique : « Comment ! vous me demandez de maintenir l'ordre et vous m'en ôtez les moyens ! » C'était à prendre ou à laisser. L'Assemblée reviendrait sur son vote, ou il s'en irait. Elle céda et il resta. Un flatteur se plut à constater que dix membres à peine avaient maintenu leur opposition. Ils ne se sentaient pas encore en état d'éliminer l'homme nécessaire et personne ne s'en rendait compte mieux que lui. Les républicains comprirent que la maladresse serait trop forte de le faire tomber à droite quand il penchait si visiblement à gauche.

Le lendemain une communication de Jules Favre, ministre des affaires étrangères, mit en lumière un des plus curieux épisodes de cette longue guerre civile entre Paris et Versailles. Il lut un document d'une bouffonnerie tragique dans lequel son *collègue*, Paschal Grousset, ministre des affaires étrangères de la Commune, affichant la prétention d'établir des rapports réguliers entre son *gouvernement* et l'autorité prussienne, invitait sérieusement le général qui commandait les troupes d'occupation à évacuer les forts du Nord. Ce qui donnait à cette requête une haute saveur de comédie, c'est que le diplomate improvisé qui l'avait signée de son nom y tirait argument des stipulations du traité de Francfort et des premiers versements effectués par le gouvernement de M. Thiers. Il le reconnaissait ainsi bon à quelque chose, ne fût-ce qu'à payer. On n'avait guère envie de rire, car c'était déjà une chose assez triste que cet étalage de nos misères devant un ennemi qui ne pouvait témoigner de sa bonne volonté à notre égard, sans qu'elle prît à nos yeux le caractère d'une ironique et humiliante protection. Cependant la lecture de cette pièce étrange par ce malheureux Jules Favre excita plutôt la gaîté que la colère. C'était vraiment une trop grotesque pasquinade que ce fantôme de gouvernement qui se mêlait de négocier avec le vainqueur. Vingt-cinq ans plus tard, Paschal Grousset, alors député de Paris, s'avisa, dans une discussion budgétaire, de critiquer l'organisation des consulats et des ambassades ; mais d'un mot M. Ribot le calma : « Ah ! monsieur Grousset, vous n'êtes plus au courant de ces choses ; il y a trop longtemps que vous avez été ministre des affaires étrangères. » Je l'ai beaucoup connu avant la Commune et depuis ; c'était un bon et brave garçon, dévoyé, très éteint dans les derniers temps de sa vie.

On touchait d'ailleurs au dénouement du drame ; mais l'Assemblée s'impatientait. Elle se plaignit que le gouvernement lui.ménageât trop parcimonieusement les informations et les nouvelles. Si bien que, le 15 avril, Ernest Picard lui fit un petit discours dont la conclusion était que, sauf des engagements d'avant-postes, rien ne se passait qui méritât une communication spéciale. En même temps il la mettait en garde contre les récits de certains journaux, où le moindre événement militaire était souvent amplifié et dénaturé. On se rappela qu'il y avait une ombre de Commission des Quinze chargée de rester en relations constantes avec le gouvernement, et il fut convenu que ceux de ses membres qui sauraient quelque chose d'intéressant le glisseraient discrètement dans l'oreille de leurs collègues. Ce procédé parut bizarre et, dans la pratique, on ne s'y arrêta pas.

Deux jours après, Ernest Picard annonçait à l'Assemblée que le colonel Davout avait enlevé d'assaut le château de Bécon et que l'occupation de ce poste facilitait toutes les attaques environnantes. De son côté, le général Le Flô, ministre de la guerre, qualifiait de mensonges abominables les nouvelles répandues par la Commune pour remonter le moral des insurgés.

Le 19, la gare d'Asnières était prise et toute une suite de défenses qu'on disait formidables tombaient du même coup. L'armée de l'ordre avait fait ainsi un grand pas, un pas décisif en avant.

C'est le moment que choisit une manière d'halluciné dont j'ai déjà parlé et qui semblait vivre dans un rêve, M. Jean Brunet, député de Paris, pour s'essayer au rôle de médiateur. Il présenta une proposition dont l'article principal était ainsi rédigé. « Toute attaque contre Paris serait suspendue. » Une commission serait nommée qui, pendant cette trêve unilatérale, étudierait les moyens de faire la paix. Ce songe-creux en fut pour sa peine ; on lui opposa la question préalable, accompagnée de réflexions aussi désobligeantes que justes, et personne n'osa défendre une pareille insanité.

Elle avait sans doute été inspirée à Jean Brunet par la triste situation de Neuilly et d'autres localités suburbaines qui se trouvaient placées entre deux feux. Les enfants, les femmes, les vieillards y étaient réduits à se réfugier dans les caves et exposés à mourir de faim. Langlois en toucha un mot à Ernest Picard, qui n'eut pas demandé mieux que de ménager ces victimes de la guerre civile, mais qui dut se borner à répondre : « Que messieurs les insurgés commencent ! »

Le 4 mai, il donnait connaissance à l'Assemblée de la dépêche que voici :

« Le général Lacretelle m'annonce à l'instant un succès complet à la droite des attaques. La redoute du Moulin-Saquet a été enlevée d'assaut ; nos soldats ont pris huit pièces de canon. On a fait trois cents prisonniers et les insurgés ont laissé environ cent cinquante hommes sur le terrain. On leur a pris plusieurs fanions et un grand nombre d'officiers.

A la séance du 6 mai, je crus que la droite et la gauche allaient s'entre-dévorer. Ce fut un des plus beaux vacarmes de toute ma carrière. Une intervention de Tolain déchaîna ces violences. Sur tous les murs de Paris était placardée une immense affiche où l'on racontait qu'à la Belle-Épine, quatre gardes nationaux prisonniers et désarmés avaient été massacrés à coups de revolver par un capitaine d'infanterie. Tolain voulait que le ministre de la guerre démentît cette atrocité. De tous côtés, on lui crie : « Non ! Non ! On ne dément pas les calomnies de la Commune ! » Le ministre veut parler. On répète : « Non ! Non ! Ne démentez pas ! On ne relève pas de pareilles infamies ! » Le général se rassied, puis se lève de nouveau. « Non ! Non ! Nous savons que nos officiers ne sont pas des assassins ! »

Jules Simon essaie de les calmer : « Pardonnez, messieurs, il faut répondre non seulement à cette calomnie, mais à toutes

les calomnies analogues ! » On entoure le ministre : « Parlez !
Parlez ! — Ne parlez pas !... »

Il parle : « En demandant un démenti à une odieuse calomnie,
l'honorable M. Tolain, dit-il ; » mais il ne peut achever ; cette
simple épithète a allumé un incendie. Quelques députés de la
droite ont murmuré. Toute la gauche se lève. Tirard et Brisson
crient : « A l'ordre ! A l'ordre ! » L'Assemblée tout entière est
debout. Les deux camps échangent des injures et des menaces.
Tout à coup, Langlois se détache et se précipite, les poings en
avant, cherchant sur qui tomber. On le retient, on l'arrête, et
il semble quelque peu confus de cette furieuse manifestation
dans le vide. Il rugit, il grince, l'agitation dégénère en tumulte
et le président suspend la séance ; mais on ne l'entend pas, des
deux côtés on reste en bataille, et ses invitations à l'ordre, au
calme, au silence, l'enrouent sans agir.

Enfin il parvient à s'expliquer et s'efforce de tenir la balance
égale entre les combattants. Il reproche à la droite son injurieuse protestation contre une qualification habituelle, toute
de convenance et d'usage, c'est-à-dire contre le mot *honorable*
appliqué à la personne de Tolain et, par conséquent, il admo-
neste sévèrement le député à tête chaude (Langlois) dont la
provocante manifestation a aggravé cette espèce d'émeute en
chambre.

Peu à peu, les plus animés reprirent leur sang-froid, le général
Le Flô traita les communards d'infâmes malfaiteurs et l'on
revint à l'ordre du jour.

Le 9 mai, Ernest Picard annonça que le fort d'Issy venait
d'être pris par le 38e de ligne. Les troupes chargées de l'opération avaient subi, sans en être ébranlées, les feux convergents
de ce fort, du fort de Vanves et de l'enceinte. C'était un avantage important. L'ennemi fléchissait ainsi sur toute la ligne, au
sud comme au nord, et le cercle se resserrait autour de lui. On
fit aux vainqueurs un véritable triomphe. Ils défilèrent, musique
en tête, devant une délégation de l'Assemblée. Sur la place
d'Armes, un de ses vice-présidents, M. Léon de Maleville, leur
adressa des félicitations publiques, auxquelles ils répondirent

par un cri unanime de : « Vive l'Assemblée ! Vive la France ! » Le spectacle était imposant. Il faisait un temps magnifique. Les soldats chantaient. On se découvrait sur leur passage, on battait des mains, on agitait des mouchoirs aux fenêtres. Les canons qu'ils ramenaient reluisaient au soleil, couronnés de lilas, d'aubépine et de lauriers. Il semblait que la victoire si longtemps infidèle fût enfin revenue sous nos drapeaux. Je partageai cette joie, sans réussir à oublier complètement qu'elle soulignait une victoire de guerre civile.

Ces pauvres soldats, rendus à la gaieté et à l'espérance, on se les disputait. C'était à qui les accablerait de compliments, témoignages trop certains des inquiétudes qu'ils avaient inspirées. Le vice-président Maleville les avait félicités. Trois jours après, comme ils rapportaient des drapeaux pris à Issy, un autre vice-président, le vieux Benoist d'Azy, raconta à l'Assemblée qu'il venait de leur faire un second discours, et elle approuva cette émulation à les couvrir de fleurs. Le général Ducrot, présent à la cérémonie, leur fit part du plaisir qu'il ressentait à se revoir au milieu d'eux et de son regret, plus vif encore, de ne plus combattre à leur tête. Il leur annonça que leurs camarades, prisonniers en Allemagne, allaient revenir prendre, dans leurs rangs, leur place de bataille, et ils ne se montrèrent pas insensibles à cette nouvelle. L'hyperbole étant à l'ordre du jour, Benoist d'Azy affirma que les drapeaux qu'ils rapportaient étaient tachés de leur sang.

La semaine terrible approchait. On la voyait venir. Les cœurs étaient serrés, on vivait dans une atmosphère de deuil et d'enterrement, tout ensemble accablés et résolus. Un zouave pontifical mutilé, un héros de Loigny, Cazenove de Pradine, député du Lot-et-Garonne, demanda des prières publiques pour attirer la bénédiction de Dieu sur la France. Il se bornait d'ailleurs à solliciter un vote qui serait une invitation au clergé, en réalité une manifestation religieuse. La gauche y vit je ne sais quelle superstition, qu'elle combattit par des chicanes sans oser d'ailleurs repousser formellement la proposition. En dernière analyse, trois députés seulement, parmi lesquels Léon Say, se prononcèrent contre cet acte de piété.

Le débat sur la ratification du traité de Francfort s'ouvrit le jeudi 18 mai et jeta une tristesse de plus sur ces heures d'angoisse. Le rapporteur, qui était le vicomte de Meaux, prit à témoin la France, l'Europe, le monde et Dieu que l'Assemblée n'était pour rien dans cette mutilation nationale. Il espérait un vote silencieux, une adhésion muette, le cou ployé sous la hache. L'amiral Fourichon insista de son côté pour qu'on ne répondît à une aussi violente contrainte que par la dignité du silence et la résignation dans le malheur. Chanzy estimait que, depuis l'acceptation des préliminaires, l'Allemagne avait singulièrement reculé la limite de ses exigences, et, espérant contre toute espérance, il voulait qu'on essayât de négocier sur ce supplément. Quelques membres demandèrent que l'Assemblée se formât en comité secret. Cette procédure était bien indiquée, mais comprenant que, sous le couvert du huis clos, la discussion s'éterniserait, la Commission et le gouvernement s'y opposèrent, et l'on n'eut qu'un débat à la fois étriqué et timide, concentré autour de Belfort. Belfort, c'était la grande concession obtenue par nos négociateurs, et M. Thiers, qui l'avait arrachée à Bismarck, soutenait naturellement qu'elle avait une importance capitale, qu'aucune autre n'aurait pu être équivalente, enfin qu'elle était sans prix.

L'intérêt qu'il y attachait et où l'amour-propre d'auteur entrait certainement pour quelque chose, parut excessif à un militaire instruit et expérimenté, le général Chareton, qui développa à la tribune des considérations stratégiques. Mais M. Thiers, piqué au vif, fit à son tour de la stratégie et, suivant sa coutume, donna clairement à entendre qu'il fallait être une tête de bois pour ne pas souscrire à ses idées. Belfort, c'était la trouée des Vosges fermée à notre profit, c'était le salut de la France. Il y avait chez cet homme d'État, si éminent d'ailleurs et si extraordinaire, une telle sûreté de soi, un tel besoin d'avoir raison toujours et quand même, qu'il s'en alla chercher, dans quelques avantages économiques réclamés par la Prusse, une condamnation sans appel des traités de commerce de 1860. Ayant prédit autrefois dans ses démêlés avec Rouher que ces traités ruineraient la France, il imagina une digression pour soutenir qu'ils l'avaient en effet ruinée. Et cela, à l'heure où elle allait lui offrir si allégrement quinze et vingt milliards pour cinq qu'il lui demandait! Jamais M. Thiers n'avoua qu'il s'était trompé, même sur l'avenir des chemins de fer. Ce n'était pas seulement chez lui une tactique parlementaire, c'était une foi! Et, par cela même, une force.

Après le général Chareton, ce fut Chanzy qui en fut victime. Thiers ne lui pardonnait pas sa résistance au traité et on connaît la malice qu'il décocha, dans cette même séance, au glorieux vaincu des dernières batailles de la Loire : « Les traités, ce sont les diplomates qui les signent, mais ce sont les militaires qui les font ! » A l'entendre, c'était un mot de Napoléon à Talleyrand. Je ne le crois pas authentique, et, appliqué à Chanzy, il devenait fort injuste. Il n'en produisit pas moins son effet ; malheureusement, quand on le cite, on omet toujours la fière réponse de Chanzy : « Alors, vous auriez dû les leur laisser faire ! »

Mais M Thiers insista. Il trouva d'abord le moyen de détourner un peu la conversation. Les fédérés venaient de déboulonner la colonne Vendôme : « Qu'importe, dit-il, on peut renverser la colonne, on peut brûler mon livre du *Consulat et l'Empire*, on ne détruira pas l'histoire, on n'abolira pas la mémoire du genre humain ! » Et, comme s'il craignait d'avoir montré trop d'admiration pour son héros, il jugea nécessaire de condamner son ambition démesurée : « Oui, fit-il, je le disais un jour, après Sadowa, à un des princes de la maison impériale : votre oncle a perdu la France par son génie, votre cousin la perdra par sa médiocrité ! »

Après quoi, revenant par un de ses ricochets familiers à son idée principale, il rappela qu'à Talleyrand se flattant d'avoir signé à Tilsit un bon traité, Napoléon avait répondu : « Avouez que j'y suis bien pour quelque chose ! »

Et M. Thiers, qui ne perdait jamais de vue ni son point de

départ ni son point d'arrivée, insinuait tout doucement qu'il aurait bien quelque observation à faire sur la campagne de la Loire, mal conduite suivant lui, mais qu'il s'en abstenait par indulgence et pour ne rien envenimer.

La politique modifie sans cesse les jugements des hommes. On dit volontiers aujourd'hui que l'obstination belliqueuse de Gambetta, quand tout était perdu, sauva au moins l'honneur ; on l'accusait alors d'avoir, sans profit aucun, aggravé nos désastres. Et M. Thiers partageait évidemment cette opinion, quand il disait dans une phrase célèbre : « C'était bien de la présomption, à deux ou trois que l'on était, que d'imposer à la France de tels sacrifices sans la consulter. » Je trouvais, autrefois, que M. Thiers avait raison ; tous comptes faits, je n'en suis plus aussi sûr aujourd'hui, et j'inclinerais plutôt à admirer cette opiniâtreté patriotique de Gambetta, inspirée et soutenue par une grande foi républicaine.

D'autres généraux parlèrent. Le général Ducrot, le général de Chabaud-Latour expliquèrent la valeur défensive et même offensive de Belfort. Le colonel Denfert-Rochereau, qui, plus que personne, avait voix au chapitre, envoya son avis par lettre. Tout dépendait, suivant lui, du territoire qui nous serait laissé autour de la forteresse, et il s'en rapportait sur ce point à la diplomatie qui n'accepterait pas qu'on mît Belfort en prison. Il ne songeait pas que la diplomatie en était réduite à tout accepter.

La ratification du traité fut votée par 433 voix contre 98, et ce scrutin fameux donna lieu le lendemain à toutes sortes de commentaires. Les militaires s'étaient partagés en deux camps. Tandis que Ducrot, Chabaud-Latour, Le Flô, les amiraux Dompierre d'Hornoy, Saisset, La Roncière, d'autres encore, comme le colonel de Chadois et Carayon-Latour qui avaient bravement payé de leur personne pendant la guerre, signaient leur résignation d'un bulletin blanc, Chabron, Chareton, Frébault, Loysel, Mazure et, à leur tête, d'Aurelle, Chanzy et l'amiral Jauréguiberry refusaient leur nom à cet odieux traité. Le colonel Caron et le zouave pontifical Cazenove, de

sa seule main restée libre, déposaient dans l'urne la dernière protestation du blessé. Le duc d'Aumale et le prince de Joinville
se firent un devoir de s'abstenir et de laisser à leur inspiration
personnelle les nombreux amis qu'ils comptaient dans l'Assemblée. Il s'ensuivit que M. Bocher s'inclina devant l'inévitable
et que le duc d'Audiffret-Pasquier y opposa un *non* qui fut
très remarqué. Le cœur saignait aux uns comme aux autres ;
mais tous éprouvaient le soulagement des choses finies. La
guerre étrangère était réglée ; il ne restait plus qu'à liquider la
guerre civile. Déjà le canon tonnait aux remparts, la brèche
était ouverte, et on s'apprêtait à donner l'assaut, lorsqu'un
hasard secourable épargna aux soldats de Versailles ce dernier
et sanglant effort.

III

C'est encore à Bièvres que j'eus la première nouvelle de
l'entrée des troupes dans Paris. Les divers incidents qui s'étaient
produits depuis six semaines, et le progrès continu de l'armée
assiégeante, ne laissaient aucun doute sur l'issue finale. Mais
on ne pouvait penser sans frémir à ce que serait le dernier
choc entre une armée qui comptait déjà beaucoup de victimes
et une insurrection exaspérée par le sentiment d'une défaite
sans merci. Il était facile de prévoir que la Commune vaincue
essaierait de protéger sa retraite et d'assurer sa vengeance en
faisant de Paris une immense barricade ou une immense ruine.
Pour ma part, j'en étais si bien convaincu que j'en avertis un
commissionnaire de mes amis, A. Bosquet, qui, de son faubourg
Poissonnière où il était resté, m'avait écrit à Versailles pour
me demander mes impressions. Il avait en dépôt, rue de la
Douane, une énorme cargaison de panamas et il n'était pas
sans inquiétude pour sa marchandise. Je lui répondis, en un
langage dont les circonstances excusent la familiarité : « Tran-

quillisez-vous, dans quinze jours *nous* serons à Paris. Ce que je redoute, c'est la *purée* de la fin. »

Quelque temps après, lorsque je le revis, il me complimenta de ma trop facile perspicacité. Il avait eu sous les yeux l'affreuse *purée*. Il me raconta que, le jour même où les troupes pénétraient au cœur de Paris, il s'était mis en route pour s'assurer que ses panamas étaient toujours à leur place. Il s'acheminait, tranquillement, vers le dépôt où ils attendaient la fin de la guerre, lorsque à la hauteur de la rue Saint-Martin il fut arrêté par les gardiens d'une barricade qui coupait le boulevard dans toute sa largeur : « Citoyen, il faut mettre votre pavé ! — Moi, je ne mets pas de pavé ! » répondit mon ami, avec un grand calme, sans aucune espèce de bravade, tout simplement en homme dont ce n'est pas l'idée d'ajouter un pavé à la barricade ! « Il faut mettre votre pavé ! — Je ne mets pas de pavé ! »

Un coup de baïonnette lui effleura l'épaule gauche, et il allait sans doute périr victime de son obstination lorsque des tirailleurs versaillais débouchèrent au pas de course de la rue de la Lune. En un clin d'œil, les défenseurs de la barricade s'éclipsèrent et il resta un moment seul entre les deux troupes. Il expliqua son cas à celle qui représentait l'ordre et put continuer sa route avec elle. Mais bientôt on ouvrit le feu des deux côtés ; il s'avisa que ce n'était pas sa place, et il demanda la permission de se retirer. J'imagine que les officiers qui étaient là durent admirer son sang-froid. Je n'en ai jamais vu de pareil. Il n'eut des nouvelles de ses panamas que huit jours plus tard, ils étaient sauvés ; mais cet homme qui ne tremblait pas pour lui-même avait tremblé pour eux (1).

(1) Si j'ai raconté cet épisode qui peut paraître sans importance, c'est que le commissionnaire en marchandises qui en fut le héros inconscient n'était pas le premier venu. Poète, et poète fort distingué bien qu'inédit, Aimé Bosquet avait fait ses études à Rouen avec Flaubert et Louis Bouilhet dont il était resté l'intime ami, l'ami discret, sûr et infiniment apprécié. Il faisait d'excellents vers, un peu trop classiques. Dans une cérémonie d'inauguration, on en lut de lui qui eurent un vif succès. Rouennais jusqu'au bout des ongles, il partageait son cœur entre la petite patrie et la grande. Il n'admettait pas qu'on établît un parallèle entre Racine et Corneille ; et il en voulait à La Bruyère de l'avoir fait. Corneille, de Rouen, était incomparable. Une aventure analogue à la sienne était arrivée presque le même jour à un de mes parents qui avait eu, lui aussi,

Nous étions donc arrivés au dimanche 21 mai. Le matin j'avais quitté Versailles de très bonne heure, presque au petit jour. La grande batterie de Montretout tonnait à coups si pressés que je crus d'abord à un orage ; mais la pureté du ciel m'avertit de mon erreur. Je passai la plus printanière des après-midi à me promener dans les bois.

Le jour baissait, les ombres des maisons s'allongeaient sur le pavé de la rue, je rentrais chez moi avec un gros bouquet de jonquilles et d'anémones lorsqu'une voisine me cria de sa fenêtre : « Monsieur, monsieur, ils sont entrés ! — Qui, entrés ? où, entrés ? — Les soldats dans Paris ! — Allons donc ! » Et je haussai les épaules. Un artilleur passa et sourit sans mot dire. J'eus envie de le questionner, mais il avait l'air pressé et d'ailleurs il était déjà loin. Je m'en tins aux explications de la voisine : « Qui vous a dit cela ? — C'est Bonnevie, le beurrier, qui arrive de Versailles. »

Bientôt on fit cercle ; la nouvelle s'était répandue et on répétait : « Ils sont entrés ! » Un clairon arriva et sonna sur la place publique quelque chose qui devait être le ralliement. De tous côtés, fantassins, cavaliers, canonniers, *rappliquaient*. Des officiers circulaient très affairés. Je sus alors que les ordres étaient donnés et qu'à neuf heures on se mettait en marche vers Paris. J'assistai à ce départ, qui nous promettait la fin de nos misères. On eût dit la levée d'un camp. Les voitures venaient derrière. Il ne resta dans le village que quelques traînards, qui ne tardèrent pas à rejoindre. Le soldat était de bonne humeur et chantait. La gaieté de quelques boute-en-train s'était communiquée à tous les autres. On leur cria : « Bon voyage ! » Plusieurs répondirent en agitant leurs képis.

On racontait déjà comment la chose était arrivée. Les colonnes d'assaut s'apprêtaient pour le lendemain, lorsqu'un flâneur égaré entre la troupe et les insurgés s'avisa que la

la curiosité de voir Paris dans l'état où il était. Il alla avec sa fille jusqu'au boulevard Saint-Martin. Là une barricade, la même peut-être, se dressa devant eux : « Mets ton pavé, citoyen. » Il le mit. « Et la petite, il faut qu'elle mette le sien. — Vous voyez bien qu'elle n'en a pas la force. — Tant pis, c'est l'ordre. — Je vais le mettre pour elle, deux si vous voulez ! » Ils cédèrent en maugréant.

porte de Saint-Cloud, au Point-du-Jour, était abandonnée et
fit signe aux assiégeants qu'ils n'avaient qu'à se présenter
pour la prendre. Craignant quelque piège, ils s'étaient avancés
d'abord avec précaution, mais ils se convainquirent bientôt
qu'en effet la porte était libre, et ils en prirent possession sans
coup férir. L'armée française avait un pied dans Paris.

J'avais hâte pour une fois de retourner à Versailles. J'y fus
le lendemain avant mon heure ordinaire et je me trouvai au
milieu d'un branle-bas de combat. Nombre de gens connaissaient et racontaient l'événement. Dans les couloirs de l'Assemblée, on se félicitait de cet heureux hasard et, comme en ce
temps-là beaucoup croyaient encore à la Providence, ils nom-
maient avec respect celui qui en avait été l'instrument. C'était
un piqueur des ponts et chaussées nommé Ducatel qui avait
montré, en cette circonstance, un sang-froid extraordinaire.

Pendant que la troupe, étonnée et indécise, se demandait
si cet appel d'un inconnu, d'un fou peut-être, ne cachait pas
quelque embûche, les insurgés étaient revenus sur leurs pas,
on tiraillait des deux côtés, et Ducatel, pris un moment entre
deux feux, n'échappait à la mort que par miracle. Les députés
ne tarissaient pas sur son courage.

Ils étaient à peine assemblés que M. Thiers monta à la
tribune, enchanté du grand résultat obtenu, mais composant
son visage de manière à ne pas trop le laisser paraître, comme
il convient dans une guerre civile. Sa joie intérieure se teintait
d'une mélancolie qui ne déplaisait pas aux députés de Paris,
un peu humiliés au fond de la défaite parisienne.

Il raconta en détail ce qui s'était passé depuis la veille; n'ou-
bliant jamais de mêler à son récit ce petit assaisonnement de
tristesse. L'armée déployée en éventail avançait sur tous les
points.

A la fin, électrisé lui-même par son récit, il battait la
charge avec un crêpe sur son tambour; mais de Ducatel,
pas un mot. Il semblait ignorer Ducatel. La vérité est qu'il ne
pouvait se décider à mettre en ligne de compte un incident
imprévu, étranger aux opérations régulières, et qui venait se

greffer mal à propos sur ses combinaisons personnelles. La
dépêche envoyée en province était ainsi conçue : « La porte de
Saint-Cloud au Point-du-Jour vient de s'abattre sous *le feu
de nos canons.* Le général Douay s'y est précipité et il entre
en ce moment dans Paris avec ses troupes. » Le feu de nos
canons, c'était tout simplement Ducatel.

Il fallut encore sept jours à l'armée pour se rendre complètement maîtresse de Paris, et l'on sait ce que fut cette horrible
semaine. Il n'y en a pas d'aussi tragique dans toute notre histoire. L'Assemblée et, autour d'elle, tous ceux qui comme moi
étaient à Versailles, en suivirent d'heure en heure, les nerfs
tendus et le cœur étranglé, les sinistres péripéties.

Après avoir expliqué la manœuvre convergente qui devait
envelopper l'insurrection, M. Thiers annonça que justice serait
faite, mais par les voies régulières. Les lois seules intervien-
draient, elles seraient exécutées dans toute leur rigueur contre
de pareils *sauvages*, capables et coupables de tous les crimes.
L'expiation serait légale, mais complète.

Au moment où M. Thiers acclamé descendait de la tribune,
Bethmont s'approcha de lui et lui dit quelques mots à voix
basse. Dans son éloge de l'armée, il n'avait pas nommé expressément les marins, jugeant avec raison qu'ils étaient compris
dans le compliment général. Bethmont, député de Rochefort,
pensa qu'ils se croiraient humiliés, et M. Thiers leur paya
immédiatement un tribut spécial d'admiration.

Un instant après, Jules Simon présenta un projet de loi pour
la reconstruction de la colonne Vendôme et la réparation du
monument expiatoire consacré à la mémoire de Louis XVI.
Bonapartistes et légitimistes avaient ainsi satisfaction. Sur un
appel de M. Cochery, républicain conservateur, ils cédèrent à
un élan d'enthousiasme qui fut unique dans leurs relations avec
le chef du pouvoir exécutif et déclarèrent que M. Thiers avait
bien mérité de la patrie. Il sembla que tous les froissements
antérieurs étaient oubliés. Beaucoup de députés vinrent lui
serrer la main. Jules Simon fit mieux : il se précipita vers lui
et l'embrassa. Après quoi, on revint à l'ordre du jour, c'est-à-

dire à une proposition de MM. de Broglie, Wallon et Vitet sur le
rétablissement du conseil supérieur de l'instruction publique.
Le nom de ses auteurs indique assez quel en était l'esprit. Il
s'agissait de restituer aux membres de l'enseignement secon-
daire et de l'enseignement primaire certaines garanties que leur
assurait la grande loi organique de 1850. Aussitôt Brisson protesta. On sait que cette loi a toujours été pour lui un cauchemar.
Elle passe dans ses rêves et, aujourd'hui encore, il rêve d'en
anéantir les derniers débris (1). Il défendit les idées de sécula-
risation et de laïcité qui ont triomphé depuis. On lui fit entendre
assez durement que l'heure était mal choisie pour s'en prendre
à la partie religieuse et morale de l'instruction publique. Sûr
de sa revanche, il n'insista pas.

Avant tout, il fallait en finir avec la Commune. Le lendemain 23, qui était un mardi, il n'y eut pas de séance publique.
On éprouvait le besoin de respirer sur la victoire. Mais de tous
côtés arrivaient des nouvelles qui confirmaient le progrès
continu des troupes dans Paris. Une partie de l'armée avançait
dans une courbe allongée, sur les deux rives de la Seine, pendant que l'autre prenait à revers les hauteurs de Clichy et de
Montmartre.

De son côté, la cavalerie de Du Barrail s'emparait des forts
et des redoutes. Toutes les défenses des insurgés tombèrent
ainsi une à une. Sur quelques positions choisies, retranchées
derrière leurs barricades, ils opposaient à l'attaque une résistance désespérée, dont les Buttes-Chaumont protégèrent le
dernier effort. Mais la peur d'être cernés les réduisait à céder
de proche en proche, et bientôt il ne leur resta plus pour fuir
qu'une sorte de boyau gardé par les Prussiens.

De longs convois de prisonniers débouchaient par les larges
avenues de Versailles et s'engouffraient dans les Grandes-Écu-
ries de Louis XIV, aménagées pour les recevoir.

Quelques-uns, dans le nombre, marchaient fièrement, l'œil
farouche, et bravement. J'en vis un surtout, un artilleur de la

(1) Il va sans dire que cela était écrit avant sa mort.

Commune, qui promenait sur la foule un regard de mépris et semblait défier encore ses vainqueurs. Mais la plupart offraient le spectacle de la plus grande misère physique et morale. Il y avait là des femmes et des vieillards qui se traînaient, harassés de fatigue et terrassés de fièvre. Une curiosité apitoyée se mêlait au sentiment de réprobation qu'ils inspiraient. Elle se changea en colère, lorsqu'on apprit que les sauvages de la Commune, ne voulant laisser derrière eux que des ruines, brûlaient Paris pour se venger.

Le mercredi matin, Versailles se réveilla plein de pompiers qui, mandés par le télégraphe, accouraient des communes environnantes et des départements voisins. Ils offraient leurs services avec une très sincère émulation de zèle et d'ardeur ; on les dirigea sur Paris, tant bien que mal équipés et outillés, et ce fut pendant trois jours un long défilé de pompes à incendie sur les routes. On les encourageait en vouant à l'exécration publique les incendiaires de la Commune. L'indignation arrachait à tous le même cri et le même vœu : « Les brigands ! Il faut les exterminer jusqu'au dernier ! » J'ai entendu de braves gens souhaiter qu'on allumât une immense fournaise pour les y faire cuire à leur tour.

On savait que, dans leur retraite, ils mettaient le feu aux monuments, mais où en étaient-ils de leur œuvre ? On s'interrogeait, on faisait cercle autour des porteurs de nouvelles, on s'arrachait les journaux, et surtout on attendait dans une sorte de fièvre l'ouverture de la séance et les informations officielles. Je n'oublierai jamais l'impression que produisit sur moi une dépêche écrite à la main et affichée dans le grand escalier qui s'ouvre sur la rue de l'Orangerie. On s'écrasait pour la lire : « Je suis maître du pont des Arts ; j'espère sauver le Louvre ! Signé : Ladmirault ! » Le Louvre ! Ah ! les brigands ! Et je répétais tout bas : « Le Louvre ! » Puis je réfléchissais : « Il espère seulement, il n'en est pas sûr ! Le Louvre ! » Cette dépêche m'alarmait. Le nom dont elle était signée me laissait anxieux et perplexe. Ladmirault ! Comment ! c'était lui qui arrivait par le pont des Arts ! Il opérait donc sur la rive gauche ! Tout le thème de la manœuvre d'enveloppement, tel que M. Thiers l'avait expliquée, nous le montrait opérant sur la rive droite, tandis que les soldats de Cissey marchaient parallèlement de l'autre côté de la Seine. Je ne comprenais plus et j'avoue que je ne comprends pas encore. Il doit s'être glissé là quelque erreur de transcription, qui n'était pas de nature à dissiper nos inquiétudes.

A trois heures, M. Thiers montait à la tribune. Il arrivait de Paris, il avait vu tous les généraux et apportait des renseignements précis. Le Ministère des finances, la Cour des comptes, le Conseil d'État, les Tuileries, n'étaient plus qu'un monceau de cendres. Une coupure heureusement pratiquée par le général Douay avait préservé le Louvre. Le musée serait sauvé, M. Thiers en avait « la plus forte espérance ». L'Hôtel de Ville était en flammes. Jamais, dans l'histoire du monde, de pareils « scélérats » n'avaient accumulé tant de ruines.

Il ajouta qu'ils lançaient des bombes à pétrole contre notre armée. Un interrupteur, le baron de Barante, déclara qu'il avait vu deux soldats tués par des balles mâchées.

« Et les otages ! » cria M. Kolb-Bernard. M. Thiers éluda la question, et M. Grévy lui vint en aide en la noyant dans un solennel : « N'interrompez pas ! »

L'Assemblée était en défiance. Le bel enthousiasme de l'avant-veille s'était sensiblement refroidi sur un bruit de clémence excessive que les députés de Paris avaient fait courir pour engager le chef du pouvoir exécutif. On se chicana sur les mesures et les responsabilités à prendre, sur le partage du droit de grâce. Il sentit cette mauvaise disposition et s'en plaignit. Il se défendit d'une intention qu'on lui prêtait de vouloir réarmer la garde nationale ; mais en même temps il rendit un juste hommage à Jules Ferry qui, préfet de la Seine et maire de Paris pendant le siège, méritait bien qu'on lui laissât provisoirement cette mairie où il avait montré tant de courage et défendu l'ordre au péril de sa vie. Puis il supplia l'Assemblée d'avoir un peu de patience et de l'aider à achever une besogne qui restait hérissée de difficultés, même après la défaite de la

Commune. Il déclara même, sûr qu'on ne le prendrait pas au mot, qu'il était prêt à laisser le pouvoir aux plus dignes. On n'insista pas, mais on se quitta moins bons amis : l'Assemblée soupçonneuse, M. Thiers piqué.

Le lendemain, la même voix poussa le même cri : « Et les otages? » Le ministre de l'intérieur, Ernest Picard, insuffisamment renseigné, ne put répondre. Ce fut seulement le vendredi 26, à la fin de la séance, que le général Le Flô, ministre de la guerre, annonça qu'un certain nombre d'otages avaient été fusillés, entre autres le journaliste Chaudey qu'il ne nomma point, mais qu'on nommait sur tous les bancs. Quelques gendarmes avaient été « lâchement assassinés »; mais on avait l'espoir que l'archevêque de Paris était sauvé.

Beaucoup hochèrent la tête en signe de doute. Quelques-uns levaient les yeux vers le ciel comme pour l'implorer.

La séance finit dans une consternation générale, qui les laissa presque insensibles à la nouvelle qu'on était partout maître du feu et que les pompiers de Londres étaient en route pour Paris.

En réalité, la fin tragique de l'archevêque Darboy, du président Bonjean et des autres prisonniers de la Roquette ne fut jamais communiquée officiellement à l'Assemblée. Quant aux incendies, ce fut un spectacle curieux que notre façon d'en suivre la marche à vol d'oiseau sur une des terrasses du Palais. On s'y rassemblait le soir, députés et fonctionnaires, et on regardait l'horizon enflammé, avec l'église Saint-Louis et l'avenue de Paris pour points de repère. Nous avions ainsi le nord et l'ouest qui suffisaient pour nous guider, si bien qu'on ne se trompait guère sur le quartier qui flambait. J'ai entendu des gens qui disaient : « Ce n'est pas loin de chez moi ! C'est peut-être ma maison qui brûle ! »

CHAPITRE XII

LES PRINCES

Mésintelligence entre l'Exécutif et l'Assemblée. — Les dissentiments s'enveniment. — Premiers symptômes de rupture. — Le duc d'Aumale et le prince de Joinville. — On demande leur admission. — La vraie pensée de M. Thiers. — Mauvais prétextes. — M. Thiers cauteleux et circonspect. — Il cède en partie. — Les résistances. — Marcel Barthe. — Les Princes sont admis.

J'en ai fini de cette horrible semaine qu'on a appelée la semaine sanglante et qui gardera ce nom dans l'histoire. M. Thiers affirma qu'on n'en reverrait jamais de pareille. Lorsque je songe aux menaces de revanche, à la commémoration annuelle de ce sinistre phénomène, et surtout au changement qui s'est opéré peu à peu, à son égard, dans l'opinion publique, je me demande si l'avenir ne donnera pas un démenti à la prophétie de M. Thiers. Il est bien vrai que la répression fut, çà et là, impitoyable, qu'il y eut des exécutions sommaires, et qu'à certaines places le sang coula en ruisseaux ; mais n'est-ce pas le cas de répéter le mot de Barnave : « Le sang répandu était-il donc si pur ? » Était-il même toujours français ? Qui donc en est responsable, sinon la bande cosmopolite dont la férocité avait déchaîné tant de colères ? Ce qui, à cette heure, paraît bien établi, c'est que les fils des vaincus n'ont pas oublié et qu'ils espèrent régler, un jour ou l'autre, un compte qui, suivant eux, n'est pas clos. Je demeure profondément convaincu que rien dans nos idées, rien dans nos mœurs, ne nous garantit contre une nouvelle Terreur et une seconde Commune.

La bataille finie laissait face à face les deux vainqueurs, l'Assemblée et M. Thiers, libres désormais du gros souci qui les avait unis ou réconciliés jusque-là, en dépit de leur sourde mésintelligence. Je ne saurais trop répéter que jamais ils n'avaient été complètement d'accord sur le fond des choses, c'est-à-dire sur le but à poursuivre et le régime à fonder. L'Assemblée voulait restaurer la Monarchie, tandis que M. Thiers désirait manifestement instaurer à son profit une République conservatrice dont il serait le chef, ce qui était une double illusion. Cette République, il sautait aux yeux que l'Assemblée ne lui permettrait pas de la faire à son profit, et que, dans tous les cas, elle ne serait jamais conservatrice. A droite et à gauche, les juges qui avaient conservé un peu de sang-froid, sentaient qu'il y avait derrière ce conflit de visées contraires et de passions ennemies un énorme malentendu : « M. Thiers n'est qu'un cheval de renfort ! » disait Camille Pelletan, et J.-J. Weiss écrivait dans une grande Revue : « La République conservatrice est une bêtise. » Tous les deux avaient raison.

Le chef du pouvoir exécutif sentait rôder autour de lui, non pas précisément une conspiration, mais une surveillance, une police, comme il disait, qui épiait tous ses mouvements, et il s'en irritait d'autant plus que les trois quarts du temps elle voyait clair et touchait juste. En un mot, outre une certaine incompatibilité d'humeur, le désaccord s'était marqué très vite entre les deux associés sur la question fondamentale, à savoir la direction qu'il convenait de donner à l'entreprise. On pouvait, dès lors, prévoir les sévices graves et la séparation. La grande ressource de M. Thiers était d'offrir sa démission ou, comme on le disait familièrement, de *rendre son tablier*, jeu facile, jeu sûr tant qu'on est l'homme nécessaire, jeu dangereux quand on a cessé de l'être ou de le paraître, et qu'une Assemblée à qui on met ainsi le marché à la main se croit assez forte pour l'accepter.

Celle de Versailles n'en était pas encore là, mais après l'écrasement de la Commune elle s'habituait à l'idée de regarder M. Thiers dans le blanc des yeux, de lui rappeler qu'en toute occasion lui-même la proclamait souveraine, et d'utiliser cette souveraineté. Ce fut un duel politique de deux années ; je le comparais à la rivalité d'Antoine et d'Octave après leur commune victoire de Philippes et je ne doutais pas que Philippes n'aboutît tout droit à Actium.

On y mit encore, de part et d'autre, quelques ménagements de commande, il y eut même des rapprochements, ou plutôt des replâtrages ; mais le cœur n'y était plus. Y avait-il jamais été? Le conflit s'envenima peu à peu.

L'Assemblée se rendait bien compte qu'elle ne combattait point à armes égales. Elle disposait d'un pouvoir plus apparent que réel, exercé par une majorité royaliste très nombreuse, mais divisée sur le roi à choisir. C'était sa grande faiblesse, et M. Thiers le savait bien, lorsque, lui retournant le couteau dans la plaie, il ne perdait jamais une occasion de le lui rappeler. Vous avez trois prétendants, lequel prendre? La question était fort gênante. A ce moment-là, le pauvre Prince impérial ne comptait plus guère ; mais les deux branches de la maison de Bourbon n'étaient point réconciliées, et le travail de fusion, auquel des royalistes patients travaillaient dans l'ombre depuis vingt-quatre ans, rencontrait toujours parmi les conseils du comte de Chambord une opposition condamnée à mal finir.

M. Thiers, fortement soutenu par une minorité républicaine, par le vœu du pays, par le prestige de ses vingt-six élections, avait pour lui, en outre, toutes les forces d'une administration dévouée à sa politique et concentrée dans sa main ; le gouvernement de la Défense nationale lui avait préparé les magistrats et les préfets qu'il pouvait souhaiter, et ce personnel le servait avec zèle, dans la plupart des départements. C'était le principal grief de l'Assemblée contre lui. Elle lui en voulait de maintenir en place des fonctionnaires qui s'appliquaient à la déconsidérer et il en résulta des explications, des récriminations publiques presque quotidiennes, dont l'aigreur alla toujours croissant et qui aboutirent enfin à un déchirement irréparable. En somme, M. Thiers, ainsi appuyé, était de beaucoup le plus fort ; il avait certainement le peuple derrière lui, et la présence à ses côtés de quelques grands bourgeois conservateurs comme Casimir-Perier et Léon Say rassurait contre ses coquetteries et ses complaisances républicaines. Seulement il tenait ses pouvoirs d'une Assemblée devenue méfiante où hostile, et, à moins de faire un coup d'État, il restait toujours à la merci d'un vote.

Les chefs royalistes auraient voulu qu'il rompît avec le gouvernement de la Défense nationale, dont il avait pris pour ministres les principaux membres, Jules Favre, Jules Simon, Ernest Picard. Ceux-ci avaient peuplé l'administration de leurs créatures, et l'Assemblée ne pouvait se dissimuler que, sans conspirer ouvertement contre elle, ils imprimaient à l'esprit public une direction contraire à son désir et à son intérêt. Tous les jours, et à tout propos, elle leur faisait un procès de tendance généralement justifié. Que signifiait, disait-elle, cette anomalie choquante qui consistait à maintenir des administrations turbulentes, sinon révolutionnaires, dans des départements conservateurs?

Tantôt quelque orateur de la droite demandait une réforme radicale du haut personnel administratif, ce que dans les couloirs on appelait familièrement le coup de balai; tantôt on réclamait, non pas précisément le procès des hommes du 4 Septembre, mais la revision de tous leurs décrets; enfin on attaquait, ou du moins on taquinait le gouvernement sur son penchant à incliner la balance du côté de la République *provisoire*. Provisoire! Cette épithète était devenue comme le cri de ralliement de la majorité royaliste, et Dieu sait avec quel entrain elle l'opposait à la moindre vérité républicaine de ses adversaires. *Provisoire!* Cette satisfaction platonique, qu'elle se donnait chaque jour avec plus d'emportement que de conviction, doit avoir laissé son écho dans les voûtes du Palais de Versailles.

Toutefois, ce n'était encore qu'une petite guerre signalée à peine par quelques mots agressifs, et personne n'eût manqué sérieusement aux égards qu'on devait à M. Thiers.

Quand on proposa de lui rebâtir aux frais de l'État sa maison détruite par la Commune, le crédit de un million trois cent mille francs fut voté d'acclamation, à l'unanimité. On voulait bien tout lui donner, excepté la République.

Le gros souci de la majorité était de connaître exactement la volonté du pays. Elle sentait l'opinion se détacher d'elle peu à peu. Elle ne voulait point en convenir ; mais on lui répétait de tous côtés qu'elle avait été élue, dans une catastrophe nationale, uniquement pour signer la paix, et je crois bien qu'elle commençait à douter elle-même de son pouvoir. Elle apercevait certainement çà et là des signes d'une désaffection partielle qui lui faisait désirer de se compléter le plus vite possible, pendant qu'il en était temps encore, au moyen de nouvelles élections. Dans les derniers jours de mai, par suite des décès, options et démissions, il lui manquait environ cent vingt membres, un sixième de son effectif, et il lui tardait de savoir ce que lui apporterait ce complément. Ce fut le duc d'Audiffret-Pasquier qui se chargea de rappeler au gouvernement que l'heure était venue de boucher ce trou. Il le fit sans acrimonie, reconnut que le retard de la convocation n'était imputable qu'aux circonstances, couvrit de fleurs « l'homme éminent » qui avait la charge du pouvoir et se borna à exprimer le vœu que la vie parlementaire, un instant suspendue, retrouvât enfin son ancienne activité. Ce ton conciliant surprit un peu ceux qui le connaissaient. On l'avait déjà vu très excité à la tribune, et ses amis avaient remarqué, dans les conversations particulières, combien il lui était difficile de rester calme quand il rencontrait en face de lui la moindre contradiction. Du grand seigneur il avait le nom et la fortune ; mais il n'en affectait pas les manières. Il venait à l'Assemblée et montait à la tribune avec un veston gris-jaune qui lui donnait l'apparence d'un entraîneur de chevaux de courses ou même d'un boy d'écurie.

Picard lui répondit que le désir du gouvernement répondait au sien et que les collèges électoraux seraient convoqués au premier jour. Le fait est qu'on ne pouvait plus remettre cette échéance ; mais, des deux côtés, on s'en inquiétait. M. Thiers, qui en espérait une manifestation républicaine, craignait qu'il ne fût encore trop tôt ; l'Assemblée, qui voyait un courant se former contre elle, se demandait s'il n'était pas déjà trop tard.

L'événement prouva que l'Assemblée n'avait pas tort d'avoir peur. Ainsi que le dit plus tard Jules Vallès, un des chefs de la Commune : « Nous avions calé la République avec nos fusils d'insurgés ! » C'est même une des singularités de ce temps révolutionnaire : cette exécrable Commune faite en l'honneur de la République n'en a pas dégoûté les Français. Nombreux sont les républicains qui gardent aujourd'hui quelque reconnaissance au 18 Mars. Il a changé d'aspect à leurs yeux ; mais combien sont-ils, à cette heure, ceux qui l'ont vu ?

Il fut entendu qu'on ferait les élections au commencement de juillet.

Jusque-là, on avait le temps de se quereller et on l'employa. Le 4 septembre se présentait comme un bon sujet de dispute, on y revint presque tous les jours. La majorité monarchique, acharnée contre l'Empire, n'en voulait pas trop aux républicains d'avoir fait cette révolution devant l'ennemi, mais elle leur reprochait de l'avoir exploitée à leur profit en peuplant la France de leurs créatures. Elle commençait à mesurer les racines que cette semence républicaine avait poussées dans le pays et elle ne perdait pas une occasion de s'en plaindre. Elle entendait qu'on arrachât au plus tôt cette mauvaise herbe, dont l'influence s'était déjà révélée dans quelques élections municipales.

Municipales ou législatives, les élections étaient devenues pour elle une obsession, presque un cauchemar. Elle résolut de tâter le gouvernement en réclamant *l'admission des Princes*.

Nous avons vu que la validation de leurs pouvoirs avait été ajournée parce qu'elle soulevait une question grave : l'abrogation des lois d'exil. L'Assemblée savait M. Thiers fort hésitant ; on disait même dans les groupes royalistes qu'il était franchement hostile à cette mesure réparatrice, la présence des Princes non seulement sur le territoire français, mais parmi les représentants de la France, effrayant à la fois et son amour de l'ordre et son ambition personnelle. Raison de plus pour le pousser sur ce point et le contraindre à se prononcer.

Dès le 1er juin, un député de la Haute-Marne, M. Peltereau-

Villeneuve, qui sembla faire le jeu du prince de Joinville, demanda que son élection fût rapportée. Barthélemy Saint-Hilaire rappela les motifs qui avaient fait ajourner le rapport dont il se trouvait chargé et promit d'être prêt pour le lundi suivant. Mais, ce jour-là, M. Thiers en personne monta à la tribune, insista sur la gravité de la question, se déclara incapable de la traiter dans toute son ampleur et demanda une remise jusqu'au jeudi. Ce fut donc le jeudi 8 juin que la bataille s'engagea, une vraie bataille pour laquelle, des deux côtés, on n'avait négligé aucun préparatif. Deux propositions : l'une de gauche, signée Jean Brunet ; l'autre de droite, présentée par M. Alfred Giraud, avaient été déposées pour l'abrogation des lois d'exil. Le rapporteur, Batbie, se prononça pour l'abrogation. Vint ensuite Barthélemy Saint-Hilaire, qui demanda purement et simplement la validation des pouvoirs du prince de Joinville, sans omettre les objections que la minorité du bureau y avait opposées. Et enfin, un autre rapporteur, M. Barascud, au nom d'un autre bureau, conclut également à l'admission du duc d'Aumale.

Jusque-là, tout allait bien et on se contentait de chuchoter sur les banquettes. On avait même applaudi à quelques lieux communs contre les proscriptions, lorsqu'un certain nombre de députés, appartenant aux départements de l'Est, firent une nouvelle proposition d'ajournement. Ils invoquaient cette considération que leurs départements restaient le gage de la Prusse, que l'entrée des princes d'Orléans à l'Assemblée était de nature à exciter des désordres qui en prolongeraient l'occupation, qu'avant tout ils se devaient à leurs électeurs et ne pouvaient les exposer à un pareil danger. Rarement la passion politique s'est couverte d'aussi pauvres prétextes. Ces opposants étaient, avant tout, des républicains qui tenaient à maintenir contre des princes français les lois d'exil. Quelle apparence que ces deux hommes qui, en 1848, ayant dans leur main l'armée et la marine, également dévouées à leur cause, n'avaient voulu rien tenter contre la deuxième République naissante, eussent l'idée de préparer un coup de main contre la troisième ! Leur neveu,

le duc de Chartres, ne venait-il pas de la défendre à l'armée de
Chanzy? Et qui donc avait tiré le dernier coup de canon d'Orléans, sinon le prince de Joinville? L'anonymat qu'ils avaient
dû garder l'un et l'autre avait déjà été un indice de cette phobie,
de cette terreur que le jacobinisme républicain cherche à inspirer, parce qu'il l'éprouve lui-même, en présence d'un prince
de sang royal. Déjà l'année précédente, elle avait étouffé tous
les sentiments généreux dont vit et palpite l'âme française,
lorsque, à la voix de Grévy, le Corps législatif repoussa cette
abrogation des lois d'exil demandée par Estancelin. Comme
Grévy, les députés républicains des départements de l'Est
craignaient aujourd'hui d'être dupes ou complices ; — dupes ou
complices de quoi? — En tout cas, ils manquaient de franchise
et ils dissimulaient leur ridicule effroi sous le masque de Tar-
tuffe patriote.

A ces trembleurs se joignirent un vieux débris de 48, le père
Barthe, d'une rigidité ingénue ; un orateur zézayant, Paul
Jozon, qui devenait, dans sa propre bouche, Paul Zozon, et
un procureur de la République, M. Leblond, qui se prononça
doucement, d'une voix melliflue à peine perceptible, pour le
maintien des lois d'exil. Cet homme grave donnait à la cruauté
des airs de mansuétude.

M. Thiers s'était préparé à loisir pour cette rencontre. Il fit
un très long discours hérissé de parenthèses et de réticences
calculées, qui est un chef-d'œuvre d'éloquence cauteleuse et
de circonspection politique. Il y déclarait qu'après avoir vu
longtemps dans l'admission des princes d'Orléans de graves
inconvénients, sinon un danger, il consentait à faire au vœu
de la majorité le sacrifice de ses justes craintes. Oui, il l'avouait,
boudant contre son propre cœur, contre ses plus chers souvenirs, il avait cru d'abord que la raison d'État devait ici l'emporter ; qu'elle exigeait encore l'éloignement au moins temporaire des principaux membres d'une famille aimée et respectée
à laquelle tout son passé appartenait. Mais enfin il cédait, il
consentait dans un désir d'union à leur rouvrir, avec les portes
de la France, les portes de l'Assemblée. Seulement...

Il n'avait garde de préciser outre mesure son *seulement* et de mettre à son acquiescement des conditions formelles ; mais il donnait à entendre que l'occasion était bonne pour renouveler, en termes exprès, et pour sceller plus étroitement ce qu'on appelait le pacte de Bordeaux, c'est-à-dire l'engagement réciproque de ne rien changer au régime de convalescence provisoire sous lequel la France mutilée commençait à renaître. Donc, le contrat subsistait : jusqu'à nouvel ordre, l'Assemblée constituante ne constituerait pas. De son côté, il ne tromperait aucun parti, il laisserait strictement les choses en l'état. Il l'avait promis, aux plus mauvaises heures de la Commune, à certains délégués des provinces qui le menaçaient d'insurrections locales s'il touchait à la République ; il ne leur manquerait pas de parole ; il rendrait cette République telle qu'il l'avait reçue.

Il y revenait sans cesse, il ressassait à dessein cette clause capitale ; aucune redite, aucun rabâchage ne lui coûtait pour la graver dans l'esprit de son auditoire, si bien que, de propos délibéré, il mit deux heures à expliquer ce qu'il aurait pu dire en vingt minutes et prouva ainsi que la redondance peut devenir une habileté. A force de taper sur le clou, il l'enfonçait. Ce qu'il enveloppa de précautions, de réserves, de sous-entendus dans les mille circonvolutions de son discours est véritablement incroyable. Quand on le relit, à quarante ans de distance, on en est encore ligoté et emberlificoté. C'est le chef-d'œuvre de l'enlacement. On se croit, à première vue, en présence d'une eau limpide qui invite au bain ; mais à peine s'y est-on aventuré qu'on se sent pris de tous côtés par des herbes invisibles dont on ne peut plus se débarrasser. Ce discours éveille aussi l'idée et l'image d'une immense toile d'araignée. Toutes les mouches parlementaires y furent prises. Jamais peut-être son auteur ne fut aussi chaudement congratulé.

Il y eut encore quelques résistances. On abusa du piteux argument des régions occupées, comme si la validation électorale du prince de Joinville et du duc d'Aumale pouvait aggraver les rigueurs de l'occupation prussienne, et c'est à ce moment

que le bon et honnête Marcel Barthe, une vieille tête de bois
républicaine, plaça un réquisitoire contre la maison de Bourbon
et plus particulièrement contre le comte de Chambord, roi de
droit divin, qui n'admettrait pour la France qu'une charte
octroyée. Le pauvre Barthe retardait d'un demi-siècle. Le jeune
général Billot se joignit à ce vieillard. Ils glanèrent 106 voix.
L'abrogation des lois d'exil fut votée par 472 voix contre 97
et l'admission des Princes par 443 voix contre 111. Ce léger
écart s'explique par l'interruption subite d'un élan de générosité entre les deux votes. Quelques députés, qui voulaient
bien abolir les lois de proscription, n'admettaient pas la présence des Princes dans l'Assemblée. Ils étaient partisans d'un
petit ostracisme mitigé et restreint. Cette cote mal taillée est
bien française. On s'étonna de voir le nom du général Changarnier sur la liste des députés qui n'avaient pas pris part au
vote. Il s'en excusa deux jours après ; il était au lit, avec un
commencement de choléra.

CHAPITRE XIII

L'EMPRUNT

Surveillance réciproque des deux pouvoirs. — Les pétitions. — Attaques nouvelles. — Le siège de Paris et le général Trochu. — Jean Brunet. — Après les récriminations habituelles, on s'occupe de l'emprunt de deux milliards. — Discours de M. Thiers sur le budget. — Le bilan financier en 1871. — L'armée. — Ce qu'elle doit être. — L'opposition qu'elle rencontre sous l'Empire. — Succès de M. Thiers. — Germain. — L'impôt sur le revenu. — Le cautionnement des journaux. — Lambrecht et Picard. — Gavardie. — Tirard.

Une trêve de quelques jours suivit cette journée mémorable. M. Thiers et l'Assemblée restèrent sur une défensive réciproque, sans provocation trop directe, et même avec des échappées de conciliation. Toutefois les partis ne désarmèrent pas. La République et la Monarchie se savaient aux prises, attentives l'une et l'autre à écarter les obstacles que la situation pouvait leur opposer comme à profiter des avantages qu'elle semblait leur offrir. On avait l'habitude en ce temps-là de consacrer le samedi à l'examen des pétitions. Il en arrivait par centaines, souvent absurdes, qui devenaient matière à disputes. Beaucoup de ces pétitionnaires sommaient l'Assemblée de décréter la République et de s'en aller. L'écho qu'ils trouvaient chez plusieurs de ses membres n'était pas fait pour calmer les passions. On a renoncé depuis à ce débat hebdomadaire sur les pétitions ; elles donnaient une trop haute idée de la sottise humaine. Celui qui feuilleterait l'énorme recueil où elles dorment dans les archives des Chambres finirait par subir la contagion de cette stupéfiante imbécillité. On affectait alors de les prendre au sérieux, et quelques-uns dépensaient des trésors d'éloquence pour leur épargner l'injure de la question préalable. La plupart de ces papiers méritaient le même traitement que ces prospectus dont la distribution sur la voie publique encombre et salit les trottoirs de Paris.

L'Assemblée avait mieux que cet indigeste amas pour s'entretenir la main. Presque à chaque séance, il était question de demander des comptes au gouvernement de la Défense nationale et principalement à la Délégation de Bordeaux. Plusieurs membres le proposèrent, et le général Trochu, prenant les devants, fit du siège de Paris, en deux longues séances, un exposé qui aurait la valeur d'une page d'histoire si une trop visible intention de plaidoirie personnelle ne lui ôtait un peu de son impartialité. L'Assemblée écouta avec une extrême faveur cette éloquente apologie. Le général livra à son ironie la sortie torrentielle de Louis Blanc et railla doucement le képi de Victor Hugo comme un symbole de cette crânerie théâtrale qui caractérise Paris et lui fait faire tour à tour des miracles et des folies. Tous les députés parisiens en tenaient ; ils murmurèrent. Le récit du général Trochu n'en reste pas moins, sauf triage, ce qu'on a dit de plus juste sur cette fièvre obsidionale de quatre mois qui ne fut pas étrangère à la Commune. Il donne une très haute idée de ce don de parole que le général joignait à ses qualités militaires. On y démêle aisément que, suspect et contrecarré comme il l'était, le gouverneur de Paris n'eut jamais l'espoir de vaincre. La confiance lui manquait.

Le général Chanzy défendit les armées de province qu'il avait commandées, et enfin le rêveur Jean Brunet se mit en devoir de réfuter les explications du général Trochu. Ce Jean Brunet a laissé, dans l'histoire de l'Assemblée nationale, la réputation d'un grotesque, infatué de lui-même et convaincu qu'il possédait le secret de sauver la France, si on l'eût chargé de la défendre : ancien capitaine d'artillerie démissionnaire, il s'était fait pendant le siège une manière de popularité en publiant des idées dont il eût été bien difficile de dire si elles étaient géniales ou folles. Il essaya de les développer de nouveau à la tribune ; il avait le calme parfait des convictions sûres d'elles-mêmes et l'air béat des certitudes mystiques, mais l'As-

semblée le traita en détraqué dont la fièvre d'invention se tra-
duisait par des fantaisies incohérentes et lui coupa délibérément
la parole. Il ne la reprit, longtemps après, que pour proposer
une fois de plus un déménagement considéré par lui comme
une mesure de salut public : ce mythologique transfert de Paris
à Clermont-Ferrand, dont j'ai déjà parlé. Nous étions perdus
si on refusait de transporter la capitale de la France dans les
montagnes de l'Auvergne. Il n'était pas le seul qui la trouvât
mal placée ; mais on avait autre chose à faire.

Après un nouvel échange de récriminations sur le 4 Septembre
et son héritier direct, le 18 Mars ; après une longue séance
dans laquelle Tolain se sépara publiquement des assassins et
des incendiaires de la Commune, qui l'avaient d'ailleurs
excommunié, on commença à s'occuper du grand emprunt
national nécessaire pour la libération du territoire. A quels
impôts demanderait-on cette rançon de la patrie? Question
capitale à une heure où Pouyer-Quertier, ministre des finances,
avouait que la fortune de la France tiendrait dans son chapeau.

Le débat s'ouvrit le 20 juin. Le rapport avait été rédigé
par M. Casimir-Perier, mais personne ne doutait qu'il n'eût
été dicté par M. Thiers. Et personne ne s'en étonnait. C'était
bien, au premier chef, un acte de gouvernement. Se souvient-on
de cet emprunt de deux milliards? C'était du 5 pour 100 à
84 fr. 50, presque du 6 pour 100. Un vieux député de 1850,
le comte de Douhet, dont on ne se rappelait même pas le nom,
discuta le type et le taux. Il aurait préféré un emprunt en
3 pour 100 ; mais il s'en prit surtout aux petits billets de vingt
francs, qui, suivant lui, avaient une physionomie d'assignats,
et au cours forcé où il entrevoyait un commencement de faillite.
Il proposa un système de petites coupures à dix francs, mais
émises directement par l'État et non plus par la Banque, des
bons du Trésor, à ce qu'il me parut, sans cours forcé. Pour
tout dire, je n'ai jamais parfaitement compris ce qu'il voulait.
Un autre orateur nommé Lespinasse laissa de côté l'emprunt
pour parler des budgets futurs et recommanda la plus stricte

économie. M. Thiers s'empressa de répondre et fit des budgets du second Empire une critique aussi sévère qu'applaudie, qui tombe de tout son poids sur la plupart des budgets de la République. Figurez-vous pour un instant M. Thiers ressuscité. L'indignation le ramènerait à son tombeau. Pour la réaliser, cette unité de budget sans laquelle il ne voyait, dans une loi de finances, que confusion et tromperie, il a fallu trente ans, et encore subit-elle, chaque année, sous un prétexte ou sous un autre, quelque nouvelle atteinte. Mais ce n'est pas mon sujet.

M. Thiers dressa le bilan complet de la situation financière, qui, sans être brillante, n'était pas désespérée. Il y apporta toute la limpidité naturelle de son esprit et c'est bien à lui qu'on put appliquer le mot de Gambetta sur Freycinet : « Son cerveau est un filtre ! » Avec cette différence que, pour mieux clarifier le liquide, il le remettait cinq et six fois dans la passoire. Ses discours dans cette période de sa vie sont peut-être les plus beaux, en tout cas les plus lumineux qu'il ait prononcés. Jamais des lèvres d'un vieillard de soixante-quatorze ans la douce persuasion n'a si abondamment coulé. Et quand on se rappelle qu'il lui suffisait de faire un petit somme avant son dîner pour mener de front tant d'affaires capitales qui sollicitaient à la fois son activité, on ne peut s'empêcher de lui rendre la justice qu'il se rendait volontiers à lui-même en parlant de son entourage : « Ces messieurs sont des hommes politiques ; moi, je suis un homme d'État ! » Le dernier peut-être, dans la vraie signification de ce mot, et, tous comptes faits, malgré ses préjugés, malgré ses fautes, digne des respects de l'histoire et de la postérité.

Il expliqua pourquoi il empruntait en même temps au public et à la Banque, pourquoi le 5 pour 100 lui avait paru préférable comme plus proche du pair et plus susceptible de conversions ; pourquoi 480 millions d'impôts nouveaux inscrits au budget lui paraissaient suffire à tous les besoins ; pourquoi enfin la France, intelligente et laborieuse, n'en serait point écrasée. On l'écoutait avec une sympathie attristée ; mais cette dernière promesse rasséréna les visages et il y eut comme un soupir de détente, très distinct, d'un bout à l'autre de la salle.

Il ne dissimula point qu'indépendamment de l'horrible carte à payer au vainqueur, il faudrait dépenser beaucoup d'argent pour refaire cette admirable armée française que le précédent régime avait laissée dépérir entre ses mains. Alors un mouvement se produisit, qui me remplit d'une ironie intérieure et me fit amèrement regretter de n'être pas député pour leur crier de toutes mes forces : « A qui la faute? » Gauche et droite applaudissaient également, par repentir, j'imagine, ou plutôt par une inconsciente contrition, car, en cette affaire, qui donc furent les coupables sinon tous ces chefs de parti, républicains ou royalistes, — sauf Thiers lui-même, et c'est son grand honneur — qui, deux ans à peine passés, refusaient au maréchal Niel cette armée nécessaire, et qui, aux élections générales comme au plébiscite, s'étaient fait contre l'Empire une arme empoisonnée de la réforme militaire qu'il essayait d'accomplir? Ils oubliaient les encouragements prodigués naguère à Jules Favre et à Jules Simon disant en propres termes : « Nous voulons une armée qui n'en soit pas une (1) ! » Thiers voulait, lui, que l'armée française fût une armée, et on commençait à partager cette opinion simpliste.

Si, au lieu de retenir uniquement quelques épisodes marquants de la vie parlementaire, j'étais un annaliste ou un historien, j'insisterais sur ces intéressantes contradictions. Je me

(1) Une polémique s'est élevée dans ces derniers temps sur un dialogue historique où Jules Favre et le maréchal Niel échangèrent alors leurs impressions avec une extrême vivacité :

— Vous voulez donc faire de la France une vaste caserne? demandait l'orateur républicain.

— Craignez d'en faire un vaste cimetière ! répondit le maréchal.

Ce rapide colloque manque au *Moniteur*, et on en a conclu que c'était une invention de journaliste. J'ai même entendu dire que M. Émile Ollivier, dans son grand ouvrage sur l'Empire libéral, l'a presque nié. Eh bien, il est parfaitement authentique, provocation et riposte. Ce qui est vrai, c'est que le soir, en revoyant son discours, le Maréchal, sur une observation d'un officier, son secrétaire, consentit à le supprimer, pour ne pas effrayer le pays. Le lendemain, ceux qui, comme moi, l'avaient entendu et en avaient été frappés, furent très surpris de ne pas le retrouver au compte rendu officiel. J'avoue que j'en regrettai la disparition.

contente, témoin impartial, de les noter au passage. Le succès du discours fut tel que la séance demeura suspendue pendant un quart d'heure ; et qu'on se demanda un instant si, dans toute l'Assemblée, il se trouverait quelqu'un d'assez brave pour répondre.

Ce fut un financier, M. Germain, le fondateur du Crédit Lyonnais, qui s'en chargea. Son intervention dans les derniers débats budgétaires du second Empire lui avait donné quelque autorité. On le savait habile en finances et il avait déjà fait preuve, en cette matière, d'un modernisme hardi qui inspirait la défiance, mais qui piquait la curiosité. C'était, sous ce rapport, l'antipode de M. Thiers. Avec cela courageux, opiniâtre, éloquent, malgré un trop-plein d'idées, qui, dans l'effervescence de la tribune, se bousculaient quelque-fois pour sortir. Il se montra très respectueux pour M. Thiers ; mais il avoua que le projet d'emprunt ne lui donnait qu'une demi-satisfaction. Il se plaignit de l'intérêt, suivant lui excessif, qu'on payait à la Banque et réclama, pour elle, ce qu'elle ne demandait pas, une plus large émission de ses billets. En réalité, il avait surtout à cœur de proposer l'impôt sur le revenu. J'ai déjà raconté que cet épouvantail budgétaire avait fait à la fin de l'Empire une première et timide apparition, et que M. Thiers l'avait immédiatement expulsé comme un malfaisant et ridi-cule fantôme. Dès que Germain l'évoqua de nouveau, la majo-rité se fâcha, protesta, donna tous les signes d'une nervosité que ne semblait point comporter le sujet, et M. Thiers se mit à gesticuler sur son fauteuil. A un certain moment, les interrup-tions devinrent si bruyantes et si gênantes pour l'orateur qu'on se demanda s'il pourrait continuer son discours. Il irri-tait manifestement une Assemblée fiévreuse, qui avait hâte de clore, même au prix d'un pis-aller, ce débat désagréable et qui, rassurée par l'optimisme relatif du gouvernement, ne vou-lait plus rien entendre. Cochery, le père de celui qui, ministre des finances, est allé jusqu'à proposer l'impôt sur la rente, faisait rage au milieu d'un groupe de furieux. Soit dit en pas-sant, cet exemple, joint à celui des deux Caillaux, prouve assez que les plus proches traditions de famille ont beaucoup perdu de leur empire dans la société républicaine, et Germain lui-même, gendre de l'ancien président du Conseil d'État, Vuitry, en était un vivant témoignage.

Malgré tout ce qu'on fit pour l'arrêter, il tint bon, soutenu par la gauche, et alla jusqu'au bout d'une péroraison un peu tronquée, où il invitait M. Thiers à égaler le courage et à conquérir la gloire de Robert Peel.

Ce n'est pas que l'impôt sur le revenu lui inspirât une admiration sans bornes. Il le déclarait — ce sont ses propres expressions — un impôt terrible, difficile à établir, difficile à maintenir, vexatoire, dangereux en temps de révolution ; mais, en même temps, il le proclamait nécessaire et surtout *populaire*. Le grand mot était lâché.

M. Thiers n'y tint plus. Cet impôt sur le revenu ne lui disait rien qui vaille, il en parlait habituellement avec autant d'horreur que de mépris, et quand il annonça qu'il allait réduire en poussière ce misérable revenant, un grand silence se fit, à peine ponctué, çà et là, de la recommandation sympathique : « Écoutez ! Écoutez ! » Je n'ai pas à répéter ce qu'il en dit, mais seulement à constater que l'ardent réquisitoire dont il crut l'accabler a servi de thème, et comme de leitmotiv, à toutes les attaques postérieures dont l'impôt sur le revenu a été l'objet dans ces dernières années. Il reconnut qu'en effet la passion populaire s'était attachée à cet expédient déplorable, illusion fatale, germe de discorde, semence de guerre civile, réservoir d'iniquité dont le peuple serait le premier à souffrir. Avant tout, il estimait qu'en présence d'un emprunt de deux milliards, qui, pour réussir, demandait tous les concours, l'épargne serait bien plutôt effrayée qu'encouragée par cette sombre perspective d'un saut dans l'inconnu. Il termina son discours en disant qu'il se regarderait comme un lâche s'il acceptait un pareil impôt. On pensa le porter en triomphe et il profita de cet élan pour prier l'Assemblée d'achever le jour même cette douloureuse besogne, qui nous rappelait tous nos malheurs. On cria : « Oui ! Oui ! Aux voix ! »

Mais ce n'était pas fini. Le martyr de cette journée mémorable fut un député de l'Aisne, nommé Godin, qui avait un système à lui et qui tenait à le défendre.

Les hommes réunis, peuple ou Chambre, sont toujours sans pitié ; tyrannique et cruelle, l'Assemblée se mit en devoir de violer tous les règlements pour supprimer ce gêneur. Comme elle avait fait son siège, il lui paraissait naturel de bâillonner quiconque essaierait de perfectionner son ouvrage. Godin, fier de son plan, insista et fut conspué, mais, si bonne envie qu'elle eût de lui fermer la bouche, la majorité ne put refuser à son obstination une séance de nuit. Il y exposa, au milieu des cris, un contre-projet qui consistait, autant que je pus en saisir les grandes lignes, à remplacer le billet de banque par une nouvelle monnaie fiduciaire, autrement dit un papier d'État, qui suppléerait à la raréfaction du numéraire. « La planche aux assignats ! » Le mot partit en même temps de tous les côtés et le malheureux Godin rentra sous terre. Après une courte explication du rapporteur Casimir-Perier, la loi d'emprunt, augmentée d'un codicille d'Oscar Lafayette en faveur des créanciers de la Caisse d'épargne, fut adoptée à l'unanimité de 547 votants (27 juin 1871).

Huit jours après, à la fin d'une séance maussade, Pouyer-Quertier annonçait joyeusement à l'Assemblée le miraculeux succès de l'emprunt. En quelques heures, il avait été couvert deux fois et demie. Pour deux milliards qu'on demandait, le pays en avait offert près de cinq et ce n'était pas fini. Paris et la province avaient largement donné. Le bas de laine espéré avait montré à la fois sa capacité et sa confiance. Je me figure que le taux n'y avait pas été étranger.

Le ministre annonça que le territoire en serait évacué plus vite, et cet heureux résultat fut en effet obtenu. Plus tard on s'en disputa l'honneur ; mais la vraie libératrice de la France était bien, je pense, la France elle-même. Pouyer-Quertier se retira, suivi d'acclamations unanimes. Escomptant le bénéfice électoral que la République allait recueillir de ce magnifique coup de partie, les républicains surtout lui firent fête. Ils ne pouvaient pas prévoir que les négociations entamées par lui pour la délivrance anticipée du pays allaient le mettre en contact avec des influences monarchiques et qu'il s'apprêtait à mourir légitimiste (1).

Dans les séances suivantes, on vota ou on amorça plusieurs lois qui ne donnèrent lieu à aucun incident grave. A la demande du gouvernement, le cautionnement des journaux fut rétabli et je dus subir alors l'éternel rabâchage sur la liberté de la presse. Je vis même reparaître à cette occasion la lance d'Achille. Elle était nouvelle pour quelques jeunes députés. Ce qui surprit un peu, ce fut l'énergique effort du ministre de l'intérieur Lambrecht et de son prédécesseur Ernest Picard en faveur du cautionnement. Comme ils semblaient loin l'un et l'autre du Picard et du Lambrecht de l'année précédente ! Ils eurent gain de cause ; mais on fut très frappé de cette métamorphose conservatrice.

Ce cautionnement des journaux rencontra parmi ses plus chauds partisans le député des Landes, Gavardie, royaliste enragé, ancien magistrat sous l'Empire. Il avait assez de courage pour affronter sans crainte la mauvaise humeur d'une assemblée, mais il se fit bientôt une telle célébrité comme interrupteur que je pécherais par omission si je ne lui accordais ici une nouvelle mention honorable.

Vous qui vivez encore, vous rappelez-vous Gavardie? Ce n'est pas qu'il interrompît plus souvent que le bouillant Langlois ou le facétieux Tillancourt ; mais c'était sa ponctualité à interrompre qui égayait ses collègues. Je l'ai déjà signalée !

Catholique avant tout, dans son discours sur le cautionnement il fit intervenir le Pape et Jeanne d'Arc.

Une loi, remaniée trois ou quatre fois, sur l'échéance des effets de commerce mit dans un certain relief Tirard, député de Paris, bijoutier en faux, qui, sans autre valeur, par simple bonté d'âme et facilité de caractère, était destiné à devenir une des grandes *utilités* de la République. On s'en aperçut plus tard à diverses reprises, lorsqu'il fallut, sans mécontenter

(1) Voir à ce propos *la Comtesse de Valon*, par Clément Simon (Plon, édit.).

trop de concurrents, choisir un président du Conseil. Son nom revenait alors sur toutes les lèvres : « Où est Tirard? » Il était mort !

Sa fortune politique l'avait rendu fort sensible au blâme et à l'éloge. Un jour, dans un compte rendu de *Paris-Journal*, je le félicitai de sa modération, tout en lui conseillant de changer son tailleur, qui lui fournissait des pantalons à grands carreaux, d'un goût détestable, indignes en tout cas de la gravité parlementaire. Jamais je n'aurais cru qu'il pût prêter la moindre attention à cette inoffensive plaisanterie. Il s'en émut pourtant et m'écrivit une lettre, où il m'avouait que je lui avais fait en même temps plaisir et peine. « Grâce à vous, disait-il, me voilà Jean qui pleure et Jean qui rit ! » Bon Tirard ! Je ne tenais pas du tout à le chagriner et je laissai ses pantalons tranquilles.

Parmi toutes ces lois, petites ou grandes, qui défilaient ainsi au jour le jour devant les représentants du peuple, il s'en présenta une, fort grosse, qui concernait l'organisation des Conseils généraux, et qu'on baptisa, de son nom véritable, la loi de décentralisation. Elle accapara tout de suite ce que les législateurs d'alors appelaient leurs méditations.

CHAPITRE XIV

LA DÉCENTRALISATION

Les principaux décentralisateurs. — La jeunesse parlementaire. — Le
rapporteur Waddington. — Le père Raudot. — Le gouvernement
n'admet qu'une décentralisation mitigée. — Les vœux politiques et
la Commission de permanence.

Cette décentralisation mérite aujourd'hui un regard de
l'histoire, d'abord parce que c'est une des rares lois qui aient
échappé à l'usure du temps et aussi parce qu'elle répondit
alors à un état d'esprit très curieux, à une situation toute particulière, je dirais volontiers à un besoin d'air et d'espace qu'on
peut qualifier d'historique. Décentralisation ! Décentralisation !
Le mot et la chose étaient également à la mode. L'Empire
libéral avait inscrit dans son programme cette tarte à la crème
qui n'avait été au début qu'un vœu et peut-être un article
d'opposition. Pour faire une étude immédiate, il avait nommé
une grande Commission à la tête de laquelle il avait mis M. Guizot en personne. Le fait est qu'on avait plein à la bouche de
cette décentralisation, regardée à ce moment comme une panacée universelle, tout au moins comme une garantie nécessaire
de la liberté. Elle était devenue, pour ainsi dire, un thème
d'école et dans toutes les parlotes politiques de l'époque,
conférence Molé, conférence La Bruyère, sociétés d'études
politiques, on l'avait examinée sous toutes ses faces. Il s'agissait
maintenant de donner au problème une solution pratique,
une consécration légale. Tous les jeunes parlementaires, frais
émoulus, que le suffrage universel venait d'envoyer à l'Assemblée nationale, s'emparèrent de cette décentralisation comme

d'une aubaine de joyeux avènement, une manière de *donativum* offert à leur légitime ambition et on les vit monter à la tribune, l'un après l'autre, pour en exprimer dans de longs discours leur opinion motivée. Pas un seul ne manqua à l'appel, et tous ne sont pas oubliés. Ils brillèrent surtout dans la discussion générale, controverse de pure théorie, n'ayant pas encore fait l'apprentissage de ce que le jargon d'aujourd'hui appelle les réalités objectives. Ils avaient des réserves d'éloquence à dépenser et ils ne les économisèrent pas. On remarqua à quel point ils se ressemblaient dans leurs habitudes oratoires et leurs méthodes didactiques. C'étaient pour la plupart, non pas de beaux esprits — ce qui semblerait une épigramme — mais de gentils esprits, très éveillés, assez avertis, naïfs malgré tout, avec un faux air de précoce expérience; c'était surtout une réunion de sincères volontés et de loyales intelligences. Ils se mêlent et se confondent dans le souvenir que quelques-uns ont laissé. Si j'en oublie, qu'ils me le pardonnent! L'Assemblée leur fit confiance. Elle aimait en eux sa jeunesse, et comme sa parure. Elle entendit successivement avec le même plaisir, bien qu'ils ne fussent pas d'accord, le comte d'Haussonville, Étienne Lamy, Léonce de Guiraud, de Lacombe, Paul Cottin, Achille Delorme, et Target, notre ami à nous autres journalistes, Target, qui ne manqua pas d'évoquer l'ombre de Prévost-Paradol, dont eux-mêmes étaient l'ombre. L'Académie française en a recueilli deux qui vivent encore. Ils avaient tous des titres à y entrer. Ce fut aussi dans cette circonstance que fit ses vrais débuts un jeune député tourangeau, Daniel Wilson, un anglo-français. On sait qu'il eut plus tard des malheurs. Il n'était pas encore le gendre de l'austère président Grévy, mais seulement le frère de Mme Pelouze, propriétaire du château de Chenonceaux, passé depuis en d'autres mains. Je le retrouverai sur mon chemin dans quinze ou vingt ans.

A côté de ces nouveaux venus siégeaient et parlaient des hommes plus mûrs, à qui leur âge avait permis de peser à loisir les inconvénients et les avantages des réformes les plus désirées, et qui, par cela même, penchaient tout naturellement pour les solutions moyennes. Je me rappelle, parmi ceux-là, un M. Moulin, dont le bon sens frappa l'Assemblée. Sans phrase, sans fleurs inutiles, ce Moulin éclaira si bien tous les détails de la question qu'on salua en sa personne un des maîtres du genre délibératif. La rhétorique n'eut rien à voir dans les applaudissements qu'on lui prodigua.

La Commission avait choisi pour rapporteur un savant dont j'ai déjà eu l'occasion de parler et qui fut plus tard ministre, le docte Waddington, homme de peu de chaleur. Sa parole, aussi pâle et blafarde que son visage, ne s'échauffait même pas, comme il arrive quelquefois, par la contradiction. Il disait, non sans embarras, ce qu'il avait à dire, et on lui faisait crédit sur ses bonnes intentions. Le sage, le raisonnable Waddington : c'était ainsi qu'on le jugeait et presque toujours on se rangeait à son avis, même laborieusement exprimé. Il a eu l'honneur de laisser son nom à une loi qu'on appelle encore quelquefois la loi Waddington, comme la loi de sursis s'appelle la loi Bérenger.

A cette époque un courant s'était formé et tout le monde était plus ou moins décentralisateur, mais personne, dans d'Assemblée ni ailleurs, ne l'était au même degré qu'un vieux député de l'Yonne qui avait siégé autrefois dans les Chambres censitaires et que ses collègues appelaient familièrement le père Raudot. Têtu, bougon et respecté, le père Raudot n'était pas seulement un décentralisateur convaincu et acharné, on pouvait dire et on disait de lui qu'il était la décentralisation vivante, la décentralisation en personne. Il la considérait comme le remède à tous nos maux, comme le salut de la France. Par elle, tout renaissait, tout revivait, mais nous étions perdus si l'on ne se hâtait de saisir au passage ce dernier espoir de la résurrection nationale. Ce Bourguignon bourguignonnant voulait absolument rétablir les anciennes provinces, au nombre de vingt-quatre, avec autant de gouverneurs qui auraient représenté vaille que vaille le pouvoir central démesurément affaibli. Et quand on lui objectait que ces provinces ressemblaient trait pour trait aux cantons suisses ou aux États de la république américaine, il se fâchait tout rouge et il accusait violemment l'Assemblée de ne rien comprendre à ce fédéralisme régénérateur dont la vertu rendrait immédiatement à la France tout son prestige et toute sa force. Il finit par abandonner la lutte, sans dissimuler son amère tristesse de messie incompris et de rédempteur méconnu. Dans les conversations particulières entre collègues, il se comparait volontiers à ces grandes victimes, réhabilitées après leur mort, auxquelles Béranger a dédié sa chanson des *Fous*.

On ne tarda pas à se partager en deux camps, les autoritaires et les libéraux, non point tout à fait ennemis, mais divisés sur la dose de décentralisation qui convenait à la France : les uns la voulant modérée ; les autres exigeant, sans aller aussi loin que le père Raudot, qu'on remît à une Commission départementale élective la nomination du préfet.

Il va sans dire que le gouvernement protesta et qu'il était dans son rôle en protestant. Rôle ingrat, si l'on songe à l'emportement contraire des esprits. Les droits du pouvoir central furent défendus avec une modestie qui n'excluait pas la fermeté par le ministre de l'intérieur Lambrecht et par Ernest Picard. Ces deux messieurs avaient déjà donné et vaincu ensemble dans l'affaire du cautionnement des journaux. La modestie leur était commandée par les dispositions d'une Assemblée qu'il eût été dangereux de braver en face ; mais on voyait bien que cette déférence n'ôtait rien à leur résolution de disputer le terrain pied à pied et de ne céder que l'indispensable. Picard surtout, dont chaque heure semblait décupler les facultés conservatrices, soutint les prérogatives du gouvernement dans les discussions qui s'engagèrent au sujet des vœux politiques et de la Commission de permanence. Plusieurs de ses anciens collègues trouvèrent qu'il donnait trop de gages à la *réaction*. Je crois bien qu'il en avait causé auparavant avec M. Thiers.

La loi finit par être votée à peu près telle que la Commission et son rapporteur M. Waddington l'avaient conçue, et elle aura bientôt vécu quarante-deux ans sans retouches, ce qui constitue certainement, par le temps qui court, une longue durée.

Mais, pendant qu'on s'escrimait sur cette fameuse décentralisation administrative, singulièrement défigurée aujourd'hui par l'abus des ingérences politiques et électorales, un grave événement changeait tout à coup la face des choses. Sans déplacer positivement la majorité, les élections complémentaires du 2 juillet, au nombre de cent treize, avaient apporté un fort contingent à l'idée républicaine et modifié sensiblement la proportion des partis dans l'Assemblée. Les républicains poussèrent des cris de joie ; les royalistes déconcertés s'en prirent au gouvernement d'un résultat si contraire à leurs vœux et se promirent de surveiller encore plus étroitement M. Thiers. En même temps qu'ils le rendaient responsable de ce premier échec, ils en conclurent qu'il leur fallait se hâter pour établir définitivement le régime qui leur était cher. Je résume fidèlement ce que j'entendis beaucoup d'entre eux dire alors, sous des formes diverses, dans la familiarité des causeries hors séance : « Il continuera à nous mettre dedans, si nous ne parvenons pas à le mettre dehors ! » Le duel, un moment interrompu, allait recommencer entre l'Assemblée nationale et le chef du pouvoir exécutif. Il dura près de deux ans, avec des alternatives de succès et de revers pour les deux antagonistes. J'ai maintenant, non pas précisément à en suivre les péripéties, — elles sont trop connues, — mais à y relever ces menus détails qui paraissent indignes de la grande histoire, parce que l'œil ne les découvre qu'en regardant quelquefois par le trou de la serrure.

CHAPITRE XV

VERS LA RUPTURE

Les élections complémentaires du 2 juillet. — La majorité désemparée.
— Velléités d'invalidation générale. — L'influence de l'administration. — L'affiche des gauches. — Le député invisible. — Presque tous
les élus sont admis. — Reprise de la loi sur les Conseils généraux. —
Le gouvernement proteste contre certains articles, au nom de l'unité
nationale. — Retour de Gambetta. — La pétition des évêques en
faveur du Pape. — Violents débats sur l'ordre du jour. — M. Thiers
ne triomphe qu'à moitié. — Target imagine une motion conciliatrice.
— Mécontentement de M. Thiers. — L'indemnité aux départements
envahis. — Thiers et Ventavon battus par Buffet. — La loi sur les
Conseils généraux est votée.

Les élections complémentaires du 2 juillet tombèrent sur
la coalition royaliste comme une maison qui s'écroule sur son
propriétaire. Partout, ou presque partout, et même dans les
départements qui avaient voté autrement en février, les candidats républicains furent élus avec d'écrasantes majorités. Ils
s'étaient servis, pour vaincre, d'armes de qualité médiocre,
mais empoisonnées. A un manifeste où leurs adversaires annonçaient à la France la fusion des deux branches de la maison
de Bourbon et l'avènement prochain du légitime héritier du
trône, Henri V, ils avaient répondu par une affiche où ils présentaient cette restauration éventuelle comme le retour certain
de la dîme, de la corvée et du droit du seigneur. Ils en riaient,
le peuple y crut.

Je me figure aussi que le gouvernement n'avait rien fait
pour empêcher les électeurs d'y croire. Non qu'il fût intervenu
directement dans la lutte ; il s'était gardé avec soin de toute
ingérence qui eût rappelé l'ancienne candidature officielle ;

mais il avait laissé en place un personnel administratif et judiciaire qui comprenait à demi-mot dans quel sens il devait exercer son action et qui travaillait sous main pour la République.

Quelles que fussent d'ailleurs les causes multiples du changement radical qui s'était opéré dans les esprits depuis la conclusion de la paix, il est certain qu'un revirement aussi complet bouleversait de fond en comble la situation respective des deux partis. Les républicains demeuraient en minorité assez sensible dans l'Assemblée nationale ; mais ils semblaient fondés à dire qu'elle n'avait reçu d'autre mandat que de traiter avec l'ennemi victorieux et que le peuple lui refusait le droit de donner une constitution à la France.

Toutefois, à partir de cette première victoire, ils le dirent un peu moins souvent et le répétèrent un peu moins haut, parce que l'espoir qu'une seconde poussée populaire leur permettrait de faire eux-mêmes et à leur profit cette nécessaire constitution, s'était peu à peu glissé dans leur cœur. Et c'est en effet ce qui arriva. Il semble bien qu'en dépit des épilogues et des gloses la France était dès lors, à tort ou à raison, républicaine.

Les royalistes le sentirent et restèrent un instant accablés du coup qu'ils avaient reçu. Chaque vérification de pouvoirs leur en renouvelait la douleur. Il leur fallait bien voir l'écart énorme qui existait entre leurs listes et celles de l'opposition. Leur défaite ressemblait à une déroute, et ils n'étaient pas tellement aveugles qu'ils n'en mesurassent les conséquences. Un courant s'était formé contre eux d'un bout à l'autre du pays, et ceux d'entre eux qui gardaient leur sang-froid se demandaient s'ils auraient assez de force pour le remonter.

Quelques-uns eurent l'idée de contester certaines élections et d'invalider les élus, comme coupables d'avoir trompé le peuple en calomniant leurs adversaires. C'était bien un peu la vérité, car cette grossière affiche sur la corvée, la dîme et le droit du seigneur avait été placardée plus particulièrement dans les campagnes, dont on escomptait ainsi la crédulité ;

mais c'était un grief trop général pour que le résultat des scrutins en parût vicié ; les rapporteurs se bornèrent à blâmer ce procédé de polémique, et lorsque le fougueux Gavardie réclama — avant cinq heures cette fois — la nullité de l'élection des Landes, il rencontra en face de lui un autre royaliste, le prudent Baragnon, qui ne fut pas de son avis. Baragnon objecta à Gavardie que, si on retenait ce moyen de cassation, il faudrait invalider en masse toutes les élections, les recommencer toutes et perpétuer ainsi dans un pays convalescent une agitation manifestement contraire à sa santé.

Ce fut l'opinion qui prévalut. La majorité royaliste comprit qu'une seconde tentative ne lui serait pas plus favorable que la première épreuve et se tint pour battue. En réalité ces élections étaient valables ; on n'y pouvait relever, comme élément d'observation, que cette sorte de fatigue qui suit un grand ébranlement national. Dans tous les départements, l'abstention égalait le tiers des inscrits et, dans plusieurs, la moitié. Haentjens en fit la remarque. Ce n'était pas précisément de l'indifférence, mais plutôt la courbature d'une nation surmenée. Les royalistes ne se firent pas d'illusion à cet égard. Ils se persuadèrent que le plus pressant des appels ne ranimerait pas la France en leur faveur.

Quant à croire que le gouvernement ne fût pour rien dans le coup d'assommoir qui leur ôta, pour quelques jours au moins, force et confiance, il faudrait n'avoir jamais vu manœuvrer M. Thiers. Ils furent minés et contre-minés à loisir par une administration qui leur était foncièrement hostile. Ce fut un travail occulte, mais très efficace, une influence muette exercée à toute heure sur des gens bien disposés. On s'entendait par signes.

La majorité royaliste, à qui ce jeu n'avait point échappé, s'était convaincue depuis longtemps que M. Thiers était un obstacle à ses desseins, mais elle en eut alors la preuve et ce fut fini pour toujours entre elle et lui. Elle évita pendant quelque temps les récriminations inutiles et, en apparence, elle concentra son activité dans des discussions d'où la politique sem-

blait exclue. C'est à peine si quelques élections furent discutées,
entre autres celle du docteur Testelin à Lille, celle de M. Salneuve, dans le Puy-de-Dôme. Vice-président du tribunal civil
de Clermont-Ferrand, M. Salneuve avait contribué à la rédaction d'une affiche, où l'injure et la calomnie désignaient le parti
royaliste à la vindicte populaire. L'affaire fut blâmée, mais
l'Assemblée comprit qu'elle ne pouvait rien de plus contre
une écrasante majorité de 45 000 voix, et l'élection fut validée
sans autre forme de procès.

Il y eut aussi un peu de tapage au sujet des élections de
l'Hérault. Là encore, deux républicains étaient élus, après une
lutte fort vive, sillonnée de procès correctionnels. Un député
conservateur se plaignit que le procureur général de Montpellier
n'eût pas tenu la balance égale entre les diffamations réciproques
des deux partis, et accusa ce fonctionnaire d'une assez grosse
incorrection. Mais il rencontra en face de lui le Garde des
sceaux, l'austère Dufaure, qui fit peu d'honneur, en cette circonstance, à sa réputation d'avocat des bonnes causes. Grognon
et hargneux encore plus que de coutume, on vit très clairement
que le vieux dogue cherchait moins à convaincre qu'à mordre.
Sa soi-disant logique, à la fois rocailleuse et subtile, s'en tira
par des craquements de phrases et des grincements de dents.
L'inflexible rigueur de loyauté qu'il affectait habituellement
dans la discussion céda cette fois à des considérations politiques.
Il plaida. C'est même à ce signe que j'avais pris l'habitude
d'apprécier la valeur des discours prononcés par des orateurs
qui étaient en même temps des avocats. Dès que j'entrevoyais
chez eux l'envie de sacrifier à un intérêt de parti la vérité,
qui aurait dû être leur seule cliente, je pouvais encore les
trouver habiles ; mais mon admiration s'arrêtait là.

Le duc d'Audiffret-Pasquier qui allait bientôt conquérir
d'un seul coup une renommée de petit Mirabeau, mais un peu
éphémère, prit la parole dans cette même journée où Dufaure
déploya plus de chicane que d'éloquence. Il invita ses collègues
à flétrir encore une fois la candidature officielle dont ils avaient
tant souffert sous le tyran. Ils la flétrirent. Le duc s'était

révélé accusateur plein de verve et d'entrain, mais plus modéré
et maître de lui qu'il n'y parut dans la suite.

J'en aurai fini avec les vérifications électorales en rappelant
que cette promotion du 2 juillet donna à l'Assemblée le *député
invisible*, qu'elle n'eut jamais l'occasion de connaître parce
qu'il n'y parut jamais. C'était un médecin, le docteur Maure,
des Alpes-Maritimes, qui toucha longtemps, sans se déranger,
son indemnité parlementaire.

On revint ensuite au pâté d'anguilles des Conseils généraux.
C'est une précieuse ressource pour une Assemblée que d'avoir
ainsi sous la main un bon plat de résistance autour duquel
viennent se grouper chaque jour les menus incidents de la
polémique courante. Lorsqu'elle a dévoré avec un appétit
fiévreux ce ravier de hors-d'œuvre, elle retourne tout doucement
à sa grosse alimentation de ménage qui la calme et la repose.

La loi sur les Conseils généraux lui rendait régulièrement ce
très appréciable service. Non qu'elle s'en désintéressât. Elle y
apportait au contraire une passion entretenue par un sincère
désir d'émanciper un peu la vie provinciale et aussi par des
considérations politiques où reparaissait l'antagonisme des
deux partis. La majorité conservatrice attachait une importance capitale à cette loi qu'elle regardait comme sa loi. Elle
ne dissimulait pas qu'elle prétendait faire des assemblées dépar-
tementales une citadelle contre les révolutions et les coups
d'État envoyés de Paris. Chaque département soustrait à la
pression d'en haut et à l'omnipotence préfectorale devenait
ainsi un foyer de résistance contre ces trop fréquentes improvi-
sations.

Dans l'autre camp, on se défiait précisément de cette idée ;
on prêtait aux conservateurs l'intention de se retrancher au
besoin dans leurs Conseils généraux, comme dans d'inexpugnables
forteresses, d'où ils tiendraient en échec le pouvoir central.
L'événement a prouvé que ces espérances et ces craintes étaient
également vaines. Les Conseils généraux ont évolué avec l'opinion publique, et le peuple les a transformés peu à peu à son
image. Mais, au moment où fut élaboré leur statut, on s'en

faisait de part et d'autre une fausse idée, si bien qu'une prévention se manifesta contre eux dans le gouvernement et dans
l'Assemblée. M. Thiers, très jaloux des prérogatives du pouvoir
central, n'admettait pas qu'on y portât la moindre atteinte.
Les libertés provinciales lui étaient suspectes ; il styla ses amis
et l'on vit bientôt se coaliser contre le projet des hommes que
leurs opinions antérieures désignaient pour le soutenir : les
ministres, Lambrecht, Victor Lefranc, Jules Simon. A leur tête
bedonnait Ernest Picard, qui n'était plus ministre, mais qui
était resté ministériel. Il fit là une campagne plus opiniâtre
qu'on ne l'eût attendu de son caractère. Il alla jusqu'à soutenir
que la décentralisation ainsi pratiquée mettait l'unité nationale
en péril. L'impassible Waddington, rapporteur de la loi, n'en
revenait pas. Il n'aurait jamais cru qu'on pût lui prêter d'aussi
noirs desseins. Son teint blafard ne lui permettait point de
pâlir, mais le peu d'émotion dont il était capable se voyait sur
ses tempes, au battement de l'artère.

Le droit de dissoudre les Conseils généraux serait-il accordé
au gouvernement? La majorité, encore toute meurtrie d'une
mésaventure de ce genre, lui accorda simplement la faculté
d'en dissoudre un, par-ci, par-là, en cas de révolte ouverte
et en l'absence de l'Assemblée. Elle se rappelait la façon dont la
Délégation de Tours en avait usé avec ces petits foyers de
résistance et elle tenait à les mettre sur une bonne défensive,
en cas d'alerte. M. Wilson demanda que le préfet fût nommé par
la Commission de permanence, instrument nouveau inventé
pour tenir perpétuellement en bride l'agent du pouvoir central ;
mais on n'osa pas aller jusque-là.

Au moment où l'Assemblée prenait ainsi ses précaution
contre un coup de force pareil à celui qui avait été exécuté
contre les Conseils généraux par Gambetta, celui-ci lui revenait, rendu à la politique active par le département de Vau-
·cluse, et l'on recommençait à entendre, dans le fond de la salle,
ses caverneuses interruptions. On sentait chez lui le besoin de
reprendre langue et de se refaire la main. Il eut bientôt l'occasion de rappeler sérieusement sa présence dans un débat sou-

levé par une pétition des évêques qui demandaient la protection de la France et, au besoin, un asile pour le Pape persécuté. Ce fut une joute magnifique entre M. Thiers et Mgr Dupanloup, moins d'accord au fond qu'ils ne voulaient le paraître : le premier se confondant à l'égard du Saint-Père en protestations de sympathie et de respect ; le second l'en remerciant avec effusion, mais non sans un secret désir de lui arracher des promesses effectives et des engagements fermes.

Ils furent aussi éloquents l'un que l'autre ; mais le discours de Thiers est certainement le chef-d'œuvre de la controverse politique. « Si ce prisonnier, disait-il, devenait un exilé, oh ! je me bornerais à lui déclarer à la face du monde : La France vous sera toujours ouverte ! Mais Dieu me garde de lui insinuer, à quelque degré que ce soit, un conseil ! » Il se refusait à inaugurer contre l'Italie une diplomatie de défiance où ne l'aurait suivi aucune des puissances de l'Europe. Mais avec quel art il veloutait son déclinatoire ! Sa situation était particulièrement délicate. Il ne pouvait oublier que, quatre ans à peine passés, dans un cas à peu près pareil, il s'était écrié, aux applaudissements d'une Chambre enthousiaste : « Tant pis pour l'Italie si elle se jette sur votre épée ! » Comme tout cela était loin !

L'évêque n'était pas tenu aux mêmes ménagements. En vain il essayait de dominer l'indignation plus qu'épiscopale qui secouait toute sa personne, elle injectait ses yeux enflammés, elle éclatait sur son visage naturellement sanguin et jusque dans sa longue chevelure blanche qui lui retombait en mèches désordonnées sur le front et sur les joues. Chacun des compliments par lesquels il répondait au patelinage de M. Thiers était suivi d'une provocation directe à Victor-Emmanuel et à l'Italie. Il se soulageait d'une douleur aiguë qui lui déchirait l'âme depuis les premières annexions italiennes.

Dans de telles conditions que serait le vote? Il y avait deux rapporteurs, M. Pajot et M. de Tarteron, qui, très applaudis l'un et l'autre par la majorité, demandaient pour les pétitions papistes la sanction d'un renvoi au ministre des affaires étrangères. Celui-ci ferait au moins entendre la protestation timide, on disait la plainte, presque le gémissement du droit outragé. Et c'était précisément la satisfaction platonique mais dangereuse dont la sagesse de M. Thiers ne voulait pas. Toute la gauche marchait d'accord avec lui et songeait à passer sur cet incident l'éponge commode de l'ordre du jour pur et simple, mais l'affaire avait fait trop de bruit, en France et à l'étranger, pour qu'on l'escamotât comme une muscade. De son côté, M. Thiers tenait à ne pas froisser la majorité dans un débat d'une importance capitale où il semblait se désavouer lui-même, mais il faisait très explicitement ses réserves. La confiance qu'à la voix de l'évêque d'Orléans elle brûlait de lui témoigner, il ne l'acceptait qu'à deux conditions : la première, qu'il ne compromettrait pas la politique de la France ; la seconde, qu'il défendrait, autant qu'il le pourrait, l'indépendance du chef de l'Église qui était un des grands intérêts de la politique française. Dès lors le simple renvoi des pétitions à son ministre des affaires étrangères, sans indiquer un blâme, devenait un peu sec et prenait un caractère impérieux, presque aussi désobligeant pour lui que cette mystification de l'ordre du jour pur et simple pour la majorité.

Cependant on négociait dans l'hémicycle et sur les banquettes entre gens de bonne volonté, lorsque tout à coup les choses se gâtèrent. Un vieux député de 1848, le même Marcel Barthe qui avait récriminé contre l'admission des Princes, proposa une motion où l'Assemblée s'en remettait au patriotisme et à la prudence de M. Thiers, mais sans renvoi au ministre des affaires étrangères. Naturellement, M. Thiers accepta ce texte, qui lui laissait toute sa liberté d'action et d'inaction ; mais Gambetta, jaloux de se mêler aux grandes querelles, s'empressa de se rallier à ce blanc-seing et provoqua par cette adhésion un tel tumulte que bientôt le président Grévy, armé de sa sonnette, fut impuissant à s'en rendre maître.

De tous les bancs de la droite et du centre on criait à M. Thiers de désavouer cet orgueilleux et compromettant allié. Il monta de nouveau à la tribune — c'était la troisième fois — et refusa de céder à cette injonction. Assurément, disait-il, il n'avait rien de commun avec M. Gambetta, on savait qu'il ne partageait aucune de ses opinions, mais ce n'était pas une raison pour refuser son bulletin dans une circonstance où, par hasard, ils se trouvaient d'accord.

L'argument était plus spécieux que fort, et, au milieu du bruit, la voix coupante de Keller en montra la faiblesse : il cachait la plus fâcheuse des équivoques. Il ôtait au vote toute signification claire et précise. Quel sens donner à un scrutin qui montrerait, côte à côte, dans la même urne, les partisans et les adversaires du Pape?

On était à bout de souffle, et il ne restait guère que des injures à échanger. Ce fut encore le bon Target qui les tira d'affaire. Il se chargea de coudre ensemble, sur un même papier, la patriotique prudence reconnue à M. Thiers et le renvoi des pétitions au ministre. Cette solution parut si naturelle qu'elle ne rencontra que quatre-vingt-deux opposants contre quatre cent trente et un approbateurs, et qu'on s'étonna de n'y avoir pas recouru tout de suite. Nombre de députés libéraux la proclamaient loyale et nécessaire. Elle laissa néanmoins dans le cœur de M. Thiers un petit levain de rancune contre cette indocile Assemblée, qui ne pouvait plus lui faire des compliments sans y ajouter des remontrances. Il regardait le vote final comme un petit échec à son infaillibilité. S'il avait pu savoir ce que le même Target et son groupe lui ménageaient !

Et c'était ainsi chaque fois qu'il se présentait une affaire de quelque importance. Presque toujours, sans préméditation, mais par une sorte d'impulsion instinctive, le chef du pouvoir exécutif et l'Assemblée se trouvaient placés à un point de vue différent. L'Assemblée ne pouvait se dissimuler que, sans gouverner précisément contre elle, son délégué, fort de l'encouragement populaire, jouait son jeu personnel et mettait peu d'empressement à lui aplanir la route au bout de laquelle, dans un lointain chaque jour plus obscur, elle s'obstinait à apercevoir encore la monarchie. La situation que les dernières élections générales lui avaient faite n'était pas non plus pour la rassurer.

Il ne se passait guère de séance où un insolent de la gauche ne lui criât : « Frères, il faut mourir ! » et ce glas funèbre, malgré son caractère religieux, l'entretenait dans une perpétuelle mauvaise humeur de vieille femme acariâtre et quinteuse qui ne veut pas être avertie.

Elle n'avait pas toujours tort, ni Thiers non plus. Elle lui infligea un nouvel échec dans la grosse affaire des indemnités aux départements envahis et rançonnés par les Prussiens. Effrayé de notre ruine financière dont il avait continuellement sous les yeux le lamentable détail, il voulait bien donner aux victimes les plus intéressantes un petit secours parcimonieusement disputé, mais il n'admettait pas que cette énorme dépense fût mise en bloc au compte général de la France, comme une dette sacrée. Ces légitimes préoccupations de financier lui ôtaient ici la conception fraternelle d'une loi de solidarité nationale, supérieure à toutes les lois. C'était bien le moins que les départements qui n'avaient pas souffert apportassent leur prestation en argent. Mais ils ne l'entendaient pas ainsi, et l'on vit alors l'égoïsme provincial se révéler dans toute sa gloire. Ils opposaient à l'adjuration des autres une argumentation d'une simplicité féroce qui peut se résumer ainsi : « C'est vous que cela regarde, arrangez-vous ! » M. de Ventavon développa ce thème. Sous sa forte tignasse grise ébouriffée, il cachait un esprit incisif et mordant, qui, même en cette occasion, trouva matière à s'exercer. On se demandait comment ce *vilain boiteux* (il était affligé de claudication) pouvait concilier le zèle religieux dont il se targuait volontiers avec cette absence totale de charité chrétienne. Il représentait les Hautes-Alpes.

Son effort, uni à celui de M. Thiers, échoua devant la forte logique de Buffet, servie par toutes les souffrances de l'année terrible, et ce fut pour le chef du pouvoir exécutif un froissement d'autant plus pénible qu'il trouva cette fois contre lui ses Parisiens, deux fois bombardés.

Ainsi se marquait plus profondément chaque jour la défiance inavouée, mais latente, qui, dès l'origine, avait entrevu, dans le pacte de Bordeaux, des équivoques et des embûches. Quand

on avait fini de se quereller, on revenait, pour prendre
haleine, à cette terrible loi de décentralisation, véritable trot-
toir roulant qui s'entortillait en replis inextricables dont on
ne voyait jamais le bout et qui prenait peu à peu l'aspect
mythologique d'une nouvelle tapisserie de Pénélope. En ce
temps-là, toute loi organique avait droit à ses trois lectures, et
on ne lui faisait pas grâce. Aujourd'hui l'usage a prévalu
d'accorder aux plus importantes, même à celles qui intéressent
directement l'État et la société, ce qu'on appelle le *bénéfice*
de l'urgence, de sorte qu'on les vote en une seule délibération
sans retouche et que personne ne proteste plus contre une
pareille absurdité. On s'en rapporte au Sénat.

Enfin, la loi départementale fut votée le 10 août par 509 voix
contre 126, majorité considérable qui, après les critiques pas-
sionnées dont.elle avait été l'objet, ne laissa pas que d'étonner
même ses partisans. Mais il en est toujours ainsi. Quand arrive
le vote final, on recule à l'idée de sacrifier aux petits défauts
qu'on lui trouve une réforme d'une incontestable utilité. C'est
une balance à faire et généralement on la fait.

Celle-ci fut mise et remise sur le métier jusqu'à la dernière
minute par une majorité qui semblait jalouse de laisser, de
son court passage dans l'histoire, un souvenir palpable et du-
rable. Elle apportait par brassées les amendements sur chaque
article et on les discutait sérieusement lorsque l'heure du
train parlementaire n'avait pas encore sonné. La remarque en
fut faite par un de ceux qui en inventèrent le plus, le comte
Jaubert : « C'est une bien mauvaise heure pour les amendements que celle du chemin de fer ! » Ah ! ce voyage de Paris à
Versailles ! Ce fut tout un poème épique, qui mérite à lui seul
une mention spéciale. Je me promets de lui consacrer un chapitre lorsque le moment sera venu, c'est-à-dire lorsque, ayant
perdu l'agrément de la nouveauté, il deviendra une monotone
et fatigante sujétion. Mais il faut bien en convenir : cela ne
parut point tout d'abord. On trouvait piquant ce demi-exil
d'une Assemblée dans le palais de Louis XIV.

On ne s'y ennuyait pas. Un jour, c'était Tolain qui, dans

la discussion de la loi sur les Conseils généraux, faisait spirituellement le procès du parti conservateur-libéral, c'est-à-dire de la majorité presque tout entière, et s'amusait, avec une ironique sagacité, aux dépens de sa double étiquette. Signalement contradictoire, assurait Tolain, d'où lui venaient tous ses malheurs. Conservateur, il déplaisait au peuple; libéral, il inquiétait les gouvernements; il cheminait ainsi, impopulaire et suspecté, dans un défilé dont il n'arriverait jamais à sortir. Sa nature hybride le condamnait à des manifestations ambiguës suivies d'un perpétuel fiasco.

Je savais mon ami Tolain très ferré sur les questions sociales, mais je ne l'aurais pas cru si averti sur les dessous de la politique pure et les petits malaises intérieurs des partis. Surtout je ne me le figurais pas si capable de suivre jusqu'au bout, avec tact et sans dépasser la mesure, une aussi fine attaque et d'aussi subtils arguments. Il ne lui manquait qu'un peu de tenue extérieure pour se classer parmi les plus vieux routiers du parlementarisme.

Un autre jour, c'était Wilson, jeune et sévère justicier, qui trouvait Dufaure trop indulgent. Il le poussait à sévir contre les rares débris des commissions mixtes qui souillaient encore la magistrature, et Dufaure s'y refusait, objectant qu'il suffisait de mépriser sans frapper.

C'était ce même Dufaure qui déposait son projet de loi contre *l'Internationale*, et qui se figurait couper ainsi dans sa racine un mal destiné à prendre bientôt des proportions incoercibles.

C'était Naquet qui, à peine élu, s'essayait déjà à son rôle de réformateur et tirait des plans sur la Constitution. Il ambitionnait visiblement la gloire, très recherchée au dix-huitième siècle, des Lycurgue, des Solon et des J.-J. Rousseau. Aujourd'hui encore il s'occupe de grands projets de charte universelle et l'on sait qu'il fut le Sieyès très écouté du boulangisme.

C'était Ordinaire, dont le zèle républicain s'irritait de l'avancement donné au duc de Chartres et signalait sa turbulence naturelle par un besoin de proscription.

CHAPITRE XVI

LA CONSTITUTION RIVET

]

Qui se souvient aujourd'hui de la constitution Rivet? Elle tient pourtant sa petite place dans le nombre des Chartes intérieures dont notre histoire nationale est si riche. Un octogénaire, maire de son village depuis cinquante ans, me disait un jour : « J'ai prêté serment à huit constitutions ; il n'y a que la mienne qui ait résisté. » M. Thiers n'était encore, légalement, que le Chef du pouvoir exécutif de la République française, et ce titre de chef lui déplaisait. « Me prennent-ils pour leur cuisinier? » demandait-il. Son dédain avait tort, car, parmi tous ses rivaux, européens ou autres, aucun ne l'égalait dans les combinaisons de la cuisine politique et surtout dans l'art d'accommoder les restes. Enfin le mot le choquait.

Vainqueur de la Commune, débarrassé de l'emprunt et de quelques autres préoccupations moins graves, mais encore assez gênantes, comme cette affaire de l'admission des Princes, il allait pouvoir se donner tout entier à un grand projet qui lui tenait au cœur depuis son arrivée au pouvoir : la libération anticipée du territoire français par le payement anticipé de l'indemnité de guerre. Le lendemain même des préliminaires de Versailles et du lamentable traité que nous avions dû subir, les deux diplomaties, la française et l'allemande, s'étaient entendues pour en surveiller ensemble l'exécution et en interpréter au besoin certaines clauses. Les relations officielles étant rétablies entre les vainqueurs et les vaincus, nos négociateurs abordèrent discrètement, chaque fois que l'occasion parut favorable, ce sujet délicat ; mais leurs timides ouvertures rencontrèrent d'abord, chez ceux de l'Allemagne, peu d'empressement à s'y arrêter. Non seulement on répondait à nos avances par des objections désobligeantes, exprimées quelquefois en un langage revêche, mais on invoquait, pour ne rien conclure, l'état de Paris et la situation précaire de la République naissante, en un mot l'instabilité du gouvernement. Au lieu d'adoucir, dans la mesure du possible, par une application équitable, les prescriptions rigoureuses du traité, on en donnait des commentaires abusifs, judaïques, qui trahissaient l'intention d'en aggraver l'esprit et la lettre ; enfin on nous cherchait chaque jour de ces mauvaises querelles qui, comme la foi punique, ont gardé dans l'histoire le nom même du peuple qui les a inventées.

Nous avions, accrédité auprès du général de Manteuffel, commandant de l'occupation, un habile délégué, le comte de Saint-Vallier, qui s'employait de son mieux à entretenir de bons rapports avec lui, et qui n'avait pas beaucoup de peine à se donner pour y réussir, car le général travaillait sincèrement, de son côté, dans le même but, nous témoignait la meilleure volonté et poussait son gouvernement à hâter, par de légitimes concessions, la liquidation finale. Dans notre malheur, nous avions encore une autre chance. Notre chargé d'affaires à

Berlin, le marquis de Gabriac, qui déjà nous avait bien servis, venait d'être remplacé par un ambassadeur en titre, le comte Élie de Gontaut-Biron. Celui-ci nous y conquit bientôt de précieuses sympathies. Son tact, sa distinction, sa patience et sa prudence étaient hautement appréciés des principaux personnages de la cour de Prusse et lui avaient positivement gagné le cœur de Guillaume Ier. Aussi bien, le vieil Empereur ne cachait-il pas son faible pour M. Thiers lui-même, dont il parlait comme d'un enchanteur, d'une « sirène » au chant de laquelle on ne résistait qu'en se coulant de la cire dans les oreilles. Nous n'avions réellement contre nous qu'un adversaire, mais plus puissant à lui tout seul que la Cour et le Souverain et toutes les influences politiques : c'était M. de Bismarck, qui manifestement mettait des bâtons dans les roues et, suivant son habitude, n'était pas loin de s'en vanter. Il avait ses raisons pour attendre.

Sans renoncer à son principal objectif, M. Thiers comprit qu'il lui fallait d'abord réunir la somme colossale dont il avait besoin pour lutter, avec un atout de plus, contre ce mauvais vouloir. Mais quel serait le meilleur moyen de se la procurer? De tous côtés lui arrivaient des propositions et des conseils. Il n'était en France si petit comptable d'épicerie qui n'eût son plan. Je me souviens d'avoir moi-même écrit, sous la dictée d'un de mes meilleurs amis, financier éminent, un opuscule intitulé : *les Milliards nécessaires*. C'était un nouveau système d'emprunt, dont l'ingénieux mécanisme avait l'hypothèque pour principal ressort. J'ai oublié comment elle y fonctionnait.

Quelques bonnes âmes songèrent à une quête patriotique, ou offrande volontaire, d'un bout à l'autre du territoire. On l'essaya. Elle produisit entre six et sept millions, juste une goutte d'eau dans la mer. On aurait pu éviter cet expédient. M. Thiers ne s'y prêta pas. Il n'attachait aucune importance aux idées qui n'étaient pas les siennes. Il ne croyait d'ailleurs qu'aux méthodes vérifiées par l'expérience, et nous venons de voir comment, d'accord avec son ministre des finances Pouyer-Quertier, il avait résolu de s'adresser à l'épargne, au moyen d'un vaste emprunt national gagé sur quatre cents millions d'impôts nouveaux et émis à un taux assez avantageux pour tenter le public et faire sortir les bas de laine de leurs cachettes.

Il ne se trompait pas, puisque, lancé en 5 pour 100 à 84,50 à la fin de juin 1871, l'emprunt donna en deux jours près de cinq milliards. J'ai déjà rappelé dans un précédent chapitre ce triomphe du crédit. Le gouvernement n'avait demandé que deux milliards et ne garda que deux milliards deux cent vingt-cinq millions. Il fallut réduire proportionnellement les souscriptions, au grand regret des souscripteurs. Pouyer-Quertier, qui pourtant ne s'étonnait pas aisément, fut surpris lui-même de ce merveilleux résultat et, le lendemain, lorsqu'il l'annonça aux représentants de la nation, ils en parurent frappés comme d'un miracle qu'ils saluèrent de la plus unanime acclamation. Je n'avais pas encore assisté à une pareille explosion de joie parlementaire. C'était du délire. La droite et la gauche, unies pour la première fois dans ce transport d'enthousiasme, applaudissaient avec la même sincérité et le même entrain. Aucune arrière-pensée ne se mêlait à leur commune jubilation. Même après la victoire de l'Assemblée sur la Commune, quelques *Parisiens* avaient été un peu humiliés dans leur amour-propre local par la défaite de leur Paris, et plusieurs révolutionnaires de province auraient également souhaité un dénouement moins complet qui laissât un espoir de revanche à des vaincus dont ils n'étaient pas les ennemis. Mais, en présence de ce triomphant emprunt, on se félicitait, on se congratulait comme d'une résurrection. Il nous valut immédiatement certaines concessions sur le point capital qui était la prompte évacuation des départements occupés. La Prusse, payée en partie plus tôt qu'elle ne l'espérait, comprit qu'elle pouvait avoir confiance non seulement dans notre probité, mais dans nos ressources. En avait-elle jamais douté?

J'aurai dix fois pour une l'occasion de revenir sur ce premier emprunt, qui fit sur les puissances européennes et sur le monde entier une profonde impression et nous rendit une partie de notre ancien prestige ; mais, en attendant, il me paraît

nécessaire de noter ici au passage, pour respecter la chronologie et ne pas trop faire chevaucher les dates, l'état bizarre des
relations franco-allemandes, caractérisées à ce moment précis,
dans la conduite de nos voisins à notre égard, par des mouvements de bascule, des oscillations en sens contraire, et, pour
tout dire, par un flux et un reflux perpétuels, assez difficiles à
suivre, mais très intéressants à observer. La paix est faite, les
rapports diplomatiques sont rétablis et régularisés, il semble
qu'un petit effort suffirait maintenant, de part et d'autre,
pour vivre en bonne intelligence.

M. Thiers en eut peut-être l'espoir. Comme il ne perdait
pas de vue un seul instant sa suprême pensée, il dut croire,
après ce succès financier, que l'heure avait sonné de risquer
une nouvelle tentative appuyée sur de nouveaux engagements ;
mais, à la résistance qu'il rencontra, il comprit que la défiance
de M. de Bismarck n'avait pas encore désarmé. Dès qu'une
difficulté s'élevait, dans une ville occupée, entre la garnison
allemande et la population française, — à vrai dire, il s'en
produisit d'assez graves dans le Jura et dans la Marne, — le
Chancelier, fidèle à sa vieille méthode d'intimidation, prenait
sa plus grosse voix de croquemitaine et nous adressait d'humi-
liantes injonctions. Quelquefois il s'en remettait de ce soin
à son ambassadeur, le comte d'Arnim, et une semaine ne se
passait pas sans que, à l'exemple de son chef, ce diplomate ne
nous prodiguât les plus brutales menaces. « Si vous êtes incapables, disait-il, d'en finir avec la Commune de Paris, l'armée
prussienne s'en chargera. » S'il faut en croire quelques historiens, le comte jouait alors un double jeu. Tandis que, malgré
ces violentes échappées, il s'appliquait à ne pas trop irriter
M. Thiers, il flattait le dépit qu'éprouvait M. de Bismarck à
voir la France se relever si vite et sa secrète envie de garder
son gage le plus longtemps possible. Le Chancelier de fer manifestait l'inquiétude, vraie ou fausse, de nous voir recommencer la guerre et l'ambassadeur s'empressait de nous la transmettre. A ce moment-là, ils étaient absolument d'accord. Ils
ne se brouillèrent que plus tard, lorsque, sans tenir compte de la

politique de celui qui trouvait avantageux pour l'Allemagne de maintenir chez nous la République, le comte d'Arnim, se mêlant à nos affaires, laissa percer, pour une restauration monarchique ou impériale, des préférences qui lui valurent une disgrâce et un procès.

Malgré ces mauvaises volontés combinées, les heureuses conséquences de l'emprunt, c'est-à-dire de la confiance que d'un pôle à l'autre nous témoignait le monde entier, ne tardèrent pas à se faire sentir. Conformément à une convention antérieure, relative au payement intégral des deux premiers milliards, l'occupation étrangère dut reculer de proche en proche et, outre la Seine, les trois départements les plus voisins de Paris, Seine-et-Oise, Seine-et-Marne et l'Oise, bénéficiaient à la fin d'août de cet affranchissement partiel. Et ce ne fut pas tout : de nouveaux pourparlers nous apportèrent de nouveaux engagements, et l'on vit, dans ce commencement, la garantie, la certitude d'une évacuation complète et prochaine, si bien que ce premier rayon de soleil après l'horrible orage alluma comme un feu de joie dans tous les cœurs.

Avec autant d'habileté que de dévouement, M. Thiers, secondé par l'Assemblée et par le pays tout entier, avait mené à bien un grand et noble ouvrage qui fut sans contredit l'honneur de sa vieillesse et la plus belle page de sa vie.

Comme la France n'était pas et ne sera jamais guérie des individus, comme elle a l'habitude d'incarner dans un homme, en même temps que le moindre échec subi, tout progrès accompli et tout événement heureux, elle oublia l'Assemblée, elle s'oublia elle-même pour rapporter au chef du gouvernement tout le mérite de sa délivrance.

La libération du territoire demeura dès lors attachée à son nom. Et, pour qu'elle en restât inséparable, les amis qu'il comptait parmi les politiciens imaginèrent d'en perpétuer le souvenir en lui décernant, sous la forme la plus flatteuse, et certainement la plus susceptible de lui agréer, une récompense nationale, cette couronne civique qui s'appelle dans l'histoire la constitution Rivet.

On arriva ainsi au 12 août qui fut un grand jour. M. Rivet apporta à l'Assemblée le projet de constitution qui a gardé son nom dans l'histoire.

En voici les deux premiers articles :

1º M. Thiers exercera, sous le titre de Président de la République, les fonctions qui lui ont été dévolues par le décret du 17 février dernier ;

2º Ses pouvoirs sont prorogés de trois ans.

On était prévenu ; mais l'émotion n'en fut pas moins vive, et une comédie commença. Immédiatement, un député de la majorité, M. Adnet, se présenta à la tribune et réussit, malgré quelque chicane de procédure que lui fit Grévy, à déposer une proposition analogue :

« L'Assemblée, confiante dans la sagesse et le patriotisme de M. Thiers, lui continue son concours et, au nom du pays reconnaissant, lui confirme les pouvoirs qu'elle lui a confiés à Bordeaux. »

Évidemment il avait été convenu dans des conciliabules de la droite qu'on ne laisserait pas les amis personnels de M. Thiers, où figurait au premier rang M. Rivet, opérer seuls et que la majorité répondrait à leur motion par une motion parallèle et, pour ainsi parler, concurrente. A première vue, cette proposition Adnet semblait plus flatteuse pour M. Thiers que la proposition Rivet. La reconnaissance et l'admiration y tenaient une large place ; au fond, elle était née d'une pensée beaucoup moins sympathique. C'était de l'eau bénite de certificat. Il n'y était plus question du titre de Président de la République ni des trois ans de prorogation. Le contraste était jusque dans les deux hommes : Rivet gros et court ; Adnet long et fluet.

Rivet avait demandé pour sa proposition le bénéfice de l'urgence, c'est-à-dire le renvoi immédiat à l'examen des bureaux. Adnet réclama le même avantage pour la sienne, alléguant sans rire que les auteurs de l'une et de l'autre proposition avaient obéi à la même inspiration et poursuivaient le même but.

Personne ne s'y trompa. La gauche cria : « Non ! Non ! — Si !

Si ! » répondit la droite et, les choses commençant à se gâter, le héros de cette petite fête monta à la tribune. Il se déclara très touché. Suivant lui, les deux propositions méritaient également la déclaration d'urgence ; mais il tenait surtout à dire que la question avait été soulevée « sans sa participation, sans son désir ».

L'hypocrisie ou — pour employer un moins gros mot — une sorte de duplicité conventionnelle étant admise dans les délibérations politiques, on fit semblant de croire qu'en effet M. Thiers était absolument étranger à l'événement, et de divers côtés on entendit murmurer ce petit mensonge : « C'est vrai ! Très bien ! » ; mais si gêné, si timide, que l'orateur insista :

« J'espère que personne ne voudrait élever un doute sur cette affirmation ! »

On répondit sur le même ton : « Personne ! » et il fut entendu que la proposition Rivet était une génération spontanée. Mais quelle vraisemblance que M. Thiers eût ignoré un projet dont on parlait tout haut et partout depuis quinze jours ! Quelle apparence surtout que ses amis les plus intimes, qui n'étaient pas tous des sots, eussent machiné, sans d'abord s'en ouvrir à l'intéressé lui-même, un projet de cette importance, un véritable essai de constitution dont ils lui auraient fait la surprise. comme on donne un pantin à un enfant pour ses étrennes !

Malgré les paroles lénitives de M. Thiers, l'agitation grandissait de proche en proche dans l'Assemblée, les têtes se montaient, on mesurait la portée du conflit qui était en germe dans les deux propositions rivales ; c'étaient bien la République et la Monarchie qui allaient partir en guerre l'une contre l'autre. Elles commençaient à échanger des récriminations et des menaces, si bien qu'il fallut suspendre la séance pendant vingt-cinq minutes pour calmer cette première ébullition.

A la reprise, l'urgence fut votée. La voie étant ouverte, plusieurs députés royalistes, irrités du replâtrage constitutionnel qui se préparait et pressés, puisque l'occasion s'en présentait, de faire du définitif, annoncèrent des propositions nouvelles qui avaient au moins le mérite de la franchise. Dahirel, ardent légitimiste, demanda, dans la séance suivante, la restauration immédiate de la Monarchie. Suivant lui, le prétendu pacte de Bordeaux n'avait jamais été observé ; jamais le gouvernement n'avait tenu la balance égale entre les deux grandes opinions qui se partageaient la France. Il se défiait de l'Assemblée et ne se gênait pour le dire à qui voulait l'entendre. Il fallait en finir : la Monarchie ou la mort.

Il n'y avait réellement aucune raison de refuser à la proposition Dahirel, non plus qu'à une autre proposition du même genre qui fut présentée ensuite par M. Baze, l'examen promis à celles de MM. Rivet et Adnet. Mais ici apparut, dans toute sa puissance dissolvante, un autre élément de trouble et d'indécision qui pesa sur toutes les résolutions de l'Assemblée nationale depuis sa naissance jusqu'à sa mort : la majorité conservatrice était divisée ! La fraction légitimiste intransigeante, les *ultras* se défiaient de ceux qu'on appelait indistinctement les *orléanistes*, c'est-à-dire de tous les royalistes libéraux du centre droit, qui n'admettaient qu'une monarchie moderne entourée de toutes les précautions et garanties parlementaires. Bien que de part et d'autre on sentît le besoin d'une fusion absolument nécessaire, on se faisait volontiers des niches et on s'accusait réciproquement de tricherie. Nous allons voir pendant deux ans se développer les conséquences de cet état d'esprit. La déclaration d'urgence fut refusée à la proposition Dahirel et, en attendant le débat sur la future constitution Rivet, on se mit à voter des impôts nouveaux. Pour tout dire, depuis un mois on en votait à chaque séance, qui révélaient à l'Assemblée elle-même quantité de spécialistes jusqu'alors inconnus. Casimir-Perier, le second de la dynastie et le père de celui qui fut plus tard Président de la République, s'y montra financier de haute marque, tandis qu'à côté de lui Léon Say, Mathieu Bodet, Denormandie, Lambrecht et vingt autres prouvaient à la France qu'elle était moins épuisée d'hommes que d'argent. Et d'argent même, pouvait-on dire qu'elle le fût, lorsqu'on la voyait demander si allégrement sa rançon à son épargne?

Ce n'était certes pas une petite affaire que d'improviser, au

milieu d'une crise qui semblait mortelle, quatre cents millions
d'impôts nouveaux. Avec quelle facilité on y parvint cependant. Et quelle émulation, quel entrain pour y parvenir !
Chacun apportait son idée, bonne ou mauvaise, et même sa
fantaisie, parfois comique. M. de Lorgeril se fit une réputation, presque une immortalité, avec sa taxe des chapeaux. Le
zèle sauvait du ridicule. Pendant que les partis se querellaient
sur des préférences constitutionnelles, et plus souvent sur des
étiquettes que sur des principes, un ministre leur rappelait
qu'avant tout il fallait mettre la main à la poche, parce que la
carte à payer était énorme. Et alors on se calmait pour se sai-
gner. Presque toutes les propositions fiscales furent discutées,
très peu furent rejetées. Il n'y eut de difficultés réelles que pour
l'impôt des matières premières et ce fut encore un grave dissentiment entre M. Thiers et l'Assemblée. Le fossé allait s'élargir.

II

Thiers s'entêtait, à son ordinaire, sur une idée fixe. Il voulait absolument frapper les matières premières à leur entrée
en France, et la grande majorité de l'Assemblée, y compris
plusieurs de ses meilleurs amis, considérait cette mesure comme
une hérésie économique.

Déjà, on l'avait repoussée une première fois, avec l'impôt
sur le revenu, dans une sorte d'examen comparatif entre les
diverses taxes qui s'offraient à son choix ; mais M. Thiers ne
voulait rien entendre et son obstination irritait même les irré-
solus qui attendaient le débat pour se faire une opinion. Vainement on lui objectait que nos traités de commerce avec l'Angleterre et la Belgique s'opposaient à l'établissement de cet
impôt, et que, dans ces conditions, il ne produirait qu'une somme
insignifiante, il se faisait fort de réfuter tous les calculs et de
vaincre toutes les résistances. Dans une escarmouche prélimi-

naire, Rouher ayant eu l'imprudence d'intervenir pour réclamer quelques éclaircissements, la querelle prit immédiatement un caractère politique et aboutit à un échange de récriminations violentes entre les partis. On rappela nos récents désastres et quelqu'un cria comme une injure : « Écoutez M. Rouher ! » Les bonapartistes ripostèrent : « Écoutez M. Jules Favre ! » tandis qu'un député de la droite qui fut plus tard ministre, Depeyre, de la Haute-Garonne, ajoutait : « Empire et République, écoutez ! » C'est ainsi que chacun invectivait ses ennemis. Tant d'huile sur le feu ne présageait rien de bon. Ces malheureuses matières premières étaient devenues brusquement si inflammables que nos gens pensèrent se prendre aux cheveux. Il fallut, pour les calmer, que le ministre des affaires étrangères, M. de Rémusat, leur donnât lecture du traité conclu avec l'Allemagne pour l'évacuation du territoire.

Mais la dispute recommença le lendemain.

Il était admis que le commerce devait accepter sa part dans les charges écrasantes qui pesaient sur la patrie vaincue, et ses représentants étaient les premiers à en convenir. Ils répétaient à tout propos que, loin de se dérober, il irait de lui-même au-devant du sacrifice, pourvu qu'on lui en fournît un instrument qui ne le fît pas trop souffrir. Seulement, ils n'étaient pas d'accord eux-mêmes sur le choix à faire et, à plus forte raison, l'Assemblée hésitait. Placée entre deux impôts, celui dont M. Thiers voulait absolument frapper les matières premières importées en France, et une taxe proportionnelle sur le chiffre des affaires déclaré par chaque commerçant, elle ne cachait point son embarras.

Cependant un rapport de la Commission des tarifs semblait donner tort au gouvernement. Tandis que celui-ci prétendait tirer tout de suite des douanes une cinquantaine de millions et une centaine un peu plus tard, le calcul de la Commission, fondé sur les obstacles que nous opposaient les traités de commerce, réduisait cette espérance à une somme de cinq millions et demi.

M. Magne, réconcilié avec M. Thiers fit, suivant sa coutume,

un discours chèvre et chou, dans lequel, sans se prononcer nettement pour l'un ou l'autre des deux impôts, il s'attacha à établir qu'on pouvait provisoirement équilibrer le budget avec
cent trente-cinq millions. M. Thiers en demandait deux cents.

Le nouveau ministre des finances, M. de Goulard, défendit
les chiffres et le projet du gouvernement en homme plus résigné
que convaincu. Au contraire, Pouyer-Quertier, récemment éliminé du cabinet après les incidents que j'ai racontés, soutenait
de toutes ses forces le Président de la République. Il y mettait
tant de chaleur qu'on eût dit qu'il voulait rentrer en grâce.

Il y eut d'autres propositions : une augmentation des patentes ;
une taxe sur les produits fabriqués ; un impôt sur le total des
ventes ; la substitution au timbre fixe des factures d'un timbre
gradué et progressif.

D'abord, M. Thiers les regardait passer avec une moue dédaigneuse et un mépris muet, qui firent bientôt place à une hostilité moins silencieuse. Sa malice calculait qu'après plusieurs
rejets successifs, motivés sur l'éloignement naturel qu'une
Assemblée éprouve à voter n'importe quel impôt tant qu'elle
a d'autres ressources en perspective, on reviendrait de guerre
lasse à son projet. Évidemment c'était à ses yeux la carte forcée.
Quand il vit qu'on la lui disputait, il n'y tint plus et il se jeta
à corps perdu dans la bataille.

Elle fut longue et confuse. Germain et Bocher soutinrent,
après M. Magne, que le gouvernement exagérait les besoins
immédiats du budget.

Le comte Joubert, né taquin et grognon, conclut dans le
même sens. C'était un vieux député, qui dans les Chambres
de la monarchie de Juillet se plaisait à harceler les présidents.
Il faut voir dans les *Mémoires* de Dupin le récit de ces perpétuelles altercations et avec quel brutal à-propos Dupin rabattait
le caquet au comte Joubert et à Piscatory, jeune querelleur
doctrinaire qu'il ne pouvait pas souffrir.

Rien n'y fit ; M. Thiers, envisageant des échéances lointaines,
persuada à l'Assemblée qu'il fallait demander trop pour avoir
assez. Les douanes seules, à l'entendre, pouvaient satisfaire à

toutes les nécessités présentes et futures. Partant de là, il vanta son système sur un ton de violence agressive qui froissa même les neutres. En outre, l'opposition d'un certain nombre de députés qui, comme M. Feray d'Essonnes, figuraient au premier rang parmi ses amis politiques, affaiblissait sensiblement son effort.

Il s'en irritait. Quand il quitta la tribune, il se mit à interrompre ses contradicteurs avec tant d'opiniâtreté que ceux-ci finirent par lui demander grâce dans de petites répliques aigres-douces, où se mêlaient la déférence et l'ironie. Il n'en sortit pas à son avantage, et l'irritation qui se trahissait chez lui à chaque instant par des sommations impérieuses ou des contestations presque aussi désobligeantes que des démentis, contribua certainement à fortifier l'intention, déjà manifestée par la majorité, de lui imposer un silence constitutionnel et légal.

C'est dans cette discussion que le bijoutier Tirard, qui devait être, quelques années plus tard, une des grandes *utilités* de la République, montra qu'il en était déjà une petite. Républicain, on ne pouvait lui supposer aucune hostilité préconçue contre M. Thiers, et son discours exclusivement commercial produisit un certain effet.

On entendit beaucoup d'autres orateurs, le père Clapier, député de Marseille, qui portait allégrement ses trois quarts de siècle, et dont on disait qu'il était la plus grande des... Bouches-du-Rhône. Une fois parti, on ne pouvait plus arrêter ce vieux moulin à paroles. Il ne manquait pas de bon sens, et un autre oublié, le comte de Douhet, n'en manquait pas non plus. L'un et l'autre connaissaient leur affaire. On le vit, on admira leurs idées, on y applaudit et on les rejeta. Mais nul n'exerça sur l'Assemblée une action plus décisive que le rapporteur Deseilligny. Il prononça en faveur de l'impôt sur le chiffre des affaires un discours très étudié, très substantiel, qui mit M. Thiers en fureur.

Le Président de la République, à son banc, gesticulait, récriminait, levait les bras au ciel, causait tout haut avec ses voisins. Je l'entendis comparer, tout le long de cette discussion, à un moineau qui sautille sur une plaque rougie au feu. Il prit et reprit la parole trois ou quatre fois, sans compter les exclamations, les interjections et les apartés. Nul n'était plus adroit à mettre en relief les défauts d'une proposition quelconque, et cette fois il insista sur la *déclaration* qui, imposée à chaque commerçant, à chaque industriel, l'obligerait à mentir ou à se desservir lui-même en montrant son bilan au fisc. L'inquisition, suivant lui, n'avait jamais rien imaginé de pareil. Raudot était de son avis. Il prédisait qu'avec toutes ces surveillances la moitié de la France serait bientôt espionnée par l'autre. Nous en sommes à peu près là aujourd'hui. Les lois ont porté de telles atteintes à la liberté qu'on ne peut plus faire un pas sans se heurter à une armée d'inspecteurs. En vain on lui objectait que l'exercice pratiqué dans le commerce des vins et des sucres était beaucoup plus vexatoire que cette *déclaration* volontaire et acceptée sur parole, il répétait sans cesse et sous toutes les formes : déclaration, inquisition. Il connaissait la puissance des mots, non seulement sur une foule, mais sur une Assemblée. Sur ce point il l'emporta, non sans peine. Combattus par lui, l'impôt sur les produits fabriqués et l'impôt sur le chiffre des ventes furent tour à tour rejetés, mais il lui fallut subir des attaques qui le mirent en fureur. On lui prouva qu'il s'était souvent contredit, il le nia ; on le mit en face de ses propres paroles, il les dénatura en les expliquant ; son autorité n'y gagna point ; mais elle souffrit moins de ces chicanes que de ses colères. Jamais on n'avait vu un chef d'État aussi emporté. Quelques-uns, entre autres le rapporteur de la commission du budget, M. Deseilligny, qui était, je crois, le gendre de M. Schneider, du Creuzot, se moquèrent de lui avec déférence : « Le gouvernement a été très logique, trop logique. Il nous a dit : Je crois que l'impôt sur les matières premières est le seul bon ; comment voulez-vous que je vous en conseille un autre? Je ne puis que vous renseigner sur les défauts des impôts que vous proposez, et il a eu la bonté de le faire. »

On riait et M. Thiers enrageait, mais il prenait sa revanche au vote. Enfin un moment arriva où, toutes les autres propositions étant éliminées, il ne resta plus au programme qu'une augmentation des patentes et la petite révolution douanière qu'il considérait comme une panacée.

Il soutint énergiquement l'augmentation des patentes, qui fut votée ; mais, comme elle ne suffisait pas pour remplir les caisses publiques, il eut la joie de voir enfin mettre en discussion ces fameuses matières premières qui, suivant la commission des tarifs, ne pouvaient, dans l'état actuel des conventions internationales, rendre plus de cinq millions et demi. Le coton, la laine, la soie et, en général, tous les textiles en firent les frais. On y ajouta le monopole des allumettes et quelques autres menus impôts. Les chapeaux du vicomte de Lorgeril obtinrent un succès de rire. J'y reviendrai.

Les bouilleurs de cru, si éloquemment défendus dans une autre circonstance par M. Bocher et réservés à une célébrité qui a triomphé jusqu'ici de toutes les attaques, furent un peu égratignés au passage. Bref, une cinquantaine de voix assurèrent à M. Thiers un semblant de victoire obtenu sous bénéfice d'inventaire dans un vote frelaté et provisoire où la passion politique eut plus de part que les convictions économiques. Au début l'Assemblée était résolument hostile à l'impôt sur les matières premières et elle l'avait prouvé dans un vote qui avait failli amener la démission de M. Thiers ; mais, depuis cet incident, notre histoire, qui comptait déjà trois 20 juin dans ses annales, s'était enrichie à la même date d'une quatrième journée à laquelle j'ai déjà fait allusion, et qui, moins fameuse que les précédentes, n'en a pas moins produit de très graves conséquences. La politique du Président de la République, suspecte à la majorité monarchique de l'Assemblée, avait décidé les chefs royalistes à faire auprès de lui une démarche respectueuse dont le but était de lui demander ses intentions et de lui rappeler ses promesses.

Il la reçut fort mal et ne négligea rien pour la rendre ridicule, si bien que, de ce jour, la guerre fut déclarée entre les deux pouvoirs et que toutes les discussions comme tous les votes s'en ressentirent. Le bulletin que chacun mit dans l'urne, pour

ou contre l'impôt sur le coton, fut un bulletin pour ou contre
M. Thiers, et l'adresse de ce maître manœuvrier rallia ainsi à
ses préférences fiscales tous ceux qui, sans les partager, tenaient
à lui conserver leur appui. Les autres s'en fâchèrent ; des
colères concentrées inclinèrent les esprits à la vengeance, et
voilà comment le 20 juin 1872 fut l'avant-coureur du
24 mai 1873.

III

A chaque instant, la rupture fut près d'éclater, violente et
irréparable. On ne l'évita que par des concessions et, pour
mieux dire, des excuses mutuelles qui grossissaient l'arriéré
des rancunes. Pour sa part, M. Thiers en avait gros sur le cœur.
Il considérait comme une inconvenante sommation l'avertissement qu'il avait reçu et il ne se gênait pas pour le dire. Autour
de lui on l'excitait à brusquer le dénouement, et Barthélemy
Saint-Hilaire était peut-être le seul qui lui conseillât de tem-
poriser. Il mourait d'envie de rendre à la droite la semonce —
c'était son mot — qu'elle s'était permise à son égard, il en cherchait l'occasion, et comme elle se faisait attendre, il n'y tint
plus. Dans la séance du 12 juillet, au milieu d'une discussion
d'impôt, il jeta aux partisans de la Monarchie, une provocation
aussi directe que gratuite, qui montra à quel point, dans certains moments, il était peu maître de lui :

« N'oubliez pas, messieurs, que nous vivons dans un pays
où les révolutions ont laissé plus de princes qu'on n'en peut
mettre sur le trône... »

Il se démasquait malgré lui, les républicains lui répondirent
par une explosion de rires et de bravos qui scandalisa la droite
et le centre.

Le duc de La Rochefoucauld-Bisaccia. — C'est du plus
mauvais goût.

M. Princeteau. — De prince, il n'y en a qu'un.

LE MARQUIS DE LA ROCHEJACQUELEIN. — Les princes, vous les avez renversés pour vous élever à leur place.

LE VICOMTE D'ABOVILLE. — Avec un principe, il n'y aurait pas trop de princes !

M. LE PRÉSIDENT DE LA RÉPUBLIQUE. — Je n'ai pas saisi les interruptions ; j'y répondrais si je les avais entendues. J'ai entendu un bruit, je n'ai pas démêlé la pensée. Mais croyez bien que je respecte tout ce qui est respectable...

LE MARQUIS DE LA ROCHEJACQUELEIN. — Il n'y paraît pas !

En effet, il n'y paraissait guère, et cette sortie, dans un débat financier, sembla au moins étonnante, et même déplacée, à beaucoup de ceux qui l'applaudirent. Ils auraient préféré que le défi vînt des autres. Il y eut là un déchaînement et un tumulte qui laissèrent bien peu d'espoir aux conciliateurs et aux pacifiques.

Bien que l'algarade fût préméditée, M. Thiers lui-même se repentit sans doute d'avoir été trop loin, car il essaya à plusieurs reprises de rattraper ce qu'il y avait de dangereux ou tout au moins d'inutile dans cette bravade arrachée à son bon sens par son amour-propre, et il se répandit à tout propos en protestations conservatrices.

J'en ai noté quelques-unes, tout à fait typiques : « Des hommes qui ont soutenu — appuyés par vous, bien entendu — la lutte terrible (la Commune), une des plus grandes qu'il y ait eues dans l'histoire des guerres civiles, devraient cependant inspirer quelque confiance quand ils vous sont connus et qu'ils expriment ici l'opinion invariable de résister au désordre sous quelque forme qu'il se présente. Et quand je dis le désordre, il ne s'agit pas seulement du désordre violent, grossier, sanglant, qui se produit dans la rue. Nous avons prouvé que, pour celui-là, nous étions impitoyables et que nous ne nous arrêtions que devant la soumission absolue. Mais nous combattrons aussi le désordre moral, le désordre dans les idées, le désordre dans les doctrines, le désordre dans les mauvais principes d'administration. Par la lutte que nous soutenons ici, vous pouvez voir si, lorsque le désordre se présente sous une forme même qui peut tromper, — car des hommes très honorables, des esprits très distingués, suivant nous, s'y laissent prendre, — le désordre dans l'impôt, par exemple, quand nous sommes venus ici soutenir les principes sociaux'les plus conservateurs, on ne doit pas plus douter de nous quand il s'agit du maintien de l'ordre matériel que quand il s'agit de la sauvegarde de l'ordre moral. »

Ne dirait-on pas un discours du duc de Broglie? Cet *ordre moral* qui, deux ans après, devint un cri de ralliement contre ce dernier, fut alors acclamé sur les lèvres de M. Thiers, et ainsi se révélèrent de nouveau la mobilité et le mensonge des convictions politiques. Toutefois il s'ensuivit de nouveau, entre les partisans de la Monarchie et le Président de la République... provisoire, une vive explication, où l'on échangea encore des paroles désobligeantes. M. Thiers ayant rappelé que l'Assemblée elle-même lui avait confié une forme de gouvernement nommée république, vingt royalistes, Carayon-Latour, Rességuier, Princeteau, le baron Chaurand, lui rappelèrent à quelles conditions le pacte de Bordeaux avait été conclu et lui reprochèrent de le violer. Il répondit qu'il s'attendait à cette manifestation, qu'il avait hâte lui-même de dissiper toutes les obscurités, de fournir enfin à la France entière des explications précises et loyales. En réalité il n'en donna aucune et se plaignit seulement de n'être pas compris dans sa manière de défendre « l'ordre moral ».

« Oui, c'est entendu, interrompit Depeyre, c'est nous qui sommes les hommes de désordre ! »

On en resta là pour le moment ; mais d'autres colloques de même nature montrèrent chaque jour davantage vers quel déchirement on marchait. Oui, dès ce moment les résolutions étaient prises, et, je le répète, le 24 Mai était dans l'air.

Avant de se séparer pour prendre trois mois de vacances et régulariser, pour ainsi dire, le cours de ses sessions, l'Assemblée en finit avec quelques mesures urgentes. Elle vota la meilleure des lois sur l'armée ; elle nomma une Commission de permanence ou plutôt de surveillance, très soigneusement triée, mais qui n'incommoda pas beaucoup M. Thiers, et enfin elle fit un Conseil d'État à son image, c'est-à-dire qu'elle en élut les membres sur des listes qu'elle avait elle-même préparées. Il y fallut quatre tours de scrutin. Parmi les candidats les plus indiqués et certainement les plus dignes, était mon ami Édouard Hervé, alors directeur d'un grand journal. A chaque épreuve, il arriva dans un rang qui semblait lui promettre le succès pour le lendemain et, finalement, il échoua. Il ne me cacha pas son dépit. Il accusait de cette disgrâce un peu le duc de Broglie et beaucoup le député légitimiste nommé de Ventavon, qui avait remplacé Clément Duvernois dans les Hautes-Alpes. Il se plaignait que le duc de Broglie ne l'eût pas assez énergiquement défendu. Il en voulait surtout à M. de Ventavon de l'avoir sournoisement attaqué. Ce montagnard était un type. Il ressemblait à une caricature. Catholique ardent, il portait cette ferveur dans les actes les plus intimes de la vie conjugale et la raillerie ne l'y épargnait point. Il avait d'ailleurs beaucoup d'esprit, assaisonné d'une malice plutôt méchante. Hervé, qui pourtant n'était ni vindicatif ni violent dans ses propos, ne l'appela plus jamais que « ce vilain singe ».

Le grief de mon ami contre le duc de Broglie et, en général, contre les royalistes des deux branches, mais surtout contre les orléanistes de marque, était d'une nature plus délicate. Conscient de sa valeur, il souffrait, lui qui avait de la sagesse à revendre, de se voir préférer dans son propre parti, comme bon conseiller et bon serviteur, des nouveaux venus moins sages et moins sûrs, comme ce Savary qui après avoir bien commencé finit si mal. Le fait est qu'ils fondèrent, à côté du sien, un journal qui eut l'air d'une concurrence et auquel ils prodiguèrent, sans profit, toutes les faveurs. Ils l'en dédommagèrent plus tard par un fauteuil à l'Académie.

J'ai eu pour Édouard Hervé, mon camarade de collège et d'École normale, tant d'affection et d'estime que les souvenirs se pressent en foule dans ma pensée chaque fois que son nom revient sous ma plume.

Pour son discours de réception, à propos d'un ouvrage de

son prédécesseur le marquis de Noailles, il dut porter un jugement sur Mme de Maintenon et attribua à Saint-Marc Girardin
ce mot si juste : « Elle empêcha Louis XIV d'être Louis XV ! »
Mais je me figure que c'est à lui-même qu'il faut le rendre.
Édouard Hervé était né pour les grandes charges. La prudence
était sa vertu maîtresse ; mais chez lui elle ne faisait pas tort à
l'action. Il était homme à prendre, à l'heure juste, toutes les
responsabilités. Pour tout dire, il n'a pas rempli sa destinée, il
a été une force perdue. Il m'a légué en mourant la magnifique
collection des *Auteurs grecs* de Firmin Didot, son prix d'honneur
de philosophie au concours général. Il aurait eu, si j'étais mort
avant lui, mon Retz, mon La Rochefoucauld et mon Saint-
Simon.

IV

En réalité, les deux pouvoirs ne s'entendaient point et leur
désaccord initial s'aggravait, malgré les apparentes réconcilia-
tions, plus ou moins sincères, auxquelles les obligeait un besoin
d'union également senti de part et d'autre et également
importun.

A la défiance des premiers jours avait succédé une hostilité
sourde qui allait bientôt dégénérer en guerre ouverte, et la proposition Rivet n'était pas de nature à prolonger l'armistice. On
peut fixer à cette date, août 1871, la dénonciation du pacte et
le commencement d'un conflit qui allait durer près de deux ans
avec des alternatives de succès et de revers pour le chef du
pouvoir exécutif et pour l'Assemblée.

Ce fut une proposition de loi relative à la dissolution des
gardes nationales qui les mit aux prises et montra la valeur
des compliments qu'ils échangeaient encore pour la galerie.
Des deux côtés, la déférence s'en allait.

L'Assemblée entendait qu'on se débarrassât au plus vite
de cette milice révolutionnaire qui entretenait encore le désordre

dans certaines grandes villes. M. Thiers, qui craignait quelque résistance sanglante, préférait ne rien brusquer et apporter dans l'opération les ménagements nécessaires. Il se fâcha contre le vicomte de Meaux, qui, comme rapporteur, conseillait le désarmement général et immédiat. Au moment même où M. de Meaux se défendait d'accuser le gouvernement, M. Thiers se leva, la crête en arrêt, et lui cria de sa voix la plus agressive : « Accusez-le ! »

Le rapporteur n'était pas habitué à ces défis, il plia un moment sous l'attaque ; mais il se ressaisit bientôt et répondit le plus tranquillement du monde : « Non, notre devoir est d'avertir, il n'est pas d'accuser quand nous voulons maintenir ! »

Mais l'irascible vieillard ne se calmait point :

« Accusez-le ! Accusez-le ! Ce sera plus franc !

— Je ne l'accuse pas ! Sa victoire sur la Commune et la reconstitution de notre armée m'inspirent, quant à moi, une inviolable reconnaissance.

— Il n'y paraît pas ! »

Nous avons vu que cette violente sortie de l'Exécutif n'était pas la première, et que le pauvre Mortimer-Ternaux en avait eu, quelques mois auparavant, la cinglante étrenne. On s'est demandé souvent si ce genre de provocations disproportionnées, qui était habituel à Thiers, n'était pas chez lui une simple ressource de discussion, un jeu joué dont il escomptait le profit et qui lui réussit en effet jusqu'au jour où l'Assemblée se lassa des excuses et des amendes honorables qu'il exigeait d'elle à la suite du moindre dissentiment. Je crois bien qu'il y avait un peu de cela dans ses colères, mais, une fois parti, il s'excitait, se montait naturellement, et ce qui n'était d'abord qu'une feinte d'escrimeur se changeait vite en emportement spontané.

Il fit ce jour-là un long discours dans lequel, en garantissant l'ordre matériel, il dénonça, comme le vrai danger, le désordre moral qu'il était obligé de combattre. Il en accusa franchement l'Assemblée. « Je passe ma vie, disait-il, à empêcher les partis de se dévorer les uns les autres ! » Et il ajoutait : « Je sens que votre confiance en moi est ébranlée ! »

C'était la vérité, mais on lui répondait : « Non ! non ! » avec
entrain et, à cet instant, ce *non* était presque sincère. Il le
voyait et offrait sa démission. Que l'Assemblée fît un signe et
le soir même il s'en allait ! Il en avait assez ! Il exagérait ses
dégoûts.

La fin de la séance ne fut qu'un long tumulte. Je crus, pendant vingt minutes, qu'on allait se gourmer dans la salle. Le
président Grévy se déclarait lui-même impuissant et laissait
aller les choses. Son expérience lui disait que ces fièvres ne sont
jamais très longues à tomber. Ce fut le général Ducrot qui mit
fin à l'agitation au moyen d'une motion dilatoire qu'au milieu
du vacarme il eut toutes les peines du monde à lire, mais qui,
une fois lue, rallia les opinions et apaisa les colères. Cette fois-là
encore on en fut quitte pour la peur, mais ce n'était pas une
bonne préface à la prochaine bataille sur la proposition Rivet.
Sur le moment, on était heureux de la détente ; le lendemain,
on se souvenait.

V

Cette proposition Rivet, qui marque une date dans l'histoire
de l'Assemblée nationale, tenait tous les esprits en éveil. Entre
députés et journalistes on ne parlait plus que de cette revision
du contrat. Elle défrayait toutes les conversations non seulement dans les divers hôtels, les Réservoirs, la Chasse, le Petit
Vatel, où chaque parti avait eu soin de louer un local pour ces
conciliabules politiques ; mais dans le trajet quotidien de
Paris à Versailles et retour. Ce petit voyage en chemin de fer
ne tarda pas à devenir un véritable club ambulant où l'on causait, au hasard de la rencontre, entre amis et adversaires, avec
une complète liberté, et l'observateur y trouvait beaucoup plus
à voir et à retenir que dans la réserve des séances officielles
et la contrainte du palais.

Nous étions là une douzaine de journalistes de toutes les

opinions, qui, sauf quelques roquets hargneux, ne songions guère à nous aboyer aux jambes. On jouait à l'écarté, pour passer le temps et pour entendre sans avoir l'air d'écouter. Des députés se mêlaient quelquefois à notre partie. Tassin de Loir-et-Cher, mort depuis de vieillesse et de Sénat, en était souvent. Les grosses pertes allaient à vingt sous. Dans cette veillée des armes qui précède la rencontre décisive sur la constitution Rivet, nous causions d'un nouveau venu, le Marseillais Maurice Rouvier, dont les débuts promettaient. Il avait demandé, sans s'émouvoir des huées, qu'on levât l'état de siège à Marseille. On sentait de l'avenir à ce grand garçon qui se dandinait des épaules et que les cris n'effrayaient pas.

En dépit d'un bien vilain tour que lui joua Dufaure à la suite d'une méprise de la police que M. Andrieux, devenu plus tard préfet de police, qualifia lui-même d'erreur, il franchit tous les obstacles, sauta toutes les barricades, quelques-unes imprudemment dressées par lui-même, et justifia nos prédictions. C'est lui qui, avec l'aide involontaire de Wilson, renversa Grévy.

La discussion devait venir à la fin d'août ou dans les premiers jours de septembre, mais les propos échangés dans ce déplacement hygiénique de Paris à Versailles ne nous laissaient presque plus rien à apprendre sur le cours qu'elle prendrait. La majorité avait nommé pour examiner la proposition ce qu'elle appelait elle-même une Commission *soignée*, et cette Commission avait choisi un rapporteur encore plus *soigné* qu'elle-même, un lettré hors de pair, M. Vitet en personne, académicien et orléaniste. Nul n'était plus expert à glisser une réserve dans une concession et une épigramme dans un compliment. Orateur, pas précisément ; mais il eût été difficile de trouver un plus habile rédacteur. Nous savions d'avance que son rapport ressemblerait à un de ces éloges académiques où l'on couvre le récipiendaire de fleurs d'aubépine. Aussi tous les habitués des grandes premières avaient-ils d'avance retenu leur place pour ce solennel rendez-vous. Ils s'y empressèrent ; la diplomatie étrangère y fut largement représentée, et les dames non plus n'y manquèrent pas. Elles répandaient vraiment un peu d'élégance et de lumière sur cette réunion d'habits.

Un vieux député de la Charente-Inférieure, nommé Roy de Loulay, dont la politesse retardataire employait volontiers des termes galants empruntés à l'ancien vocabulaire des précieuses, disait que ces « personnes du sexe » étaient la parure de l'Assemblée. Il leur rendait hommage comme aux juges du camp. En revanche, je l'ai entendu de mes oreilles exprimer dans le même langage de Rambouillet le mépris que lui inspiraient d'autres « personnes du sexe », qui l'accostaient un soir au sortir de la gare Saint-Lazare. Il les écarta du coude et ne leur dit qu'un mot : « Taisez-vous, péronnelles ! »

Mais on regardait surtout l'étrangère, déjà nommée la princesse russe Troubetzkoï, toujours habillée de blanc, qui ne manquait pas une séance. Elle avouait elle-même que les mœurs parlementaires françaises piquaient vivement sa curiosité ; mais je crois bien qu'elle s'intéressait surtout à la politique personnelle de M. Thiers, dont elle aimait à dire, en traînant ses mots, qu'il était le seul homme d'État français. On ne pouvait pas soutenir qu'elle fût belle, en ce sens que ses petits yeux ronds et ses pommettes saillantes ne répondaient pas au type régulier de la haute société slave, mais elle était très originale et l'exotisme asiatique de ses manières intéressait les amateurs de singularités. Elle avait ses entrées à la préfecture comme à l'Assemblée, ce qui étonnait un peu, car on ne la voyait pas bien entre Mme Thiers et Mlle Dosne. Aussi lui attribuait-on un rôle d'informatrice, voire d'inspiratrice, comme celui que Mme de Liévin avait joué vingt-cinq ans auparavant auprès de M. Guizot. Mon ami Boysse l'appelait, par manière de plaisanterie, l'Égérie moscovite.

Le grand jour arriva. Le lundi 28 août, le président Grévy ouvrit la séance. Les contributions indirectes figuraient à l'ordre du jour et on se mit à les discuter. Mais les esprits étaient ailleurs, personne n'écoutait et les orateurs eux-mêmes, distraits par le bruit des conversations, s'exécutaient d'assez mauvaise grâce, lorsqu'on entendit de divers côtés cette exclamation : « Le voilà ! le voilà ! » C'était M. Vitet qui entrait.

Le bruit cessa. On cria : « Le rapport ! le rapport ! » Et le député qui était à la tribune, sentant que les questions d'impôt n'étaient pas, à ce moment, la principale préoccupation de l'Assemblée, céda de bonne grâce la place au rapporteur.

Celui-ci déplia son papier, assujettit son lorgnon, et jamais lecteur ne fut plus religieusement écouté. Il lisait de haut, avec toute la gravité nécessaire et une certaine préméditation à bien articuler ses phrases et à scander ses mots à effet. Il y en avait une quantité dans son rapport. D'abord il s'étonnait, au nom de la Commission, qu'on eût imaginé cette proposition fâcheuse, lancée comme un pétard à la tête de l'Assemblée. C'était un legs qu'elle voulait bien inscrire dans son testament, avant de mourir, mais elle ne se sentait nullement malade et certes elle n'eût point songé d'elle-même à ces dispositions *in extremis*. Cependant, comme on lui rabâchait chaque jour et sur tous les tons que l'incertitude du lendemain jetait le trouble dans les esprits et paralysait la vie nationale, que rien n'allait plus, que le commerce et l'industrie, un instant ranimés, retombaient dans le marasme et menaçaient d'y rester tant que la France ne saurait pas quel régime constitutionnel lui était réservé, la majorité de l'Assemblée, sans croire à ces griefs, ne refusait pas de fermer la bouche aux mécontents en faisant un peu, un tout petit peu de définitif. Que demandaient le monde des affaires et le monde politique ? Que le chef du gouvernement eût un pouvoir mieux défini, mieux assuré, qu'on lui donnât le titre de Président de la République.

Ici le rapport ne dissimulait pas que toute cette agitation semblait machinée et que le malaise dont on se plaignait était soigneusement entretenu par la passion politique. Mais enfin le branle était donné, l'Assemblée saisie, le public attendait une solution, l'ajournement aurait l'air d'un refus.

Aussi, parmi les membres de la Commission, ceux-là même qui, en grande majorité, s'étaient d'abord prononcés avec le plus de force contre le projet et l'avaient repoussé à première vue comme inutile, inopportun et même dangereux, c'est-à-dire inconciliable avec les droits de l'Assemblée, se résignaient-ils maintenant à l'accepter, en le modifiant, en le corrigeant, disait le rapporteur, et il ne cachait guère qu'il était de ceux-là. Cet acquiescement très conditionnel leur avait été rendu plus facile par la bonne volonté des partisans du projet et même de ses auteurs. Personne ne s'était déclaré intransigeant. De part et d'autre on avait un égal désir d'arriver à une entente ; mais il fallait d'abord qu'un point capital fût éclairci. Qu'est-elle, que veut-elle, au fond, cette proposition Rivet? Est-ce un moyen de déchirer le pacte de Bordeaux? Le changement de mots qu'elle demande est-il un changement de choses? Est-ce la République qu'on proclame, au mépris de la parole donnée?

Pour mon compte, je ne pouvais m'empêcher de trouver que c'était bien quelque chose comme cela, tout au moins une préparation, un acheminement, au pis-aller un ballon d'essai. Car, si l'on ne voulait pas changer les choses, pourquoi changer le mot? Était-ce pour s'illusionner soi-même et faire plaisir aux badauds? Qui des deux pouvoirs espérait tromper l'autre? La vérité est que là encore, comme au premier jour, une gêne pesait sur toutes les résolutions de l'Assemblée. Elle se défiait d'un homme qu'elle se sentait incapable de remplacer. Et aussi bien ne le renversa-t-elle que le jour où on lui persuada qu'elle pouvait se passer de lui.

Le rapporteur, après avoir posé la question, déclarait que la réponse avait été nette et catégorique. Les auteurs du projet repoussaient absolument la pensée de rompre des engagements qu'ils tenaient pour sacrés. Ils rappelaient eux-mêmes ces paroles du chef de l'État : « Vous, monarchistes et vous, républicains, non, vous ne serez trompés ni les uns ni les autres ! »

Il ne s'agissait donc en réalité que d'une question de protocole. Le mot de République n'était-il pas prononcé dans l'ancien texte comme dans le nouveau? Quelques journalistes essayaient de rajeunir le mot attribué à M. Thiers : chef! chef! cuisinier! cuisinier!

Bien entendu, le rapporteur ne faisait aucune allusion à cette plaisanterie, mais il concluait, dans une de ces anti-

thèses académiques où Vitet était passé maître, que le changement demandé était plus difficile à refuser que dangereux à
permettre. La grande majorité de la Commission y avait consenti, se réservant pour la clause principale, à savoir la durée
et la nature des pouvoirs de celui qui pouvait déjà se proclamer
le Président de la République française. Il mesurait bien la
puissance des mots : *nomina, numina.*

Sur cette durée la Commission délibéra longtemps. La proposition Rivet demandait, sans autre explication, qu'elle fût
fixée à trois ans. La chose, bien que coulée en douceur, ne put
passer. Devant un chef d'État inamovible, disait le rapporteur,
que devenait la souveraineté inaliénable de l'Assemblée? C'était
une abdication. Pour sortir d'embarras, il suffisait de combler
une lacune que les *rivettistes* reconnaissaient être, dans leur
texte, une omission involontaire, et d'exprimer que le chef de
l'État, même en changeant de titre, même entouré de ministres
responsables, ne cessait pas d'être lui-même responsable devant
l'Assemblée.

A mesure que le rapporteur lisait, l'adhésion de la majorité,
d'abord muette et comme suspendue, s'accusait par des marques
d'approbation de plus en plus vives. Ceux à qui ce bloc enfariné
de la proposition Rivet ne disait, au début, rien qui vaille,
commençaient à se dégeler. Sauf quelques légitimistes irréductibles, ils se rassuraient peu à peu, et ils manifestaient clairement qu'à leurs yeux leurs mandataires avaient pris de sérieuses
précautions contre une duperie toujours possible. On n'applau-
dissait pas encore, mais on interrompait la lecture de Vitet par
des : « C'est vrai ! Oui ! oui ! très bien ! » témoignages visibles
d'une satisfaction qui laissait présager le vote.

Restaient les trois ans de pouvoir. Pourquoi une durée
déterminée, un congé à date fixe? N'était-ce pas un dangereux
rendez-vous donné publiquement à la fureur des partis? Et
voyez-vous d'ici ce qui se passerait six mois, un an, dix-huit
mois à l'avance ! Vous figurez-vous l'effroi du pays à l'approche
du terme ! Rappelez-vous un exemple qui date de vingt ans,
mais qui reste gravé dans toutes les mémoires.

Il faisait ainsi allusion à cette incertitude nationale qui précéda et facilita le 2 Décembre. De la droite à la gauche, tous frémirent.

« Pourquoi, ajoutait le rapporteur, ne pas substituer à un terme fixe une durée variable, la durée même des travaux de l'Assemblée? Cet expédient ne compromettait rien, puisque le divorce restait toujours possible entre l'Assemblée et le Président de la République. »

Ces derniers mots furent honorés à gauche d'un murmure où se trahissait la vraie pensée des républicains, alors inféodés à Thiers. Et cette petite manifestation se renouvelait chaque fois que le pacte de Bordeaux revenait dans le rapport. Décidément ils n'en voulaient plus, et quelques rumeurs des royalistes indiquaient assez qu'eux-mêmes n'y tenaient pas autrement. On avait enjoint à la Commission de maintenir strictement le provisoire et on lui reprochait maintenant de n'avoir pas tenté quelque petite excursion dans le définitif.

Un article du projet inquiétait également tous les partis. La Commission n'avait pas osé interdire complètement la tribune au Président de la République et lui imposer l'humiliante obligation de ne communiquer avec l'Assemblée que par des messages ; mais la peur qu'elle avait de sa parole lui avait inspiré une ingénieuse combinaison. Désormais il ne parlerait plus que dans les grandes questions, dans les occasions solennelles (c'était bien vague) et après avoir prévenu de son intention le président de l'Assemblée.

Enfin le rapporteur excusait la Commission de n'avoir pas usé plus largement du pouvoir constituant reconnu à l'Assemblée. C'est qu'elle n'avait pas jugé à propos « de faire mourir cette Assemblée avant le temps » par une précipitation qui aurait ressemblé à un signal de départ. « Si, quant à présent, nous nous bornons à tenir en réserve ce pouvoir constituant, c'est pour proclamer bien haut qu'il est à nous ! » Vitet dit cela sur un ton hautain qui lui valut les bravos de la majorité royaliste et une énergique dénégation de la minorité républicaine. Il insista, en terminant, sur le soin qu'on avait pris de ne porter aucune atteinte aux prérogatives de l'Assemblée et, en même temps, sur la nécessité de rendre le gouvernement possible en faisant des sacrifices à cet esprit de transaction qui avait sauvé la France dans toutes ses grandes crises, depuis Henri IV. « Ce dernier mot était singulièrement habile, et les cœurs légitimistes en furent émus. »

Le rapporteur lut les différents articles de la constitution Rivet. Dufaure se déclara satisfait, à la condition qu'on renforçât le protocole d'un hommage de reconnaissance à M. Thiers. Après quelques chicanes de procédure, la discussion fut renvoyée au surlendemain 30 août, qui était un mercredi, et l'émotion avait été si forte dans tous les groupes qu'on ne se sentit plus le courage de rien faire ce jour-là. La séance fut levée à cinq heures trois minutes. C'est peut-être la plus courte de toutes celles qui se succèdent, à cette fiévreuse époque, dans les annales parlementaires, et encore les trois quarts en avaient été pris par le débat sur les impôts.

Le hasard voulut que l'intervalle d'un jour entre la lecture et la discussion du rapport sur la constitution Rivet fût rempli par un débat qui, sans être politique, est resté historique. Ce phénomène est assez rare pour être souligné.

M. Édouard Bocher en fut le héros. Sa défense des bouilleurs de cru et sa victoire décisive sur le ministre des finances Pouyer-Quertier firent une juste réputation d'éloquence à ce galant homme qui était l'éminent factotum de confiance des princes d'Orléans et, sans contredit, le plus sympathique de leurs amis. Il m'honora jusqu'à son dernier jour d'une bienveillance dont je me souviendrai jusqu'au mien.

La vraie bataille commença donc le mercredi 30 août. On la redoutait plus acharnée qu'en réalité elle ne le fut. Depuis la réunion de l'Assemblée à Bordeaux, je voyais de temps en temps circuler parmi les fauteuils de la droite et du centre, causant aux vedettes avec l'aisance d'un officier d'état-major qui transmet une consigne, un petit homme chauve du crâne, mais dont les cheveux châtain clair frisottaient sur le derrière de la tête. Tous l'écoutaient, déférents, attentifs, avec des marques d'assentiment. Puis, tout à coup, je ne le voyais plus, comme s'il était malade ou absent, jusqu'à un certain jour où il reparaissait, libre ou guéri, et recommençait son manège. Je demandai qui c'était.

« Comment, vous ne le connaissez pas? me répondit mon vieux camarade Letellier, il est pourtant assez connu ; c'est le duc de Broglie, le chef espéré des fusionnistes, l'ennemi plus ou moins déclaré du Président de la République ; il est ambassadeur en Angleterre.

— Pas très esclave de la résidence, à ce qu'il paraît.

— Non, et ses petits voyages périodiques doivent terriblement agacer M. Thiers. »

Ils l'agaçaient si bien qu'ils aboutirent un peu plus tard à une démission acceptée, sinon exigée. Le Président de la République et son ex-ambassadeur à Londres ouvrirent franchement l'un contre l'autre ces longues hostilités qui prirent bientôt un caractère presque personnel et se terminèrent par la victoire du duc.

On n'en était pas encore là ; mais le rapport Vitet et le débat sur la constitution Rivet furent certainement les préfaces principales de ce duel fameux qui d'ailleurs en eut d'autres.

Dans cette première journée du 30 août je cherchai des yeux le duc de Broglie, je m'attendais à le voir circuler, comme à l'ordinaire, de banc en banc et donner ses impressions, mais il resta muet au sien. Par la même occasion je me fis montrer l'auteur de cette prise d'armes, l'excellent M. Rivet à qui on avait demandé son nom pour ne pas en choisir d'autres plus significatifs. C'était un vieil ami de M. Thiers, un centre gauche discret et calme qui n'inspirait d'inquiétude à personne. Gros et gras, même un peu ventru, tout à fait en santé, on devinait en lui un brave homme, de bonne bourgeoisie un peu orgueilleuse et naïve, prêt à rendre cordialement tous les menus services qui n'exigent aucune intervention à la tribune. Et en effet, dans cette mémorable journée où le nom de Rivet fut acquis à l'histoire, il ne prit pas plus la parole que le duc de Broglie. Il haïssait, autant qu'il était capable de haïr, ce grand seigneur dédaigneux, qui le regardait comme une quantité négligeable.

C'est Léonce de Lavergne qui ouvrit le feu. Il expliqua pourquoi la minorité de la Commission, dont il faisait partie, persistait à condamner la proposition comme inopportune, équivoque, même dangereuse, car, à ses yeux, la rupture implicite du pacte de Bordeaux allait infailliblement lancer les partis l'un contre l'autre et déchaîner toutes les fureurs.

Il disait cela doucement, la tête penchée, le dos voûté, d'une voix de malade qui gardait un accent incisif ; et la vivacité de son regard ajoutait encore au persiflage de sa parole. On y sentait un besoin de provocation, qui lui attira immédiatement des interruptions violentes de la gauche et mit si bien Langlois en rage que le président Grévy fut obligé de calmer encore une fois cette soupe au lait et de rappeler qu'en une circonstance aussi grave le sang-froid était de rigueur. Le tort, ou le mérite, de Léonce de Lavergne était de dénoncer les sous-entendus, les ambiguïtés du projet et de démasquer ainsi la petite et réciproque fourberie qui se dissimulait dans toute cette affaire. Il donnait clairement à entendre que, de part et d'autre, on avait cherché à se tromper, en préparant à gauche des changements beaucoup plus graves qu'on ne voulait l'avouer, et en cédant à droite beaucoup moins qu'on ne semblait accorder. Une arrière-pensée, des intentions hypocrites avaient dicté aussi bien la proposition primitive que le rapport.

Ce Lavergne, en qui on respectait volontiers un esprit distingué, un homme politique averti, presque un penseur, trouva les formules heureuses aiguisées en mots pointus. Rien d'improvisé, aucune phrase livrée au hasard. Son très substantiel petit discours était écrit. Tantôt il le lut et tantôt il le récita, impassible, sans répondre à une seule interruption de droite ni de gauche. C'était comme le contre-rapport des dissidents de la Commission opposé au rapport Vitet. Au fond les royalistes buvaient du lait ; mais leur impression, manifestée à plusieurs reprises, témoigna qu'on trouvait au lecteur trop de franchise. On lui reprochait non pas d'avoir raison, mais de le lire et de le prouver mal à propos. Ils étaient de cœur avec lui.

mais la consigne était de ne pas encore brouiller les cartes. Il était trop tôt, on n'était pas prêt.

Vitet lui répondit par une déclaration onctueuse. La Commission acceptait le codicille Dufaure, l'hommage à M. Thiers. Cette concession lima les dents incisives et amortit momentanément le premier choc. La discussion générale fût close. La plupart des amendements se retirèrent en bon ordre. Lavergne, avec sa petite voix de confessionnal, n'en avait pas moins mis le doigt sur la plaie vive et amorcé la vraie question qui était le pouvoir constituant de l'Assemblée. L'avait-elle, ne l'avait-elle pas, ce pouvoir? Elle l'avait, disaient les royalistes. Non! répondaient les républicains. Et c'était bien la dominante, la douloureuse, la déchirante, la grande redoute sur laquelle, pendant deux jours, allait s'acharner l'effort des deux partis. Les royalistes, retranchés dans une défensive barricadée, opposaient à l'assaut de leurs adversaires leur prise de possession, les termes de la convocation de l'Assemblée, le pacte de Bordeaux et l'aveu même de M. Thiers. Celui-ci ne leur avait-il pas dit et juré, combien de fois! qu'ils avaient tous les pouvoirs, que cette Assemblée était souveraine, à plus forte raison constituante, sous cette simple réserve qu'il leur conseillait d'attendre une heure plus favorable pour établir un régime définitif.

Et qui donc avait pris les devants? Qui avait rompu la trêve? Que faisaient, en ce moment même, ceux qui refusaient ce droit aux royalistes, sinon un commencement de constitution? Cette proposition Rivet, autour de laquelle on se battait aujourd'hui, et que la plupart des républicains acceptaient, n'était-elle pas d'essence constitutionnelle, un embryon, un acheminement, en tout cas une confirmation et une preuve?

A ces arguments qui n'étaient pas sans valeur, les républicains opposaient aussi de fortes raisons : que si, dans le premier appel au pays, le lendemain du 4 Septembre, le mot d'Assemblée constituante était en effet prononcé, nos désastres l'avaient annulé et qu'il était maintenant lettre morte ; qu'il n'en était plus question dans la nouvelle convocation qui avait abouti aux élections du 8 février. Ce plébiscite n'avait porté que sur un dilemme : paix ou guerre. Or, les élus avaient opté, leur rôle était fini et il ne leur restait plus qu'à partir.

La vraie consultation était celle du 2 juillet où le peuple s'était prononcé nettement pour la République. Et osez donc maintenant, criaient les républicains, braver la volonté du peuple !

Dans les deux camps, on disait la vérité, recouverte d'une égale couche d'hypocrisie. Les royalistes sentaient bien que les élections récentes, qui avaient si fortement diminué leur majorité, avaient, par cela même, affaibli leur action et condamné leurs préférences. Leur conscience n'avait plus guère de refuge que dans le vieil axiome juridique : possession vaut titre. Ils voulaient profiter, à tout prix, de ce qui leur restait de supériorité numérique pour trouver et faire un roi, qu'on finirait bien par imposer à la nation.

De leur côté les républicains qui protestaient contre ce pouvoir constituant, usurpé, suivant eux, par leurs adversaires, qu'attendaient-ils pour en user eux-mêmes, sinon d'avoir une majorité, si infime qu'elle fût ? Quelques-uns, Louis Blanc en tête, disaient bien que de cette Assemblée en révolte contre le sentiment national, ils n'accepteraient même pas la République ; mais c'était une simple bravade, comme l'événement le démontra. Ici et là, on cherchait à se tromper et, de fait, on ne trompait que les naïfs ; on se faisait la main sur un sous-entendu, en attendant mieux.

La bataille continua donc sur le pouvoir constituant, devenu par la force des choses la *tarte à la crème* des deux partis. On y apportait ici et là cette sincérité artificielle des comédiens qui prennent leur rôle au sérieux.

Parmi les motions qui avaient survécu à la débandade presque générale des amendements, il en restait une, signée Pascal Duprat, et où la question était franchement posée. Son auteur la développa de son mieux malgré les interruptions des Vitettistes. Sous ses longs cheveux qui graissaient le col de son habit, ce revenant de 1848 ressemblait à un vieux pion romantique, mais il possédait un certain talent de parole et assez de sang-froid pour rester calme sous l'averse. Il put aller jusqu'au bout qui était un très péremptoire : « Allez-vous-en ! »

Le général Ducrot, s'appuyant sur des textes et des aveux, répondit par une revendication un peu judaïque du droit de l'Assemblée. Sa rude figure de soldat, sa conviction et sa droiture, dépourvues d'expérience oratoire, donnaient du poids à sa dialectique trouée d'évidentes lacunes.

On eut ensuite un joli petit discours de Saint-Marc Girardin, que plusieurs de ses élèves, devenus ses collègues, trouvèrent aussi ingénieux que ses leçons de la Sorbonne. Son tic habituel, semblable au léger effort de déglutition des gens qui ont mal à la gorge, ou encore à la grimace discrète des délicats à qui on sert un plat douteux, le suivit à la tribune comme dans sa chaire. Il recommanda la solution Vitet. C'était, disait-il, une préface en attendant le livre qu'on écrirait à loisir, sans se presser. On écrivit un autre livre que celui qu'il espérait.

Les orateurs alternaient. Un jeune député du Jura, complètement inconnu, M. Étienne Lamy, fit alors ses débuts à la tribune, et l'on augura du premier coup qu'un brillant avenir lui était réservé. Il combattit à armes courtoises les prétentions constitutionnelles de l'Assemblée, mais on fut moins frappé de la force de ses raisons que de son habileté à les ordonner et de sa bonne grâce à les produire. Certaines de ses périodes artistement balancées révélaient déjà chez lui cette politesse académique, faite d'élégance et de finesse, fruit délicat d'une culture que dédaignent comme trop verte ceux qui la trouvent trop haute pour y atteindre.

Républicain et catholique, M. Étienne Lamy eût été à peu près le seul à Versailles qui ne vît pas dans ces deux termes une antinomie, si l'exemple de son voisin, Arnaud (de l'Ariège), ne l'eût soutenu dans sa foi. L'histoire de ces quarante dernières années semble avoir condamné leurs communes espérances ; mais qui peut répondre de ces réactions ? Arnaud est mort désabusé. Sans doute M. Étienne Lamy ne renonce pas, mais il a dû opter, puisqu'il dirige le *Correspondant*.

Après lui, on fit connaissance avec M. Naquet. On remarqua qu'il avait le nez crochu de polichinelle, et personne n'ignore qu'il n'avait pas de lui que son nez. Cette disgrâce naturelle ne l'avait pas empêché d'acquérir dans Vaucluse, vers la fin du second Empire, une certaine réputation de théoricien politique. Il démontrait par l'algèbre la supériorité de la République sur toutes les autres formes de gouvernement. Chimiste à ses heures, il inventa, pendant le siège de Paris, des explosifs qu'on n'utilisa point, et appliqua plus spécialement son imagination toujours en travail à fabriquer des machines de guerre propres à nous assurer la victoire. Je crois bien me rappeler que le char hussite est de lui ; mais son véritable souci était ailleurs. Il rêvait, il a toujours rêvé, de donner une constitution aux Français. J'ai déjà constaté qu'à l'Assemblée nationale il ambitionnait la gloire de Solon et de Sieyès. Plus tard, conseiller intime et directeur politique du général Boulanger, cette idée le poursuivait encore. Il rédigea un catéchisme politique qui n'a pas été essayé, et, en somme, il ne nous a laissé qu'une constitution morale assez dissolvante, le divorce. Son discours enterra l'amendement Pascal-Duprat.

Mais alors les partisans du projet eurent à compter avec un plus redoutable adversaire. Las de son hégire et rafraîchi par son repos de Saint-Sébastien, Gambetta fit sa rentrée, une rentrée sensationnelle que j'entendis comparer au retour de l'île d'Elbe. Les considérants qu'on avait cousus à la proposition et qui affectaient la forme assez désobligeante de précautions contre l'Exécutif, lui offraient une occasion. Il s'en empara pour démolir ce maussade préambule ; mais il dut bientôt se convaincre qu'on lui avait changé son sympathique auditoire de l'année précédente, celui qui avait si chaudement applaudi son discours sur le plébiscite impérial. Ses premiers mots furent accueillis par des murmures et bientôt par des huées où, sous la résistance, perçait la haine. La majorité avait contre lui les mêmes griefs que contre l'Empire. L'Empereur avait fait la guerre — et quelle guerre ! — mais lui, il l'avait continuée dans des conditions lamentables pour prolonger sa dictature, et son joug n'avait pas pesé moins lourdement sur la France asservie.

Il n'était pas homme à s'émouvoir d'une ruade. A son ordinaire, il brava, provoqua, se déclara prêt à régler ce vieux compte ; mais le déchaînement fut tel que chacune de ses phrases, hachée et déchiquetée d'invectives, n'arrivait plus aux oreilles que comme une sourde et confuse menace. Le président Grévy ne le soutenait qu'à moitié, invitant l'Assemblée au calme sur un ton qui n'était pas de nature à la désarmer. Au fond il nourrissait lui-même contre Gambetta des préventions enracinées, et l'histoire a raconté les mauvais tours qu'il lui joua, quelques années après, dans le puissant regain de fortune qui suivit la retraite à Saint-Sébastien.

Il ne l'aima jamais, ni vainqueur ni vaincu. Pendant qu'il admonestait doucement la majorité, on entendait le même cri sur tous les bancs royalistes : « Il n'y a pas de dictateur ici. A la porte le dictateur ! » La scène rappelait de loin, — de très loin, — mais le rapprochement venait à l'esprit, celle de l'Orangerie de Saint-Cloud, lorsque Bonaparte entra dans la salle des Cinq-Cents.

Secouant sa crinière, le lion n'en dit pas moins, en rugissements entrecoupés, ce qu'il avait à dire. Comme il finissait sur la sommation clichée : « Allez-vous-en ! » Target lui cria : « Quand on est sérieux, on garde la mémoire de ce qu'on a fait, et vous la perdez, monsieur ! » D'autres encore, qui paraissaient hors d'eux-mêmes, lui jetèrent son passé à la face et il ne fallut pas moins qu'une homélie sédative du vieux Benoist d'Azy pour les calmer. Mais un nouvel afflux de colère leur monta au cerveau lorsqu'ils apprirent qu'Edgar Quinet présentait une proposition de dissolution. Heureusement ce vieillard fatigué la déposa lui-même, la lut et insista sur l'urgence d'une voix si éteinte qu'on affecta de pardonner à un illustre malade. Son visage pâle, son énorme crâne chauve, et toute sa personne enveloppée dans un immense paletot-sac qui flottait autour de lui sur ses voisins, invitaient à une respectueuse indulgence. On se contenta de repousser la demande d'urgence.

Le républicain Lepère, qui devait être un jour ministre de l'intérieur, et qui n'était encore que l'auteur du *Béret rouge*, cria : « Le pays est avec nous ! » C'est ce qu'on crie toujours dans les défaites. Les menaces et les défis recommencèrent ; mais enfin la discussion fut renvoyée au lendemain dans un de ces tumultes où la violence semble prête à passer de la parole aux actes.

Un imprudent réclamait une séance de nuit. On se serait jeté les encriers à la tête, comme il arriva plus tard dans un de ces rendez-vous nocturnes qui sont devenus la terreur des présidents.

Au cours de cette même séance, on avait bien failli se les jeter à propos d'une interruption de M. Testelin, député républicain de Lille : « Sans le 4 Septembre, vous lécheriez encore les bottes de l'Empereur ! »

Ce fut comme une décharge électrique. L'Assemblée presque entière se leva d'un bond, et quelques-uns de ses membres coururent la main haute sur l'insulteur, pendant que deux ou trois énergumènes de gauche applaudissaient à son insolence. Le président Grévy, absolument débordé, fit le geste de se couvrir et de suspendre la séance. Mais l'Assemblée exigeait qu'il adressât d'abord une réprimande sévère à l'impertinent.

« Laissez-moi faire justice ! » dit Grévy, et il ordonna aux huissiers de lui amener Testelin.

Celui-ci, rappelé immédiatement à l'ordre, reconnut qu'il avait commis une faute grave ; mais il demanda à l'expliquer, ce qui était déjà l'aggraver. On ne le lui permit pas et le président escamota la fin de l'affaire en retirant le rappel à l'ordre, qui passait en ce temps-là pour une véritable punition. La droite lui en voulut de son indulgence, et ce fut, entre elle et lui, un premier froissement.

Quant aux bottes de l'Empereur, ils étaient bien peu à Versailles qui les eussent léchées. Elles n'en figurent pas moins, depuis ce jour, dans le musée parlementaire.

Je sens bien, non sans quelque dépit, que mon récit, encore que les principaux traits en soient pris sur le vif, donne à peine l'idée de ces orageuses journées où tout est fièvre et fureur. Il faut que l'imagination du lecteur s'arme d'un objectif grossissant pour se figurer les physionomies, les gestes, les cris, les provocations, les rages et tout ce sabbat de convulsionnaires. J'étais destiné à en voir des échantillons encore plus complets.

Le lendemain on y mit beaucoup moins d'acharnement. Devant le résultat inévitable, on avait retrouvé un peu de sang-froid ; les plus féroces rentrèrent leurs griffes. Une petite attaque de l'un des deux Pontalis, Amédée, celui qui était le plus à droite, ne produisit qu'un effet d'épilogue. Au contraire, l'Assemblée accueillit avec une certaine faveur une petite allocution où Ernest Picard, toujours conciliant et doux, proposa un armistice. On n'en voulut pas à l'ancien Cinq de prendre ainsi position à égale distance des dévorants. Il se refusait · à apercevoir une déchirure sérieuse entre les deux partis. On s'ingéniait, selon lui, à envenimer un désaccord qui n'était au fond qu'une méprise. Sa bonne humeur acheva d'incliner les âmes à la résignation et, comme on avait hâte d'en finir, on ne lança que des fusées inoffensives. Le légitimiste Belcastel se répandit en doléances qui réjouirent le cœur des intransigeants de droite, sans courroucer les intransigeants de gauche. La cause était entendue. Numa Baragnon lui-même, qui commençait à prendre figure comme interprète subtil des sentiments de la majorité et qui avait le don, peut-être le désir d'exciter les passions, donna une note pacifique, tandis que Tocqueville, le frère d'Alexis, bégaya une courte réclame d'ami en faveur de M. Thiers. Son physique ne faisait pas honneur à la famille. C'était un petit vieux tout ratatiné sur lequel on avait compté, mais qui n'avait réellement pour lui que son nom.

Sa camomille, après tant de liqueurs fortes, facilita les digestions laborieuses et précipita la fin du combat. Le gros Rivet n'avait rien dit. Il mourut peu de temps après et prouva ainsi que, si sa constitution politique était fragile, sa santé, malgré l'apparence, l'était encore plus. Il ne restait plus qu'à voter.

Les urnes circulèrent et donnèrent à ce traité punique 491 voix contre 94.

Ces 94 comprenaient les irréductibles, les ultras des deux armées, réunis dans la coalition du refus. Le rouge Martin-Bernard et le blanc Belcastel y figuraient bras dessus bras dessous ; Louis Blanc à côté de Dahirel, et Esquiros à côté du marquis de Franclieu. Le marquis de Juigné y coudoyait Gambetta. C'était l'écrasement des extrêmes par les moyens. Les abstentions, au nombre d'une centaine, et les congés prudents apparaissaient également panachés : Arago et l'évêque d'Orléans, Lamy et Lanfrey, Pelletan et le comte Murat. Cette mixture donnait à réfléchir, car le silence était moins une hésitation qu'un blâme.

L'hommage à M. Thiers, exigé par Dufaure et accepté par Vitet, ne rencontra qu'une opposition de 36 voix. Il semblait que les couteaux, un moment tirés, fussent rentrés provisoirement dans leurs gaines. Ce qu'on appelle l'esprit politique avait peut-être manqué aux récalcitrants, mais ils se congratulaient de leur franchise. Je vis de mes yeux un barricadier et un chouan se serrer la main sur un : « A la bonne heure ! » bien senti.

On était arrivé au 1er septembre. Au lieu d'aller à la chasse, on revint à l'impôt sur les boissons, et le rapporteur, M. Édouard Bocher, mit le comble à sa renommée en livrant à l'abus des servitudes fiscales une bataille sans larmes.

M. Thiers avait eu soin de remercier l'Assemblée dans un message presque affectueux, qui me remit en mémoire le mot de Néron à Narcisse :

J'embrasse mon rival, mais c'est pour l'étouffer.

Son rival, c'était la majorité royaliste. Ils étaient d'ailleurs à deux de jeu.

CHAPITRE XVII

VERSAILLES CAPITALE PROVISOIRE

La question des vacances. — L'Assemblée resterait-elle à Versailles? — Proposition Ravinel. — Rapport Cézanne. — Apologie de Paris par Naquet. — Un cours de révolutions comparées. — Le rapporteur se prononce, dans un discours très remarqué, pour le maintien de l'Assemblée à Versailles. — L'histoire et la politique. — Encore Louis Blanc. — Le vicomte de Meaux pose très nettement le problème. — Léon Say. — Vacherot. — Pressensé. — M. Lucien Brun et la Providence. — Pernolet. — Le maintien à Versailles est voté tel quel avec les ministères à Paris.

I

L'Assemblée nationale siégeait depuis sept mois, sans désemparer, tant à Bordeaux qu'à Versailles, sous le coup d'émotions violentes sans cesse renouvelées, et on commençait à y sentir quelque fatigue. Les plus assidus et les plus actifs ne dissimulaient pas qu'ils avaient besoin de repos et manifestaient le désir de se recueillir quelques jours dans leurs familles, ne fût-ce que pour remettre un peu d'ordre dans leurs petites affaires personnelles. Les demandes de longs congés se multipliaient au point que la Commission chargée de les examiner crut devoir envoyer à la tribune son président, M. Feray (d'Essonnes), pour en signaler l'abus. Mais l'observation s'adressait à des gens qui avaient bien envie d'imiter l'exemple de leurs collègues ainsi dénoncés, et alors on se rappela qu'il était dans l'habitude des représentants du peuple sous tous les régimes, de prendre quelques vacances à cette époque de l'année. Target, habile à saisir ce genre d'impressions, rédigea une proposition conforme au vœu général. Elle ne rencontra qu'une petite résistance platonique chez des faiseurs de zèle, qui auraient été bien attrapés si la majorité leur eût donné raison. Il fut entendu qu'on se séparerait du 15 septembre au 15 novembre, deux mois pleins ; mais après avoir demandé l'avis du gouvernement.

En attendant, on continuerait à voter des impôts pour assurer au Trésor quelques recettes dont il avait grand besoin, on expédierait quelques lois urgentes et surtout on viderait la grosse question, toujours pendante, du maintien de l'Assemblée nationale à Versailles.

Elle se présenta sous la forme d'une proposition d'apparence modeste, dans laquelle M. de Ravinel, député des Vosges, réclamait simplement l'installation définitive de deux ou trois ministères à Versailles, mais où l'on démêlait comme une arrière-pensée de substituer Versailles à Paris comme capitale politique.

Le débat eut un grand retentissement et je n'en vois pas qui ait mis dans une plus complète lumière le désaccord constant, profond, essentiel, qui existait entre la majorité de l'Assemblée nationale et le Président de la République. De part et d'autre on essayait de le nier, tout au moins de l'atténuer aux yeux du pays qui commençait à s'en apercevoir ; mais il sautait aux yeux que le fossé qui séparait les deux pouvoirs se creusait chaque jour davantage, et les politesses réciproques qu'ils essayaient encore d'échanger ne trompaient plus que ceux qui voulaient être trompés. C'était proprement la fausse union, la *concordia discors* du poète.

Le transfert de certains ministères avait manifestement ses avantages. Leur maintien à Paris créait au gouvernement d'incessantes difficultés ; mais, quels que fussent ses embarras quotidiens, il se résignait à les supporter. Il redoutait que Paris reconquis, avec lequel il ne voulait plus se brouiller, ne vît dans le déménagement même partiel, même provisoire, de l'administration générale, une menace de décapitation définitive. Et, au fond, c'était bien cela que les auteurs de la proposition en espéraient. Ils avaient à cœur de transférer à Versailles, non pas précisément la capitale de la France, mais le siège du gouvernement, pour le mettre désormais à l'abri de surprises révolutionnaires, comme le 4 Septembre et la Commune. Le rapport ne dissimulait pas cette pensée que les partisans de Paris affectaient de considérer comme une provocation et une injure. M. Thiers était de cœur avec ces Parisiens. Devenu leur ami, ou du moins leur allié, par une communauté d'intérêt politique, il voyait en eux, en ce moment, les plus sûrs auxiliaires de son ambition et les meilleurs soutiens de son pouvoir.

Sous l'influence de ces deux sentiments contraires, le débat s'engagea très vif et très animé le mardi 5 septembre. On y apportait dans les deux camps la même passion, la même sincérité, mais non pas le même désintéressement. La majorité croyait franchement, à tort ou à raison, que la présence des pouvoirs publics à Paris était un danger et qu'il fallait absolument les défendre contre ce foyer perpétuel d'émeute en les transportant dans une ville de province. Les députés de Paris, par cela même qu'ils étaient ses élus, devenaient naturellement ses avocats ; mais ils avaient une autre raison, toute politique, de se faire ses défenseurs ; c'est que Paris était républicain comme eux et qu'ils ne voyaient pas d'autre capitale possible pour une France républicaine.

Naquet parla le premier et célébra les mérites de Paris. « C'est Paris qui a fait la France ! » disait-il. On lui répondait sans l'émouvoir : « c'est la France qui a fait Paris ! ». Sophiste et casuiste au suprême degré, il prit, avec l'histoire, des libertés qui lui attirèrent beaucoup d'interruptions et de démentis. Il aimait, il aima toujours ce genre de discussions où l'on accumule les paradoxes pour faire preuve d'originalité. A l'entendre, Paris n'avait jamais envoyé et imposé à la France des révolutions toutes faites, et quand il vit que la chose paraissait un peu forte, i modifia sa tactique. Il prétendit que le jour où une révolution éclatait dans Paris, elle était déjà faite dans les consciences provinciales aussi bien que dans l'opinion parisienne et que le reste de la France, sans pression ni contrainte, s'empressait de la ratifier. Une révolution ne réussit que si elle est légitime, et il avait une façon à lui d'en définir la légitimité. Il établissait une distinction subtile entre la simple émeute qui avorte et la révolution juste qui triomphe. Vainement on lui rappelait de tous côtés que c'est presque toujours le hasard qui en décide, il tenait à son parallèle entre les émeutes manquées et les révolutions réussies.

Il partit de là pour passer en revue toutes les révolutions et les grouper, bon gré mal gré, dans son raisonnement. Celle de 1848, d'où sont venus tous nos malheurs, lui donna quelque peine. On lui objecta qu'à moins d'être insensé, on ne renverse pas un gouvernement sur une question de suffrage censitaire et d'adjonction des capacités. Il n'y prit garde et, allant jusqu'au bout de sa pensée, il expliqua devant un auditoire tantôt furieux, plus souvent hilare, qu'en admettant, comme un fait acquis, cette perpétuelle initiative révolutionnaire de Paris, la province avait tort de s'en plaindre. C'était une ingrate qui méconnaissait le service que Paris lui rendait en lui épargnant, pour son bien, une collaboration toujours pénible. Ne valait-il pas mieux qu'une seule ville se chargeât de l'opération? Vous reconnaissez là tout Naquet. «Quoi, disait-il, ne vaut-il pas mieux, dans l'intérêt général, centraliser ainsi les révolutions que de les éparpiller comme en Espagne, à Madrid, à Cadix, à Saragosse ou à Barcelone? Tout le monde y gagne, puisque la tranquillité publique n'est troublée que dans une seule ville, qui se sacrifie pour toutes les autres. »

« C'est un cours de révolutions comparées! » fit un interrupteur, et en effet, c'était bien cela, avec toutes sortes d'entorses à cette pauvre histoire qui restera éternellement brouillée avec la tribune. Si on veut la voir défigurée et méconnaissable, c'est à un orateur politique qu'il faut s'adresser. Chaque parti la tire de son côté et la met en pièces. J'assistai à cet effort comique de Naquet pour s'en approprier des lambeaux ; c'est d'ailleurs un spectacle que j'ai eu sous les yeux pendant quarante ans et qui n'a pas vieilli. Aujourd'hui encore on en use de même en toute occasion, et plus la parodie est forte, plus les intéressés applaudissent. Naquet, alors débutant, fut considéré comme un aimable fantaisiste et même comme un joyeux farceur.

On attendait l'auteur de la proposition, M. de Ravinel, jeune député des Vosges, qui gravitait dans l'orbite de Buffet. Il prononça un discours très sage, qui ne contenta qu'à moitié les intransigeants.

Quand il déclara qu'il voulait faire l'essai loyal de la République, il fut très interrompu par ceux de gauche, parce qu'ils ne le croyaient pas, et par ceux de droite, parce qu'ils le croyaient. Cet accueil ne l'empêcha pas d'expliquer sa pensée et de donner ses raisons : s'il demandait que le siège du gouvernement fût complètement transporté à Versailles, c'était précisément parce qu'on ne pouvait tenter cet essai loyal qu'à distance des passions, des violences et des surprises parisiennes.

Il retrouva la faveur de l'Assemblée en se couvrant de l'autorité de Mirabeau, qui dans sa correspondance avec Lamarck a dit tout ce qu'il y a de plus fort contre Paris, capitale politique de la France. Il rappela aussi, d'après un historien américain, les circonstances dans lesquelles, sous la pression d'une émeute, le Congrès des États-Unis, qui siégeait d'abord à Philadelphie, comprit qu'il lui fallait fuir les villes populeuses et se transporta spontanément à Washington.

Ces souvenirs produisirent leur effet sur les hésitants qui n'avaient pas encore pris parti, mais ils ne convertirent point Dréo, le gendre de Garnier-Pagès, qui avait recueilli à Paris la succession électorale de son beau-père. Il avait aussi hérité de sa bonhomie naturelle et de sa sentimentalité. On ne l'écouta guère. Il répéta ce qu'avait dit Naquet sur les bonnes révolutions et il flétrit les coups d'État, Brumaire et Décembre, qui eurent pour théâtre non pas Paris et Versailles, mais Saint-Cloud et Paris. Saint-Cloud favorisait sa thèse, Paris la gênait. Il n'en conclut pas moins que l'intérêt de l'Assemblée était de rentrer au plus vite dans ce foyer des lumières dont rien ne saurait éclipser la splendeur. Quand on jugea qu'il avait assez parlé, on lui servit un tapage qui le détermina à quitter la tribune plus tôt qu'il n'aurait voulu. C'était alors la manière.

La séance du lendemain permit aux esprits de se recueillir. On l'employa à voter, non sans chicanes, une première indemnité aux départements éprouvés par l'invasion allemande.

Ensuite, le rapporteur Cézanne eut la parole. C'était un député des Hautes-Alpes, qui n'a fait que passer dans la politique, mais qui montra ce jour-là quelle place il aurait pu y prendre, si cette unique épreuve n'eût suffi à son ambition. Très calme, très résolu, il parut absolument insensible à ce qu'on appelle l'émotion d'un début, et fit, sans phrases, un très long discours où il n'oublia aucun des griefs de la province contre les révolutions de Paris. Si jamais une nouvelle occasion se présente de les rappeler, c'est là qu'il faudra s'approvisionner; on ne trouvera jamais mieux que cet exposé, qualifié immédiatement de réquisitoire par les Parisiens. Parisien lui-même, ou tout au moins habitant de Paris (il en fit spontanément la remarque) ; dégagé par là de tout esprit, de tout préjugé provincial, habitué par sa profession d'ingénieur au calcul des forces et des résistances, il discuta sans en omettre aucune, avec une précision quasi scientifique, les graves objections qu'on opposait au maintien du gouvernement à Versailles, et porta si sûrement la lumière au point juste que l'Assemblée tout entière en fut impressionnée.

Il ne méconnaissait ni la beauté, ni la grandeur de Paris, qui, dans sa pensée, resterait toujours la capitale de la France. « Nous ne contestons point sa grande et légitime influence. Oui, j'éprouve le besoin de le déclarer, moi qui ai dans Paris ma maison, ma famille, mes intérêts, mes amis, moi qui ai terminé à Paris mes études, qui y suis revenu à toutes les époques de ma carrière, je suis attaché à Paris par toutes les racines de mon cœur et de mon intelligence. » Et ce n'était pas une vaine précaution oratoire. Il n'avait contre Paris aucune hostilité préconçue, il lui reprochait simplement sa facilité à faire des révolutions, même sans le vouloir, parce qu'il renferme une réserve cosmopolite, toujours prête pour les émeutes. Il admettait que Paris fût, comme on l'a si souvent répété, le cœur et le cerveau de la France ; mais il demandait que le cerveau remplît sa fonction à quelque distance du cœur. Il eut sur l'armée une phrase caractéristique : « Je m'adresse au gouvernement et je lui dis : Si vous rentrez dans Paris, si vous voulez vous soutenir dans Paris par l'armée, vous perdrez l'armée ; et si vous voulez, dans Paris, vous soutenir sans l'armée, vous vous perdrez vous-mêmes. »

J'étais frappé de ce dilemme et j'admirais *alors* avec quelle sûreté de vue le rapporteur invoquait l'histoire qui, disait-il, « ne partage pas nos passions ». Mais c'est encore une des illusions que j'ai perdues. Faite à la tribune, elle les partage toutes et quand, après des siècles, la critique s'efforce d'être juste, elle s'y emploie inutilement ; elle arrange encore les faits, elle les plie encore à ses systèmes ; elle tombe à chaque instant dans la plus paradoxale fantaisie. L'histoire faite à la tribune par des hommes politiques est une perpétuelle dérision, une caricature, un mensonge. Essayez donc, à cent vingt-cinq ans de distance, d'écrire une histoire de la Révolution. Il y en a cent et il n'y en a pas une qui ne s'accommode aux préférences de son auteur. Elles n'ont été écrites que par les partis. Le plus philosophe, le plus libre, Taine lui-même !... Et rappelez-vous donc, à propos de l'interdiction de *Thermidor*, un Clemenceau excusant, légitimant toutes les monstruosités dont l'humanité était alors victime, toutes les sottises que le fanatisme révolutionnaire débita, et dans quel style !... Oui, un esprit aussi supérieur, aussi ascensionnel que Clemenceau avalant tout cela, sous prétexte que la révolution est un bloc, comme on accepte l'alliage d'une pièce de cent sous. Elle est jolie, cette histoire « qui ne partage point nos passions ». Est-elle seulement capable de juger impartialement Charlemagne ? Quant à François Ier et à Louis XIV, allez donc demander justice pour eux à Michelet !

On avait dit que l'installation du gouvernement et de l'Assemblée à Versailles inquiétait les intérêts, paralysait les affaires ; le rapporteur prouva, chiffres en main, que les affaires étaient en pleine reprise, et tout le monde reconnaît aujourd'hui qu'un mouvement industriel et commercial se dessinait alors, qui n'a peut-être pas été égalé depuis, tant nous avions hâte et besoin de réparer nos ruines.

L'orateur finit sur une péroraison éloquente : « La main sur la conscience et devant mon pays qui, pour la première fois, entend ma faible voix, je ne prendrai pas la responsabilité de quitter ce Palais où nous délibérons dans une paix profonde, pour aller volontairement au-devant des orages ! »

Cézanne fut acclamé, entouré, félicité par une majorité momentanément conquise ; mais cette « première fois » dont il parlait ne fut pas la dernière. Il évolua peu à peu du côté de M. Thiers et de la République modérée.

Quand il descendit de la tribune, on y glissa — je crois pouvoir l'affirmer, parce que vingt témoins me l'ont répété, mais de mes yeux je ne l'ai pas vu — un petit parquet supplémentaire pour faciliter à Louis Blanc, son successeur, le moyen de hausser un peu sa taille et de ne pas paraître trop petit.

Il récita un discours habile, où il avait mis, suivant sa coutume, beaucoup de rhétorique. Il nia, contre l'évidence, que Paris fût, en ce moment-là, suspect à la France. Il n'admettait pas qu'on se défiât de cette noble cité ; il accusait de faiblesse et d'imprudence ceux qui n'y voulaient pas rentrer. Il soutint enfin que le meilleur moyen de contenir Paris était de s'y établir. Et comme on lui rappelait le 15 Mai, qui passe encore pour son œuvre et qui lui valut l'exil, l'orateur le répudia solennellement.

Sur les coups d'État il dit des choses extraordinaires et mit dans le même sac Cromwell et Napoléon. A l'entendre, le moyen de donner une plate-forme, un prétexte aux usurpateurs, quels qu'ils fussent, était de rester à Versailles. En un mot il cuisina l'histoire à sa façon, comme le font d'ailleurs tous les politiciens, sans s'apercevoir que, dans un pareil débat, les arguments historiques peuvent être échangés et rétorqués en sens contraire par les diverses fractions d'une Assemblée. Il rappela qu'en dépit des émeutes les Anglais n'avaient jamais changé leur capitale et que la Chambre des Communes siégeait toujours à

Londres. Alors on lui opposa l'abandon de Philadelphie et de New-York par l'Amérique et de Moscou par la Russie.

Il n'en fut pas moins couvert de fleurs par la gauche, comme le rapporteur l'avait été par la droite et le centre.

Au point où en était arrivé le débat, on se rendait bien compte de part et d'autre que tout était dit en faveur de Paris ou de Versailles et que, dans son for intérieur, chacun avait fait son siège et installé sa préférence.

Le vicomte de Meaux répondit à Louis Blanc. On l'écouta, parce qu'il était le gendre de Montalembert et que cette alliance lui donnait un semblant d'autorité héréditaire. Au reste, il posa et limita la question plus nettement qu'aucun de ses prédécesseurs : « Il ne s'agit pas de défaire ce que les siècles ont fait. Nous ne pouvons ni ne voulons que Paris cesse d'être la capitale de la France ; mais le siège du gouvernement doit-il être dans la capitale de la nation? » C'était en effet tout le problème. On l'avait déjà posé, mais avec moins de précision.

M. de Meaux se défendit de revenir sur les diverses étapes de notre histoire ; mais il ne tint pas complètement parole, d'où je conclus qu'il faudrait mettre cet écriteau sur les grilles des palais législatifs : « Ici l'histoire est défendue. » Il trouva du moins contre Naquet et Louis Blanc une bonne définition : « Une révolution est une émeute qui réussit, et une émeute est une révolution qui ne réussit pas. » C'est le succès qui donne un nom différent à deux choses absolument pareilles.

L'attention commençait à se fatiguer et quelques députés demandaient la clôture lorsqu'on vit Léon Say se diriger vers la tribune. Comme il était préfet de la Seine, c'est-à-dire, à peu de chose près, maire de Paris, de même que, dans un autre temps, Pétion et Bailly, on admit qu'il avait le droit d'être entendu, mais on convint en même temps que son opinion n'était pas, en cette affaire, assez désintéressée pour peser d'un grand poids. « Il ne m'a pas paru, dit-il, que Paris renfermât des éléments incendiaires » (ses monuments brûlaient encore), il ne voulut pas répondre de l'avenir ; mais il ajouta « qu'il ne fallait pas non plus tirer argument du passé » et développa, à l'appui de son idée, une théorie qui était bien la sienne, et à laquelle il est resté fidèle jusqu'à sa mort, à savoir que l'histoire ne se recommence pas, ou du moins ne se répète jamais de la même façon. Je n'en connais pas de plus fausse ; dans ses causes premières et dans ses grands effets, l'histoire se recommence toujours.; il n'y a que le détail qui change, le détail accessoire et insignifiant, mais la monarchie, l'oligarchie et la démocratie, même diversifiées à l'infini dans leurs formes superficielles, aboutissent invariablement aux mêmes résultats, à Athènes comme à Rome, à Rome comme à Venise et à Londres comme à Paris.

Au reste, Léon Say, si intelligent, si avisé dans les controverses de la politique quotidienne, n'était pas l'homme de ces hautes et grandes discussions. Il ne voyait très distinctement que le petit côté des choses.

Le rapporteur Cézanne reprit la parole et lui montra, par l'exemple de Bailly, auquel il le compara, à quel point l'histoire se recommençait. Lorsque l'Assemblée nationale de 1789 siégeait encore à Versailles, Bailly vint l'y trouver en lui promettant l'aide et l'appui de la Commune. Elle céda et rentra à Paris, et Bailly lui jura une seconde fois que la Commune, fidèle et soumise, protégerait l'inviolabilité de ses membres et la liberté de ses délibérations...

Là-dessus, on éclata de rire, et je ne pus m'en défendre moi-même, lorsque l'impétueux Langlois s'écria avec une conviction gesticulante : « Et la Commune tint parole ! »

Vacherot parla ensuite avec sa modération ordinaire ; il ne convertit personne. Il eut d'ailleurs le tort de refaire encore une fois l'histoire à sa façon, sans réfléchir qu'il n'y a rien de plus absurde et de plus piteux que ces cours d'histoire dans une Assemblée politique. On en arrive, quand on y a, comme moi, longtemps assisté, à douter de l'Histoire elle-même. Un sceptique a dit qu'on y trouvait cependant quelque chose de vrai : le fait matériel et sa date. C'est encore trop : sa date seulement. Essayez donc de mettre les historiens d'accord sur l'absence de Grouchy à Waterloo !

II

On délibérait depuis trois jours. Le frère de Tocqueville bégaya, en branlant la tête, quelque innocente niaiserie. L'Assemblée vota le passage aux articles, et, suivant l'usage, toute la discussion recommença sur l'article 1er et les amendements qu'on y avait accrochés. Cet article 1er était ainsi conçu :

« L'Assemblée nationale, le pouvoir exécutif et les ministres continuent de siéger à Versailles.

« Les administrations et services publics nécessaires à la marche du gouvernement y seront, dès à présent, installés. »

C'était évidemment sur cette seconde partie de l'article, c'est-à-dire sur la proposition Ravinel, que la vraie bataille allait s'engager, chacun comprenant que ce transfert encore provisoire constituait un acheminement vers l'installation définitive.

L'halluciné Jean Brunet avait proposé, pendant le siège, des inventions défensives que le gouvernement avait dédaignées, mais auxquelles, comme il arrive toujours en pareil cas, s'était laissé prendre l'imagination des foules. Paris, dans sa reconnaissance, l'ayant élu député, il opposa à la proposition Ravinel une sommation radicale : le retour immédiat à Paris. Il reprit les grands arguments déjà surabondamment développés et n'en ajouta qu'un, tout à fait pratique, sur l'incommodité du séjour à Versailles, où les représentants du peuple étaient logés dans des mansardes. On criait « aux voix ! » mais à l'impatience de l'Assemblée il répondait par l'obstination calme d'un prophète méconnu qui vaticine dans les nuages. On crut qu'il ne descendrait jamais de la tribune, mais personne n'eût pu prévoir alors que cet ami de Paris demanderait bientôt que l'on transportât la capitale de la France à Bourges ou à Clermont-Ferrand.

Lorsque vint le tour de Pressensé, il conseilla, comme un bon moyen de pacification, de ne pas s'éterniser à Versailles. Pourquoi ne pas rentrer à Paris après la Commune, comme Henri IV après la Ligue? L'analogie parut un peu forcée : Pressensé n'avait pas l'oreille de l'Assemblée. Pasteur protestant, il manquait d'onction et, disait-on, de charité. On croyait sentir au fond de sa parole évangélique une goutte de venin qui l'avait fait surnommer par antiphrase, « le doux pasteur ». Il présenta de la séance du 15 juillet 1870, où la guerre fut déclarée, un tableau si criant d'inexactitude que moi, qui l'avais vue et vécue, je disais tout bas : Menteur! Menteur! C'était, à l'entendre, par servilité que la Chambre avait voté cette guerre néfaste. Il insultait des hommes qui, comme Talhouet, étaient l'honneur même, et, dans son propre parti, Kératry, qui s'était montré plus ardent que personne pour la rupture. C'étaient de plats valets, de vils esclaves, ces gens-là! En vérité, à moins d'être aveugle, on ne risque pas de pareilles sottises, et comme j'en entendais de pareilles tous les jours, je répéterai jusqu'à mon dernier soupir : Foin de l'histoire dans les Assemblées politiques, et même à l'école. Travestie dans les discours, dans les livres, dans les manuels, elle a deux ou trois masques superposés sur la figure.

Pressensé affirma que les courtisanes trônaient alors dans Paris et sa vertu s'en indigna. Elles n'y dansaient pas encore toutes nues, cependant, comme aujourd'hui. D'autres bourdes lui échappèrent. Il n'y avait selon lui que la démocratie — voyez Athènes! — pour donner aux arts et aux lettres tout leur essor!

On murmurait : « Et la Renaissance! Et Léon X! Et Louis XIV! » Mais quoi! Léon X, un pape! Louis XIV, un roi! Ce protestant républicain feignait de ne pas entendre.

Vint ensuite le comte Duchâtel, le propre fils du comte Duchâtel de 1848. Il crut faire merveille en plaidant la cause de ce Paris qui avait renversé son père. C'était un grand garçon qui avait manifestement besoin de refaire son éducation politique. Il voulait qu'on déclarât catégoriquement, par oui ou par non, si l'on voulait rester à Versailles ou rentrer à Paris, alors que l'expectative ou l'atermoiement étaient la seule politique raisonnable. Ils ne sont pas si rares qu'on ne croit, ces fils qui tiennent à se distinguer en désavouant leurs pères. L'Assemblée nationale a vu le comte Duchâtel; la République actuelle voit M. Joseph Caillaux.

On commençait à se fatiguer de ces rabâchages alternés, lorsque M. Lucien Brun, député catholique de l'Ain, plus tard sénateur, réveilla les esprits par un coup de trompette. C'était un fort bel homme, grand, brun comme son nom, mais sans barbe ni moustaches, qui ressemblait à un prêtre ou à un acteur. Il avait une réputation d'avocat éloquent, que son discours justifia. Sentant que le *statu quo*, c'est-à-dire l'Assemblée et le Président de la République à Versailles et les administrations à Paris, avait toutes les chances de l'emporter, comme une transaction et un milieu entre les oppositions extrêmes, il s'efforça d'en montrer les inconvénients et réclama énergiquement l'installation complète et définitive à Versailles.

La chose passait tant bien que mal lorsqu'il eut l'imprudence de lâcher un mot qui déchaîna une tempête d'interruptions aussi violentes que comiques. J'en ris encore à cette heure. Il prononça le nom de la Providence au cours d'une phrase absolument inoffensive, que les cris l'empêchèrent d'achever. La voici : « La France sait que la Providence vous a mis dans une situation telle... » C'est tout. La fureur des gauches ne lui permit pas d'en dire davantage. C'était à qui parmi ses membres se déclarerait insulté.

J'ai rarement assisté à une pareille pantalonnade. Les esprits forts, pour qui la Providence n'est qu'un mythe, se contentaient des lourdes railleries habituelles à l'incrédulité ; mais les plus montés étaient ceux qui n'admettaient pas que l'avocat de Versailles tirât à lui la Providence. Ils en voulaient leur part. « Vous n'avez pas le droit de dire, clamait le solennel Ricard, que nous en sommes les adversaires ! » On se menaçait, on se provoquait au milieu du bruit. On montrait le poing à ce malheureux Lucien Brun comme s'il eût blasphémé. Ordinaire écumait, et Ducuing, caché dans sa barbe de fleuve : « Vous vous servez de la Providence comme d'une arme contre nous ! » Et par-dessus tous les autres, le catholique Arnaud (de l'Ariège), partisan malheureux d'une alliance entre la République et la religion : « Je proteste contre l'injure qui est faite à mon parti ! » Son parti se composait de deux personnes, lui et Étienne Lamy. Il se démenait comme un possédé, si bien que le président Grévy, qui ne savait comment mettre un terme à ce désordre, se contenta de lui dire : « Veuillez vous asseoir ! » Pressensé ne voulut pas manquer à cette petite fête, il exorcisa les membres de la droite : « Nous croyons en Dieu autant que vous, plus que vous peut-être ! — Le mot de Providence vous choque, invoquez le diable si vous voulez ! » lança aux républicains le duc de La Rochefoucauld-Bisaccia. Il y eut aussi le bon Henri Martin qui riposta : « C'est la Providence qui a fait Paris, vous ne le déferez pas ! » Naquet, Picard, Brisson s'en mêlèrent, et il fallut plus d'une demi-heure pour les calmer. Tous avaient été sots et ridicules à souhait. Lucien Brun n'avait revendiqué aucun monopole.

Les politiciens ont la mémoire courte. Ils ne se rappelaient pas que, trois ans à peine passés, Rouher et Thiers, oui, Thiers lui-même, invoquaient tour à tour la Providence, en sens contraire, à l'appui de leurs opinions économiques, et que personne ne s'en fâchait. Je me souvenais de cette curieuse scène où chacun d'eux prétendait tranquillement avoir la Providence pour soi et je me mettais la main sur la bouche pour ne pas rire au nez de ces frénétiques atteints subitement d'amnésie.

Ernest Picard plaida la cause du provisoire. « Toute liberté, disait-il, restait ainsi à la Chambre. Pourquoi ne déciderait-elle pas de se réunir dans telle ville qu'il lui plairait de désigner, *si les circonstances l'exigeaient.* Une telle précaution ne valait-elle pas mieux que de se condamner à Versailles à perpétuité ? »

On eût sans doute goûté ce conseil si l'on n'avait pas su que Picard était, en cette occasion, le truchement de M. Thiers, et il n'en fallait pas davantage pour que l'Assemblée se défiât.

L'agitation durait encore lorsque le bon Pernolet, député de Paris, demanda d'une voix somnifère le retour immédiat dans la ville qui l'avait élu. « Le palais de Versailles resterait prêt à recevoir l'Assemblée nationale quand elle voudrait s'y réunir ! »

« Une chaloupe de sauvetage ! » interrompit un député du centre.

Dans un autre moment, une proposition aussi radicale aurait déterminé une nouvelle explosion ; mais l'homme qui la présentait avait l'air si peu explosif, il sollicitait si onctueusement l'indulgence et la patience de l'Assemblée qu'on ne le fit pas trop souffrir. Ce bon Pernolet était un proche parent, comme on le vit, de Joseph Prudhomme et un parfait garde national. Il me rappela, du premier coup, l'illustre Léonor Havin de l'Empire. Il estimait que le projet de la Commission, c'est-à-dire la préférence donnée à Versailles sur Paris, était un danger public. C'était, selon lui, la guerre civile préparée et organisée systématiquement par les plus zélés amis de l'ordre. « Nous claquemurer, disait-il, dans cette retraite qu'on nous propose ! La retraite ne convient qu'aux hommes qui ont fini leur tâche, et nous ne sommes qu'au commencement de la nôtre ! Allons-nous rester toujours dans ce couvent ! » Sa douce figure rasée de près — ses cheveux blancs, sa parole onctueuse, ses phrases artistement travaillées et balancées — probablement avec le secours de quelque Giboyer d'occasion, rendirent l'Assemblée plus tolérante qu'à l'ordinaire. Son homélie coulait comme une intarissable fontaine de tisane au miel, sans approbation ni murmure d'aucun côté. Il parla très longtemps, il rappela

> ... Cet esprit d'imprudence et d'erreur,
> De la chute des rois funeste avant-coureur...

Ce sermon d'un brave homme occupe dix-sept colonnes du *Moniteur* et vingt lignes de mes notes. Personne n'écoutait. De temps en temps, un député assoupi disait entre haut et bas : « Assez ! assez ! » mais l'ennui général se traduisit, au moment de la péroraison, par un formidable : « Aux voix ! » L'amendement Pernolet fut repoussé, ou plutôt écarté à mains levées, sans colère. L'orateur avait regagné sa place, heureux et fier du silence obtenu. Un de ses collègues l'attrista en demandant que l'inattention générale fût constatée au procès-verbal de la séance. La proposition de M. Duchâtel eut le même sort dans un scrutin qui la mit en minorité d'environ 140 voix. Déjà Jean Brunet et M. de Pressensé n'avaient pas mieux réussi, et il semblait que tous les amendements dussent tomber les uns sur les autres comme des capucins de cartes, lorsque le vieux Lasteyrie prit la parole et rallia autour de lui un certain nombre de députés de l'ancien centre gauche philippiste, restés fidèles non à la Monarchie, mais à M. Thiers.

Il défendit l'amendement Pressensé, le *statu quo*, le maintien à Versailles, sans rien préjuger d'un retour éventuel à Paris. Selon lui le danger qu'offre et offrira toujours Paris (il en convenait) ne peut être conjuré qu'à Paris. On lui objecta le 18 Mars et la Commune. L'Assemblée allait voter. Le groupe orléaniste Target, qui défendait encore M. Thiers et qui s'appelait lui-même le groupe de la conciliation, proposa une rédaction qui, sous une autre forme, aboutissait encore au *statu quo*. M. Bocher en personne le recommanda.

En réalité, ces messieurs voulaient que la proposition Pressensé, qui leur paraissait la meilleure et qui venait d'être reprise par M. de Lasteyrie, fût votée, mais sur un amendement royaliste, pour que la République n'eût pas le droit de s'en prévaloir. On sait que le régime parlementaire repose souvent sur ces pointes d'aiguille. Rester à Versailles, purement et simplement, sans commentaire, et jusqu'à nouvel ordre ; cette solution, qui n'engageait point l'avenir et laissait intactes les espérances de rentrée plus ou moins prochaine à Paris, n'avait rien pour contrarier les républicains. Sans avoir ville gagnée, ils se réjouirent de cette scission entre les royalistes du centre et les royalistes de droite, qui commencèrent dès lors à se défier les uns des autres et, au besoin, à se trahir réciproquement. Ce fut même un délicat sujet d'observation que cette première coupure, destinée à s'élargir.

Le Garde des sceaux Dufaure glissa très habilement dans la brèche l'opinion du gouvernement, comme on met un bâton dans une porte à peine entr'ouverte pour l'empêcher de se refermer. Il s'attacha à combattre le discours du rapporteur Cézanne, auquel il reprochait un caractère trop agressif contre Paris. Il ne comprenait pas qu'on osât frapper cette grande capitale d'une excommunication définitive. Et qui donc pouvait répondre du lendemain? Qui donc pouvait prévoir et prédire? L'avenir, l'avenir, mystère! Il développa en son langage la fameuse strophe de Victor Hugo. Après quoi, revenant à ses habitudes de vieil avocat retors, il ajouta que le gouvernement acceptait le projet de la Commission, avec la petite retouche Target, si légère, si insignifiante, un rien!

Or ce rien était tout, puisque l'amendement Target supprimait l'installation des ministères à Versailles. En fin de compte, après un long rabâchage, on vota sur une équivoque 430 voix contre 189 adoptèrent le projet de la Commission, sauf ce qui était son projet même. En vain elle demanda la remise au lendemain pour se recueillir et réfléchir ; on le lui refusa impitoyablement, tant on avait hâte d'en finir sur un bon et secourable malentendu.

En réalité le groupe Target ne l'emportait que de 40 voix, car l'installation définitive des ministères à Versailles n'avait été repoussée que par 345 voix contre 305.

J'ai insisté sur cette longue bataille parce qu'elle eut, dans l'état des esprits, une importance considérable, qu'elle introduisit dans une majorité déjà très affaiblie par le résultat des élections complémentaires de juillet de nouveaux germes de discorde qui paralysèrent sa résistance aux assauts redoublés de ses adversaires, et qu'elle permit aux observateurs clairvoyants d'en augurer la victoire définitive de la République.

Les orléanistes, ou ceux que l'on appelait ainsi et que l'on considérait comme tels, avaient pris l'initiative de ce rapprochement vers M. Thiers et la gauche, mais ils n'étaient même pas d'accord entre eux pour une évolution aussi grave. Leurs chefs apparaissaient hésitants et divisés. Au scrutin les deux Pontalis ne figuraient pas sur la même liste. Lacave-Laplagne avait voté autrement que Lambert de Sainte-Croix. Et Target lui-même, Target, l'auteur de cette petite débandade, je ne puis oublier, en écrivant ces *Souvenirs*, que c'est son groupe qui, vingt mois plus tard, renversera M. Thiers.

Maintenant, on pouvait partir. Le Président de la République expliqua au pays, dans un message à l'Assemblée nationale, que si l'exécutif et le législatif réclamaient un semblant de repos, c'était encore pour travailler.

A la dernière heure, on discuta les conditions que le traité économique franco-allemand faisait aux produits de l'Alsace-Lorraine devenue allemande. M. Thiers, vieux et obstiné protectionniste, fit un discours contraire à toutes ses idées, où il invoqua surtout, comme compensation de ce sacrifice, la libération immédiate de six départements français. Raoul-Duval et Buffet combattirent en vain les concessions faites à l'Allemagne ; rien ne put tenir contre l'argument libératoire. La séance, commencée le samedi 16 septembre, finit le dimanche à deux heures du matin. Et on s'en alla chacun chez soi pour deux mois et demi.

Quant au retour des assemblées politiques à Paris, on devait l'attendre encore près de sept ans, jusqu'à l'Exposition universelle de 1878. Il avait, dans l'intervalle, causé la chute d'un ministère Casimir-Perier.

CHAPITRE XVIII

PREMIÈRES HOSTILITÉS

Symptômes précurseurs. — Le message de M. Thiers. — Le problème militaire, tel que M. Thiers le comprend. — Quelle distance nous en sépare ? — Déluge de propositions. — Encore les pétitions dissolutionnistes. — Fantaisies et sottises. — L'affaire des Princes n'est pas liquidée. — Nouvelle discussion. — L'obsession des coups d'État. — Raoul Duval et la question Ranc. — Intervention de Dufaure. — M. Pâris. — Portrait de Raoul Duval.

I

Je dis premières, mais il y avait déjà longtemps, — depuis Bordeaux, on l'a vu, — qu'en dépit de flatteries et de caresses félines, une sourde hostilité, au moins une défiance réciproque, révélées et entretenues par de petites querelles intermittentes, animait l'un contre l'autre le Président de la République et l'Assemblée. La patte de velours cachait mal la griffe toute prête. Quand on se revit, au commencement de décembre, M. Thiers leur lut ce qu'on appelait alors un message. Ce papier ressemblait à un discours du trône. Il s'y complimentait et les félicitait eux-mêmes des progrès accomplis et des ruines réparées. Il y ajouta son antienne ordinaire, qui ne fut pas du goût de tout le monde, sur la nécessité d'être sage, c'est-à-dire d'ajourner toute tentative de constitution. Il leur répétait qu'ils étaient souverains, qu'il n'était lui-même que leur administrateur délégué, qu'au moindre signe de leur part il leur remettrait le pouvoir tel qu'il l'avait reçu de leurs mains ; mais il savait bien que le temps travaillait pour lui et contre eux. Grévy avait été réélu à une grosse majorité de 511 voix et, dans l'élection des quatre vice-présidents, le centre gauche Martel était arrivé le premier avec 363 voix, chiffre fatidique qui devait se retrouver à la naissance de la troisième République. Les trois autres, Benoist d'Azy, Saint-Marc Girardin et Vitet, appartenaient à la majorité royaliste ; mais Martel les avait distancés, en moyenne de 40 voix, et cela fut très remarqué, très commenté par ceux qui songeaient aux scrutins décisifs de l'avenir. Ce qui restait de l'ancienne majorité était certainement à la merci d'une coalition.

La façon dont le problème militaire a été envisagé et résolu depuis quarante ans et le service de deux ans, qui, sorti de cette longue élaboration, est aujourd'hui le service de trois ans, m'invite à rappeler ce que M. Thiers en disait dans son message. Il admettait que tout le monde fût soldat en temps de guerre, mais qu'en temps de paix tous les Français dussent figurer dans l'armée active, c'était, à ses yeux, la désorganisation de la société civile et la ruine absolue de nos finances. On aurait ainsi une armée très nombreuse, sans doute ; mais incapable de tenir tête sérieusement à l'ennemi. Avec la réduction nécessaire du temps de service, on aboutirait à n'avoir plus que des conscrits qui passeraient environ dix-huit mois sous les drapeaux. Or, en dix-huit mois, on ne fait pas des soldats, encore moins des sous-officiers, et le jour où une telle résolution serait adoptée, « la France serait perdue ».

Je ne le lui fais pas dire ; mais je dois constater que l'arrêt prononcé par lui fut suivi de vifs mouvements en sens contraire. Il est mort sans le rétracter, convaincu que son système était le bon : contingent de quatre-vingt-dix mille hommes, tirage au sort, service de huit ans, cinq classes sous les drapeaux et trois en congé renouvelable, etc... « Au lieu d'une exagération fantastique, on posséderait ainsi une réalité vivante. » Sans prendre parti entre les vieilles idées et les nouvelles, on frémit quand on mesure l'intervalle qui, sur cette question de vie ou de mort, sépare M. Thiers, parlant au lendemain des catastrophes, et le dernier réformateur de l'armée, l'agent de change Berteaux. Ce message est à relire.

Les vacances avaient reposé les esprits et stimulé l'initiative parlementaire ; il y eut, au retour, un déluge de propositions ; les députés, ragaillardis, semblaient pris d'une sorte de folie législative ; chacun tenait à doter son pays d'une réforme. Autant en emporta le vent.

En dehors de l'Assemblée, les idéologues émoustillés, voyant que leurs mandataires consacraient un jour par semaine à l'examen consciencieux des pétitions, en prirent aussi à leur aise et envoyèrent à Versailles le produit de leurs veilles. Ce fut un second délire à côté de l'autre. La cervelle française en travail ne refusait à sa fièvre aucune rêverie.

Sur la tête du législateur crevait chaque semaine une cuve de ces élucubrations chimériques nommées pétitions où la sottise humaine s'étale dans toute sa gloire. J'en ai déjà parlé. Tantôt c'étaient trente ou quarante citoyens d'un bourg perdu qui, sur papier maculé, mais légalisé, demandaient la lune. Tantôt c'était l'extravagance individuelle qui se donnait ainsi carrière à nos dépens. La plupart du temps, on enterrait pieusement ces fiches dans les archives, avec un numéro d'ordre. Quelquefois cependant on en tirait du tas une ou deux que leur à-propos semblait recommander à l'attention. On avait l'air de les discuter ; il arrivait même qu'on les signalât à un ministre, lequel, à son tour, les enfouissait dans son cimetière particulier ; elles n'avaient fait que changer de tombeau.

On s'est rendu compte, depuis, du néant de ces imbéciles requêtes. Il existe encore une commission qui est censée les lire et qui en fait des gorges chaudes ; mais on n'en voit plus trace à la tribune, à moins qu'un vieux rabâcheur parlementaire n'en prenne une sous sa protection. Alors on l'exhume, on la rapporte, on perd une séance à la commenter, et le vieux rabâcheur supplie ses collègues de ne pas immoler le droit sacré de pétition. On applaudit et on immole.

> Le droit de pétition fait l'électeur français
> Tout aussi grand qu'un roi, car il lui donne accès
> Pour dire sa pensée à la face du monde,
> Et la rendre à la fois immortelle et féconde.

Ainsi l'exprimait, en décembre 71, un pétitionnaire inspiré. J'ai conservé précieusement quelques échantillons de ces fariboles. Tantôt c'est un sieur Alciator, de Marseille, qui joue supérieurement les Tartarin. Il demande que, par l'organe de ses représentants, la République française déchire le traité de Francfort avec son épée. Il croit en avoir trouvé le moyen par une meilleure organisation des intendances, l'appel sous les drapeaux de tous les citoyens sans enfants de dix-sept à soixante ans, l'invasion de l'Allemagne par terre et par mer avec un million d'hommes, le commandement de nos armées étant confié, sous la haute et unique direction du meilleur stratégiste élu par les officiers de tout grade, aux quatre généraux qui ont voté contre les préliminaires de paix.

Au moins ce fou était-il plus raisonnable qu'un général, ministre de la guerre, qui, quarante ans plus tard, voulait remettre la direction des opérations militaires au Conseil des ministres.

Tantôt c'est un sieur Joly qui s'offre à faire connaître un moyen qu'il a découvert d'empêcher la sécheresse et de localiser le temps pluvieux sur un cercle de dix kilomètres de diamètre. Le rapporteur lui conseilla de s'adresser à l'Académie des sciences, chargée spécialement de faire pleuvoir.

Un autre demande que, si le remplacement militaire est maintenu, l'administration en fixe le prix proportionnellement à la fortune des parents du conscrit.

En voilà un qui voudrait que, le 88e de marche ayant levé la crosse en l'air à Montmartre, le numéro 88 cessât de figurer dans nos régiments.

Ailleurs un abbé propose de supprimer les facultés de théologie.

J'en ai gardé une dernière pour la bonne bouche. Un sieur Alibert, à Bon-Encontre (Lot-et-Garonne), expose que les vapeurs pestilentielles provenant des locomotives empoisonnent et détruisent tous les produits de l'agriculture dans les contrées parcourues par les chemins de fer. Il demande en conséquence qu'on ne concède plus de nouvelles lignes.

Généralement on accueillait, sans rire, ces témoignages de la bêtise humaine et on se contentait de les éliminer par une sorte de prétérition ; mais, cette fois, l'Assemblée se fâcha. Sur une invitation du rapporteur, qui était justement M. Wallon, le futur père de la constitution républicaine, elle déclara que le droit de pétition ne pouvait pas souffrir de plus cruelle atteinte. L'exercice en était compromis par des citoyens « inconscients de ce qu'ils disent », et pour des hommes sérieux, c'était une tâche trop pénible que d'analyser à la tribune soit les chimères d'un cerveau malade, soit les grossières plaisanteries d'un ignorant.

Elle aurait pu ajouter qu'il y avait quelques-uns de ces cerveaux dans l'Assemblée. Un maniaque fit voter la vente des joyaux de la couronne, et je fus frappé de cette idée, essentiellement française, qu'on supprime la royauté en vendant ses bijoux. Au moment même où j'écris (1), nos amis les Anglais se préparent à célébrer en grande pompe les fêtes du couronnement. Tous les joyaux, bijoux, diamants de la couronne vont briller comme une parure nationale héréditaire sur la tête, les mains, les manteaux du roi Georges V et de la reine Marie. Cromwell lui-même ne les a pas vendus.

Ces discussions ne servaient qu'à montrer, par certaines interruptions imbéciles et des échappées saugrenues, ce que contient de pauvretés une Assemblée même riche en talents, comme celle-là. On se reposait ainsi des échauffourées passées et on se préparait aux batailles futures. Malgré les compliments quotidiens que se renvoyaient les deux pouvoirs, et qui ressemblaient peu à peu à des clauses de style insérées dans leur contrat, le feu couvait toujours sous la cendre, et le moindre incident révélait aux observateurs attentifs qu'il ne demandait qu'à s'allumer. On entendait crépiter la matière inflammable.

L'affaire des Princes n'était pas complètement liquidée.

Le 18 décembre, Jean Brunet réclama pour le prince de Joinville et le duc d'Aumale le droit de siéger. Jusque-là ils

(1) 22 juin 1911.

n'avaient pas paru dans l'Assemblée. A la suite d'une négociation entre leurs amis et M. Thiers, on était tombé d'accord qu'ils seraient proclamés députés, mais qu'ils n'occuperaient pas leurs sièges. Ils en avaient pris, disait-on, l'engagement provisoire, mais ils jugeaient que, la paix n'étant plus menacée, ils s'en trouvaient maintenant déliés. Au reste, le gouvernement, ou plutôt M. Thiers, embarrassé entre son secret désir de tenir éloignés de Versailles des compétiteurs éventuels et la crainte de blesser la majorité qui réclamait leur présence déclarait ne pas se prévaloir de leur engagement.

Jean Brunet procéda par voie d'interpellation ; le ministre de l'intérieur, M. Casimir-Perier, qui devait, lui aussi, se sentir un peu gêné, se mit immédiatement à sa disposition, et nous pûmes alors savourer toutes les vilenies et toutes les ironies de la politique. La plupart des républicains et plusieurs des amis de M. Thiers, un peu maladroitement, suivant moi, manifestèrent avec violence — plusieurs avec grossièreté — contre l'admission des Princes. Édouard Millaud, Edmond Turquet, l'honnête et excellent de Mahy lui-même, ne cachaient pas leurs inquiétudes et montraient déjà du doigt un coup d'État en perspective. Mais aucun d'eux n'alla si loin que Pascal Duprat qui répéta sa ritournelle. Avec son air de bousingot, et ses longs cheveux poivre et sel violemment secoués sur un collet douteux, il parlait toujours de l'engagement verbal pris par les Princes et de la parole donnée en leur nom par M. Thiers. Il les accusait presque d'improbité et de mauvaise foi, si bien qu'on lui cria :

« C'est la proscription que vous demandez !

— La proscription, répliqua-t-il, je l'ai subie ! »

Et un dialogue s'engagea :

« Quand on a subi la proscription, on ne la demande pas pour les autres.

— Je ne l'ai jamais demandée.

— Et que faites-vous donc en ce moment? »

Cela partait en traits rapides comme le dialogue du *Cid*, lorsque M. Édouard Bocher se dressant en face de l'orateur :

« Monsieur Pascal Duprat trouvait-il que les lois d'exil étaient bonnes, lorsque c'était lui qui était exilé? »

L'ex-proscrit n'en voulut pas démordre et répéta que la plus vulgaire prudence commandait de ne pas rappeler les Princes autour du berceau des républiques.

Tous subissaient l'obsession des coups d'État. S'ils eussent été capables de chasser ce spectre, ils auraient vite compris, en regardant les Princes, qu'ils n'avaient rien à redouter de deux hommes, auxquels il eût suffi, après Février 1848, de lever le doigt pour prendre leur revanche d'une révolution dont un autre hérita.

Ce qui donnait du piquant à la discussion, c'était précisément cette indécision du gouvernement représenté par un Casimir-Perier.

Ses explications furent à dessein si obscures qu'on se demandait si, oui ou non, il considérait les Princes comme déliés de ce fameux engagement dont personne ne connaissait positivement les termes. Au fond, il les aurait voulus au diable, mais il avait honte de le dire.

Au milieu de toute cette agitation, l'obstiné Jean Brunet tenait bon et soutenait qu'aucun pouvoir n'avait le droit de paralyser l'exercice d'un mandat électoral. On le regardait comme toqué ; il l'était moins que tous ces échauffés, qui, à la seule idée de voir des Princes à côté d'eux sur les banquettes parlementaires, se sentaient remplis de crainte et d'horreur. Cochery, le père, intervint, sans doute pour faire plaisir à M. Thiers. Le duc de Broglie et Batbie montrèrent sans peine le néant de ces chicanes. Ce fut même pour Batbie une occasion de se révéler. Ce colosse, qui ressemblait à un pachyderme, parlait d'un ton calme avec une toute petite voix et donnait, entre haut et bas, des explications claires et péremptoires, contre lesquelles venaient se briser, comme sur un paquet d'ouate, toutes les fureurs républicaines. Un modéré de la gauche, l'avocat Leblond, qui ne possédait, comme Batbie, qu'un mince filet de voix, mielleuse et flûtée, et le jeune albinos qui portait le beau nom de Duvergier de Hauranne, déclarèrent qu'ils s'en rapportaient à l'honneur et à la conscience des Princes. Qu'ils siègent, pourvu qu'ils ne conspirent pas ! Leblond et Duvergier de Hauranne ne leur en demandaient pas davantage. Ces deux hommes prudents n'auraient pas eu l'ombre d'inquiétude, s'ils avaient mieux connu les deux Princes qu'on mettait ainsi sur le gril parlementaire, le plus insupportable des grils.

Après les y avoir laissés longtemps, l'Assemblée manifesta qu'elle en avait assez et se prépara à voter un ordre du jour motivé de M. Albert Desjardins, jeune député de l'Oise, où il était dit expressément que, l'élection du prince de Joinville et du duc d'Aumale ayant été validée, ces deux représentants du peuple devaient jouir, comme leurs collègues, de la plénitude de leurs droits.

Mais alors on vit que la défiance qui avait présidé à toute cette discussion n'existait pas seulement entre les républicains et la majorité royaliste, mais, plus ombrageuse encore, entre les deux fractions principales de cette majorité. Les légitimistes ne voulurent pas laisser à leurs voisins et alliés l'honneur d'une victoire exclusivement branche cadette ; ils lancèrent l'incohérent Fresneau, qui présenta une autre motion où l'Assemblée nationale ne prenait aucune responsabilité. L'ordre du jour pur et simple, ainsi nommé parce qu'il n'a jamais été ni pur ni simple, et qu'il tend presque toujours à prolonger une équivoque, fut demandé par la gauche et obtint 266 voix contre 351. Ces chiffres sont à retenir, car on les retrouvera souvent, à peine modifiés dans les conflits postérieurs.

La priorité fut refusée, avec un écart sensiblement pareil, à la rédaction de M. Albert Desjardins, et en fin de compte ce fut l'ordre du jour Fresneau qui l'emporta par 643 voix contre 2. Son auteur avait eu beau protester contre une signification désobligeante qu'on avait voulu y voir, et qui, selon moi, y était bien, les républicains firent balle et bloc pour l'y mettre et l'y souligner. C'est ce qui explique ce vote presque unanime de deux, ou même trois partis, séparés par des montagnes. Chacun d'eux, en cherchant à retirer son épingle du jeu, avait

contribué à ce miraculeux phénomène de l'unisson dans le
désaccord.

II

Deux jours après, le 20 décembre, Raoul Duval, député de
la Seine-Inférieure, tirait un nouveau pétard en soulevant,
avec sa vivacité habituelle, la question Ranc. Pourquoi Ranc,
ancien membre de la Commune, n'avait-il pas été poursuivi
comme ses collègues et que signifiait cette étonnante impunité?

Je suis aussi à mon aise avec Raoul Duval qu'avec Arthur
Ranc. Je ne dirai pas que l'un et l'autre ont été mes amis, ce
serait enfler le mot, mais des relations sympathiques s'étaient
établies peu à peu entre eux et moi, à la suite de ma collaboration parlementaire à divers journaux. J'avais connu Ranc
au *Journal de Paris*, où il faisait alors un feuilleton dramatique
un peu sec, comme fut toujours son style, mais nerveux et
fort.

C'était dans les dernières années de l'Empire, il aimait à se
renseigner auprès de moi de ce qui se passait dans les couloirs
du Corps législatif. A cette époque, son mépris l'en éloignait,
et il n'y vint que très tard, lorsque la renommée naissante de
Gambetta, son ami, éclipsa toutes les célébrités environnantes.
Je le perdis de vue fort longtemps. Son rôle de préfet de police
officieux auprès du dictateur de Tours et de Bordeaux, son
jacobinisme froid, silencieux et implacable, sa présence dans
la Commune ne m'invitaient pas à me remettre en rapport
avec lui. Je ne le retrouvai que vingt-cinq ans après dans la
crise dreyfusiste, sur laquelle j'aurai à revenir et où je penchai
d'abord, pourquoi ne l'avouerais-je pas? du même côté que lui.
A ce moment-là dans la salle des pas perdus, adossés au socle du
Laocoon, il me serrait la main avec une demi-effusion qui n'était
pas dans ses habitudes, et où il y avait comme une joie secrète
de rencontrer un allié, si modeste qu'il fût. Au début de ce

premier effort pour remonter le courant, ils ne foisonnaient pas, les alliés ! Il me présenta à Scheurer-Kestner, qui me pardonna de l'avoir appelé teinturier dans un compte rendu parlementaire, bien qu'il eût tous les droits au nom de chimiste. A l'enterrement de l'officier juif Mayer tué en duel par le marquis de Morès, nous cheminâmes côte à côte, dans une muette communauté de sentiments. Nous nous séparâmes de nouveau après la victoire et je ne le revis plus jusqu'à sa mort.

Raoul Duval était un beau garçon, aussi franc et ouvert que Ranc était circonspect et fermé. Ses cheveux d'un blond clair trahissaient en lui la vraie race normande ; mais il les portait très ras, en homme qui néglige ce détail. Mince de taille et de tournure élégante, serré et pincé dans sa redingote, on le prenait pour un officier en tenue bourgeoise, et cela ne lui déplaisait pas. Il aimait les besognes difficiles, hardies, qui vous désignent et vous classent. Nouvellement élu à Rouen, il éprouvait le besoin de montrer son courage. On s'en aperçut vite, si bien que ceux qui craignent les responsabilités n'étaient pas fâchés de le mettre en avant dans les occasions épineuses. Le fait est qu'il n'avait pas son pareil pour sonner les cloches lourdes et mal attachées qui tombent quelquefois sur la tête du sonneur. Sa témérité, blâmée après coup par ceux mêmes qui l'utilisaient, le rendait sympathique. Quelques compliments que je lui fis dans un journal me valurent son amitié ou presque. Il me consultait volontiers avant de se jeter dans une bagarre ; je me bornais à lui conseiller la prudence ; mais il n'en tenait aucun compte. Une circonstance dans laquelle sa politique me parut trop aventureuse me refroidit à son égard ; mais ne croyant qu'en lui, il ne s'en aperçut même pas, et peu à peu l'impression s'effaça. Nous étions, sauf ce petit intervalle de tiédeur, les meilleurs camarades du monde quand il mourut, républicain.

Il y avait déjà longtemps que l'impunité dont jouissait Ranc, seul des débris de la Commune, intriguait et irritait l'Assemblée nationale. Plusieurs de ses membres y supposaient une connivence au moins tacite avec quelque protecteur puissant, peut-être avec M. Thiers lui-même, qui s'assurait ainsi les bons offices de Ranc auprès des exaltés du parti républicain. On le disait tout bas dans les couloirs, mais nul n'osait demander une explication à la tribune, et le duc de Broglie ne devait s'en charger que dix-huit mois plus tard, dans le grand assaut du 24 Mai. Raoul Duval s'en chargea tout de suite.

Dès le mois d'août précédent, il avait appelé l'attention du gouvernement sur cette *négligence*. Le Garde des sceaux Dufaure s'était contenté de lui répondre que personne n'avait songé à comprendre dans les arrestations M. Ranc, démissionnaire de la Commune au commencement d'avril. De son côté, le ministre de la guerre, plus affirmatif que Dufaure, avait déclaré que le parquet et les conseils de guerre feraient leur devoir, si les pièces et les documents recueillis permettaient de poursuivre.

Or, quatre mois s'étaient écoulés et, suivant le mot même de Raoul Duval, « la justice militaire était restée inerte, le gouvernement impassible et muet ». Que signifiaient cette abstention et ce silence? Qu'en fallait-il penser, alors que les pires décrets de la Commune, y compris le décret des otages, avaient été rendus par elle avant la démission de M. Ranc? Les soldats, les égarés, les entraînés étaient sur les pontons, pendant que certains chefs se promenaient tranquillement, acquittés et absous, dans les rues de Paris. Et l'orateur s'indignait de ce défi à l'opinion, de cet outrage à la conscience publique.

Dufaure, très habilement, commença par une diversion d'un caractère personnel. Quelques journaux l'accusaient d'être ce protecteur occulte qui étendait une main secourable sur la tête de Ranc; ils citaient même des lettres manifestement apocryphes. C'était lui, disait-on, qui avait paralysé l'action de son collègue de la guerre. Une telle imputation donnait trop beau jeu à Dufaure pour qu'il la négligeât. Il jura qu'il n'avait jamais vu son *protégé*, qu'il ne lui avait jamais parlé, jamais écrit, qu'il ignorait encore s'il était grand ou petit, blond ou brun...

Ce détail fit rire, et la malice bourrue de Dufaure, feignant de se tromper aux sentiments de l'Assemblée, affecta de prendre pour une interruption malveillante cette petite explosion de gaieté. Peu s'en fallut, comme il en avait l'habitude, qu'il ne se posât en victime. Très rassuré au fond, il plaida et équivoqua à plaisir sur la séparation des pouvoirs, qui ôtait au gouvernement le droit de mettre la justice en action, sur l'indépendance absolue du pouvoir judiciaire qui ne relevait que de lui-même...

Il alla si loin qu'un républicain, Léopold Javal, lui cria :

« Le gouvernement a donc abdiqué?

— Oui, répliqua le Garde des sceaux, et le gouvernement abdiquera toujours devant l'autorité de la justice !

— Et devant la Commune ! » interrompit un député de la droite.

En somme, l'affaire tournait mal pour cet illustre avocat qu'on a appelé l'avocat des bonnes causes, mais qui se retournait assez laborieusement dans les mauvaises. Il en revenait toujours à cette confusion voulue entre l'indépendance des juges et l'abstention obligatoire du gouvernement.

« Vous avez bien une responsabilité quelconque ! » lui cria un homme de bon sens.

Ces choses se sont passées il y a quarante ans et, depuis cette époque, ni les assemblées, ni le pouvoir exécutif n'ont jamais admis que le Garde des sceaux pût se désintéresser à ce point des opérations de la justice dans notre pays.

Dufaure ajouta que le gouvernement, qui n'avait ordonné aucune poursuite, n'en avait empêché aucune. Le général Appert, chargé de toute cette criminelle liquidation, la continuerait sans l'ombre d'une intervention gouvernementale.

Des mouvements divers accueillirent cette doctrine, et, saisissant la balle au bond, Raoul Duval, fortement soutenu par la majorité, signala une seconde fois, lui Normand, ce qui se dissimulait d'abusive *normandie* sous cette étrange affirmation de neutralité. Même à gauche, on trouva qu'il avait collé Dufaure; mais publiquement on ne voulut jamais en con-

venir, et l'interpellateur fut battu avec tous les honneurs de
la guerre.

Une de ces défections qui s'expliquent par le tempérament
timide des modérés, toujours enclins à ne se brouiller avec
personne, lui enleva au moins l'apparence de la victoire. Un
député du centre droit, nommé Pâris, dont le visage justifiait
mal ce nom mythologique, proposa un ordre du jour édulcoré
dont la séparation des pouvoirs fit les frais. Le gouvernement
lui-même s'empressa de s'y rallier, et les choses restèrent ainsi
en l'état pour une nouvelle rencontre. Provisoirement Ranc
était sauvé. J'en fus enchanté pour lui et un peu contrarié
pour Raoul Duval, qui s'en souvint. Le centre droit, avec
son pacificateur Pâris, devint sa bête noire, et il trouva bientôt
l'occasion de se venger. Le pétard qu'il avait lancé eut, dans
tous les sens, de singuliers ricochets, mais la discussion des
nouveaux impôts fit trêve pour quelque temps aux grandes
batailles politiques.

Je louai son discours le lendemain dans *Paris-Journal* en
termes dont il me sut gré, car il vint me remercier tout haut à
mon banc de secrétaire-rédacteur devant nos camarades, qui
trouvèrent sa gratitude un peu bien compromettante pour
nous. Songez donc, un bonapartiste, ou jugé tel! A dater de
ce jour, des relations cordiales s'établirent entre le député
expansif et le journaliste obligeant.

Je n'ose pas me prévaloir ici du titre d'ami qu'il se plaisait
à me donner ; mais je puis au moins dire que je l'ai bien connu
et qu'il ne s'offensait pas, au contraire, du ton libre et familier
que prirent bientôt nos conversations. Il ne dédaignait pas de
me consulter avant d'intervenir dans une discussion et de me
demander mon avis après.

Sa bienvenue dans l'Assemblée lui avait ri, comme dit Ché-
nier, dans tous les yeux. Sa haute et fière figure commandaient
l'attention et appelaient la sympathie. Bien qu'il eût des
attaches bonapartistes et qu'il fût un partisan déclaré de l'appel
au peuple, à peine élu à Rouen, il s'en alla s'asseoir sur les gra-
dins du centre droit, qui l'accueillit comme un des siens, con-

servateur libéral égaré par hasard en mauvaise compagnie impérialiste.

Bientôt on fit fête à la hardiesse de ses attaques contre Gambetta et M. Thiers, anciens amis qu'il jugeait trop réconciliés, et dont il s'efforçait de démasquer la silencieuse et presque inconsciente alliance dans une action commune et pour un but commun.

Beau et bon escrimeur de tribune, il était friand de la lame et aimait mieux chercher les rencontres que les fuir. Cependant ses plus sincères admirateurs critiquaient une pointe d'étourderie dans son intrépidité. Il chargeait toujours à fond, droit devant lui, poussant l'adversaire dans son dernier retranchement et par cela même à la merci d'une riposte en pleine poitrine. Il ne savait pas rompre, même à propos. On appréciait en lui le franc-tireur d'avant-garde et, pour peu qu'il arrivât peu à peu à se ménager, surtout à dominer sa fougue, on lui prédisait le plus magnifique avenir. Je suis porté à croire que, fût-il mort moins jeune, il n'eût jamais été un homme politique, dans la forte acception du mot, c'est-à-dire un chef de parti ou seulement un chef de groupe. Il était trop impressionnable, sensible à trop d'influences contraires, sans compter celles auxquelles faisait allusion le roi Louis-Philippe quand il disait de M. Guizot : « Les femmes me le perdront ! » Il a dû succomber à une maladie de cœur. Sa nervosité, dont il ne fut jamais le maître, l'inclinait à tous les vents. Souvent il changeait d'idées et d'intentions du matin au soir, s'infligeant à lui-même de petits désaveux qu'on prenait pour des palinodies, si bien qu'à la fin de la journée on ne savait plus exactement si l'on était avec lui ou contre lui.

C'est ainsi que la lame usait le fourreau. Il joua un rôle considérable, mais déconcertant, dans cette triste agonie qui précéda la fin de l'Assemblée nationale, et il termina sa carrière d'irrégulier par un ralliement solennel à la République. Il fit sa profession et, pour ainsi parler, il prononça ses vœux dans une séance solennelle, où Floquet, qui présidait alors la Chambre, le tint et le soutint, parrain dévoué, sur les fonts

baptismaux républicains. J'aurai bientôt à marquer les étapes
de cette transformation. On n'y croit pas encore en Normandie.
Et cependant, étant donné l'homme, elle est beaucoup plus
logique qu'elle n'en a l'air.

LIVRE III

CHAPITRE XIX

LA CARTE A PAYER

La duplicité politique. — **Débuts de Goblet.** — Les matières premières.
— L'idée fixe de M. Thiers. — L'impôt sur le revenu. — Wolowski
« la clôture ». — Feray d'Essonnes. — On écarte successivement les
diverses propositions d'impôts. — Les tribulations de la Commission.
— Les valeurs mobilières. — L'amendement Gaslonde. — La proposition Langlois. — La politique intervient même dans les discussions
financières.

I

Je suis pas à pas le travail de cette duplicité politique
réputée habituellement innocente, et presque toujours honorée
par l'histoire du nom d'habileté, qui, du commencement à la
fin, présida aux rapports établis, par la force des choses, entre
M. Thiers et l'Assemblée. Ce fut un perpétuel sous-entendu,
un sourd conflit entre deux forces rivales, condamnées tôt ou
tard à s'entre-choquer. On prétend que Royer-Collard lui-
même aurait dit que « l'hypocrisie est la vertu des partis ».
Mais comment l'entendait-il?

Même dans les questions d'affaires et les discussions d'impôts, il y eut des froissements, des collisions et même des ruptures. J'ai indiqué, au passage, que sur l'aggravation de cer-

taines contributions indirectes on se mit assez vite d'accord, malgré la diversité des intérêts. Les concurrences de région s'inclinèrent, sans récriminations excessives, devant l'impérieux besoin de la libération nationale. On se résigna, après quelque protestation, aux sacrifices nécessaires ; mais quand il s'agit de remanier l'assiette générale de l'impôt, l'énormité de la carte à payer n'empêcha pas les résistances. Toutefois, avant d'aborder le terrible bilan de notre situation financière, on expédia encore une petite loi sur les tribunaux de commerce. Je n'en parlerais pas si Goblet, nouvellement élu dans la Somme, ne l'avait choisie pour y faire ses débuts. Bien que le sujet prêtât peu à la grande éloquence, la majorité pressentit dans cet avocat de province un adversaire redoutable. Elle fut frappée de la chaleur et de la clarté de sa parole. Desservi par la petitesse de sa taille et la faiblesse de sa voix, plus encore par une figure grassouillette et poupine qui lui donnait l'air d'un petit abbé galant du dernier siècle, il rachetait ce désavantage par la sincérité de son accent et la vigueur de sa logique. La raillerie ne l'épargna point quand il devint ministre ; on le surnomma « le demi-siphon ».

Je riais un peu moi-même de la disproportion qu'on ne pouvait s'empêcher de remarquer entre sa véhémente rhétorique et la gracieuse exiguïté de son extérieur. J'avouerai même qu'il faillit m'en cuire. Un jour qu'il avait eu un succès de tribune, Challemel-Lacour le reçut dans ses bras, au pied de notre banc, et l'embrassa presque, en lui disant : « Vous avez parlé comme un ange ! » Ce mot d'ange, appliqué au chérubin Goblet, me fit sourire malgré moi. Challemel s'en aperçut et, avec son aigreur habituelle : « Pourquoi, me demanda-t-il, riez-vous quand je parle ! » Ainsi interpellé, la réplique me vint plus prompte et moins polie que je ne l'eusse voulue : « Pourquoi parlez-vous quand je ris ? » Il me regarda avec des yeux furibonds ; mais j'avais repris mon sang-froid, et je m'excusai de mon mieux, au moyen d'une phrase entortillée qu'il interpréta mal : « Vous niez, dit-il, cela me suffit ! » Je ne demandai pas mon reste. Je m'étais fait un ennemi et je dus

m'en convaincre, lorsque, cinq ou six ans plus tard, président
du Sénat, et par conséquent du Congrès, nous lui fîmes à Versailles la visite d'usage. Il me serra la main, comme à tous nos
camarades, dans le défilé obligatoire ; mais je ne pus me tromper
à l'expression de ses yeux. Il me les aurait faits, je pense,
moins méchants, s'il avait pu savoir à quel point j'admirais
son talent et même, à certains égards, son caractère. J'aurais
peut-être trouvé le moyen de le lui dire, si je n'avais craint que
sa rancune y vît une flatterie déplacée. Je regrettai, quand il
mourut, de n'avoir jamais eu l'occasion de lui exprimer mes
vrais sentiments.

Pour en revenir à Goblet, j'avoue que tout en lui m'était
sympathique, sauf un penchant jacobin que j'avais surpris
ou cru surprendre dans certaines échappées comme celle-ci :
« Il faut prendre l'argent où il est ! »

Son mépris peu dissimulé pour les minorités vaincues, et sa
croyance au droit absolu, voire au despotisme des majorités
victorieuses, m'étonnaient et me déplaisaient chez un si honnête homme. Il mourut peu écouté, déçu, presque disgracié,
quand il vit comment sa République tournait et qu'il osa s'en
plaindre. Son horreur de l'hypocrisie avait détourné de lui la
plupart de ses anciens compagnons d'armes.

Je pense qu'on n'a pas oublié ce premier débat très chaud,
où M. Thiers avait avoué sa prédilection pour l'impôt sur les
matières premières, et annoncé qu'il entendait demander aux
douanes de quoi boucher le trou presque insondable que la
guerre avait creusé dans nos finances. C'était chez lui un parti
pris, presque une idée fixe. Il s'y montrait cassant, tranchant,
irréductible, et il s'efforçait de l'enfoncer dans les esprits. Mais
il y rencontrait, plus encore chez ses amis que chez ses adversaires politiques, une résistance égale à son effort, et, avant
même que le débat vînt de nouveau à la tribune, il sentit que
la lutte serait sans merci entre deux systèmes économiques
radicalement opposés et inconciliables.

Aussi manœuvra-t-il avec son adresse ordinaire pour retarder
la secousse et en amortir la violence. Par une série de petites

habiletés, dont l'appréhension générale se rendit complice, il fit décider qu'on examinerait d'abord tous les autres expédients financiers imaginés par les inventeurs d'impôts et qu'on n'aurait recours aux matières premières que pour combler les dernières lacunes, si toutefois il restait encore en face du total un petit déficit à combler. Il comptait de nouveau sur l'aversion naturelle qu'inspire un nouvel impôt pour faire rejeter toutes les propositions les unes après les autres, et présenter alors ses matières premières comme la carte forcée. Son jeu ne trompait personne ; mais il parut un instant réussir.

On s'attaqua d'abord à ce fameux impôt sur le revenu, qui est encore aujourd'hui inscrit au programme des panacées démocratiques et qui comptait déjà dans l'Assemblée nationale de chauds partisans, mais en évidente minorité. Il fut défendu surtout par M. Germain, gouverneur du Crédit Lyonnais, et par M. Wolowski, économiste savant, qui prolongeait volontiers un discours en conférence. Déjà en 1848 on l'accusait de fatiguer son auditoire et l'on disait que son nom signifiait : « la clôture ».

Germain mit, dans des observations un peu décousues, qu'il présentait d'ailleurs comme simplement préliminaires, toute l'ardeur de son tempérament. Il fallait, suivant lui, frapper tous les revenus, y compris la rente. Ce n'était pas manquer à un contrat, puisqu'elle était un revenu comme un autre. C'est lui qui a créé ce sophisme vainqueur et destructeur des contrats.

Wolowski eut d'abord un mot heureux, qu'il emprunta à Robert Peel, en l'appliquant au ministre des finances, Pouyer-Quertier.

Assis mélancoliquement sur le rivage, Pouyer, disait-il, jetait sa ligne de côté et d'autre pour pêcher quelques impôts nouveaux, mais chaque fois qu'il risquait l'hameçon, il ne ramenait que du fretin, qui ne pouvait suffire au robuste appétit du trésor public.

« J'ai déjà pêché trois cent soixante-six millions, interrompit Pouyer, vous trouvez que c'est du fretin ! »

Mais Wolowski suivait toujours son idée sans répondre aux interruptions. Il avait à cœur de prouver que le libre-échange absolu, intégral, était le correctif nécessaire et légitime de l'impôt sur le revenu; il les liait étroitement l'un à l'autre, et M. Thiers, qui les détestait tous les deux, bouillait visiblement dans sa peau. Wolowski lui infligea ce supplice pendant deux heures et recueillit quelques applaudissements à gauche. Langlois, cet impétueux touche-à-tout, un peu théâtral, fit mieux que de l'applaudir, il pensa l'embrasser. Il avait ainsi des enthousiasmes subits pour des choses qu'il ne comprenait pas toujours, mais qui, à première vue, le saisissaient fortement.

Le principal orateur qui combattit la doctrine de Germain et de Wolowski fut le *père* Raudot. Il y vit la ruine de la propriété, et non seulement de la propriété, mais de toutes les vertus qui font la richesse des peuples : l'activité, l'économie, le travail, la probité. Il développa les raisons qu'on a données depuis et qu'on donnera toujours contre l'income-tax *français*. Le répertoire en est connu, il tiendrait plusieurs volumes. Le père Raudot insista sur l'envie qui s'y cache sous un vernis de justice. Ils le baptisèrent *raudoteur*.

Le rapporteur était d'abord Casimir-Perier, mais il venait d'être nommé ministre de l'Intérieur, et je pense qu'il lui avait été moins désagréable de passer la main à un remplaçant que de contrarier M. Thiers en soutenant un income-tax sournois, qu'avait inventé la Commission. Celle-ci avait sacrifié plusieurs des cellules anglaises et repoussé l'impôt sur la rente ; mais elle acceptait une taxe assez considérable sur les valeurs mobilières, sur les bénéfices de l'industrie et du commerce et même une taxe réduite sur les traitements et les salaires au-dessus de quinze cents francs.

Le remplaçant fut Léonce de Lavergne, économiste sérieux, écrivain délicat, qui déploya toutes les ressources d'une parole onctueuse et fine pour faire avaler la pilule ; mais il dut avouer qu'il était en désaccord avec le gouvernement sur plusieurs points, notamment sur les bénéfices du commerce et sur la *déclaration*, qui joua plus tard un si grand rôle dans les sempiternelles discussions auxquelles donna lieu l'impôt sur le revenu.

Pour convertir la majorité, il eût fallu un Mirabeau exorcisant la banqueroute. Léonce de Lavergne était un causeur un peu froid et pincé, qui n'eut qu'un succès d'estime.

Ce flux d'éloquence financière ne s'arrêta pas là. Tous ceux qui avaient ou croyaient avoir voix au chapitre s'efforcèrent de montrer leur compétence. Outre le banquier André qui proposa une cote mal taillée, MM. Tessereinc de Bort et Clapier, MM. Alfred Naquet et Tolain prirent part à cette grande controverse. Tessereinc de Bort disséqua l'impôt sur le revenu, et son autopsie n'en laissa rien subsister. M. Clapier, député de Marseille, avait, comme tant d'autres dans cette Assemblée où les théoriciens pullulaient, le tort de ne rien laisser à dire à ses successeurs. Il parla très longtemps, dans le même sens que M. Tessereinc de Bort. « La plus grande des Bouches-du-Rhône » ne s'ouvrait jamais à demi. L'art de se borner lui était absolument inconnu. M. Alfred Naquet et M. Tolain proclamèrent la parfaite beauté d'un impôt qui leur paraissait démocratique et républicain. L'intarissable Naquet aspirait dès lors au renom d'homme universel.

Il y eut aussi Duvergier de Hauranne, qui, par libéralisme héréditaire, appuya fortement sur la même corde que Tolain et Naquet.

II

L'orateur attendu n'avait pas encore parlé. C'était M. Thiers en personne. Il s'était contenté jusque-là de gesticuler dédaigneusement lorsqu'un argument plus ou moins paradoxal en faveur de l'impôt sur le revenu lui avait agacé l'oreille. Il monta prestement à la tribune. L'assurance de la victoire éclairait son visage. Des poches d'une vaste redingote marron qui l'enveloppait tout entier sortaient des papiers, dont il se préparait à faire. usage.

Un huissier plaça devant lui ce précieux café confectionné par Mme Thiers elle-même,.et apporté à la Chambre par l'ami de la maison, notre camarade Sextius Aude. J'ai déjà dit que nous le buvions ensemble, lorsque les hasards de la discussion obligeaient le grand homme à remettre son discours au lendemain. Il s'en humecta les lèvres et commença son réquisitoire contre l'impôt général sur le revenu. Je ne prétends pas analyser ce chef-d'œuvre de dialectique ; quelque opinion qu'on ait des idées et des raisons que son auteur y a entassées ; il restera au moins comme une belle ruine, dont aujourd'hui encore on utilise les débris.

Il éleva d'abord contre ce monstre, qui lui faisait horreur, deux griefs principaux : le premier, que, dans notre état social et notre système fiscal, il faisait double emploi et atteignait des revenus déjà lourdement frappés ; le second, qu'il constituait l'arbitraire le plus redoutable qu'on pût imaginer.

Il promit d'être bref dans sa démonstration ; il ne le fut pas, il ne l'était jamais ; il argumentait à petits coups pressés, avec des répétitions voulues et un souci continu de ramener sans cesse l'auditoire à son point de départ, dès qu'il avait fait quelques pas vers son point d'arrivée. Ses discours procédaient toujours ainsi, par touches successives, rassemblées et ramenées au dernier moment dans la pleine lumière d'une conclusion péremptoire. Il ne craignait pas de promener ainsi les esprits, à pas comptés, vers le but final où ils l'avaient quelquefois devancé, et alors il leur faisait honneur de leur clairvoyance.

Il glissa dans son attaque contre les novateurs une véritable apologie des contributions directes. qu'on appelait, naguère encore, les quatre *vieilles*, et vanta leurs mérites. dont le plus certain était évidemment d'exister et de fonctionner. Pourquoi détruire sans nécessité cette grande œuvre de la Révolution française? Pourquoi « la calomnier »? Il ne manqua pas non plus de recommander dans une parenthèse son cher impôt sur les matières premières, qui, vu de près, ne présenterait peut-être pas l'aspect rébarbatif qu'on lui attribuait sans le connaître.

Il établit ensuite le rendement de chaque impôt et s'attacha à prouver que les classes riches ou aisées supportaient les trois quarts de la charge totale. « Voilà, disait-il, la vérité et « l'hon-« nêteté ! »

Ayant ainsi débarrassé son terrain, il prit corps à corps cet impôt sur le revenu qu'on prétendait substituer à un aussi juste équilibre. Difficilement supporté en Angleterre, il serait intolérable en France. Que prendrait-on comme base? La richesse! La richesse évaluée au hasard, au petit bonheur, et pour ainsi dire à vol d'oiseau, par le gouvernement devenu le taxateur universel. Ce serait *l'inquisition* et *l'arbitraire*, l'odieux arbitraire, plus dur et plus détesté que l'impôt lui-même.

Et, au risque de les ennuyer, il appela Vauban à son secours. Il leur lut plusieurs pages d'un petit livre qu'il sortit de sa poche, *la Dîme royale*, où le père des économistes prouve que, dans un jour de malheur, le peuple veut bien payer et même payer plus qu'il ne payait la veille, à la condition que l'arbitraire soit banni de l'impôt. Ce qui lui paraissait haïssable, impossible, dans ce monstre qu'il combattait, c'était la tyrannie brutale de cette taxation livrée aux caprices de la politique et à la passion des partis. « Dans les élections, on se disputerait quoi? la faculté de reporter l'impôt à droite ou à gauche ! »

Les bravos éclatèrent, et il s'écria :

« Non, messieurs, vous ne commettrez pas une telle faute !

— N'ayez pas peur ! » interrompit le comte de Bois-Boissel, interprète de la majorité.

La citadelle était prise, mais le vainqueur avait des intelligences dans la place. Ce n'est pas un grand honneur, mais c'est un plaisir tout de même que de prêcher des convertis. C'est celui des anarchistes de meeting. M. Thiers le savourait. Il termina par une péroraison politique, un peu agaçante pour les républicains et les royalistes, auxquels il donnait les mêmes conseils de prudence et d'union.

Il y eut encore des discours, beaucoup de discours. Wolowski leur servit une seconde édition, considérablement augmentée, de ses ritournelles libre-échangistes. Les interruptions qu'on lui prodiguait ne servaient qu'à prolonger le débat. Il en essuyait le feu sans broncher, imperturbable, implacable.

Langlois parla, Flotard parla ; Feray (d'Essonnes), ami personnel de M. Thiers et chef d'un petit centre gauche de famille, déclara à son tour que l'impôt sur le revenu était le plus mauvais de tous les impôts, mais le lait que buvait M. Thiers en écoutant cet anathème, s'acidula fortement lorsqu'il entendit l'orateur mettre dans le même sac l'impôt sur les matières premières.

Pouyer-Quertier condamna l'income-tax avec cette verve étourdissante à laquelle les affirmations inexactes ne coûtaient pas et qui, comme on dit aujourd'hui, buvait l'obstacle.

Enfin, après cette bataille de trois jours, l'impôt sur le revenu n'obtint pas même les honneurs d'un scrutin. On s'en débarrassa, comme d'un gêneur, en levant les mains, presque en haussant les épaules, et Wolowski poussa un long gémissement.

M. Thiers avait réussi à éliminer ce dont il ne voulait pas ; mais il n'avait pas encore spécifié ce qu'il voulait.

Restaient les propositions de la Commission, c'est-à-dire les impôts spéciaux sur certains revenus et particulièrement sur les valeurs mobilières. Le gouvernement n'en acceptait qu'une partie, et c'était encore une ample matière à querelles, car, outre cette proposition du ministre des finances, plusieurs députés avaient présenté des amendements, et chacun d'eux tenait à manifester ses préférences.

Un brave homme, nommé Gaslonde, s'escrima de son mieux contre l'impôt sur les valeurs mobilières, et le vieux Benoist d'Azy lui répondit à voix basse, dans sa cravate blanche. Il expliqua d'abord comment une série de petites fatalités amenait sa vieillesse à la tribune. Le ministre de l'intérieur, Lambrecht, étant mort, il avait fallu lui trouver un remplaçant et le choix du Président de la République s'était porté sur M. Casimir-Perier ; mais M. Casimir-Perier étant rapporteur de la Commission, celle-ci avait dû le remplacer à son tour par M. Léonce de Lavergne ; seulement M. Léonce de Lavergne étant tombé malade, cette malheureuse Commission, qui décidément jouait de malheur, lui avait substitué M. Benoist d'Azy, et voilà par quelle série de chassés-croisés, où la maladie et la mort avaient joué leur rôle, ce vénérable débris de 1848 se trouvait chargé d'un fardeau au-dessus de son âge et de ses forces.

L'amendement Gaslonde fut renvoyé « comme en-cas » à la Commission du budget, et l'Assemblée tomba de Gaslonde en Douhet, à la grande satisfaction de M. Thiers, qui voyait ainsi disparaître successivement ce qui contrariait sa secrète pensée. Sa malice triompha encore une fois de l'amendement proposé par ce pauvre M. de Douhet, qui fut de même renvoyé à la Commission du budget pour un nouvel examen. L'idée en était séduisante et elle fut appliquée plus tard dans une certaine mesure. Elle consistait à frapper indistinctement toutes les factures d'un timbre proportionnel, qui, suivant M. de Douhet, donnerait des centaines de millions. Il la défendit d'une voix si faible qu'à peine l'Assemblée devina qu'il y aurait peut-être quelque chose à y prendre. Et c'est ainsi qu'elle fut mise provisoirement en réserve, comme celle de M. Gaslonde. Le système de « l'en-cas » faisait le vide devant M. Thiers, qui se promettait d'opposer bientôt à cette machine pneumatique ce que, dans son entourage, on appelait du substantiel et du solide.

Langlois, homme à idées, exposa ensuite son plan et fit frémir ses collègues. Il demandait qu'on mît un impôt — temporaire — de 20 pour 100 sur tous les revenus sans exception. Trois ans de cette saignée suffiraient pour payer toutes nos dettes et assurer l'équilibre des budgets futurs. On ne l'écouta guère et il s'en plaignit. Au moins avait-il eu le courage de dire que ce dur sacrifice lui paraissait préférable à l'impôt progressif qu'il repoussait énergiquement comme « son ami Proudhon ». Son amendement alla en rejoindre une centaine d'autres dans la fosse commune des utopies. Prendre à chacun le cinquième de son revenu, la chose paraît tout de même un peu raide.

Un scrutin eût permis de compter les empiriques ; Langlois n'eut pas le courage de réclamer une aussi désespérante condamnation. Il revint un peu penaud à son banc.

Ce platonique tournoi financier fut un moment interrompu par la discussion d'un projet de loi sur les émissions de la Banque de France. M. Thiers, aigre et grincheux cette fois, y eut contre lui Bocher, Buffet, Lasteyrie. Il entendait qu'on augmentât de quatre cents millions la circulation de la Banque. Ces messieurs désiraient qu'on s'en tînt à trois cents millions. Les petites coupures de cinq et dix francs qui ont sali nos porte-monnaie ne leur plaisaient guère, surtout avec le cours forcé. Ils y appréhendaient une atteinte au crédit. Leur prudence se heurta à la hardiesse habituelle de Germain, à l'entrain communicatif de Pouyer-Quertier et à la témérité provocante de M. Thiers, d'autant plus surprenante qu'elle était nouvelle chez lui et qu'il se mettait en colère, comme s'il n'était pas sûr d'avoir raison ; il accusa ses contradicteurs de déprécier, de *décrier* les ressources dont il avait besoin et de *calomnier* le gouvernement. Rarement on l'avait vu aussi agressif dans une question d'affaires. Il soupçonnait sans doute, et l'avouait presque, une opposition moins financière que politique, sous la résistance qu'il rencontrait, et sa bile s'échappait malgré lui. Il incriminait les intentions, il suspectait la sincérité de Buffet lui-même, qui lui répondit vertement : « Quant à la droiture des intentions, je me reconnais des égaux, mais pas de supérieurs. »

C'est ainsi que, pendant plusieurs mois, étouffée malgré elle sous le poids des nécessités douloureuses auxquelles il fallait pourvoir avant de se battre, la politique trouvait encore le moyen de glisser partout ses mauvaises chicanes. A première vue, elle semblait abdiquer, ou du moins se recueillir ; mais elle ne chômait pas pour cela. La taupe cheminait en dessous, envenimait les défiances et les dissentiments, préparait la rupture finale. On suivait son travail à certaine enflure imprévue que prenait tout à coup la plus inoffensive discussion.

Le vicomte de Lorgeril, légitimiste apoplectique, souleva une tempête en appelant M. Thiers président de la République *pro-visoire*. N'était-ce pas, jusqu'à nouvel ordre, la vérité même? Elle offensait les républicains : M. de Lorgeril répéta trois ou quatre fois le mot, avec une affectation marquée, et alors ce fut un beau vacarme. Bamberger, Tirard, Escarguel étaient furieux ; les yeux leur sortaient de la tête. La droite, forte du pacte consacré par la constitution Rivet et par le message même du Président de la République, criait à l'usurpation et à l'escamotage. Le président Grévy parvint un ·moment à calmer les esprits; mais Bethmont ralluma le feu prêt à s'éteindre, et le mot *provisoire*, lancé de nouveau par dix interrupteurs, produisit bientôt un épouvantable vacarme. Tolain et Brisson s'en mêlèrent. L'auteur du *Béret rouge* intervint de nouveau et fit la leçon aux royalistes. L'hémicycle était envahi par des congestionnés, qui assiégeaient la tribune et ne semblaient pas éloignés de faire violence à l'orateur. Ils se disaient provoqués. « C'est moi qu'on provoque ! » répondait ·Lorgeril, très rouge, mais très calme.

Il va sans dire qu'on sortit de là encore un ·peu plus montés les uns contre les autres. La guerre qui éclatait à tout propos était en réalité dans tous les cœurs.

Ces éruptions périodiques trahissaient une arrière-pensée obsédante. qui n'empêchait pas l'Assemblée de voter, entre deux grosses affaires, quelques bonnes petites lois généralement supérieures aux grandes. Par exemple, une loi sur l'ivrognerie, qui, étant sage, n'a jamais été strictement appliquée.

On s'occupa aussi des incompatibilités parlementaires. Dans le grand désordre des dernières élections, nombre de fonctionnaires étaient devenus législateurs, et beaucoup d'autres espéraient profiter de cette tolérance. Il fallait mettre ordre à cet·abus ; mais, là encore, on vit à quel point l'opinion des partis change avec leurs intérêts. Les républicains, si sévères depuis sur cet article et si portés aux exclusions, s'avisèrent qu'il leur serait avantageux d'ouvrir la porte à toutes les ambitions. Le gouvernement, persuadé pour sa part que le courant lui amènerait de nouvelles recrues, se mit de leur côté. Et ils accusèrent ensemble la majorité de pratiquer scandaleusement l'excommunication et l'ostracisme. Elle passa outre et à cette invasion de fonctionnaires, dont elle se voyait menacée, elle opposa des exclusions si indiquées, si légitimes, qu'on les a presque toutes maintenues et étendues sous la République définitive. La tendance est même d'en réclamer de nouvelles, souvent iniques, tant il est vrai que les questions de doctrine ne sont le plus souvent que des questions de parti. Je commençais à m'en apercevoir.

III

Le 2 janvier 1872 on revint au plat du jour, c'est-à-dire aux nouveaux impôts. C'était le tour des valeurs mobilières, et toute la discussion recommença. La Commission en frappait quelques-unes. Le gouvernement les trouvait mal choisies et en proposait d'autres. Son choix s'était arrêté spécialement sur les actions et les obligations de chemins de fer, comme faciles à atteindre sans vexation ni inquisition. Il allait, sans autre motif, à ce qui lui paraissait le plus commode. Mais alors la logique des partisans d'un impôt général sur le revenu intervenait, suivant eux, irréfutable. Pourquoi ceci, et pas cela? Pourquoi cet injuste triage? Pourquoi cette sélection entre les victimes? Le gouvernement leur demandait trente millions. Pour équilibrer ses budgets, il lui en fallait deux cent cinquante. Que signifiait ce prélèvement arbitraire sur un seul revenu quand on avait devant soi toute la matière imposable?

Encore était-ce bien un revenu? Une seconde fois Wolowski s'empara de la tribune. A l'entendre, c'était un désastre que cet impôt sur le *capital* mobilier de la France. Guichard rappela qu'il fallait, dans un naufrage, jeter par-dessus bord une partie de la cargaison pour sauver le reste. « Oui, répliqua Léopold Javal, mais quelle partie faut-il sacrifier? » Javal était borgne on l'accusa d'être aveugle. Tous les raisonnements ramenaient l'Assemblée, par une convergence inévitable, à un examen rétrospectif de l'impôt général sur le revenu. Mais M. Thiers avait réussi sa manœuvre. Chaque fois qu'un orateur, bon gré mal gré, retournait ainsi en arrière, on lui répondait : « C'est voté ! » Le père Raudot expliqua comment il s'était converti à la taxe proposée sur les valeurs mobilières. Elles représentaient une fortune réalisée, un revenu certain, et par conséquent il était juste qu'on leur demandât une contribution. Le père Raudot avait toujours peur qu'on ne se décidât, de guerre lasse, à frapper la terre. On lui jeta cette interruption : « Et la rente? » Il répondit qu'on verrait cela plus tard.

Je ne puis résister au plaisir de citer ici un mot de M. Caillaux — le père — qui prouve à quel point les fils peuvent, en politique, rompre avec la tradition paternelle. Le père Raudot prétendait, pour appuyer sa thèse, que les fortunes mobilières ne payaient rien.

« Elles ont perdu le tiers de leur valeur ! » répliqua M. Caillaux (le père).

L'objection aurait encore plus de force aujourd'hui.

Le baron de Soubeyran dénonça la perturbation que l'impôt apporterait sur le marché des capitaux. Il discutait en homme de banque et de bourse, doucement, lentement, sur un ton froid qui donnait de l'autorité à sa parole, et c'est la première fois que je pus constater l'effet de l'éloquence ignifuge. Quelqu'un cria : « Et après? concluez. Faites une proposition. »

Un député de l'Ardèche, nommé Rouveure, s'en chargea et mit, sans barguigner, le doigt sur la plaie : « Le gouvernement, dit-il, veut vous acculer une seconde fois à une impasse, au bout de laquelle, tous les impôts étant rejetés, vous serez obligés d'accepter l'impôt sur les matières premières. » On lui cria : « C'est cela ! C'est cela ! » Le stratagème commençait à crever les yeux. Son auteur, percé à jour, fit une horrible grimace, qui n'intimida pas Rouveure. Cet homme intrépide descendit de la tribune après avoir donné Pitt et Peel en exemple au Président de la République, et, à gauche, on le récompensa d'une petite ovation, qui acheva de mettre M. Thiers en ébullition.

« Vous, s'écria-t-il, vous voulez nous acculer à l'impôt sur le revenu ! »

Et ils avaient raison tous les deux, avec cette différence que les autres y mettaient plus de franchise. Lui, il n'avouait pas. Il fit un second discours, moins solide que le premier, et il condamna de nouveau l'impôt sur le revenu comme un paradoxe fiscal pour le présent, comme une perpétuelle menace de guerre civile pour l'avenir. Il insista sur les facilités de recouvrement qu'offraient les valeurs mobilières, « corps saisissable », mais seulement jusqu'à concurrence de trente millions. Il avait tellement sur le cœur le reproche de finasserie, qu'il osa dire : « M'avez-vous jamais vu chercher à sortir d'embarras par des finesses? »

Quand il fit allusion à sa préférence pour les matières premières : « Ah! nous y voilà ! dit une voix isolée qui n'était qu'un écho de la préoccupation générale.

— Eh oui! nous y voilà, s'écria-t-il. Mais c'est après avoir parcouru le labyrinthe des impôts que je me suis arrêté, *sans perfidie*, à celui qu'on attaque si violemment. »

Comme conclusion, il proposa d'ajourner le vote sur les valeurs mobilières, jusqu'à l'heure décisive où l'Assemblée, après un examen comparatif de toutes les propositions, se trouverait forcée de prendre un parti. Le lendemain Raudot répondit ; mais le Président de la République allait avoir affaire à Buffet, adversaire plus redoutable et qu'il détestait. J'assistai alors à un véritable duel, moins financier que politique, où les deux escrimeurs déployèrent toutes les ressources de la science et de l'art.

Buffet procède d'abord par une feinte. Il accepte galamment que l'examen comparatif précède toute discussion. Il désire que le sérieux de cette étude adoucisse aux yeux du pays l'amertume des sacrifices nécessaires. Puis, cette concession faite, il attaque franchement. Que pensera-t-il, le pays, quand il s'apercevra que l'impôt sur les valeurs mobilières, tel que le propose le gouvernement, est un véritable impôt sur le capital, « une confiscation partielle », tandis que le système de la Commission n'aboutit qu'à un prélèvement sur tous les revenus mobiliers?

Est-ce d'ailleurs une règle admissible de taxation que de choisir un impôt uniquement parce qu'il est facile à saisir?

Les spectateurs répondent par un premier murmure d'approbation, assez léger pour ne pas gêner les combattants, et Buffet par un coup droit. Il rappelle un discours de 1848 dans lequel Thiers s'élevait précisément contre tout impôt sur le capital. Et alors on applaudit sous prétexte de rendre hommage à M. Thiers, mais avec un penchant visible à encourager Buffet. Ce quiproquo voulu me rappelle le président Dupin réprimandant tout haut Berryer qui malmenait un jour à la tribune les ministres de Louis-Philippe, et lui soufflant tout bas : « Tape dessus, tu es en verve ! »

Et Buffet continue à taper. Il met M. Thiers en perpétuelle contradiction avec lui-même et finit par conclure qu'un impôt général, mais temporaire, sur tous les revenus vaudrait mieux que cette taxe arbitraire qui frappe à côté et qui donne un éclatant démenti aux principes connus de M. le Président de la République.

Les bravos éclatent, nourris, presque impérieux, et M. Thiers dépêche son ministre des finances à la tribune. Pouyer-Quertier se retranche aussitôt derrière la chose jugée. L'impôt général sur le revenu n'a-t-il pas été repoussé par un vote formel et définitif? Il a raison, mais que devient alors cet examen comparatif réclamé par M. Thiers? L'impôt sur le revenu a-t-il donc été exclu préventivement de cette comparaison? Et pourquoi ne pas le reprendre, si, en fin de compte, il reste seul dans le crible.

Pouyer-Quertier ne s'est jamais embarrassé pour si peu. Il s'indigne contre tous les procédés de déclaration, d'investigation, de vérification, que le système de Buffet implique ; il prononce de nouveau ce mot d'*inquisition* qui fait dresser les cheveux même sur les têtes chauves.

Une réaction se produit. Pouyer insiste. Les valeurs qu'il veut frapper ne paient pas ce qu'elles doivent. Il néglige d'ajouter que d'autres sont dans le même cas et qu'on a pris celles-là parce qu'on les avait sous la main. C'est ce qu'il appelle rétablir l'égalité. Il s'en vante et, de contradictions en sophismes, il en arrive à demander, comme Buffet lui-même, que toutes les sources de revenus apportent leur contribution au Trésor.

On approuve, mais on est fatigué, même un peu ahuri par tant de rabâchages, on ajourne et le lendemain on fait mieux, on déraille. Tolain, devançant l'heure, pousse une charge à fond contre l'impôt sur les matières premières. On ne s'y reconnaît plus. On essaie en vain de rentrer, vaille que vaille, dans le cadre qu'on s'est tracé ; mais le désordre et la confusion déroutent les meilleures volontés. Des bavards se répandent en discours inutiles que personne n'écoute. Le rapporteur Benoist d'Azy lève les bras au ciel, en homme qui voit tout le monde perdre la tête autour de lui et qui commence à la perdre comme ceux qu'il prêche. On ne sort de ce gâchis qu'en réservant encore une fois toutes les solutions, c'est-à-dire qu'on ne votera rien avant d'en avoir fini avec cette interminable conférence. On n'accordera même aux matières premières que les honneurs d'une discussion générale, et M. Thiers y consent. Nous nageons dans l'hypothèse.

Heureusement quelques illuminés jettent parfois une note comique dans ce trouble général des cervelles. Un jour c'est le solennel Schœlcher, boutonné dans sa redingote de quaker, qui demande l'abolition de la peine de mort. Un ami de l'à-propos lui cria : « Renvoyé à la Commune ! »

La semaine suivante, c'est l'illuminé Jean Brunet qui dépose et développe une proposition dont il rédige ainsi le premier article :

« La France se voue au Christ. »

Et pendant ce temps-là l'Assemblée se vouait au diable.

CHAPITRE XX

LES MATIÈRES PREMIÈRES

Conflit violent. — Discours de Tirard. — Le duc Decazes défend sans conviction l'impôt cher à M. Thiers. — Discours alternés. — Deseilligny et Clapier. — Plaidoirie de M. Thiers. — Le débat dure plusieurs jours. — Discours imprévu de Baragnon dans le sens du gouvernement. — Le principe de l'impôt sur les matières est repoussé, et M. Thiers donne sa démission. — Impression de l'Assemblée. — Elle décide de faire une démarche auprès du démissionnaire. — Discussion sur l'adresse qu'on lui enverra. — Longue comédie. — M. Thiers consent à garder le pouvoir.

I

Il faut bien cependant aborder cet effroyable casse-tête des matières premières sur lequel le Président de la République a mis sa dernière carte. Rassurez-vous, je vous en épargnerai le détail. Le souvenir qui m'en est resté est encore un supplice, auquel je ne veux associer personne.

Je rencontre là beaucoup de noms connus. D'abord Tirard, qui se lance le premier en éclaireur. Je ne me doutais pas alors qu'il deviendrait une des grandes utilités de la République militante. Il parle avec facilité et chaleur. Il a pour lui la plupart des industriels de l'Assemblée, il dénonce comme néfaste, comme mortel, cet impôt que M. Thiers présente comme le salut financier du pays. Il abuse un peu des chiffres et discute en bon comptable. En somme, l'impression est favorable. La majorité lui sait gré, à lui, homme de gauche, de sacrifier ses préférences politiques à ses convictions commerciales.

Il était encore trop petit garçon pour que son attaque inquiétât sérieusement M. Thiers. On le regardait comme une simple doublure de Langlois. Mais, précisément parce qu'il avait peu de surface, l'accueil flatteur qu'on venait de lui faire donnait à réfléchir.

Après lui, on vit monter à la tribune le duc Decazes, qui s'était montré coiffé d'un képi de garde national parmi les envahisseurs du Corps législatif du 4 septembre. Il plaida mollement et sans conviction la cause de l'impôt sur les matières premières. L'envie qu'il avait de se faire bien venir du gouvernement, et surtout de rendre service à M. Thiers, l'avait médiocrement inspiré. Il semblait parler sur commande, sans bien se rappeler une leçon apprise la veille. Il n'affichait pas de grandes prétentions oratoires, car il nous demanda :

« Ça a-t-il marché à peu près? »

Il va sans dire qu'il recueillit auprès de nous un bouquet de félicitations, aussi sincères que son discours.

On s'ennuyait déjà et le supplice ne faisait que commencer : Deseilligny, qui était quelque chose comme sous-directeur du Creusot, très ferré sur les matières premières, ou secondes, puis le terrible Clapier qui n'eut pas assez d'une séance pour terminer ses explications sur l'admission temporaire et le drawback. Naturellement Deseilligny combattit un impôt qui frappait cruellement son industrie. Clapier, au contraire, s'étendit à loisir sur les avantages qu'il présentait et sur le drawback qui, suivant lui, le rendait inoffensif, puisque le Trésor vous rendait à l'exportation, sur l'objet fabriqué, l'impôt payé, à l'entrée, sur la matière brute.

Les signes d'approbation que M. Thiers prodiguait à Clapier encourageaient la verbosité de ce brave Marseillais, né bavard, qui se flattait de ne rien laisser dans l'ombre. Mais le Président de la République fit un geste de désespoir lorsqu'il entendit Lasteyrie d'abord, puis Féray (d'Essonnes), deux de ses intimes, lui démolir pièce à pièce son suprême recours, Féray surtout! Chacun de ses coups de pioche, salué par les bravos d'une majorité qui grossissait à vue d'œil, l'irritait comme la trahison d'un ami. Il sentit que la bataille était perdue et qu'on lui en voulait de l'avoir engagée. Un député lorrain, Claude (des Vosges), lui fit toucher du doigt son imprudence. Il demanda ce qui resterait debout après cet interminable débat si obscur, si confus, qui fatiguait et déroutait le pays.

Le fameux examen comparatif, conseillé, imposé par le Président de la République, n'avait abouti qu'au néant et on allait se retrouver encore une fois les mains vides, en face de difficultés qui s'aggravaient de jour en jour. C'était un aveu public de stérilité et d'impuissance.

Le 13 janvier, M. Thiers, déçu, mécontent, et plus inquiet qu'il ne voulait le paraître, présenta sa justification. Malgré la mauvaise tournure que prenait l'affaire, il espérait encore un retour de fortune et, suivant sa propre expression, un soir de Marengo. Il y fit l'impossible. et ses prodiges d'habileté ne lui rapportèrent, pour employer son langage, que la courte illusion d'un Champaubert et d'un Montmirail. La défaite s'annonçait, ils étaient trop, et trop décidés à lui infliger, de biais, un premier avertissement.

Il commença par se disculper du reproche qu'on lui adressait d'avoir suivi une mauvaise marche. Pourquoi s'était-il prêté à cette longue revue de tous les impôts, sinon pour donner à toutes les opinions la liberté de se produire? Allait-on lui faire grief de son respect et de son impartialité? N'avait-on pas cru et reconnu comme lui qu'en n'éliminant de parti pris aucune proposition, on arriverait ainsi à un choix plus éclairé et plus réfléchi?

« Oui, à la carte forcée! » murmuraient quelques obstinés de droite et de gauche, mais une approbation générale couvrait leur voix. Il continua. « Impartial! disait-il, je l'ai été, contre moi-même, contre mes propres révoltes intérieures! » Et il alla tout de suite au-devant d'une objection qui circulait, entre haut et bas, dans son auditoire. S'il avait manqué une seule fois à cette impartialité qu'il considérait comme un devoir, c'était en réclamant un vote immédiat contre l'impôt sur le revenu. Ah! pour celui-là, il avait dit : « Non! Non! Jamais!

Devant les principes faux, pas d'impartialité ! La condamnation pure et simple, sans circonstances atténuantes, la mort
sans phrases. »

Je me le représente aujourd'hui, ressuscité. Que dirait-il?
Que ferait-il? Dès lors, on souriait en songeant que ce fier
absolutisme avait doucement transigé sur les valeurs mobilières. Il s'efforçait de noyer ce souvenir dans un flot de paroles.
Le socialisme agraire, le partage de la propriété territoriale,
c'était une rêverie, une chimère dont il n'avait pas peur. Les
insensés qui la prônaient rencontreraient devant eux la fourche
ou le fusil du paysan ; mais il avait horreur de l'impôt sur le
revenu et en donnait une définition saisissante, dont on a pu
mesurer depuis toute la profondeur : « C'est le socialisme par
l'impôt ! » Il allait jusqu'à répudier cette taxe des valeurs mobilières, acceptée d'abord par lui à contre-cœur ; il se séparait
même sur ce point de la Commission, replaçait sous les yeux de
l'Assemblée, dans un défilé rapide, toutes les propositions
antérieurement examinées, les rejetait comme autant de vœux
insensés ou stériles, et déclarait que le moment était venu de
sortir enfin de ce gâchis fiscal par une résolution ferme et
hardie, par un remède héroïque. Les matières premières !
Seules elles pouvaient nous tirer de là ! On avait tout recherché,
tout exploré, et on se retrouvait, épouvantés, au bord du vide.
Allait-on recommencer indéfiniment ce ridicule vagabondage?

Était-il donc si effrayant, cet impôt dont on se faisait un épouvantail? Et alors, baissant le ton, de sa voix la plus insinuante,
il en démontrait l'innocence. Quoi ! une robe de soie de trois
cents francs en coûterait trois cent douze ; une robe de cinq
cents francs, cinq cent quatorze ; une robe de six cents francs,
six cent dix-huit. La belle affaire ! Et le drawback, le drawback
réparateur, le drawback sauveur de l'exportation, n'offrait-il
pas à nos industries inquiètes la plus sûre des garanties?

Il ne tarissait pas sur cette vertu du drawback, et les abonnés
du train de Paris commençaient à tourner leurs yeux vers
l'horloge. Il s'en aperçut, prononça des mots graves : « Aidez-
nous ! Aidez-nous ! » et finit sur une péroraison prophétique :

« Ce n'est pas l'anarchie politique qui nous menace, dit-il, c'est l'anarchie intellectuelle. Tout citoyen a des idées ou croit en avoir. Il n'y a plus de principes certains, plus de boussoles pour les esprits ; nous sommes une nation de disputeurs ! Ce n'est plus la lumière qui jaillit du choc des opinions, elles se neutralisent faute de discernement, la vérité s'obscurcit et nous nous épuisons sans conclure. »

J'étais presque ému ; il me semblait que cette haute philosophie dépassait de beaucoup les petites combinaisons financières et politiques qu'elle avait pour but de servir.

Le débat continua plusieurs jours de suite, plus pressant encore et plus aigre.

Johnston et Buffet insistèrent.

L'impôt dont le Président de la République venait de célébrer les mérites, forcerait d'établir sur les marchandises étrangères des droits compensateurs. Comment s'y prendrait-on pour concilier cette nécessité avec les traités de commerce? M. Thiers s'impatienta et subtilisa. Les *distinguo* qu'il souffla à son ministre du commerce, Victor Lefranc, calmèrent à peine les inquiétudes de l'Assemblée, réduite à se demander non plus seulement si l'impôt était bon, mais s'il était possible. Le duc Decazes, député de Bordeaux, tremblait pour ses vins. Il fit un second discours, où l'on vit comme une pénitence du premier. Il appréhendait toutes sortes de représailles qui bouleverseraient notre régime économique?

Tant qu'à la fin M. Thiers, irrité, s'écria ! « Je supplie l'Assemblée d'en finir ! » Cette invitation souleva une tempête. Tous ceux-là se révoltèrent qui croyaient avoir encore quelque chose dans la cervelle. Les soies, les laines, les cotons, le lin, le fer, poussèrent de tels cris que le sort de l'impôt sur les matières premières parut dès lors absolument compromis et que M. Thiers dut s'excuser. On l'avait mal compris. Il n'entendait pas abréger la discussion sur les articles ; mais il pensait qu'il y aurait avantage à trancher immédiatement la question de principe. Le fait est qu'on l'avait débattue à satiété et retournée sous toutes ses faces ; mais rien n'y fit. Il fallut subir encore d'immenses discours dont souffrit cruellement la nervosité naturelle du Président de la République. Une adhésion assez imprévue de M. Baragnon, royaliste intransigeant, lui procura cependant quelque répit, et je goûtai comme il convenait la savoureuse ironie d'un spectacle qui montra au monde parlementaire M. Thiers applaudissant des deux mains M. Baragnon. De la part de ce dernier, il y avait là, j'imagine, une tactique, tout au moins une résolution de ne pas pousser à bout le chef du pouvoir exécutif, peut-être un secret espoir de le ramener, par d'adroits ménagements, vers une majorité dont il continuait à se dire le serviteur et qui à cette date n'avait pas rompu irrévocablement avec lui. On n'en était pas encore aux ultimatums.

La mêlée finale se prolongea pendant quatre séances. Vingt orateurs s'y distinguèrent par leur facilité à embrouiller les questions sous prétexte de les éclaircir. La plupart prononcèrent des discours fort sérieux, mais déjà entendus, et l'Assemblée commençait à protester contre ce sempiternel rabâchage, lorsque Pouyer-Quertier entreprit de convertir à l'impôt sur les matières premières une majorité qui décidément s'en défiait. Dialecticien médiocre, mais entraîneur puissant, sa verve dissimulait habituellement les lacunes de sa logique ; toutefois, on était un peu blasé sur son aplomb, et il fut plus souvent interrompu qu'applaudi. Il n'arriva à dominer cette opposition que par quelques vigoureux coups de poing de la fin sur sa poitrine et sur la tribune ; mais le succès qu'on lui fit et la sympathie qu'on lui témoigna ne gagnèrent pas une voix à une cause perdue.

Le lendemain, 19 janvier, on s'avisa que la querelle menaçait de s'éterniser et qu'il était temps d'y mettre fin. Une agitation que M. Thiers qualifiait de factice, mais qui n'était que trop réelle, se manifestait d'un bout à l'autre du pays. A ce mouvement répondait, dans l'Assemblée, une fièvre que les semonces du président Grévy ne calmaient qu'à grand'peine et pas pour longtemps. Son fauteuil était assiégé par des inventeurs d'impôts, dont chacun réclamait un tour de faveur, pendant que, dans l'hémicycle, de bruyantes altercations couvraient sa voix.

Il eut besoin de toute son autorité pour remettre un semblant d'ordre dans ce chaos, et il poussa un soupir de délivrance quand il parvint, après maint appel désespéré au sang-froid et à la dignité des mandataires du peuple, à faire voter la clôture de la discussion générale. L'Assemblée, à bout de forces, ne retrouva un peu d'entrain que pour fermer cet intarissable robinet d'eau trouble.

Mais le dernier mot n'était pas dit. Restait le principe même de l'impôt sur les matières premières, véritable redoute autour de laquelle s'agitaient depuis dix-huit jours tant de passions.

Serait-il adopté ou repoussé? Il y eut encore des explications, des récriminations, deux ou trois adjurations pressantes de M. Thiers, une dernière dispute.

L'impassible Grévy put enfin, dans un suprême effort, dégager de cette logomachie et placer face à face deux textes franchement opposés : l'un de M. Marcel Barthe, qui admettait le principe ; l'autre de M. Feray (d'Essonnes), qui le *réservait*. Cet euphémisme, auquel personne ne se trompa, avait tout juste la valeur d'un cataplasme sur l'amour-propre du Président de la République.

Jamais les urnes ne circulèrent avec plus de solennité. L'attente pesait sur les deux partis comme une angoisse. La priorité fut refusée à la rédaction·Barthe par 360 voix contre 318 ; mais cette petite minorité de 42 voix se grossit bientôt de ces suffrages timides qui vont toujours du côté de la victoire, et la proposition Barthe, c'est-à-dire le principe de l'impôt sur les matières premières, fut rejeté par 367 voix contre 297. M. Thiers était battu.

II

La proclamation du scrutin fut suivie d'un silence impressionnant. On mesura, de part et d'autre, la portée du coup que venait de recevoir le Président de la République, et on se garda, comme d'une inconvenance, de toute manifestation qui l'eût aggravé en le soulignant. Qu'allait-il arriver? Comment le chef de l'État, désavoué par beaucoup de ses amis dans une affaire où il avait donné de sa personne, prendrait-il ce premier échec? Il se leva et sortit de la salle, suivi de ses ministres, écartant à droite et à gauche les importuns qui se pressaient sur son passage, et visiblement résolu à ne pas prononcer un seul mot. De retour à la Préfecture, qu'il habitait, il se dédommagea en traitant Buffet de canaille et Féray de crétin.

Le bruit se répandit bientôt, à Paris et à Versailles, qu'il donnait sa démission, *rendait son tablier*. C'est un mot dont on se servait communément dans les conversations familières entre journalistes et députés pour caractériser un geste dont le Président de la République avait souvent escompté l'effet. Cette métaphore pittoresque à l'usage des gens du monde prit très vite, dans la langue politique, la place à laquelle sa justesse lui donnait droit.

Le soir même, Henry de Pène me demandait au *Paris-Journal :* « Eh bien, décidément, rend-il son tablier? » Je répondis que je n'en croyais rien : « Il se contentera d'en dénouer les cordons ! »

Le lendemain 20 janvier, chaque wagon du train parlementaire pour Versailles retentit de conjectures inquiètes et de pronostics passionnés, dont notre partie quotidienne d'écarté fut interrompue. On s'accordait à dire qu'au pis-aller ce ne serait qu'une fausse sortie et on en discutait les conséquences. Dès l'ouverture de la séance, nous fûmes édifiés. M. Thiers avait envoyé sa démission et celle des ministres au président Grévy, qui la communiqua immédiatement à l'Assemblée. J'assistai alors à une comédie de haut goût, dont tous les acteurs ont disparu, mais qui m'égaie encore lorsque ma mémoire m'en retrace les principaux incidents. Elle appartient à ce genre sérieux que cultivent tout spécialement les pince-sans-rire.

Le principal intéressé n'avait rien négligé pour qu'on sût qu'il se proposait de donner sa démission, ou, comme il le disait lui-même, de retourner à ses chères études. Il n'en fallut pas davantage pour mettre en émoi les groupes du centre et de la droite modérée. Ils se pressèrent autour de leurs chefs, comme les alouettes de la fable autour de leur mère, *trepiduli circum-strepere*.

La barque fragile, qui avait remplacé l'ancien vaisseau de l'État, allait-elle rester sans pilote dans une nouvelle tempête? Ils n'avaient pas encore trouvé celui à qui ils confieraient sa fortune et la leur ; en un mot, ils n'étaient pas prêts. Comment conjurer l'orage? Ils tinrent conseil dans la matinée et s'arrêtèrent à l'idée de faire, au début de la séance, une grande manifestation de confiance et de sympathie qui désarmerait M. Thiers et leur épargnerait le coup dangereux de la démission.

Ils esquissèrent une sorte de répétition de la scène ainsi arrangée, et ce fut Batbie qui fut chargé de l'exécution.

Ils avaient tout prévu, sauf ce qui arriva.

Le Président de la République, averti de leur dessein, leur joua le mauvais tour de les devancer. Grévy avait lu le fatal billet, et la démission qu'ils voulaient empêcher était donnée, lorsque le fin mastodonte Batbie, un peu déconcerté, se présenta à la tribune. Il ne dissimula pas à l'Assemblée que cette démission, désormais officielle, qui n'était plus seulement une crainte, mais une réalité, lui causait quelque embarras ; mais il s'empressa d'ajouter qu'elle rendait plus impérieuse encore la nécessité d'offrir un témoignage de confiance au chef de l'État. Cela dit, il donna lecture d'un ordre du jour motivé :

« Considérant que l'Assemblée, dans sa résolution d'hier, s'est bornée à réserver une question économique ; que son vote ne peut être, à aucun titre, regardé comme un acte de défiance et d'hostilité, et ne saurait impliquer le refus du concours qu'elle a toujours donné au gouvernement, passe à la discussion des différents projets d'impôts qui lui ont été présentés. »

Cette rédaction était signée de vingt-neuf députés, qu'on avait choisis à dessein dans tous les groupes. Plusieurs y figuraient qui avaient toujours paru ne goûter que médiocrement la politique de M. Thiers. On les y avait mis pour mieux attester la sincérité du vœu général qui le rappelait au pouvoir. De tous côtés, on applaudit au compliment tourné par Batbie, et l'on cria : « Nous l'aurions tous signé, nous le signons tous ! »

Cette adhésion soi-disant universelle souleva pourtant quelques murmures. Les uns trouvaient le manifeste un peu tiède, tandis qu'une demi-douzaine de royalistes, parmi les ultras, le jugeaient trop ardent et presque humiliant pour l'Assemblée.

« Traînez-vous donc à ses genoux ! » disait tout haut Dahirel.

Mais ce léger mécontentement, d'abord peu sensible et très circonscrit, se changea en une véritable opposition, lorsque Batbie proposa de soumettre cet ordre du jour, déjà suspect, à une Commission, qui se mettrait en rapport avec M. Thiers et le prierait de revenir sur sa décision.

Là, Batbie manqua certainement de coup d'œil. Cette idée d'une Commission qui délibérerait de nouveau et traînerait les choses en longueur, ne répondait ni à l'intensité de la crise, ni à l'état des esprits. Un courant se forma contre tout atermoiement et devint si fort en cinq minutes que Batbie lui-même demanda le vote immédiat.

On en était encore loin. Les républicains, à qui le texte de Batbie n'avait pas paru assez chaud, mais qui s'y ralliaient d'abord par un désir d'unanimité, font tout à coup volte-face.

L'intervention de Deseilligny, qui a signé l'ordre du jour de Batbie et qui maintenant en propose un autre, facilite cette évolution.

La rédaction de Deseilligny était une imprudence. Il y rappelait des souvenirs et des dates qui ne pouvaient que diviser l'Assemblée. En effet, qu'arrive-t-il ? Ce texte réveille les passions, rallume les colères, et son auteur peut s'en rendre compte aux violentes apostrophes qu'elle lui attire. On le somme de quitter la tribune ; mais il y est soutenu par un groupe dans lequel Ricard fulmine. « Parlez ! Parlez ! » crie-t-il à l'orateur désemparé. Et il lui donne des conseils : « Dites que les commentaires de Batbie ont détruit l'union ! » Le malheureux ne sait plus à quel saint se vouer. On l'entoure, on l'assaille, on l'accuse de prolonger la crise. On le somme de retirer un ordre

du jour qui serait l'abdication de l'Assemblée. Je crois bien
que, pour une fois, il n'y a pas mis de malice et qu'il commence
à regretter son étourderie. Il tient bon cependant et se défend
de son mieux, soutenu — et compromis — par la gauche. Avant
tout, il veut qu'on donne satisfaction à M. Thiers, dont la démission est un malheur public.

Maintenant c'est Laboulaye, qui dépose un troisième ordre
du jour. Il dit avec raison qu'il convient de voter un texte
simple et clair, « sans phrases », mais il fait des phrases pour
le dire. En fin de compte, c'est encore Batbie qui met fin au
tumulte en ajustant ensemble les morceaux des trois propositions.

Dans cet amalgame, l'Assemblée renouvelle sa confiance à
M. Thiers, fait appel à son patriotisme et refuse sa démission.
Tous les amendeurs se rallient à ce rapiéçage. Seul, Dahirel
demande la division. « La division, ah ! nous l'avons ! » s'écrie
un philosophe. Dahirel écrasé s'aplatit, et l'ordre du jour est
voté à l'unanimité, moins sept ou huit dissidents, ce que ne
manque pas de faire remarquer M. Cochery, le père, toujours en
extase devant le Président de la République.

Le bureau de l'Assemblée ira porter ce *mea culpa* à l'illustre
démissionnaire qui l'attend. La séance est suspendue, l'animation passe de la salle dans les couloirs et dans les bureaux.
Les querelles recommencent ; quelques naïfs s'inquiètent. S'il
allait persister ! On les rassure et, au bout d'une heure, la délégation reparaît ; il accepte ! Grévy remonte au fauteuil et
Benoist d'Azy rend compte de l'entrevue.

M. Thiers s'est montré profondément ému. Il s'est un peu
fait prier, il a parlé de sa fatigue, de sa santé ; il a manifesté
la crainte de plier sous un fardeau trop lourd pour son âge ;
bref, il n'a pu résister à une démarche si honorable, si cordiale,
si touchante, si encourageante, et il retire sa démission. On se
congratule, comme si on venait d'échapper à un péril mortel.
Nous reprenons le train. En débarquant à la gare Saint-Lazare,
c'est à qui jettera à la foule le mot sauveur : « Il reste ! Il reste ! »
Ainsi finit la comédie.

CHAPITRE XXI

LE FOSSÉ SE CREUSE

Comment remplacer l'impôt sur les matières premières? — Les *lichettes* d'impôts. — Les sucres. — La marine marchande. — Le futur boulangiste Naquet propose de vendre les biens de l'Empereur. — Sa lutte avec les bonapartistes. — Les colonies. — Le préjugé contre les noirs. — Retour vers le protectionnisme. — La trêve des impôts interrompue par quelques diversions politiques. — Vautrain, nouvellement élu, réclame de nouveau le retour à Paris. — La proposition Tréveneuc contre les coups d'État. — Laurier propose le rachat des chemins de fer. — Les relations entre le gouvernement et la majorité. — Dufaure veut poursuivre des députés journalistes. — Motion Dahirel sur la responsabilité ministérielle. — Ajournement. — La nomination des conseillers d'État. — La réforme de la magistrature. — Bérenger. — Leblond et Goblet. — L'affaire Pouyer-Quertier.

I

Ce dénouement, quoique prévu et généralement désiré, ne laissa pas que de laisser dans les cœurs ces froissements qui suivent toujours les querelles de ménage, même quand on a signé la paix. On avait tant de choses à faire qu'on se remit tout de suite au travail, mais la confiance qu'on s'était réciproquement promise n'existait plus que sur le papier. Chaque discussion révélait des dissentiments profonds entre le Président de la République et l'Assemblée nationale. On vivait sur un malentendu, ou plutôt sur un sous-entendu qui devait fatalement amener une rupture. Les deux pouvoirs obéissaient l'un et l'autre à une ombrageuse arrière-pensée. Ils se soupçonnaient et se guettaient.

Si j'écrivais l'histoire de cette curieuse époque, je devrais ici rappeler et analyser toutes ces grandes lois d'affaires qui remirent la France sur pied après ses malheurs ; mais je me persuade qu'une pareille étude ne rentre pas dans le cadre modeste de ces *Souvenirs* et que je dois me borner à recueillir, au jour le jour, dans la masse historique, des impressions, pour ainsi parler, latérales et extérieures. Je tiens à le répéter une dernière fois pour n'y plus revenir : mes petites annotations personnelles ne sont que des tangentes au récit régulier des événements ; elles l'effleurent.

On fut bien obligé de revenir aux impôts de détail, à ce qu'un député appela des *lichettes* d'impôts, puisque la grosse contribution des matières premières échappait au gouvernement. Et alors l'égoïsme régional n'essaya même plus de se dissimuler. Chaque député venait, la main sur son cœur, proclamer que la France était prête à tous les sacrifices pour se libérer ; mais il avait soin d'ajouter que cette patriotique abnégation ne pouvait s'étendre aux produits de sa province. Les sucres furent frappés les premiers, de sorte que la canne et la betterave, les colonies et les départements du Nord demandèrent grâce en même temps. Schœlcher se rappela qu'il avait émancipé les nègres et pleura sur leur sort. Un vent de colère souffla de Lille à Beauvais et d'Arras à Laon. J'ai vu souvent le même spectacle sur d'autres points du territoire. Il prouve qu'il ne faut pas demander trop de désintéressement à la nature humaine et qu'on veut bien des impôts pour les autres, mais pas pour soi.

La marine marchande se montra encore plus résistante que l'industrie sucrière. C'était la seconde fois que je l'entendais gémir sur sa décadence, et ce ne fut pas son dernier *lamento*. Elle accusa de cruauté ceux qui osaient demander une obole à une pauvresse prête à rendre le dernier soupir, et j'ai dû reconnaître depuis que tout, dans ses plaintes, n'était pas mensonge, puisqu'on fait périodiquement l'aumône à sa misère.

Le grand argument pour aider à vivre la marine marchande, c'est que son existence est indispensable à notre marine militaire. Tous les amiraux en parurent convaincus, sauf pourtant l'amiral Saisset, qui s'excusa de se séparer des *camarades*, particulièrement de son ami Pothuau, alors ministre de la marine. Tous deux avaient montré leur intrépidité pendant la guerre. Pour le courage, ils se valaient, mais Saisset avait la parole plus facile et plus vive.

La discussion dura six jours, comme la création du monde, et on ne se reposa pas le septième: La fantaisie parlementaire servit heureusement, entre les apparitions quotidiennes du gros plat de résistance, quelques petits entremets sucrés. Naquet, qui aimait les propositions sensationnelles, demanda que les biens de Napoléon III fussent saisis et vendus pour payer la Prusse.

Les bonapartistes, Conti, Joachim Murat et surtout Gavini, interrompirent violemment Naquet. Ils le renvoyèrent à la Commune, qui l'avait nommé doyen de la Faculté de médecine, et lui firent une objection plus sérieuse : « Cela ne vous enrichira pas ! L'Empereur n'a pas de biens en France ! » Naquet en fut pour ses frais. On refusa à sa proposition le bénéfice de l'urgence. Plus tard il s'adoucit et ne dédaigna pas, dans le boulangisme, certains concours des amis du dernier règne.

Pour se détendre un peu les nerfs, on avait aussi les drôleries de quelques hommes facétieux. Descat criait de temps en temps aux orateurs dans l'embarras : « Parlez ! Parlez ! » Et il choisissait si bien son moment, et il y mettait un accent si étrange de marchand d'habits ambulant, que toute l'Assemblée éclatait de rire. Son succès fut tel que d'autres lui disputèrent cet honneur et rivalisèrent d'imitation. La gloire en fut partagée.

Mais le roi de cette petite fête était certainement Tillancourt, que ses calembours ont rendu célèbre. Il n'y avait plus de bonne journée sans lui. Ce long-combat de la marine marchande l'excitait ; il y prenait comme un bain de verve. Bethmont soutenait-il qu'en ruinant Marseille on allait enrichir Gênes :

« La gêne, clamait Tillancourt, vous, vous l'introduisez dans la discussion !

— Ah ! ne m'interrompez pas !

— Parbleu, je vous gêne ! »

Et le dialogue continuait avec un autre défenseur du projet.

« Il nous faut, disait celui-ci, une marine marchande qui aille sur la mer, une marine qui navigue, qui puisse marcher et qui marche ! enfin une vraie marine marchande.

— Marchante alors ! insinuait Tillancourt ! »

Et Grévy lui-même souriait.

Dans une séance où les colonies défendaient énergiquement leurs intérêts, j'eus l'occasion d'observer à quel point le préjugé était resté vivace contre les sang mêlé chez les colons de race blanche. Le chef des secrétaires-rédacteurs, Maurel-Dupeyré, créole de la Guadeloupe, était certainement le plus doux, le plus libéral des philosophes, mais il ne pouvait voir un de ces magots, comme il disait, sans éprouver une sorte de nausée. Je partageais alors avec lui la revision générale de notre compte rendu ; mais le hasard voulut que ce fût son tour d'opérer lorsqu'un de ses compatriotes, plus que mulâtre, qui s'appelait Pory-Papy, se présenta à la tribune. Aussitôt il me fit appeler.

« Remplacez-moi, je vous prie, me glissa-t-il à l'oreille, le cœur me manque devant ce magot ! Savez-vous quel nom nous lui donnions à la Pointe-à-Pitre? Piripipi ! »

Et je ne saurais trop répéter que Maurel-Dupeyré était le plus tolérant des hommes.

La loi, c'est-à-dire les surtaxes maritimes, — six pauvres millions, — dont le recouvrement n'était rien moins que sûr, fut votée par tous ceux qui espéraient, sous le couvert fiscal, un petit revenez-y protectionniste. Au contraire, les députés qui y flairaient, non sans motif, un essai de réaction contre les traités de 1860 s'empressèrent de repousser cette amorce. Dès cette époque, ils étaient en minorité et on pouvait prévoir, à vingt ans de distance, la grande revision des tarifs à laquelle M. Méline a attaché son nom. Le seul orateur, alors presque inconnu, qui réussit à entamer le bloc fut Maurice Rouvier. Un amendement sur l'exemption des céréales, défendu par lui avec cette chaleur marseillaise, qui commençait à le mettre en vue, n'échoua que de 56 voix, alors que sur les questions économiques l'écart ordinaire entre les deux partis allait habituellement à 160. Encore fallut-il opposer à son éloquence naissante la commode barrière de la clôture. On vit plus tard quel parti il sut tirer de ce don naturel et de cette puissance de tempérament.

Parmi les diversions politiques qui interrompaient souvent cette « trêve des impôts », trêve forcée, et mal observée, qui obligeait les partis à rentrer momentanément leurs colères, pour procurer des ressources au Trésor, je rencontre ici l'éternelle question du retour de l'Assemblée à Paris. Duchâtel s'opiniâtra inutilement sur cette idée et toute la querelle recommença. Une contradiction irréductible l'éternisait : « Nous pouvons bien rentrer à Paris, disaient les uns, jamais il n'a été plus tranquille ! — Il n'est tranquille que parce que nous n'y sommes pas ! » répondaient les autres.

Vautrain, élu récemment député de Paris contre Victor Hugo, fit là un début qui constitue à peu près toute son histoire. Il plaida sans succès une cause dix fois plaidée inutilement et qui ne devait triompher que six ans plus tard. Il était alors oublié !

Paris les épouvantait, non sans raison peut-être, et la peur qu'ils en avaient était tout au moins excusable, après tant d'usurpations imposées à la province. Les coups d'État et les révolutions inspiraient une égale aversion à des royalistes aussi prévenus contre la République que contre l'Empire. Ce double sentiment se manifesta chez eux par un curieux phénomène de gymnastique pendant toute la durée de leur existence. Quand il n'était question que de flétrir l'Empire, ils y apportaient autant de passion que les républicains ; mais dès que la République apparaissait à l'horizon, ils s'empressaient de mettre le 4 Septembre et le 2 Décembre dans le même sac ; de sorte que les rares bonapartistes qui avaient surnagé dans la tempête savouraient le spectacle de ces brusques sautes de vent comme une petite compensation ironique de leur propre mésaventure. Ils essayaient de se grouper pour faire un appoint présentable, ils reprenaient cœur, et on le voyait, surtout dans leurs journaux et dans leurs manifestes, à une certaine animation que les républicains, unis cette fois aux royalistes, qualifiaient de cynisme. On leur rappelait durement le vote de déchéance, mais ils affectaient d'en porter légèrement le poids et répondaient aux violences par des bravades. Vers ce temps-là, mourut l'ancien secrétaire intime de Napoléon III, Conti, cardiaque et fidèle. Il avait eu son heure d'héroïsme dans cette fameuse journée de la déchéance, où, seul contre une foule, il se fit arracher de la tribune en défendant son empereur.

Cette obsession des coups d'État et des révolutions qui hantait la majorité lui fit chercher une garantie contre le retour de ces brusques bouleversements. Un député des Côtes-du-Nord, Tréveneuc, crut l'avoir trouvée dans une réunion immédiate des Conseils généraux en cas d'alerte. Il déposa une proposition qui les substituait aux Chambres illégalement dissoutes par une violence d'en haut ou une émeute d'en bas, et leur transférait le pouvoir politique avec le devoir d'organiser la résistance. L'intention était bonne et l'Assemblée y applaudit naïvement, sans s'apercevoir que cette prétendue protection avait tout juste la valeur d'un rempart en carton et d'un ridicule enfantillage.

Un vieux routier de 1848, Boysset, se chargea de l'en avertir. Il proféra sur les révolutions, toujours légitimes, comparées aux coups d'État, toujours coupables, les niaiseries ordinaires. Il n'eut pas un instant l'idée que, dans notre histoire, les coups d'État avaient été plus souvent désirés par la nation que les révolutions populaires ; mais il montra clairement que le moyen proposé par Tréveneuc n'était pas pratique. Où réunir les Conseils généraux ? Comment les rassembler ? Comment transformer subitement en dictateur un corps administratif à quatre-vingt-six têtes ? Comment lui donner la force nécessaire pour délibérer et agir ? etc., etc... Toute la puérilité de cette honnête proposition apparut aux esprits clairvoyants. Ses adversaires les plus polis la traitèrent simplement d'inefficace. Au fond, ici comme ailleurs, les deux partis se défiaient un peu l'un de l'autre et redoutaient vaguement, sans trop s'expliquer pourquoi, que l'adversaire n'usât de la permission à son profit. J'aime à croire que la majorité royaliste, où se trouvaient des hommes qui unissaient un peu de sagacité à beaucoup de candeur, ne nourrissait pas sur cette fragile barrière de très sérieuses illusions. Cependant elle paraissait y tenir, et Baragnon, un de ses interprètes, essaya d'en montrer les avantages. Brisson, qui lui répondit, trouva le mot : la précaution inutile ! Après lui, un député du Finistère nommé Pompéry, qui avait la tête dans les épaules et la mémoire aussi courte que le cou, saisit l'occasion pour faire à la République une réclame qui ne lui réussit pas et qui souleva, au fond de la salle, un semblant de tumulte. Le malheureux avait été décoré par l'Empire, et le royaliste Kerdrel le lui rappela sans pitié. Il objecta qu'il n'avait pas demandé la croix, ce qui fit rire surtout ceux qui l'avaient demandée.

Je ne crois pas avoir assisté, de ma vie, à une discussion plus vaine et plus vide. Tous ces rats d'Assemblée qui dissertaient solennellement sur la façon d'attacher le grelot au cou de Rodillard me semblaient jouer une comédie de lanterne magique. Personnellement, la plupart étaient sincères et tous étaient braves, mais j'en avais vu d'autres, non moins résolus, non moins sincères, rentrer si prestement dans leurs trous à la première alarme, que, dans ces moments critiques, je ne croyais plus guère qu'à la déroute et au sauve-qui-peut.

La proposition fut d'abord renvoyée à la Commission, qui avait éprouvé elle-même le besoin d'y ajouter quelques précisions indispensables. On y revint quelques jours après et finalement on vota avec entrain cette chimère des chimères. Je ne lui souhaite pas l'épreuve du feu.

D'autres soucis occupaient l'Assemblée ; d'abord, et pardessus tout, son mécontentement plus ou moins dissimulé contre la politique de M. Thiers. Dans l'intimité des groupes de droite, on se disait joué et trahi. Et puis, la nécessité toujours pressante d'inventer de nouvelles ressources pour combler le trou sinistre où menaçait de s'abîmer la fortune de la France.

Laurier, qui, depuis l'emprunt Morgan, passait pour le financier des républicains, crut qu'on sortirait d'embarras en rachetant les chemins de fer, au moyen d'un grand emprunt national, hypothéqué sur les bénéfices d'une exploitation qui produirait en outre de quoi nous racheter nous-mêmes et payer toutes nos dettes. Il expliqua son système. Pouyer-Quertier s'autorisa, pour repousser ce remède empirique, du trouble et de l'effroi que le pays tout entier en ressentirait. L'Assemblée crut devoir frémir du coup mortel qui serait ainsi porté à notre crédit et la proposition fut enterrée. On en a fait depuis un essai partiel qui en a révélé les inconvénients.

II

Le gouvernement avait montré dans cette affaire un esprit de conservation dont l'Assemblée parut accepter l'augure. Peu de temps après, Dufaure lui offrit un nouveau gage d'alliance en lui demandant l'autorisation de poursuivre certains journaux qui l'avaient grièvement offensé. Cette fois, ce fut la gauche qui protesta, soutenue par Raoul Duval. On sait que ce sympathique et généreux orateur, prodigue de son éloquence, aimait à la semer un peu partout en pratiquant le mélange des graines. Assez enclin de son naturel aux interventions libérales, qui avaient un air d'opposition, et toujours un peu flottant entre les partis, il n'était pas non plus insensible aux petites douceurs de la popularité. Il se rapprochait ainsi de . ceux auxquels il devait se donner complètement un peu plus tard. Dufaure l'emporta. L'autorisation fut accordée, dans la mesure où il la réclamait, moins entière que ne l'eût voulu le rude général Ducrot, qui dénonça à la tribune les attaques furibondes dirigées dans les journaux contre la Commission des grâces par deux députés, Pierre Lefranc et Rouvier, non encore assagi. Il insistait pour qu'on les comprît, comme plus coupables, dans les poursuites. On se rappela la Convention décimée par elle-même et transformée en conseils dont Bonaparte ne fit qu'achever le suicide, et on n'osa pas. Le gouvernement s'était donné le malin plaisir de défendre contre ses propres amis une majorité qui ne l'aimait guère.

Quelques jours plus tard, le ministre de l'intérieur, Victor Lefranc, déposait un projet de loi destiné à réprimer les attaques contre le gouvernement et l'Assemblée. Ce soin de les associer dans une action coercitive parut suspect à quelques députés, qui ne votèrent l'urgence que sur des promesses formelles de justice et de loyauté.

On allait ainsi cahin-caha entre les échappées de Gavardie, qui, dans un débat sur la magistrature, la proclamait fille de Dieu, et les malédictions périodiques contre l'Empire tombé. Le bègue Jozon fit introduire, dans la formule des nouveaux impôts, un nouvel anathème. C'était une façon de peloter en attendant la grande partie, déjà entrevue, annoncée et presque inévitable entre l'Exécutif et l'Assemblée.

Tout à coup, dans la séance du 16 février, l'intransigeant légitimiste Dahirel proposa de déterminer avec précision, par une loi, la forme des relations entre le Président de la République et l'Assemblée nationale. Cet article avait été oublié dans la constitution Rivet-Vitet, et Dahirel signalait l'inconvénient de cette négligence. Jamais, suivant lui, on n'avait vu un chef d'État affronter ainsi, de sa personne, les corps à corps de tribune, peser de sa parole sur toutes les délibérations et fausser, par ses interventions quotidiennes, le principal ressort du mécanisme parlementaire. Dahirel ne cachait pas qu'il fallait, pour assurer l'indépendance de l'Assemblée et établir un juste équilibre constitutionnel, ôter cette arme à M. Thiers. Il rappela la récente crise de démission qui avait suivi le vote sur les matières premières, et demanda si l'on voulait de nouveau en courir les chances.

Cette pierre dans la mare fit violemment coasser les grenouilles. Les républicains sentirent le coup et essayèrent de le détourner. Mais le droit de message concédé au Président de la République était si mal défini, et la nécessité d'en régler l'usage s'imposait avec tant d'évidence, qu'ils s'en prirent moins à la proposition elle-même qu'aux intentions assez franchement avouées de son auteur. Le gouvernement fut plus habile, bien que, dans son for intérieur, il dût regarder la motion comme une petite perfidie. Victor Lefranc se borna à en contester l'à-propos.

Que craignait donc l'Assemblée? Tant de preuves récentes ne l'avaient-elles pas convaincue du respect profond qu'elle inspirait au Président de la République, et le moment était-il bien choisi pour y répondre par d'injurieux soupçons? Ne valait-il pas mieux vivre côte à côte, en bonne intelligence et en parfait accord?

Dahirel lui-même parut s'émouvoir et accepta un ajournement à deux mois. Les républicains en demandaient six. L'affaire n'était que remise ; chacun coucha, très éveillé, sur ses positions.

On discuta ensuite une grande loi sur la réorganisation du Conseil d'État et, là encore, on retrouve dans la solution proposée par la Commission parlementaire la perpétuelle rivalité de prépondérance entre le gouvernement et l'Assemblée. Comme toujours, le débat porta la marque de cette soupçonneuse jalousie. Quelques-uns voulaient que le Conseil d'État ne fût réellement qu'un Conseil, un donneur d'avis, au besoin un correcteur de textes. A peine consentaient-ils à lui laisser le contentieux administratif, sous cette condition que ses membres seraient nommés par l'Assemblée nationale. Plusieurs, effrayés d'une réforme qui rendait le Conseil d'État indépendant de l'un des deux pouvoirs, mais qui en faisait par cela même le serviteur exclusif de l'autre, prétendirent que la proposition engageait la question constitutionnelle et notamment le grave problème d'une seconde Chambre. L'aimable Bardoux, dont on disait qu'il avait des préférences pour tout le monde, soutint cette opinion et se prononça contre un pareil remaniement. Son doux tempérament répugnait aux mesures radicales. Au contraire, le père Raudot, qui avait conservé toute la verdeur de la jeunesse, n'était point effrayé d'une suppression complète du Conseil d'État. Ce vieux grognard parlementaire lui refusait le droit de rendre, au profit du gouvernement, une justice usurpée sur les tribunaux ordinaires. « J'ai remarqué, disait-il, qu'en France on fait avec une extrême facilité les révolutions, avec une extrême difficulté les réformes ; le gouvernement s'occupe de trop de choses, il a trop de pouvoir », et M. Raudot s'efforçait, non sans mauvaise humeur, de mettre ses collègues en garde contre ce qu'il appelait un abus. Il eut l'honneur d'être réfuté par Gambetta et même par le rapporteur Batbie, qui entendait conserver, avec le Conseil d'État, l'unité administrative de la France. Batbie voyait surtout dans le Conseil d'État, outre le juge naturel des affaires administratives, l'auxiliaire indispensable des Assemblées présentes et futures pour la préparation des projets de loi. L'avenir a prouvé qu'il avait raison.

Raudot répondit, toujours maugréant, qu'il n'était pas, comme on le lui reprochait, un révolutionnaire sans le savoir, mais un réformateur très conscient, ennemi acharné des abus qui minent les gouvernements et paralysent le progrès.

Les esprits étaient assez partagés. Dufaure obtint que l'on passât à une seconde lecture, mais il avoua franchement son regret de voir enlever au pouvoir exécutif une de ses plus nécessaires prérogatives, la nomination des conseillers d'État. La querelle continuait.

Elle reprit de plus belle au sujet de la magistrature. Scandalisée de certaines nominations faites par Crémieux, garde des sceaux du 4 Septembre, et frappée surtout d'un certain discrédit où l'ordre judiciaire était tombé dans l'opinion, l'Assemblée avait senti le besoin de soustraire les magistrats aux influences politiques. L'idée n'en vint pas du gouvernement, qui n'avait aucun penchant à sacrifier ainsi un précieux instrument de règne. Deux députés, séparés sur beaucoup d'autres points, mais d'accord sur la nécessité de cette réforme, Emmanuel Arago et Bérenger, en prirent l'initiative. Une Commission fut nommée. La première délibération en promettait une seconde où l'adhésion au principe laisserait place à des dissidences radicales d'application. Là encore, chacun avait ses vues et prétendait réorganiser à son profit. Arago soutint la thèse républicaine de l'élection des juges par un collège spécial d'une compétence reconnue. Bérenger réclama le concours pour la nomination et un stage pour l'avancement. Il enlevait ainsi au pouvoir exécutif la liberté, c'est-à-dire l'arbitraire de ses choix. Aller plus loin, c'était, suivant lui, aller trop loin. On l'eût écouté avec faveur s'il n'avait commencé son discours par une apologie de la magistrature. Il la proclamait intègre, capable et indépendante, insinuant qu'elle l'avait toujours été. Un hurlement lui répondit: « Et les Commissions mixtes ! » A gauche, au centre, on se révoltait, et on entendait, au fond de la salle, comme des crix d'animaux.

J'ai déjà décrit trop souvent le spectacle de ces fureurs et j'aurai tant de fois l'occasion d'y revenir que je crois inutile d'insister. Il y eut là, comme toujours, une espèce d'incendie que Grévy eut beaucoup de peine à éteindre. Bérenger, très calme sous le feu croisé des invectives, flétrit énergiquement les Commissions mixtes, mais il affecta de n'y voir que des défaillances individuelles, et il osa rappeler que beaucoup de magistrats n'avaient consenti à entrer dans ces cours prévôtales que pour en adoucir les sentences. Plus on protestait, plus il s'obstinait. J'admirais son courage, mais je m'expliquais aussi la colère de ses interrupteurs. Elle m'eût paru superbe, si je ne m'étais rappelé en même temps que les trois quarts de ces farouches justiciers étaient des admirateurs de la loi de Prairial et du Tribunal révolutionnaire qui valait bien, je pense, les Commissions mixtes. Il n'aurait pas fallu en médire devant eux. Alors, ces inconscientes rétractations, ces fanatiques démentis qu'ils se donnaient ainsi à eux-mêmes, éveillaient en moi une ironie qui m'a accompagné dans toute ma modeste carrière, et la perpétuelle palinodie des passions politiques a mêlé aux miennes (car qui peut se flatter d'en être exempt?) une douce et consolante gaieté.

Ce rire intérieur et impartial, que je ne comprimais pas toujours, commençait déjà à dominer mes autres impressions. Il répondait à des sentiments qui n'ont fait depuis que croître et embellir. Ainsi, M. Bérenger lui-même, dont j'admirais alors l'entêtement, cet intrépide défenseur de la justice probe et libre, qui nous donna cette généreuse loi de sursis et qui reste aujourd'hui l'un des deux sénateurs inamovibles, ce gardien spontané de la morale publique, en dépit des railleries et des caricatures, croyez-vous qu'il ne me causa pas un peu de déception, lorsque je le vis, vingt ans plus tard, siéger dans une haute cour politique et condamner à l'exil, sous prétexte de conspiration, des hommes acquittés par la Cour d'assises, comme Paul Déroulède, et d'autres qui ne se connaissaient même pas, comme André Buffet et Rochefort? Je me rappelai alors sa raideur d'accusateur public et son nez cassé qui semblait balafrer son visage et sa douce parole affilée en lame de couteau. Un jour me rencontrant à la chasse avec lui, son ami de Marcère et M. Decauville, je ne sais quel froid subit m'empêcha de me mêler à leur conversation. Il ajustait lentement les lapins, comme s'il visait des inculpés. Quant à la magistrature, son unique amour et sa cliente préférée, j'ignore s'il avait raison de trouver qu'on était injuste à son égard, mais il me revient de tous côtés que, si décriée qu'elle fût déjà, elle l'était moins alors qu'aujourd'hui. Je ne connais pas un politicien qui ne daube, entre deux portes, sur cet antique objet de notre vénération. Il était donné à un obscur ministre, nommé Martin-Feuillée, de suspendre la dernière et fragile garantie qu'offrait aux plaideurs l'inamovibilité des juges. De là vient peut-être la défiance qu'ils inspirent. Si vous protestez contre cette injurieuse réprobation, on vous cite des arrêts extraordinaires. Il est certain que la magistrature a des ennemis violents, dont l'hyperbole va jusqu'à la déclarer pourrie. Les philosophes répondent qu'elle est de son temps.

Il faut croire qu'elle a subi la contagion de la politique, puisque dans cette discussion de l'Assemblée nationale où on la retourna sous toutes ses faces, les observateurs les plus modérés et M. Bérenger lui-même y constatèrent un germe de maladie.

Le Normand Bertauld, toujours dévoué à M. Thiers et à sa politique, défendit habilement les prérogatives du pouvoir exécutif, dont la magistrature n'était, à ses yeux, qu'une délégation. Il jouissait, dans l'Assemblée, surtout à gauche, d'un certain crédit, justifié par une apparence de logique à la fois lourde et subtile qui partait le plus souvent d'un sophisme. Il redoutait pour les juges un système de présentations très compliqué, qui restreignait un peu la liberté de l'Exécutif. C'était celui que proposaient la Commission et M. Bidard, son rapporteur, jurisconsulte apprécié. Bertauld y dénonçait les dangers, très réels, du népotisme.

Il redoutait ce qu'on a appelé, dans la marine, les fils d'archevêques. La magistrature devenait une caste fermée ; il voulait qu'elle fût « un droit de conquête et non un droit de naissance ». Le mot fit fortune.

Le texte de la Commission, et principalement l'examen, sinon le concours, au début de la carrière, fut défendu par un vieux revenant de 1848, M. Corne, si éteint qu'on ne l'entendait presque plus. Il avait eu autrefois sa petite renommée, fondée sur un calembour. Comme il était homme de bon conseil, on faisait cas de son opinion et on disait : « Voilà *le parti qu'a pris Corne.* » Il estimait qu'il fallait surtout prendre des précautions contre la faveur, ce fléau de la justice. La Commission y avait pourvu.

C'était le souci général dans un temps où le mot d'arriviste n'était pas encore inventé. On commençait à se défier des « jeunes ambitieux » qui se pressaient à l'entrée de la carrière.

L'orateur qui s'en montra le plus vivement préoccupé fut M. Leblond, vieux républicain taciturne et rêveur. On témoignait à sa gravité naturelle une respectueuse déférence. Il exprimait d'une voix mourante des idées bizarres qu'on jugeait profondes et qu'on saluait au passage comme des oracles. Il n'admettait pas que la magistrature fût une carrière. Selon lui, c'était une retraite, et pour entrer dans ce collège sacerdotal, pour être ordonné magistrat, il fallait être âgé d'au moins quarante ans, l'âge canonique. Fi de ces substituts imberbes qui se flattaient d'avoir dans leur serviette l'hermine de conseiller et de président. M. Leblond défila ainsi, avec des attitudes de confesseur en prière, un long chapelet d'oraisons que l'Assemblée recueillie fit semblant d'écouter.

Goblet, qui commençait à percer, ne négligea pas cette occasion.

Il dit de bonnes choses « trop vite et trop bas » et un interrupteur s'en plaignit ; mais la faiblesse de sa voix nuisit toujours, même quand il fut ministre, à l'effet de ses raisonnements. Très hostile à l'avancement, même sur place, il n'était pas autrement fanatique de cette inamovibilité qui permet « une fidélité ambulatoire à tous les régimes ». Il manifesta un goût prononcé pour l'élection des juges, tout en reconnaissant que la poire n'était pas mûre. En attendant qu'elle mûrît, il soutint que le système de la cooptation, auquel aboutissait, en dernière analyse, le projet péniblement élaboré par la Commission de l'Assemblée, ferait de la magistrature une famille fermée, une sorte d'académie judiciaire, réfractaire à tous les progrès. Le vrai moyen de la vivifier consistait à puiser largement dans le barreau ; elle trouverait là une inépuisable fontaine de Jouvence.

Ce désir de Goblet était commun à toute la gauche républicaine, qui escomptait avec raison, pour le triomphe de sa politique, des fournées d'avocats. Elle considérait le barreau comme « le parvis du temple de la justice ».

La liste des orateurs qui se signalèrent dans cette mémorable discussion serait plus longue que celle des héros d'Homère. Je fus surtout frappé du nombre et de la diversité des réformes qu'ils recommandaient comme nécessaires et urgentes. Je me disais qu'il y en avait bien pour trente ans. Or trente ans sont passés, et même quarante, sans qu'on ait rien fait de sérieux pour rendre à la magistrature son ancien prestige. A l'heure qu'il est, il y a encore une grande Commission qui s'occupe d'assurer son indépendance. Le gouvernement, qui la tient par l'avancement, n'est pas autrement pressé de la soustraire aux influences politiques, dont on saisit la trace même dans les procès civils.

Cette tentative de Février 1872 était fort honorable, mais la chose se passa en conférences. Il y en eut de fort belles, qui furent admirées et applaudies, ces conférences ayant toujours été la grande faiblesse de l'Assemblée. Comme elles n'ont rien produit et que la châtaigne est encore dans sa bourre, on est amené à conclure que tous ces chauds partisans d'une réforme de la magistrature poursuivaient une chimère ou que le progrès n'est qu'une tortue, quand il n'est pas une écrevisse.

L'Assemblée elle-même, en dépit de sa bonne volonté, se dégoûta de sa besogne. Elle entendit encore de nombreux orateurs, entre autres l'avocat Pâris, cet homme que, suivant un mot bien connu de Challemel-Lacour, la nature avait eu le courage de faire laid, et Gavardie et Bigot, et Merveilleux-Duvignaux, des avocats, des juges, des procureurs. Bérenger, substitut lorsque la guerre éclata, avait quitté son siège pour s'enrôler. Il se conduisit bravement et fut blessé. On lui en fit honneur, mais on repoussa son système. Le vieux Ventavon se moqua des réformateurs. Sa tignasse et son menton de galoche n'avaient pas diminué une certaine autorité qu'il devait à son bon sens aiguisé d'esprit. Il soutint qu'il n'y avait rien à faire, et peu à peu on s'en aperçut. Un ajournement opportun dispensa l'Assemblée de remonter plus longtemps ce rocher, et elle passa à d'autres exercices.

Je n'écris pas son histoire. Je me borne à signaler, en passant, les incidents qui ont marqué dans sa tumultueuse existence, et je m'applique surtout à suivre le petit travail de décomposition auquel la condamnait la sourde lutte qu'elle soutenait contre M. Thiers, sa créature, difficile à désavouer, plus difficile à déposséder. Le dissentiment s'aggravait chaque jour entre elle et lui. Visiblement, ils étaient mal attelés et tiraient en sens contraire.

On s'en apercevait à la moindre occasion. Il y eut alors une élection qui fit grand bruit. Le département du Nord avait à élire deux députés. Il se coupa en deux moitiés presque égales, chacune d'environ 80 000 voix, et nomma ensemble un conservateur, M. Dupont, et un républicain, M. Derégnaucourt, deux gloires locales, deux grosses fortunes. Le gouvernement avait montré en sourdine sa préférence pour le second. La majorité de l'Assemblée était de cœur avec le premier. La Commission chargée de vérifier les opérations électorales proposa de les admettre l'un et l'autre ; mais cette conclusion déplut à la majorité. Un violent débat, qui mit aux prises Raoul Duval et Goblet, prouva une fois de plus que si la bonne foi était bannie du reste de la terre, on ne la retrouverait pas dans le cœur des assemblées politiques.

Sous prétexte de candidature officielle, M. Derégnaucourt fut invalidé. C'était au moins une maladresse, car ses électeurs le vengèrent. Il fut réélu haut la main et on entendit ce mot sur les bancs de la gauche : « Enfin, nous avons un millionnaire ! » Ils en avaient d'autres, et Thiers lui-même, sans compter Casimir-Perier, des mines d'Anzin, et M. Guichard du Gaz. Celui-ci était le père de Mme Arnaud (de l'Ariège). Vieux voltairien, « ennemi de la prêtraille », j'ai déjà dit qu'il citait à tout propos la fameuse déclaration de 1682 et reprochait volontiers au gouvernement d'être plus clérical que Bossuet.

L'affaire Pouyer-Quertier fut plus sérieuse. Il avait rendu de grands services, comme ministre des finances, alors que, de son propre aveu, la fortune de la France tenait dans son chapeau. Sa démission brusquement donnée, à la suite d'un retentissant procès d'assises où il avait comparu comme témoin, produisit une vive émotion. L'Assemblée y entrevit des dessous et particulièrement une pression de M. Thiers, pour se débarrasser d'un ministre dont l'indépendance et la popularité le gênaient.

Au fait, que s'était-il passé? Pouyer-Quertier avait défendu de son mieux, au procès, son ami Janvier de la Motte, ancien préfet de l'Eure, accusé de concussion. Je crois bien qu'il avait risqué, sur les virements budgétaires et les mandats fictifs, des idées sujettes à caution ; ces légèretés lui étaient familières, toute la presse les releva, et M. Thiers dut lui faire sentir que sa présence devenait difficile dans le cabinet. Mais je suis également convaincu qu'on eût passé plus aisément sur ce grief, si son témoignage n'avait fortement contribué à faire acquitter un préfet bonapartiste, choisi comme bouc émissaire par la rancune des partis. Janvier de la Motte était un bon vivant qui avait tout ensemble de la gaieté et de la poigne. En temps d'élection il promenait dans les communes sa jovialité et il donnait beaucoup de dîners à la préfecture. On avait trouvé de lui une dépêche que l'on qualifiait d'électorale : « Envoyez des langoustes, beaucoup de langoustes ! » Et lorsque, quatre ou cinq ans plus tard, l'Eure reconnaissante fit un député de son ancien préfet, il ne pouvait dire un mot sans qu'on entendît un murmure confus sur les bancs de la gauche : « Langoustes ! Langoustes ! » Il en riait, ayant de l'esprit.

Le gouvernement n'en voulut pas moins à Pouyer-Quertier d'avoir excusé le bonapartiste Janvier de la Motte et, de son côté, l'Assemblée nationale réclama des explications sur cette démission d'un ancien ministre dont la bonne humeur lui avait facilité l'ingrat travail des impôts nouveaux. Elle jugeait que M. Thiers en avait usé un peu cavalièrement avec ce financier véhément, qui avait négocié le premier emprunt et sur qui on comptait pour le second.

Un interpellateur, Léonce de Guiraud, se plaignit, sur un ton agressif, que le Président de la République tranchât du souverain absolu. L'Assemblée, disait-il, n'avait plus qu'à abdiquer devant ce roi qui prétendait régner et gouverner à lui tout seul, et l'accueil encourageant d'une majorité d'autant plus exigeante qu'elle se voyait diminuée en nombre et en force, prouva qu'elle n'était par loin de partager cette opinion.

Lorsque Pouyer-Quertier parut à la tribune, elle le salua d'une acclamation, comme un innocent sacrifié. Lui-même se présenta en victime. On l'avait calomnié. Il se défendit d'avoir soutenu les hérésies financières dont on l'accusait, réduisit aux proportions d'un simple malentendu l'incorrection qui avait inquiété M. Thiers, et reconnut qu'il s'était retiré devant une injuste remontrance de ses collègues du Cabinet.

Casimir-Perier et Gambetta lui-même intervinrent, mais le rôle principal échut à Dufaure, qui avait, dit-on, menacé de se retirer si Pouyer ne s'en allait pas. Il s'efforça de remettre les choses au point. Sans oublier les ménagements qu'il devait à son adversaire, il insista sur la gravité du désaccord qui avait déterminé la crise, et ne dissimula point que, une fois la démission donnée, tout le Cabinet avait conseillé à M. Thiers de l'accepter.

Quant à Pouyer-Quertier, il parut un instant se désintéresser de la politique et pratiquer cet effacement volontaire qui suit quelquefois les grandes déceptions; mais cette inaction pesait autant à son énergie physique qu'à sa vigueur morale, et il ne tarda pas à se réveiller. Le plaisant de l'affaire, c'est qu'il avait été disgracié comme bonapartiste et que ses relations avec la comtesse de Valon faisaient déjà de lui, comme je l'ai indiqué, un légitimiste plus ou moins convaincu.

C'est ici que finit en réalité son existence historique. Mais je ne puis oublier ce qui lui arriva entre le Capitole et la roche qui en est voisine, c'est-à-dire entre l'extrême faveur que lui valut le sortilège du premier emprunt national et l'excessive disgrâce dont il fut frappé ensuite par un gouvernement qui le rejeta comme indigne.

M. Thiers eut de nouveau besoin de lui. Sa longue pratique des grandes opérations commerciales lui permit de servir encore son pays.

S'il est vrai qu'à la veille de ce fameux emprunt il pouvait dire que la fortune de la France tenait dans son chapeau, le lendemain, ce même chapeau, fût-il aussi vaste que le dôme du Panthéon, aurait crevé sous le poids. L'argent affluait de toutes parts et jamais l'État n'en avait tant vu dans ses caisses. Le débiteur et le créancier étaient également tranquilles, sauf un grave problème qui restait à résoudre. Comment exporter en numéraire, métal et monnaie de banque, des sommes aussi colossales, le drainage du monde entier? C'était s'exposer à jeter dans les affaires un trouble profond, suivi peut-être d'une crise monétaire dont nul ne pouvait prévoir les conséquences. Il y eut d'assez longues consultations entre les financiers des deux pays. Telles que l'histoire les raconte, je n'y constate pas la présence personnelle de Pouyer-Quertier, et son nom n'y est même pas prononcé, mais nul n'a jamais douté qu'on y eût subi, plus ou moins directement, l'influence du bon conseiller, toujours débrouillard, qu'aucune solution difficile n'embarrassait, et qui haussait les épaules quand'on parlait devant lui d'obstacle insurmontable.

Un plan fut adopté qui consistait à payer avec des traites. Aussitôt le gouvernement français s'occupa d'acheter toutes celles qui étaient en circulation, souscrites par le commerce universel, les passa à l'ordre du gouvernement allemand et régla ainsi son compte avec Berlin.

Dans une autre circonstance, Pouyer-Quertier paya de sa personne. Une négociation franco-allemande, d'une certaine importance, traînait en longueur et menaçait de s'éterniser. Il s'agissait du régime douanier qu'on ferait aux marchandises amoncelées dans l'Alsace-Lorraine, annexée par le traité de Francfort. On n'arrivait pas à s'entendre. M. Thiers, qui connaissait son homme, jugea que Pouyer-Quertier était seul capable de dénouer cette complication, et il l'envoya à Berlin causer avec M. de Bismarck.

Il plut du premier coup à son rude interlocuteur, non seulement par la joviale rondeur de ses allures, mais par l'extraordinaire capacité d'absorption dont la nature avait doué son estomac. Bismarck, qui, de son côté, avait des prétentions, aima, chez ce négociateur transformé en négociant, le bon convive qui lui tenait tête à table, le verre en main. On dit même qu'il s'établit entre eux une sorte d'émulation à qui aurait le dessus et que le robuste Allemand trouva son maître. Est-ce une légende? Je ne le crois pas. Que les nouvellistes, qui gâtent quelquefois une historiette sous prétexte de l'enjoliver, y aient ajouté quelque assaisonnement parasite, c'est possible (1) ; mais le fond subsiste et on en parle encore en Allemagne. Ce · qui est certain, c'est que Bismarck et Pouyer-Quertier tom-

(1) Ils ont écrit qu'à la suite de ces longues beuveries nocturnes, Pouyer-Quertier, se relevant de bon matin, tout frais et fleuri, insolent de santé, s'en était allé réveiller Bismarck et lui proposer, ironiquement, une tasse de thé.

bèrent assez vite d'accord et que, moyennant certaines concessions d'ordre économique, notre ministre des finances obtint de sérieux avantages pour les paiements anticipés de la rançon et la libération progressive du territoire.

Ce fut la malheureuse Alsace-Lorraine qui en fit les principaux frais, et lorsque la convention vint devant l'Assemblée, Buffet se plaignit de ce nouveau sacrifice ; mais son raisonnement ne tint pas contre un intérêt dont aucune considération ne pouvait balancer l'importance.

Thiers et Dufaure l'avaient sans doute oublié, quand, à la suite du procès Janvier de la Motte, ils jetèrent si prestement à l'eau un ministre coupable, à leurs yeux, de n'y avoir pas jeté un ancien ami.

En regard des services rendus, la faute de Pouyer-Quertier devenait assez vénielle, pour lui mériter, au lieu de cette exécution injurieuse et immédiate, une commutation ou au moins un sursis qui lui eût adouci l'amertume de cette brutale répudiation.

La querelle finit sans autre conclusion ; il suffisait à l'Assemblée d'avoir piqué une fois de plus M. Thiers ; mais cette guerre à coups d'épingle continua sans relâche entre elle et l'homme d'État qu'elle considérait comme son simple chargé d'affaires.

Un des plus beaux tumultes auxquels j'aie assisté à la même époque est resté célèbre dans l'histoire parlementaire parce que *le coup du chapeau*, prévu par le règlement, y mit fin d'une façon assez comique pour apaiser toutes les colères.

Le débat les avait déchaînées. Le Garde des sceaux avait demandé l'autorisation de poursuivre deux députés, Pierre Lefranc et Maurice Rouvier, qui avaient injurié l'Assemblée nationale dans leurs journaux. Une Commission chargée d'étudier ce cas spécial l'avait jugé pendable ; mais, dans la majorité même, plusieurs rechignaient à sévir. A gauche, on s'y refusait. Cazot, qui depuis fut ministre et qui mourut à quatre-vingt-douze ans sénateur inamovible, prononce un discours à grandes phrases sur le danger des proscriptions. Aussitôt le général Changarnier réclame en faveur des accusés « l'amnistie du dédain », et l'orage éclate. Vitet, qui présidait, n'avait pas la même autorité que Grévy, et, en outre, les républicains ne lui pardonnaient pas son rapport aigre-doux sur la constitution Rivet. Les deux accusés protestent. Le rapporteur, qui était M. de Fourtou, abandonne ses conclusions et se rallie à l'amnistie dédaigneuse du général Changarnier. Rouvier crie qu'il ne l'accepte pas. Un interrupteur lui répond : « L'Assemblée vous l'inflige » et Vitet prononce la clôture au milieu du bruit. Dix furieux, au pied de la tribune, l'invectivent et le menacent. Jules Favre lui-même s'en mêle, comme si rien n'était changé depuis deux ans. Tolain, Lepère, Brisson font rage. Challemel-Lacour n'en cède point sa part. A les entendre, — mais dans ce vacarme on ne les entend guère, — Vitet a violé le règlement en soumettant au vote avec trop de précipitation *l'amnistie* Changarnier, primée, suivant eux, par leurs amendements.

Enfin, on se calme ou plutôt on se repose et on se rabat en grinçant sur des questions moins irritantes. Mais ce n'est pas fini. La gauche s'était promis une revanche et, rien qu'à regarder les figures, on sentait qu'il y en avait pour deux journées. Le lendemain, c'est Saint-Marc Girardin qui préside et, comme on a repris des forces, le feu se rallume sur le procès-verbal. On se provoque de nouveau sur la violation du règlement. Des deux côtés on ergote, et le tapage recommence. On y met d'autant plus d'obstination que les articles invoqués prêtent à des interprétations contraires. Vitet soutient qu'il ne s'est pas trompé sur le sens qu'il leur a donné et l'application qu'il en a faite. Il a contre lui toute la gauche ; la droite et le centre le soutiennent. Cependant un point se détache en clair dans cette obscurité. Le procès-verbal constate que l'ordre du jour pur et simple, qui a toujours la priorité sur les autres propositions, a été demandé par Cochery. Or Vitet ne l'a pas mis en voix ; mais il en donne une bonne raison, et facilement acceptée, c'est que, dans ce sabbat infernal, il n'a pas entendu cette motion conciliante. Elle eût d'ailleurs été repoussée haut la main.

Ici un second incident se greffe sur le premier. Un mot, prononcé la veille par Brisson, a offensé Vitet, qui ne l'avait pas plus entendu que la demande de Cochery, mais qui le retrouve imprimé dans les comptes rendus officiels. Qu'a donc dit Brisson? « Que le vote sur la motion Changarnier était un *faux!* » Vitet demande que Brisson rétracte cette parole blessante ou qu'on la supprime au *Moniteur*. Baragnon va plus loin et réclame la censure. Au lieu de rétracter, Brisson se contente d'expliquer, et de nouveau les têtes se montent. Un ami de Gambetta, que celui-ci devait renier plus tard, Ordinaire, se révèle comme bousingot parlementaire et s'essaie à l'injure contre Baragnon. Rouvier reproche à l'Assemblée de l'avoir fait insulter par un octogénaire (le général Changarnier). Il a sur le cœur l'amnistie du dédain.

Saint-Marc Girardin, moins à l'aise qu'à la Sorbonne, essaye en vain d'étouffer ce nouvel incendie; mais il a bien l'air de perdre un peu la tête. Tout à coup, deux députés, le comte Jaubert et Pierre Lefranc, surgissent ensemble à la tribune. Pierre Lefranc veut à toute force parler, et résiste au président qui lui ordonne de se taire. Appuyé d'une main sur sa béquille, il s'accroche de l'autre aux basques du comte Jaubert impassible. La moitié des députés quittent leur place et somment les deux récalcitrants d'obéir. On n'entend plus guère que ces mots : « A l'ordre! A l'ordre! Descendez! Descendez! » A bout de moyens, Saint-Marc Girardin menace de suspendre la séance. Target lui crie : « Couvrez-vous! Couvrez-vous! » C'est en effet la seule ressource qui lui reste. Il saisit, dans l'obscurité de son bureau, le premier chapeau qui lui tombe sous la main, un chapeau sans doute trop large pour sa tête, et dans un mouvement convulsif, il se l'enfonce jusqu'au cou, si bien qu'on ne voit plus au fauteuil qu'un habit coiffé d'un chapeau. Alors l'Assemblée tout entière, sauf Schœlcher qui ne riait jamais, fut prise d'un immense éclat de rire, et c'est ainsi que ce chapeau, devenu légendaire, tourna le drame en vaudeville. La séance resta suspendue pendant une demi-heure. A la reprise, M. Brisson fut censuré et le procès-verbal adopté.

Cette joyeuse séance du 12 mars 1872 donne une idée exacte de l'anarchie qui régnait dans l'Assemblée nationale. Dans le pays les passions n'étaient guère moins excitées.

Le jour même où Pouyer-Quertier quittait le ministère, Rouher, élu député en Corse, était validé sans opposition. La Corse, naturellement bonapartiste, n'était pas encore aussi malléable qu'elle le devint depuis sous l'influence d'Emmanuel Arène, aujourd'hui feu Arène, mais assez puissant alors pour y faire nommer Ranc sénateur. Là et ailleurs, Thiers passait son temps, comme il le disait malicieusement, à empêcher les partis de se jeter les uns sur les autres, mais il avait soin d'insinuer que cette espèce de guerre civile cesserait le jour où on sortirait d'un provisoire énervant pour donner à la France une constitution définitive, autrement dit républicaine. Il y orientait son gouvernement.

Cependant il se trouva d'accord avec l'Assemblée pour sévir contre l'Internationale dont on avait partout retrouvé la main dans la Commune. Dufaure s'en chargea. Il y eut une discussion très chaude qui embarrassa et divisa les républicains, les uns étant restés à demi conservateurs et les autres inclinant au socialisme. Thiers excellait à ce jeu de bascule, qui semblait le ramener vers la droite lorsqu'il s'était trop visiblement porté à gauche. Il pratiquait avec un art consommé cette politique du hamac où il eut un peu plus tard de très habiles imitateurs. Les tenants de l'Internationale furent Tolain et Louis Blanc, qui prononcèrent deux discours remarquables et surtout prophétiques. Ils prédirent l'un et l'autre tout ce qui arriverait, tout ce qui arrive aujourd'hui. Le premier s'attacha à établir que, dans l'état de l'industrie, les relations chaque jour plus tendues entre l'employeur et l'employé devaient nécessairement aboutir à la création d'un contrat de solidarité professionnelle entre les travailleurs du monde entier. Il montra comment l'Internationale était née de ce besoin et avait poursuivi ce but également légitimes. Sur son ingérence dans la politique et particulièrement sur son indulgence pour la Commune, se sentant plus faible, il plaida les circonstances atténuantes. Le chemin est si court et la pente si glissante du mécontentement à la grève et de la grève à la révolte !

Tout le discours de Tolain est à relire, si l'on veut se rendre compte des causes et des effets qui ont déchaîné dans le monde du travail cette queue sociale dont on ne voit pas la fin. Louis Blanc le prit de plus haut. Il reprocha à l'Assemblée et au gouvernement de s'attaquer à une idée juste, à une idée invincible et de livrer à la vérité elle-même la plus inutile des batailles. Il rappela que l'Inquisition et la Saint-Barthélemy avaient misérablement échoué dans leur lutte contre la liberté de conscience. Il oublia la Terreur et la guillotine, qui ne réussirent pas mieux à arrêter la marche de l'esprit humain. Quelques interrupteurs, entre autres M. Wallon, eurent soin de le lui rappeler, mais il n'y prit garde et railla cet aveuglement qui prétend opposer la fragile barrière d'une loi à l'indomptable puissance d'une idée. Peine perdue ! précaution puérile ! disait Louis Blanc. Enfantillage de réactionnaires en détresse, à qui un prochain avenir montrerait bientôt le ridicule et le néant d'une entreprise insensée. A l'heure où nous sommes, il semble bien que Louis Blanc fut ce jour-là un précurseur. Avec la complicité de la société elle-même qu'elle veut détruire, l'Internationale est ressuscitée.

La loi proposée par Dufaure était dure. L'affiliation à cette devancière de la Confédération générale du travail y était punie d'une forte amende et d'une longue prison. Elle fut votée, en dernière analyse, à mains levées, parce que les opposants avaient peur de se compromettre ; mais il n'y fallut pas moins de quatre séances largement remplies.

A côté de Tolain et de Louis Blanc, d'autres orateurs moins qualifiés attaquèrent le projet. Un revenant de 1848, Corbon, convint que l'Internationale, après l'avoir d'abord séduit, l'avait ensuite découragé, mais il ajouta que la masse ouvrière entrevoyait un idéal encore vague et confus auquel le progrès social devait donner satisfaction. Langlois, qui se vantait d'être élève de Proudhon, philosopha sur l'origine de la propriété et cita la Bible. Bertauld, passé maître en chicane, étudia la loi à la loupe et y trouva prétexte à quelques arguties juridiques qui agacèrent Dufaure. Au fond Bertauld regrettait que le gouvernement, dont il se déclarait l'ami, lui eût causé du chagrin, en prenant l'initiative et la responsabilité de cette loi. C'est dans cette discussion, si j'ai bonne mémoire, que Dufaure feignit de le plaindre et fit rire l'Assemblée à ses dépens en l'appelant « notre ami attristé ». Le pointilleux Pressensé, coutumier du fait, imita l'exemple de Bertauld et coupa aussi des cheveux en quatre. On ne s'attendait pas à voir Jules Favre en cette affaire, mais il s'y fit rembarrer à son tour par Dufaure, qui avait, comme on sait, la dent dure. Le bon Henri Martin reconnut le danger que le cosmopolitisme révolutionnaire faisait courir à la société française ; mais sa candeur voulait le combattre par « des moyens moraux ». On jugera si les moyens moraux ont suffi. Au reste, il était un peu suspect à la gauche, ayant, dans son *Histoire de France*, honoré Louis XIV.

Laboulaye s'offrit aussi une petite homélie lénitive. D'autres, Millaud, Magnin, Pressensé et l'entourage, se répandirent en imprécations :

« Vous introduisez l'espionnage au foyer domestique !

— Vous reculez jusqu'à la Restauration ! Vous ramenez l'Inquisition ! »

Cette enflure parut grotesque, surtout dans la bouche de Jules Favre, qui croyait retrouver par là son crédit à jamais perdu. En réalité, ces extravagances cachaient beaucoup d'hypocrisie. La plupart des républicains maudissaient l'Internationale qui leur avait joué de si mauvais tours, mais ils avaient peur de se brouiller complètement avec leurs électeurs. Ceux qui la désavouèrent franchement, elle et ses doctrines, ne furent pas très nombreux et parurent naïfs.

Parmi les défenseurs du projet, que de noms oubliés, enterrés ! Le rapporteur Sacaze, Robert de Massy, Gaslonde, Boreau-Lajanadie, Depeyre lui-même, qui fut ministre. Brèves renommées d'un mois ou d'un jour, entassées dans un obituaire que l'histoire daigne à peine rouvrir. Dufaure seul a survécu, figure renfrognée et maussade. Quant à la loi, elle est morte, et les vaincus sont aujourd'hui les vainqueurs. Que reste-t-il de Thiers lui-même et de sa République conservatrice? « Une bêtise ! »

La seconde moitié du mois de mars 1872 fut consacrée au budget. Je n'y relève que l'éternel recommencement des choses, l'insipide rabâchage des vœux stériles et l'ajournement des grandes réformes toujours réclamées et indéfiniment reculées. Une première bisbille mit aux prises l'Assemblée et le président Grévy à propos du droit d'interpellation. Les étudiants en médecine avaient fait un *chahut* à un de leurs maîtres, le professeur Dolbeau, qu'ils accusaient de dénoncer, comme ayant pris part à la Commune, des blessés soignés à son hôpital. Jules Simon, alors ministre de l'instruction publique, alla au plus pressé et fit fermer les cours, sur quoi Alfred Naquet, saisissant la balle au bond, demanda à interpeller. Le professeur ayant de lui-même sollicité une enquête, le ministre pria l'Assemblée d'en attendre les résultats. Comme elle n'aimait pas ces petites ébullitions périodiques d'une jeunesse toujours généreuse, mais quelquefois injuste, plusieurs députés de la droite réclamèrent le renvoi à six mois. Grévy déclara immédiatement qu'il ne mettrait pas aux voix une date aussi éloignée, parce que ce serait confisquer le droit d'interpellation, arme également utile à tous les partis. La brouille s'envenima, il tint bon. Après une altercation assez vive, ces contradicteurs s'avisèrent qu'il avait raison contre eux et qu'il défendait leur propre cause. N'était-ce pas une chose évidente que leur intérêt immédiat leur conseillait de maintenir ce droit dans toute sa plénitude, pour le jour, prochain sans doute, où ils jugeraient à propos d'en user. Cette réflexion leur rendit un peu de sang-froid ; l'interpellation fut renvoyée au 1er mai, et ce malentendu comme ils s'empressèrent de l'appeler, finit dans un baiser Lamourette. Mais la paille était rompue. Sans le vouloir, on s'était fait la main pour de plus dangereuses querelles, et l'on put bientôt mesurer, de part et d'autre, la puissance d'une interpellation.

L'Assemblée inaugura, cette année-là, les vacances de Pâques, qui sont passées depuis en habitude ; mais elle ne prit que vingt jours. Avant la séparation, Thiers leur fit un discours de clôture, où il affecta de résumer en deux mots toute sa politique au dedans et au dehors : « l'ordre et la paix ! » on ne lui ménagea pas les bravos ; on s'en allait !

CHAPITRE XXII

LA QUERELLE S'ENVENIME

Interpellation Raoul Duval sur les maires. — Proposition Princeteau. — La nomination des conseillers d'État. — Crainte de coups de force. — Trêve apparente. — L'Assemblée et l'Exécutif contre l'Empire. — Le duc d'Audiffret-Pasquier. — Son discours. — Varus, rends-moi mes légions ! — Triomphe du duc. — L'intervention de Gambetta mal accueillie.

I

Au retour, ce faux regain de belle humeur avait disparu, les impressions recueillies par les députés dans leurs départements n'étaient pas de nature à les calmer. Les conservateurs y avaient assisté, de plus près, aux progrès de l'idée républicaine, soutenue par le visible travail du gouvernement. Ils s'étaient en même temps convaincus de leur propre discrédit et du prompt effort dont ils auraient besoin pour utiliser le peu de force qui leur restait. Réunis de nouveau à Versailles, la conscience de cette défaveur aigrit leur mécontentement et les décida à agir vite.

Dès le 25 avril, Raoul Duval, avec son entrain habituel, interpella sur la participation des maires d'Angers et du Havre à des manifestations dirigées contre l'Assemblée. Il laissa entendre que le gouvernement s'en faisait le complice par son silence, il déchira tous les voiles qui dissimulaient encore l'antagonisme persistant des deux pouvoirs et posa très franchement la question : « Êtes-vous avec nous ou contre nous? »

Son terrain de bataille était excellent. M. Thiers, fatigué et

malade, comprit que l'heure des grandes ruptures n'avait pas
encore sonné, et le ministre de l'intérieur, qui était alors Victor
Lefranc, exécuta une retraite, qui mit la gauche en colère et la
droite en joie.

L'insurrection des maires fut si complètement blâmée et
désavouée par lui que Raoul Duval, pour mieux la souligner,
s'empressa de retirer son interpellation, tandis que les républicains se vengeaient de leur déconvenue par un long rugissement.

Ils recommencèrent le lendemain lorsqu'un des questeurs,
M. Princeteau, député de Bordeaux et royaliste militant,
développa une proposition juste et légitime en soi, mais qui
trahissait une fois de plus la défiance que les tendances de
M. Thiers inspiraient à ceux qui étaient encore la majorité.
Défense lui fut faite de prendre de nouveaux fonctionnaires
dans l'Assemblée et de donner de l'avancement à ceux qui en
faisaient partie. Mesure juste, précaution sage, éloquemment
réclamée sous Louis-Philippe par M. de Rémusat, par M. Thiers
lui-même et par toute l'opposition, mais qui, dans la circonstance, prenait un caractère désobligeant et agressif. Les républicains se récrièrent, et l'on eut alors ce spectacle toujours
édifiant d'un parti qui reniait, dans un intérêt mesquin, ses
principes et son passé. Je n'en étais plus à m'en étonner, il
me suffisait d'en rire et de marquer d'un mauvais point de plus
dans mon for intérieur cette suprême misère de la politique.
Ils disaient, pour s'en excuser, que *ce n'était pas la même chose*
et s'efforçaient de le démontrer par de pitoyables chicanes
dont ils n'étaient pas dupes eux-mêmes. Ah ! ce fameux : « Ce
n'est pas la même chose ! » Encore une des tartuferies, et par
conséquent une des ressources de la politique. Je m'empresse
d'ajouter que les autres en faisaient autant à l'occasion. Ainsi
s'achevait peu à peu l'éducation du peuple souverain. Mon
vieux camarade de chaîne, Letellier, à force de coups de pied
sous la table, quand je m'indignais encore, avait largement
contribué à la mienne.

Ce fut bien pire lorsque la marche du travail parlementaire

ramena la discussion, en seconde lecture, sur la réorganisation du Conseil d'État. Qui en nommerait les membres, le Président de la République ou l'Assemblée? Ce fut, de part et d'autre, l'unique préoccupation. Une lutte acharnée mit aux prises les deux prétentions rivales. La chose en valait la peine. Il ne pouvait être indifférent aux deux jouteurs, je devrais dire aux deux boxeurs, d'avoir pour soi ou contre soi un grand corps administratif comme le Conseil d'État.

Cette fois, c'était le gouvernement qui, à mon sens, tenait le bon bout. Quand il revendiquait pour lui-même, en invoquant une tradition presque constante, la faculté de choisir ses conseillers, il avait de son côté le droit et la raison. Mais la majorité redoutait l'usage qu'il ferait d'un tel pouvoir si on le lui laissait entre les mains. Sans méconnaître que c'était un attribut naturel de la souveraineté, elle équivoquait sur la situation du Président de la République. Suivant ses orateurs, entre autres Kerdrel, qui se montra un peu ergoteur en cette affaire, et Baragnon, qui l'était de nature, le souverain, c'était l'Assemblée, d'où ils concluaient l'un et l'autre qu'il lui appartenait de composer le Conseil d'État à sa guise et à son image. Ils rencontrèrent en face d'eux Laboulaye, dédaigneux avec onction, et Bardoux qui confirma sa réputation d'orateur aimable. La cause du gouvernement fut plaidée magistralement par Dufaure, qui, se sentant sur un terrain solide, jouissait de tous ses moyens. Les *précédents*, qui ont tant de force en politique, étaient à son avantage, et il embarrassait la majorité royaliste en lui rappelant qu'il défendait contre elle la doctrine de la Monarchie. Seulement la situation était si fausse pour tout le monde dans cette Assemblée qu'il était gêné lui-même, sous la République naissante, par un précédent républicain. On lui objectait que la Constitution de 1848 avait réservé aux représentants du peuple la nomination des conseillers d'État, et il en était réduit, comme le premier venu, à soutenir que ce n'était pas la même chose. Selon lui, lorsque l'Assemblée constituante admit cette infraction à la règle, elle ne pouvait savoir ce que serait et ce que ferait le président futur de la République, tandis qu'aujourd'hui l'Assemblée nationale avait choisi elle-même le chef de l'État. M. Thiers ne lui offrait-il pas toutes les garanties?

La majorité n'osait pas encore répondre qu'elle les jugeait insuffisantes; elle se bornait à insinuer : « Répondez-vous de ses successeurs? » Mais c'était bien au titulaire actuel qu'elle pensait, et celui-ci ne l'ignorait pas.

Au fond, sauf chez Bardoux, qui était encore un peu naïf, et chez Dufaure, qui apportait là une vieille conviction, la question de principe, derrière laquelle chacun affectait de se retrancher, n'était qu'un prétexte à discours. Elle s'effaçait, comme toujours, devant la question d'intérêt. Chaque parti ne visait qu'à mettre un gros atout dans son jeu. On sait quelle fut l'issue de cette mémorable rencontre. L'Assemblée l'emporta, et aussitôt toutes les ambitions se démenèrent, entortillées d'intrigues. Le plus mince politicien, le plus obscur journaliste rêva un poste de conseiller d'État ; mais comme il n'y avait pour cent candidats que vingt-huit places, dont plusieurs étaient prises d'avance, le nombre des mécontents dépassa de beaucoup celui des satisfaits. En somme, la déception des évincés fit à la majorité quelques ennemis de plus dont elle n'avait pas besoin et ce fut le premier fruit de sa victoire. J'en vis alors, parmi les plus dignes, qui ne lui pardonnèrent jamais d'avoir été sacrifiés.

Il va sans dire qu'entre l'Assemblée et le gouvernement l'antipathie originelle s'accusa chaque jour davantage et dégénéra bientôt en aversion avouée. La guerre n'était pas absolument déclarée ; mais on la voyait venir et des deux côtés on s'y préparait. Elle dura encore un an, avec de courtes trêves, employées par les deux adversaires à fortifier leurs positions respectives pour l'inévitable conflit.

Ils ne s'en cachaient pas. Les conciliabules où les divers groupes de la majorité échangeaient leurs vues finissaient toujours par des récriminations unanimes contre l'Exécutif. M. Thiers en était immédiatement averti, et, de son côté, il ne se gênait guère, dans ses réceptions quotidiennes et dans ses journaux, pour cribler d'épigrammes les principaux chefs de cette Assemblée récalcitrante. Idiots! Imbéciles! C'était la plus douce des épithètes dont il aimait à les honorer. Sa rupture définitive avec le duc de Broglie, ambassadeur démissionnaire, l'avait d'autant plus irrité que l'influence du duc, revenu décidément de Londres, commençait à se faire sentir dans l'Assemblée par des attaques mieux combinées et plus fréquentes. Notre collègue Aude remplissait en même temps auprès de M. Thiers la fonction de secrétaire intime. Il s'efforçait honnêtement de dissimuler à nos yeux l'état d'esprit de son patron, mais à certains mots, à certains gestes qui échappaient, malgré lui, à sa vivacité méridionale, nous devinions aisément que le Président de la République était fort en colère, et que les éclats de cette colère communicative atteignaient tout son entourage. La mauvaise humeur d'Aude devenait pour nous un baromètre.

Je n'exagère pas en affirmant que cet antagonisme continu des deux pouvoirs présente beaucoup d'analogie, sauf le dénouement, avec la lutte du président Louis Bonaparte et de l'Assemblée législative dans les années qui aboutirent au 2 Décembre. Dans le public, à Paris surtout, il m'arriva souvent d'entendre dire : « Est-ce que le père Thiers ne... *mettra* pas bientôt ces gens-là à la porte? »

Je ne crois pas qu'il en ait jamais eu l'idée ; mais il est certain que quelques-uns d'entre eux en avaient la peur et qu'elle les détermina à prendre les devants. Il eût été curieux de voir, à vingt ans de distance, le vieux général Changarnier arrêté de nouveau dans son lit par un coup d'État de son ami Thiers! Je m'excuse d'en parler aussi légèrement ; ce n'est pas ma faute. Le spectacle des choses et une longue expérience des vicissitudes politiques ne m'ont pas laissé le complet discernement du bien et du mal, du juste et de l'injuste en cette matière. J'en suis presque arrivé à la plus impartiale indifférence, résumée dans la formule réaliste : la force prime le droit. *In summa fortuna æquius quod validius.* Tacite l'a dit avant Bismarck. Et son mot, ce mot fameux que l'on cite toujours : *omnia serviliter pro dominatione,* ce mot cruel que se renvoyaient avec tant d'acrimonie, en 1838, dans la grande querelle de la coalition, Guizot et le comte Molé, à quoi l'appliquer aujourd'hui, sinon à la servitude intéressée du député aplati devant l'électeur et du ministre aplati devant le député?

J'observe en passant que les écrivains et les orateurs français, quand ils sont dans l'opposition, invoquent un peu à tort et à travers le nom du grand historien latin. Chateaubriand le fit dans un réquisitoire célèbre contre le premier Empire. Sous le second, Jules Favre répétait à tout propos : « Attendez votre Tacite ! » Tacite n'est pas venu ; nous n'avons eu que sa monnaie. Je me figure qu'il n'eût pas donné satisfaction complète aux hyperboles des politiciens qui le tirent à eux pour écraser leurs adversaires. Sa justice répartissait plus équitablement les fautes et les crimes. Comme il avait un grand souci de rendre à chacun ce qui lui était dû, il eût certainement porté des jugements sévères sur une époque où personne n'a le droit de lapider personne, parce que tout le monde a péché.

II

Laissons cela. Dans ce printemps de 1872 où le Président de la République et l'Assemblée nationale se faisaient réciproquement la main l'un contre l'autre, on les voit quelquefois se réunir contre l'ennemi commun : l'Empire tombé, qui remuait encore, et l'émeute vaincue qui frétillait toujours.

Le duc d'Audiffret-Pasquier les poursuivait d'une égale haine. Il conquit alors aux dépens du premier une éclatante réputation d'orateur qui alla plutôt diminuant dans la suite ; mais son éloquence, faite d'indignations amassées, le rendit célèbre en un jour. Un rapport sur les marchés d'armes et de vivres passés pendant la guerre lui fournit une première occasion. Il étala et flétrit à la tribune le pillage impuni de la fortune publique, auquel s'étaient livrés, à la faveur de nos désastres, des spéculateurs, trafiquants, traitants et requins attirés par la facilité de la proie. Et naturellement il rendit l'Empire responsable de cette effroyable gabegie. Un cri de rage de l'Assemblée répondit à sa propre colère et on le porta en triomphe comme le vengeur de la conscience nationale outragée.

Toute sa passion était passée dans l'âme de son auditoire, et c'est à peine si quelques légers murmures immédiatement étouffés avaient pu se faire jour à travers cette explosion de rancunes. En vain le général Loysel insinua que le gouvernement impérial n'était pas le seul coupable et que les représentants du pays, qui avaient refusé au maréchal Niel l'argent nécessaire pour organiser la garde mobile, méritaient bien aussi quelque reproche. On lui ferma la bouche, et il put se convaincre qu'il n'y a rien à faire contre certains courants qui se forment instantanément dans les assemblées.

Cependant le dernier mot n'était pas dit, et, après avoir soigneusement épluché cette enquête des marchés dont le duc d'Audiffret-Pasquier avait si furieusement tiré parti, Rouher demanda à interpeller le ministre de la guerre sur ce même rapport de la Commission. Il lui fallait du courage, car il n'ignorait pas qu'il avait contre lui, sauf une douzaine d'amis, toute l'Assemblée. Il commença par la mettre en garde contre les entraînements de la politique et se déclara bien résolu à ne traiter qu'une question d'affaires. On se résigna à le laisser parler, en affectant de mettre un peu de dédain dans ce silence. J'ai su depuis, par des aveux rétrospectifs, que les plus montés avaient apprécié certaines parties de sa défense.

Il se plaignit d'abord — oh ! très doucement — que le duc d'Audiffret-Pasquier eût présenté son accusation en bloc, sans tenir compte des dates, et mêlé ainsi avec les marchés conclus par l'Empire aux abois les marchés conclus, après le 4 Septembre, par le gouvernement de la Défense nationale. C'était une habileté ; car nombre de ceux qui l'écoutaient en voulaient presque autant à Gambetta qu'à l'Empire. Il pria ensuite, comme beaucoup de déposants dans l'enquête l'avaient demandé, qu'on tînt compte des circonstances, c'est-à-dire des difficultés presque insurmontables auxquelles on s'était heurté pour se procurer à tout prix des armes, des munitions, des vivres ; ne comprenait-on pas toutes les nécessités, toutes les irrégularités qu'il avait fallu subir?

Déjà Clément Duvernois, avec qui j'étais resté en bons termes, m'avait raconté qu'un mot de lui, qui était presque un calembour, avait fort ému la Commission : « Des fusils, j'en aurais acheté à Cartouche ! »

Rouher eut soin de prendre Gambetta lui-même à témoin des extrémités auxquelles on est réduit en face d'un grand péril national.

Bon gré mal gré, on écoutait ; de temps en temps une interruption désobligeante, qui laissait Rouher impassible, mais coupait son exposé. C'était un genre où il excellait. Il parla longtemps, s'appliquant à réfuter l'accusation jusque dans ses moindres détails et à défendre celui qu'il avait servi. Le duc l'encourageait presque, disant : « Je vous répondrai ! » L'impression générale n'était pas mauvaise. On voulait paraître impartial. Les colères refoulées ne tournèrent à l'hostilité directe qu'à la fin de son discours, quand, par une invitation maladroite, il essaya de flatter le désir de la majorité, en l'exhortant à poursuivre courageusement son œuvre de salut. On lui fit entendre que les temps étaient changés et qu'on n'avait pas besoin de ses conseils.

Le duc ne répondit que le lendemain. Il soutint qu'il ne fallait pas s'attacher aux dates, qu'il n'y avait aucune distinction fondamentale à établir au point de vue des marchés entre l'Empire et le gouvernement de la Défense nationale ; parce que celui-ci n'avait fait que continuer, par une sorte de solidarité inévitable, ce que l'autre avait commencé.

L'orateur se sentait porté par la faveur de son auditoire, chacune de ses paroles était accueillie par des applaudissements ; on l'invitait du geste à redoubler, à frapper sans pitié et sans crainte. On savourait délicieusement, comme une vengeance attendue, ce procès qu'il faisait à l'Empire tombé, on en jouissait comme d'une exécution complète et définitive.

Il le voyait, et alors, débordé, submergé autant par ses ressentiments personnels que par le flot de la haine environnante, il rompit tout à coup le fil de ses démonstrations commerciales et lança aux vaincus, dans une sorte de haut-le-cœur, l'apostrophe historique : *Vare, redde mihi meas legiones!* — *Varus, rends-moi mes légions!*

L'effet en fut terrible. L'Assemblée tout entière bondit, les bras tendus vers l'orateur, et l'on put croire que les murs allaient crouler sous les bravos. J'en fus secoué moi-même comme d'une décharge électrique. Je n'ai guère vu cela que deux ou trois fois dans ma vie. C'était vraiment le coup de foudre. La phrase qui l'amena a été arrangée dans les comptes rendus officiels. Le duc n'y avait mis aucun apprêt. Il s'était arrêté brusquement sur une réticence presque triviale : « Et tenez, ce n'est pas tout ça : Varus, rends-moi mes légions! »

L'enjolivement qu'il ajouta le soir à son Varus, sur notre compte rendu, a plutôt affadi ce bouillant jet de bile. Mais, tel quel, sa renommée y gagna encore et il passa dès lors pour un des Mirabeau de l'Assemblée. Il se trouva même engagé un peu plus peut-être qu'il ne l'eût voulu par l'enthousiaste admiration des républicains et par leur reconnaissance. Le service retentissant qu'il leur avait rendu lui valut bientôt et la présidence de l'Assemblée et, un peu plus tard, une élection triomphale comme sénateur inamovible. Il arriva le premier sur leur liste, désigné ainsi d'avance pour présider le nouveau Sénat. Il fut amené ainsi à vivre quelque temps presque en marge de son propre parti. Son naturel impérieux ne pouvait supporter la plus amicale contradiction. Il montait, il partait sans crier gare. Sa colère le rendait éloquent, et plusieurs, entre autres Buffet, eurent souvent à se plaindre de rebuffades imméritées.

Il avait de l'orateur les parties principales : l'action, la chaleur, l'inspiration, la réplique prompte et facile, mais il n'en avait point le dehors. Sa voix était aigre et sifflante, sa taille petite, son extérieur presque négligé. Quand il se précipitait à la tribune avec son veston quadrillé, il avait bien l'air d'un homme de cheval, d'un entraîneur qui allait visiter ses écuries.

Il avait un tic dont on souriait. Chaque fois qu'il s'apprêtait à foncer sur l'adversaire, il se grattait le nez plusieurs fois dans toute sa longueur, comme d'autres se pincent les lèvres ou se mangent les ongles.

Son Varus, qui lui ouvrit les portes de l'Académie française, est resté comme un admirable mouvement oratoire ; mais l'orateur n'a pas duré longtemps dans la mémoire de nos contemporains. Il est mort, à ce que j'ai entendu dire, très désabusé, avec un furieux regret de se sentir impuissant contre des hommes plus dangereux que Rouher.

J'ai laissé celui-ci écrasé du coup de tête qu'il venait de recevoir en pleine poitrine. Il garda quand même assez de sang-froid pour reprendre ses explications ; il en appela de l'Assemblée prévenue à une Assemblée mieux informée et plus capable de justice. Mais elle ne voulait plus rien entendre.

Légèrement éclaboussé dans la bataille, Gambetta voulut parler. Il fut si violent contre l'Empire et surtout contre Rouher que le baron Eschassériaux lui cria : « Des injures ne sont pas des raisons ! » et qu'une bonne partie de la droite répondit par des protestations aux encouragements que lui prodiguaient les républicains. La majorité voulait bien piétiner Rouher abattu, mais elle n'admettait pas que ce fût au profit de Gambetta. Le dictateur de Bordeaux dut avaler, suivant sa propre expression, des crapauds et des couleuvres. On lui rappela que M. Thiers, dont il essayait de se couvrir, l'avait traité de fou furieux. Au dernier moment la partie fut remise, et, sur la proposition du duc de Broglie, on vota un ordre du jour dans lequel l'Assemblée se déclarait résolue à poursuivre et à atteindre toutes les responsabilités encourues avant et après le 4 Septembre.

En fait, on continua les enquêtes, on multiplia les rapports et on n'atteignit rien du tout. Ce débat si ardent, si passionné, dans lequel le calme et la mesure étaient également impossibles aux témoins, aux accusés et aux juges, demeura parfaitement stérile. . L'histoire y recueillera l'interruption ironique d'un député bonapartiste, Haentjens, qui n'était pourtant qu'un ami du second degré :

« Il faut conclure de tout cela qu'il y a en France sept mil-lions et demi de gredins ou d'imbéciles qui ont voté le plébis-cite ! » Il faillit être lynché.

Le gouvernement avait observé dans la bataille une facile neutralité ; mais je voyais bien, à certains signes, que ces grands déchirements de l'Assemblée ne lui étaient pas autre-ment désagréables. Déjà, quelques jours auparavant, Dufaure, ayant à dire son mot sur une proposition de loi relative au droit d'association, s'était arrangé pour en laisser aux prises les adver-saires et les partisans ; c'était une façon de diviser pour régner.

Les cinq ou six semaines qui suivirent furent consacrées à la dernière lecture de la loi militaire et aux lois d'impôts. Il fallait bien refaire l'armée et payer nos dettes. C'était naturel-lement le premier souci du gouvernement et de l'Assemblée ; mais, là encore, on n'arriva pas à s'entendre, et de nouveaux froissements envenimèrent les anciennes querelles. Même sur ces questions exclusivement nationales, une sorte de mésin-telligence irréductible séparait le Président de la République et l'Assemblée. Le fait est qu'ils n'avaient pas une opinion com-mune. Les Commissions avaient travaillé pendant toute une année et, malgré des concessions réciproques, elles n'avaient pu tomber d'accord avec M. Thiers et elles laissaient à l'Assem-blée, prise pour arbitre, le soin de trancher les plus graves litiges.

On se ménageait encore un peu de part et d'autre, on se répandait, au besoin, en protestations de déférence et de res-pect ; mais, au fond, entre l'Assemblée ombrageuse et le Pré-sident indocile, la défiance tournait de plus en plus à l'hostilité. Le Président nommait chaque jour des fonctionnaires de tout ordre, surtout des préfets et des magistrats, qui, dévoués à sa politique personnelle, étaient par cela même suspects à l'Assem-blée, et l'Assemblée ne dissimulait plus guère son mécontente-ment. Elle se jugeait trahie, tout au moins jouée et bernée.

CHAPITRE XXIII

LA LOI MILITAIRE DE 1872

Le service universel. — Les idées de M. Thiers. — Le service à long terme. — Le projet de la Commission. — L'impôt du sang. — L'homélie de Jean Brunet. — Le général Trochu. — Le duc d'Aumale. — Le drapeau chéri. — L'effet produit sur les divers groupes de l'Assemblée. — Mauvaise humeur de l'extrême gauche et de l'extrême droite. — Les *humanités* défendues avec succès par l'évêque d'Orléans.

I

L'Assemblée nationale avait hâte de donner à la France vaincue une loi militaire qui la mît désormais à l'abri de pareils désastres. La discussion en fut d'autant plus intéressante que la donnée en était plus neuve dans un pays accoutumé aux bons numéros, aux exemptions et substitutions de toute sorte, aux remplacements et aux marchands d'hommes.

Il n'y avait pas trois ans que, malgré le tocsin de Sadowa, le Corps législatif avait montré son attachement à ce système consacré autrefois par l'autorité de Gouvion Saint-Cyr et du maréchal Soult, continué jusqu'à la fin du second Empire par l'égoïsme des classes bourgeoises, au grand chagrin du maréchal Niel qui n'avait pas même pu organiser sa garde mobile.

Telle qu'elle avait été proposée par la Commission de l'armée, la nouvelle loi reposait sur le principe du service personnel et universel. Depuis la guerre, il était accepté d'avance par tous les partis, mais avec des réticences et des arrière-pensées.

M. Thiers, obligé de le subir malgré les préventions que, de son propre aveu, lui inspiraient toutes les nouveautés radicales, voulait un service à long terme dans l'armée active, cinq, six, sept ans, et une réserve nécessairement plus faible, constituée par une seconde portion du contingent.

La Commission accordait quatre ans, avec une réserve plus forte. Elle avait imaginé, pour ménager un peu l'élite de la jeunesse studieuse et ne pas trop contrarier les vocations civiles, une combinaison ingénieuse qu'on appela le volontariat d'un an.

La majorité, sans l'avouer, tenait, sinon pour le remplacement, du moins pour différentes variétés de substitution entre conscrits.

La gauche républicaine, niveleuse par tradition, repoussait tout ce qui lui semblait une atteinte à l'égalité absolue. Cette sottise, qui assimilait le plus brillant élève de nos grandes écoles au dernier des paysans de France, avait pour elle un mot sonore : l'égalité devant l'impôt du sang. Comme il restait entendu qu'en cas de guerre tout le monde irait au feu, ce n'était qu'une de ces formules vides dont la simplicité séduit les masses.

Le ministre de la guerre était alors le général de Cissey ; la rédaction du rapport avait été confiée au marquis de Chasseloup-Laubat, homme de bon sens et excellent esprit, éloigné de la chimère comme de la routine. La discussion fut longue et animée. Elle mit aux prises tous les députés qui se jugeaient compétents dans les questions militaires ; on y entendit plusieurs généraux qui n'avaient en vue que la force de l'armée, et aussi quelques officiers plus politiciens que soldats.

Le premier qui occupa la tribune fut cet original de Jean Brunet, qui se regardait, en cette affaire, comme l'apôtre d'un Évangile méconnu. Il avait dans la tête des idées fumeuses traversées par quelques éclairs. Partisan d'une armée vraiment nationale, il reprocha au projet de manquer, dans ses dispositions essentielles, à ce fier principe du service personnel obligatoire, qui, réellement appliqué, serait le salut de la France.

Il fit en même temps un cours d'histoire militaire. Son admiration passionnée pour Jeanne d'Arc l'exposa aux rires et aux railleries de la gauche ; mais, comme ses rêveries finissaient généralement par imprimer une tournure religieuse à sa parole, il termina son discours sur une éloquente adjuration qui lui rendit la faveur de la majorité :

> Il faut, souvenez-vous en, que quand vous ordonnez à une colonne de troupes de monter à l'assaut d'un formidable rempart ou de ces terribles batteries qui vomissent la mitraille et couchent par terre les trois quarts des combattants ; il faut que l'homme en tombant ne se regarde pas comme un morceau de chair qui va pourrir sur un fumier ; il faut que cet homme-là porte son regard vers le ciel et qu'en mourant il puisse dire : « Accueillez-moi, mon Dieu ! J'ai bien défendu ma patrie, consolez ma mère ! »

Les bravos éclatèrent, spontanés, irrésistibles, et les plus sceptiques dirent : « Tiens ! Tiens ! » ce qui était encore un hommage.

Dans les jours suivants, trois grands discours furent prononcés, qui eurent un égal succès. Tour à tour, et pour des raisons différentes, le général Trochu, le duc d'Aumale et Mgr Dupanloup, évêque d'Orléans, émurent si profondément l'Assemblée, que chaque fois la séance en demeura suspendue pendant un quart d'heure.

Le premier était l'auteur d'un livre, *l'Armée française en 1868*, qui lui avait fait une réputation d'écrivain militaire, doublée dans les derniers jours de l'Empire d'une réputation d'orateur. L'opposition déjà victorieuse l'avait imposé à l'Impératrice régente comme gouverneur de Paris, de même qu'elle avait imposé à l'Empereur vaincu le choix de « notre glorieux Bazaine » pour commander l'armée de Metz. La capitulation de Paris avait fait perdre au général Trochu beaucoup de sa popularité, mais une sorte de mysticisme religieux dont ses proclamations étaient empreintes recommandait encore le « soldat catholique et Breton » aux députés de la droite.

On vit, dès le début, à quel point il possédait à la fois le don et l'art de la parole. Les mots tombaient de ses lèvres en phrases onctueuses et limpides, où tout semblait calculé pour produire l'effet juste, sans aucune enflure oratoire. Il rappela qu'il était résolu à rentrer dans la vie privée aussitôt qu'il aurait dit ce qu'il avait à dire, et qu'il n'avait accepté le mandat de député que pour remplir son devoir. Or, ce devoir consistait, suivant lui, à joindre au régime des libertés nécessaires celui des vérités désagréables. L'admiration et la flatterie ayant perdu l'armée, il ne voulait pas retomber dans cette faute mortelle, et il protesta contre « l'infatuation militaire », responsable de tous nos malheurs depuis le premier Empire jusqu'à nos jours. Il s'en prit en même temps à ce « prestige des souvenirs » qui entretient la routine et arrête le progrès. A l'en croire, les armées périssent par l'orgueil de leurs légendes, et il partit de là pour démontrer que la légende napoléonienne avait été fatale à l'armée du second Empire. Il fallait donc, cette armée perdue par son excessive confiance en elle-même, par ses traditions de gloriole et de vanité, il fallait la ramener à la simplicité, à la modestie, à la discipline. Ainsi elle irait au combat avec calme « après s'être inclinée devant le Dieu des armées ». En réalité, c'était plutôt un cours qu'un discours et moins un cours qu'un sermon. Le général se prononçait, sans insister, pour le service personnel à court terme, avec des cadres d'une solidité à toute épreuve, pour la discipline par le travail, et l'émulation dans le travail, qui vaut mieux que tous les règlements, fussent-ils de fer, enfin par une décentralisation militaire qui laisserait plus d'initiative aux chefs de corps.

Tout cela un peu vague et un peu vide, à vrai dire, et bien lointain, en face de nécessités si urgentes, mais le talent du prédicateur lui avait conquis son auditoire ; il s'en tint là et bientôt, esclave de sa parole, il alla s'enfermer et mourir, silencieux, dans la plus solitaire des retraites.

C'était le plus intelligent des hommes et, par cela même, j'en ai peur, le moins résolu.

Son indécision naturelle lui avait fait accepter, sans conviction, la double tâche de défendre la France contre l'invasion et contre la révolution. Il y succomba, insulté et calomnié comme tous les vaincus.

Son discours avait produit une très vive impression, celui du duc d'Aumale en produisit plus encore. La présence à la tribune de ce prince-soldat reparaissant tout à coup, après vingt ans d'exil, éveillait dans l'Assemblée une foule de pensées et de sentiments contradictoires, des sympathies, des craintes, des espérances, auxquelles se mêlait un vif mouvement de curiosité. Républicains, légitimistes, royalistes constitutionnels auraient voulu savoir ce qui s'agitait dans son âme. Quelles étaient les dispositions de ce revenant, de ce vainqueur d'Abd-el-Kader, qui avait pris la *Smala*, dans un coup de juvénile audace ; de cet écrivain, de cet artiste qui avait donné un si noble exemple de conduite à tous les exilés, à tous les réfugiés jetés hors de leur patrie par nos guerres civiles ?

Je crois bien, pour ma part, qu'il n'avait d'autre ambition que de discuter sérieusement la loi et de donner à ses auteurs les conseils de son expérience personnelle. En somme, sauf quelques réserves de détail, il se rangea presque sur tous les points à l'avis de la Commission, quatre ans de service actif avec une cinquième année de disponibilité ; dans la réserve, un séjour aussi long qu'on le voudrait, à la condition qu'on incorporât d'abord toute la classe, et enfin le volontariat d'un an. Aussi bien ne dissimulait-il pas que toute cette organisation aurait besoin d'être soumise au nécessaire contrôle de la pratique.

On lui fit accueil presque sur tous les bancs : les républicains parce qu'il avait rendu justice aux efforts malheureux de la Défense nationale ; les légitimistes, parce qu'il avait rappelé les intelligentes tentatives de la Restauration, jusqu'au moment où il prononça dans une phrase absolument anodine le mot de *drapeau*.

Aussitôt les interruptions éclatèrent.

« Lequel ?» demanda une voix de gauche.

Il reprit et continua sa phrase, mais avec plus d'animation :

« Le drapeau de la France, drapeau chéri... »

A ce moment-là, il avait l'air de le presser sur son cœur. Une émotion l'avait saisi, son visage rayonnait, sa trop courte vie militaire passait devant ses yeux comme dans un rêve...

Le centre et le centre droit applaudissaient.

« Qu'est-ce que cela veut dire? » demanda le marquis de Franclieu, un des *ultras* de la légitimité.

Le duc d'Aumale, sans prononcer le mot *tricolore* qui lui brûlait les lèvres (d'Orléans! toi qui l'as porté!), renoua de nouveau le fil brisé de l'inoffensive incidente qui avait provoqué cet étrange tumulte :

« Drapeau chéri, reprit-il, auquel tous les Français de toute opinion et de toute origine se sont ralliés pendant la guerre, que tous les bons citoyens ont entouré lorsqu'on en avait arraché un lambeau pour en faire le sinistre emblème de la guerre civile ; ce drapeau qui a été si longtemps le symbole de la victoire et qui est resté dans notre malheur le symbole de la concorde et de l'union. »

Les centres applaudissent énergiquement; à l'extrême gauche et à l'extrême droite, on se refuse. Des deux côtés, on veut à tout prix voir dans cette patriotique échappée la première manifestation d'un Prince auquel plusieurs ont songé pour en faire un Président de la République.

C'est la seule fois, si je ne me trompe, que le duc d'Aumale prit la parole dans l'Assemblée nationale. Il sentit qu'amis et adversaires lui attribuaient une ambition qu'il n'avait pas, et il n'éprouva plus jamais l'envie de s'exposer aux encouragements des uns ou aux accusations des autres.

Son discours est resté célèbre. On l'appelle aujourd'hui encore le discours du *drapeau chéri*.

Et le discours de l'évêque d'Orléans, dans la mémoire de ceux qui survivent à cet épisode, est encore le discours des *humanités*. Elles avaient toujours été chères à Mgr Dupanloup, qui avait entretenu le culte de ces *humaniores litteræ*, si attaquées aujourd'hui, dans son séminaire d'Orléans. Ai-je besoin de rappeler qu'on y jouait en grec les tragédies de Sophocle et que Prévost-Paradol raconta l'enchantement que lui avait

procuré ce spectacle? L'évêque entreprit de les défendre dans la
discussion de la loi sur le recrutement de l'armée. Il redoutait
qu'on ne prît les conscrits trop jeunes et que leur éducation
classique n'en souffrît. Que deviendrait-elle si on sacrifiait, si
on mutilait la rhétorique et la philosophie? Avec sa soutane
violette, l'évêque avait fort grand air à la tribune. Sur son rude
visage, très fier, très régulier, mais qui semblait taillé à coups
de serpe dans un tronc de chêne par quelque sculpteur montagnard, il portait la trace de son origine savoyarde. Son large
front était coupé d'une mèche de cheveux blancs qui lui donnait encore du caractère. Il était aimé de la majorité parce qu'il
partageait presque toutes ses opinions, et sympathique même à
la gauche parce qu'elle voyait en lui un grand évêque qui, avec
une dignité sans jactance, avait bravé les tracasseries du pouvoir
impérial comme les exigences de l'invasion prussienne. De tous
les prélats français, c'était peut-être celui qui, à ce moment-là,
était le plus universellement respecté. Dans le clergé il tenait
certainement la place d'honneur et, même parmi ses adversaires,
on ne refusait pas plus la déférence à son habit que l'admiration
à sa parole. Parmi ses titres on citait l'honneur qu'il avait eu,
jeune curé, de confesser Talleyrand à l'agonie, et l'irrévérencieux Target disait, à ce propos, qu'il avait dû en entendre de
belles. « Mais non! répondait Bardoux, il y a des indulgences
pour les diplomates. Talleyrand n'a pas dû tout dire! » On se
rappelait que, dans ce moment suprême, Dupin rédigeait de son
côté les dernières clauses testamentaires du prince. Dupin et
Dupanloup, au même lit de mort, n'était-ce pas une image et
comme un symbole de la vie même de Talleyrand?

Ce discours des *humanités* eut un plein succès, et, aujourd'hui
encore, contre ce grossier dédain que certains modernistes
leur témoignent, c'est là qu'il faut chercher des armes pour les
défendre. Sur les lèvres de l'orateur, elles ont l'air de plaider
pour elles-mêmes, et la beauté du discours qu'il prononce est le
plus puissant argument en leur faveur. Il leur doit l'éloquence
qu'il met à leur service. Il leur rend le bienfait qu'il en a reçu.

Dans une autre circonstance, l'évêque parut moins heureusement inspiré. Il n'était pas d'humeur toujours évangélique, et le seul nom du roi d'Italie, maître de Rome, le mettait en colère. Il ne voulait pas croire à la durée de ce qu'il appelait la plus criminelle des usurpations. Je l'entends encore prophétiser : « Non, ce Roi ne fera pas son lit là ! » Mais cette fois la majorité le soutint à peine, et un rugissement de la gauche lui répondit. Il était indigné et son front se plissait en rides saillantes comme des cordes. Ce n'était plus l'humaniste, c'était le papiste qui avait parlé. « Il faut bien lui pardonner, c'est un prêtre ! » disait Peyrat. Je ne crois pas qu'il soit remonté ensuite à la tribune. Quant au lit du roi d'Italie, celui-ci l'a fait là, et très moelleux.

II

Beaucoup d'autres députés, qui n'étaient pas des orateurs, prirent la parole et présentèrent dans ce débat militaire de judicieuses observations. La loi fut défendue habilement par Bethmont, par le comte Octave de Bastard, par le général de Cissey, ministre de la guerre, surtout par le rapporteur Chasseloup-Laubat, et aussi par le général Billot, qui, commandant du dix-huitième corps pendant la guerre, comptait à son actif un effort vigoureux à Beaune-la-Rolande et surtout un passage de l'Ognon sur la glace dans la campagne de Franche-Comté. Il n'avait qu'un tort : c'était de ne pouvoir dire deux mots sans placer une profession de foi républicaine qu'on ne lui demandait pas. Il se complaisait dans cet exorde invariable : « Je suis républicain », ce qui d'ailleurs ne nuisit pas à sa fortune politique, car il mourut sénateur.

Ces messieurs s'étaient partagé la besogne, si bien que les fantaisistes, inventeurs de systèmes, trouvèrent toujours à qui parler. Je dirai un mot tout à l'heure de ces rêveurs qui, à tout propos, donnent carrière à leur imagination ; mais je veux d'abord m'arrêter un instant sur le discours de M. Thiers c'est-à-dire sur celui de tous les systèmes qui parut à l'Assemblée le plus arriéré, le plus rétrograde et par cela même le moins approprié aux besoins nouveaux.

Le Président de la République de 1871 n'attachait de réelle importance qu'à l'armée active et au service à long terme, cinq ans au moins, après lesquels une réserve puissante appuyée sur des cadres vigoureux se trouvait naturellement constituée. Il ne croyait qu'aux vieux soldats, sans nier absolument la nécessité de les rajeunir de temps à autre par le contact de conscrits alertes et de volontaires résolus. Il donnait toujours en exemple les armées de Napoléon qui ne commencèrent à faiblir qu'après Tilsit, lorsque l'ambition démesurée du conquérant s'en alla les engloutir en Espagne. Il donnait des preuves, il multipliait les comparaisons et les anecdotes. Tantôt c'était cette admirable division Dupont qui dans sa marche de deux cents lieues, du camp de Boulogne à Munich, avait perdu en tout combien d'hommes ? Neuf. Mais elle était composée tout entière de revenants d'Arcole, de Rivoli et des Pyramides. Au contraire, à Wagram, l'armée était déjà plus mêlée et cette solidité avait quelque peu fléchi. L'Empereur, constatant que la division du général Saint-Hilaire, développée en ordre mince, donnait peu de prise aux canons autrichiens, tandis que les grenadiers d'Oudinot, massés et comme collés les uns aux autres, tombaient par files entières sous les boulets, envoya un de ses officiers demander à Oudinot s'il ne savait plus son métier. « Il n'est jamais content ! répondit Oudinot. Qu'il me donne les soldats de Saint-Hilaire ! Si mes gamins ne se sentaient plus les coudes, vous les verriez fuir à l'instant vers le Danube ! » Ces grenadiers réunis, comme on les appelait alors, n'étaient plus ceux de Friedland, qui avaient tenu tête à la moitié de l'armée russe avant l'arrivée de Napoléon sur le champ de bataille ; on les avait remplacés par de jeunes recrues qui avaient gardé le même nom sans présenter la même résistance.

Après Dupont, Oudinot et Saint-Hilaire, l'orateur citait Bugeaud qui, avec soixante mille vieux soldats, se faisait fort d'en battre cent mille moins endurants et moins exercés. Il aurait même pu invoquer l'autorité de de Moltke qui se deman- dait un jour si, dans l'avenir, la victoire n'appartiendrait pas aux quarante mille hommes d'un autre Alexandre. Mais il évita de rappeler le mot de Napoléon à Saint-Hélène « qu'elle restait en définitive aux gros bataillons ».

C'est ainsi qu'il amusait son auditoire, sans lui dissimuler d'ailleurs que, pour rester à peu près d'accord avec la Commis- sion de l'armée, il s'était résigné à une transaction. Il n'ad- mettait pas que ce fût le système militaire prussien qui eût vaincu le système militaire français ; mais bien le gouvernement français qui avait été vaincu par le gouvernement prussien. Si la France avait éprouvé un pareil désastre, c'était unique- ment parce qu'elle n'était pas prête, parce qu'elle était désar- mée en face d'un ennemi averti et sur ses gardes.

Quant à lui, s'il n'avait pas dû céder au courant irrésistible qui entraînait la nation vers le service universel, il aurait pro- posé huit années de présence sous les drapeaux, dont six dans l'armée active et deux dans une sorte de disponibilité. On aurait eu ainsi « l'armée la plus solide que l'on puisse rêver ». Cette nouveauté de « la nation armée », il aurait préféré n'en pas faire l'expérience ; « mais on l'a voulu ». La loi du nombre était à ses yeux « une invention sans consistance. La loi, la loi vraie, c'est une portion de la nation bien choisie, toujours exercée, habituée au danger par la vue constante des grands spectacles de la guerre, et qu'on tâche de rendre aussi énergique qu'on peut le désirer dans le métier des armes. Voilà la vérité, ne vivons pas d'illusions ! »

Il répétait que l'esprit de corps, qui est la première qualité d'une armée, ne pouvait s'acquérir que par cinq ans de service, et alors il citait Kléber : « Un jour Kléber apprend que ses soldats, fatigués dans le désert d'Égypte, ne veulent plus porter leurs blessés. Il accourt et il leur dit : « Misérables, vous êtes « des lâches ! — Nous ! des lâches ! — Oui, dans nos rangs, « personne n'a peur d'un coup de fusil, mais vous n'êtes pas « des soldats ! Voulez-vous savoir ce que c'est qu'un soldat?

« Être soldat, c'est, quand on a faim, ne pas manger ; quand
« on a soif, ne pas boire ; quand on est épuisé de fatigue,
« marcher ; quand on ne peut plus se porter soi-même, porter
« ses compagnons blessés : voilà ce que c'est qu'un soldat !
« Misérables, reprenez vos blessés ! » Et ils les reprirent !

M. Thiers parut dans cette circonstance un peu rabâcheur et
radoteur, en face d'adversaires qui avaient de leur côté un penchant à l'utopie. Il déclara qu'il soutenait la Commission de son
mieux et autant qu'il le pouvait. La vérité est qu'il la soutenait
comme la corde soutient le pendu ; mais qu'elle était encore en
meilleure posture que lui, convaincu, à tort ou à raison, d'entêtement sénile et de routine.

Beaucoup d'autres orateurs prirent la parole, quelques-uns
très compétents comme le général Chareton et le général
Guillemaut. Mais pourquoi évoquer ces figures oubliées à
propos d'une loi morte? On sait ce que de nouveaux réformateurs ont fait de cette charte militaire de 1872. Mutilée
une première fois en 1889, elle a été détruite complètement
en 1905 par un agent de change dont une frénésie de popularité gâtait les meilleures intentions et qui, ministre civil de
la guerre, mourut d'un accident tragique sur le champ d'avia-
tion d'Issy-les-Moulineaux. On arriva, grâce à lui, au service
de deux ans, avec des périodes d'exercice de plus en plus
réduites, qui semblaient encore trop longues aux réservistes et
à l'armée territoriale. Devant cette nouvelle armée qu'on
semble n'avoir faite ainsi que dans l'espoir de ne jamais s'en
servir, que dirait M. Thiers s'il revenait au monde? Certainement il frémirait de colère et tremblerait de peur. Et aussi
bien ne reconnaîtrait-il pas davantage sa République. Les
morts vont vite, et leur œuvre aussi. On tente, en ce moment,
une réforme qui ne sera peut-être qu'un expédient.

Je ne relève plus rien dans cette discussion mémorable que
les difficultés auxquelles on se heurta quand vint le moment de
légiférer sur les adoucissements à introduire dans le nouveau
système. Chacun reconnaissait qu'il fallait tenir compte des
habitudes et des mœurs nationales, sans trop porter atteinte

au principe du service universel obligatoire. Le remplacement et la substitution étant supprimés, comment atténuer le dommage qu'en souffriraient les carrières civiles? On imagina d'abord le volontariat d'un an, que la manie égalitaire fit ensuite supprimer, et on se rabattit sur les sursis d'appel qui furent très longuement discutés, judicieusement élargis, et offerts comme une petite compensation aux jeunes gens trop gênés dans leur direction première par les exigences de la nouvelle loi. D'ailleurs, en cas de guerre, tout le monde devenait soldat !

Personne ne s'avisa de répéter le mot que Jules Simon avait prononcé trois ans auparavant : « Nous voulons une armée qui n'en soit pas une ! » Mais quelques-uns, dans le parti républicain, en reproduisirent la pensée sous une forme nouvelle : on comprit qu'une milice nationale leur suffisait.

Dès le début de la discussion, une altercation assez vive mit aux prises le général Changarnier et le colonel Denfert-Rochereau, qui jouissait alors d'une certaine réputation comme défenseur de Belfort. Le colonel avait condamné l'obéissance passive et célébré l'obéissance volontaire et consentie dans deux ou trois phrases assez banales, mais surprenantes chez un soldat. Elles avaient été accueillies fort mal par le général Ducrot, le général Chanzy, l'amiral La Roncière Le Noury, d'autres encore, et l'impression en avait été d'autant plus fâcheuse que le discours de l'orateur, décousu, incohérent, tout entier hors du sujet, semblait n'avoir été fait que pour préparer cette bizarre théorie. Les républicains avaient beau crier : « Écoutez le défenseur de Belfort ! Descendez de la tribune si on ne veut pas vous écouter ! », on ne voulait pas l'entendre et il ne voulait pas descendre. Il se retira cependant de guerre lasse, ayant donné sa mesure comme orateur, et un de ces petits souffles, avant-coureurs des grandes émotions, courut sur l'Assemblée lorsque M. Grévy prononça ce simple mot :

« La parole est à M. le général Changarnier ! »

On sentait que le bélier allait donner de la corne, et la gauche essaya, par des grognements préparatoires, de l'en empêcher. Néanmoins il commença :

« Quoique je n'aie pas habité une casemate de Belfort pendant tout le siège... »

Interrompu par des vociférations républicaines, il attendit le silence. Laurent-Pichat lui jeta à la tête une de ces sottises qui sont fréquentes chez les hommes d'esprit : « Nous nous appelons Belfort et vous vous appelez Metz ! »

. A droite on lui criait : « Répétez ! » Il répondit : « Ne craignez rien, je suis indigné, mais je suis patient ! » Et il répéta : « Quoique je n'aie pas habité une casemate de Belfort pendant tout le siège, j'ai mes idées sur la discipline. On vient d'en saper les bases sans lesquelles il n'y a point d'armée. L'obéissance doit être passive, ou elle n'existe pas. On a parlé du coup d'État de Décembre. J'en sais quelque chose. J'en ai souffert apparemment. Eh bien, cela ne m'a jamais empêché de dire que, pour le soldat, son chef est le représentant de la loi. »

Pendant que ses amis l'applaudissaient à tour de bras, on l'accusait à gauche d'encourager les Saint-Arnaud. Grévy parvint à les calmer, mais la querelle recommença le lendemain. Le défenseur de Belfort avait sur le cœur sa casemate, et, prenant la parole à l'occasion du procès-verbal, il déclara que cette *insinuation* ne pouvait l'atteindre et qu'il s'en tenait à l'interruption de Laurent-Pichat : « Nous nous appelons Belfort, vous vous appelez Metz ! » Par ses bravos toute la gauche s'appropria cette antithèse que le vieux général désarticula à l'instant même : « Je m'appelle modestement Changarnier, volontaire à l'armée du Rhin, sans commandement et sans solde. J'ai pris part à ses combats, j'ai souffert ses douleurs et je ne crois pas que personne ici ait été plus près que moi des baïonnettes prussiennes... » Puis il avoua l'irritation que lui avaient causée la veille les idées du colonel Denfert sur la discipline. Il maintint ses paroles, le colonel maintint les siennes. C'est généralement la fin de ces disputes parlementaires. L'histoire qui les juge en écarte la politique. Elle n'a donné raison ni aux explications embrouillées du défenseur de Belfort ni au parallèle littéraire de Laurent-Pichat, qui ne s'appelait pas plus Belfort que le général Changarnier ne s'appelait Metz. C'était un mot !

Parmi les fantaisistes ou plutôt les idéologues, plusieurs bien intentionnés, dont j'ai promis de rappeler le nom, se trouvait au premier rang, Farcy, l'homme à la canonnière, qui était tellement lugubre à la tribune que sa tristesse se répandait immédiatement sur toute l'Assemblée. Son idée fixe était qu'on fît passer Trochu en conseil de guerre. Édouard Millaud, député républicain de Lyon, risqua cette niaiserie : « Je veux une armée de citoyens », que lui rétorqua immédiatement avec une variante le général Chanzy : « Nous voulons une armée de soldats. » On eût peut-être pardonné à M. Édouard Millaud son armée de citoyens, mais il eut l'imprudence d'attaquer les « officiers de salon », les « chefs de Jockey-Club » qui, suivant lui, avaient été la cause de nos défaites. Il n'en fut pas le bon marchand. Lambert de Sainte-Croix lui cria :

« Plusieurs ont été tués ! »

Le général Martin des Pallières et Target enchérissant :

« Où étiez-vous embusqué pendant la guerre?

— Il faisait de la démocratie à Lyon, ajouta un autre interrupteur. »

Il s'expliqua de son mieux :

« Nous étions, dit-il, en présence de la France tout entière. » Ce qui ne signifiait pas grand'chose.

Et il ajouta que ses accusations n'avaient pas un caractère général.

Une intervention du rapporteur ramena l'Assemblée à l'objet de la discussion dont l'orateur s'était sensiblement écarté, puisqu'il s'agissait simplement de décider si l'on donnerait le droit de vote aux soldats. Mais, dès qu'il cessa de parler, le marquis de Juigné, membre de la Commission du Jockey-Club, protesta énergiquement contre l'accusation téméraire portée par son collègue. Il rappela les noms des membres du Jockey-Club qui s'étaient fait tuer pendant la guerre, les

Vogüé, les La Rochefoucauld. Ils étaient onze ! Et je ne parle pas de ceux qui ont été blessés, ajouta le marquis de Juigné. « Qu'on ne vienne donc pas les insulter et mêler le Jockey-Club à une discussion où il n'aurait jamais dû figurer ! » Millaud s'excusa de son mieux ; on ne l'avait pas compris, il avait seulement voulu parler des officiers de parade.

M. de Gavardie ne pouvait garder le silence dans une discussion aussi grave. On sait qu'une sorte de tic lui faisait toujours prendre la parole à cinq heures, soit pour une interruption, soit pour un discours. C'était lui qui réglait les montres. Malheureusement il avait l'habitude de parler presque toujours en dehors du sujet. Il s'offrit une fois de plus cette satisfaction.

Il y avait aussi le général Du Temple qui, à propos de je ne sais quel article, attaqua violemment Gambetta. Le président Grévy fit de vains efforts pour le ramener à la question. Il répondait toujours : « J'y suis en plein ! » et il se gardait bien d'y revenir.

Gambetta se contenta de dire, en haussant les épaules, qu'un pareil discours relevait des médecins aliénistes et qu'on n'y répondait que par une douche. Ce n'était pas très parlementaire, mais comme on faisait en ce moment-là beaucoup de bruit, les amis mêmes de cet étonnant général Du Temple feignirent de n'avoir pas entendu.

La discussion avait duré plus de trois semaines, du 25 mai au 22 juin.

Tant d'orateurs y intervinrent que j'aurais pu m'y arrêter plus longtemps. Le souvenir m'en est resté très présent, et je dirais volontiers très poignant quand je songe avec quelle facilité cette loi militaire, si étudiée, si équilibrée, si sage, a été abolie sans retour. Mais à quoi bon y insister? C'est fini et bien fini. Tous ceux qui y travaillèrent sont morts sans avoir pu vérifier leur œuvre.

Elle ne contribua pas à relever M. Thiers dans l'esprit de ceux qui étaient en difficulté avec lui. Ils continuèrent à le trouver en même temps révolutionnaire et encroûté. Les ingrats ne tenaient déjà plus compte des immenses services qu'il venait de rendre à la France et à eux-mêmes dans ces derniers quinze mois, qui furent le couronnement de sa vie. Ils ne voyaient déjà plus dans cet homme d'État qu'un vieillard égoïste qui travaillait à les duper.

CHAPITRE XXIV

VERS LA RUPTURE

Retour de Trouville. — Préparatifs de combat. — Nouveau message très républicain. — La République conservatrice. — J.-J. Weiss et Camille Pelletan. — Le cheval de renfort. — La propagande de Gambetta. — Les pétitions dissolutionnistes. — Interpellation Changarnier. — Explications du ministre de l'intérieur, Victor Lefranc. — Irritation de M. Thiers. — Il exige un ordre du jour de confiance, puis il accepte une cote mal taillée. — Abstention des partis extrêmes. — Une Commission étudie la façon d'organiser la responsabilité ministérielle. — La bataille recommence quelques jours après sur le rapport Batbie. — M. Thiers oppose à la rédaction de la Commission un texte élargi, qui est voté. — En triomphe. — Il est battu le lendemain à propos des adresses municipales. — Duel entre Gambetta et d'Audiffret-Pasquier. — Ricard. — La voix de couloir. — Le chimiste Naquet. — Séparation de fin d'année.

I

Quelques bonnes âmes avaient peut-être espéré que les vacances calmeraient les esprits ; mais ce fut justement le contraire qui arriva. On s'aperçut, au retour, que certaines manifestations qui s'étaient produites pendant les derniers mois avaient encore envenimé les rancunes et aigri les ressentiments. M. Thiers revenait de Trouville, où sa présence avait été très fêtée. Le rendez-vous de noble compagnie s'était empressé d'allumer des lampions en son honneur. Un navire américain l'avait même salué des vingt et un coups de canon protocolaires, dus aux chefs d'État, et immédiatement rendus par un aviso français. Avait-il été un peu grisé par cette réception? Toujours est-il que ses intimes le représentaient comme décidé à faire un pas de plus hors du provisoire et à mettre hardiment le marché à la main aux royalistes, enfin à brusquer le dénouement. L'événement prouva qu'ils en avaient reçu la confidence. La majorité se jugeait trahie par l'homme d'État à qui elle avait remis le pouvoir. De son côté, le mandataire s'était convaincu qu'il ne pourrait jamais gouverner librement avec une Assemblée qui se défiait de lui et qui le lui témoignait à tout propos. Ils n'avaient tort ni l'un ni l'autre. Je crois l'avoir déjà dit : mal attelés, ils ruaient et se mordaient dans les brancards. Le fossé se creusait chaque jour davantage, et de part et d'autre on s'apprêtait au combat. Dans les six dernières semaines de l'année, il y eut coup sur coup trois ou quatre engagements très vifs, qui prouvèrent que personne n'avait désarmé. Je n'aurai plus guère qu'à signaler des escarmouches de plus en plus fréquentes avant la grande bataille définitive du 24 mai 1873, dont six mois seulement nous séparent. On se tâte pour la suprême rencontre.

L'Assemblée procéda d'abord à diverses opérations préliminaires. Grévy fut réélu à une grosse majorité, qui affecta de l'applaudir bruyamment pour manifester qu'elle était plus contente de lui que de M. Thiers. C'est ainsi du moins que la chose fut interprétée. On eût dit que l'Assemblée voulait assurer, en cas de besoin, à la République *provisoire* un président de rechange.

M. Thiers se vengea de cette petite niche dès le lendemain en prenant l'offensive. Il apporta et lut à la tribune un long message, dans lequel, sans dénoncer absolument le pacte de Bordeaux, il proclamait la République nécessaire et définitive.

Le premier vice-président fut le timide Martel, député du Pas-de-Calais. Saint-Marc Girardin n'arriva que le dernier. C'était probablement la vengeance de quelques collègues qu'il avait refusés au baccalauréat, ils lui rendaient sa boule noire.

Le message de M. Thiers fut certainement la tentative la plus hardie et l'événement le plus considérable qui eussent jeté le trouble dans l'Assemblée depuis la constitution Rivet.

La majorité ne s'attendait pas à une pareille bravade. Cependant l'auteur avait mis un rayon de miel au bord de la coupe. Il félicitait d'abord le souverain, c'est-à-dire la représentation nationale, de la sagesse dont elle avait fait preuve pendant toute la durée des vacances ; il s'étendait ensuite avec complaisance sur l'heureuse activité du gouvernement pendant les trois derniers mois, sur les progrès accomplis, sur les résultats obtenus, la libération partielle du territoire, le payement de l'indemnité de guerre, la réorganisation de l'armée, la reprise du travail, la confiance rendue à l'industrie et au commerce, la pacification générale du pays. Il s'en faisait honneur, mais il n'oubliait pas d'associer l'Assemblée à ce grand effort et à ce commencement de résurrection. Aussi ne recueillait-il que des bravos lorsque brusquement la scène changea. Bien qu'il eût ménagé la transition avec une adresse infinie et des précautions minutieusement calculées, une première interruption partit de la droite sur une phrase à double entente où perçait sa pensée.

Elle vaut qu'on la rappelle :

M. LE PRÉSIDENT DE LA RÉPUBLIQUE. — Messieurs, les événements ont donné la République, et remonter à ses causes, pour les discuter et les juger, serait aujourd'hui une entreprise aussi dangereuse qu'inutile...

VOIX A DROITE. — Non ! non.

M. LE BARON CHAURAND. — Nous avons dit le contraire à Bordeaux.

M. LE PRÉSIDENT GRÉVY. — Veuillez, messieurs, ne pas interrompre. Vous n'avez pas de réponse individuelle à faire à un message.

M. LE PRÉSIDENT DE LA RÉPUBLIQUE. — Je prie toutes les opinions d'attendre et de ne pas se hâter de blâmer ou d'approuver...

C'était la première fois qu'il abordait ainsi, de biais et à l'improviste, la solution constitutionnelle qu'il désirait pour la France et pour lui. Il essayait, dans une parenthèse furtive, de leur glisser en douceur son dénouement préféré. Il m'apparut alors comme un vieux séducteur qui, après avoir longtemps rassuré une jeune fille timide par des galanteries platoniques, se décide à lui insinuer que l'amour n'a pas l'habitude de s'arrêter là, qu'il y a mieux à faire, et qui risque petit à petit, suivant sa manière, des entreprises plus caractérisées.

Celle-ci effraya la vieille demoiselle qui poussa des cris : elle avait rêvé d'un autre époux. Alors il s'excusa, jurant que ses intentions étaient pures et que c'était toujours pour le bon motif. A ce moment précis, il prononça, dans une profession de foi explicite, son fameux mot historique de *République con-servatrice* qui donna le ton à tout le message.

M. LE PRÉSIDENT DE LA RÉPUBLIQUE. — Je reprends. La République existe, elle est le gouvernement légal du pays : vouloir autre chose serait une nouvelle révolution et la plus redoutable de toutes. Ne perdons pas notre temps à la pro-clamer ; mais employons-le à lui imprimer ses caractères dési-rables et nécessaires. Une Commission, nommée par vous il y a quelques mois, lui donnait le titre de République conservatrice. Emparons-nous de ce titre et tâchons surtout qu'il soit mérité. (*Très bien.*)

Tout gouvernement doit être conservateur, et nulle société ne saurait vivre sans un gouvernement qui ne le serait point. (*Assentiment général.*) *La République sera conservatrice ou elle ne sera pas.*

UNE VOIX AU CENTRE GAUCHE. — Très bien ! Nous acceptons.

En effet le centre gauche jubilait, et aussi presque toute la gauche. On acceptait avec une sincérité relative, mais non sans quelque restriction mentale, cette République conservatrice.

Seulement, quelques observateurs prudents eurent des doutes, qui se traduisirent immédiatement par de solides objections. Le lendemain J.-J. Weiss, véritable casseur de vitres, répon-dait dans une grande *Revue :* « la République conservatrice est une bêtise ! » Et cette rude formule, fortement développée, met-tait la puce à l'oreille aux gens qui réfléchissent. On sait aujour-d'hui à quoi s'en tenir. Qui a été le plus clairvoyant de M. Thiers ou de J.-J. Weiss? Quelques années plus tard, la République conservatrice ou demi-conservatrice, essayée à plusieurs reprises, a misérablement échoué, justifiant un autre mot de Camille Pelletan, qui n'était alors qu'un jeune révolutionnaire plein d'avenir : « M. Thiers est pour nous le cheval de renfort qui nous aide à monter la côte ! »

Si j'analysais chaque partie de ce message, tout reluisant de promesses flatteuses et de riantes prophéties, on verrait une fois de plus la fragilité des prévisions humaines et la misère des plus hautes intelligences. Thiers, cet homme qui se disait, qui se croyait si positif, qui se vantait de ne vouloir que des choses possibles, pratiques, conformes au simple bon sens, y nage à pleine eau dans l'utopie, soutenu, encouragé par les applaudissements des spectateurs, blâmé uniquement par une minorité qui caressait d'autres chimères.

A peine avait-il fini sa lecture que la droite royaliste lui criait : « Nous protestons contre ce message ! Tous ! tous. » Kerdrel se précipitait à la tribune au milieu du tumulte et y présentait une de ces motions sédatives qu'il avait l'habitude d'opposer aux fureurs des deux camps. Il rappelait sa vieille amitié pour M. Thiers, déclarait ne s'associer à aucune protestation contre le message, et demandait seulement qu'on nommât une Commission pour l'examiner.

« C'est le rétablissement de l'adresse ! » fit observer Lambert de Sainte-Croix.

En effet l'examen réclamé par Kerdrel exigeait une réponse, et l'adresse se trouvait implicitement rétablie.

M. Thiers n'y fit aucune opposition. Dans un petit appel final adressé par lui à la sagesse et à la justice de l'Assemblée, il affecta même de s'en réjouir ; mais « cette offense en son cœur resta longtemps nouvelle » et la suite prouva bientôt qu'il n'était pas homme à l'oublier.

Cinq jours après, le lundi 18 novembre, nouvelle explosion, nouvelle alerte, à propos d'une interpellation du général Changarnier.

Pendant l'intersession, Gambetta, revenu d'Espagne, avait entrepris une grande tournée de propagande républicaine en Savoie et en Dauphiné. Il avait attaqué violemment l'Assemblée nationale à Chambéry et à Grenoble tandis que d'autres commis voyageurs de la République colportaient et commentaient en divers lieux l'agitation dissolutionniste. Ce mouvement d'opinion, habilement chauffé, aboutit à une pluie de pétitions dont les signataires réclamaient, parfois très insolemment, la dissolution de l'Assemblée. La majorité s'en fâcha et le général Changarnier se chargea, ne pouvant interpeller personnellement Gambetta, d'interpeller le gouvernement, qu'il accusait, dans cette circonstance, d'indécision et de mollesse. Il déclara que l'ardeur de son patriotisme lui commandait impérieusement de prier, de supplier le Président de la République, « qu'il avait tant aimé, qu'il aimait encore, de s'unir à la majorité de l'Assemblée pour combattre l'audace croissante du radicalisme ». Il voulait que cet ancien ami se séparât franchement et énergiquement « d'un factieux prêt à tout bouleverser pour ressaisir une dictature désastreuse, dont le retour perdrait à jamais la France ».

Montée à ce ton, dès le début, la discussion devenait d'autant plus menaçante, que le général, dont la prière équivalait à une sommation, avait mis le doigt sur l'endroit sensible, c'est-à-dire sur le véritable dissentiment entre l'Assemblée et le Président de la République. Celui-ci trouvait sans doute que l'agitateur qu'il avait appelé le fou furieux devenait un peu compromettant, mais, dans la crainte de s'aliéner la minorité républicaine, il n'osait plus le désavouer. A ce moment précis, ces deux hommes, qui, au fond, n'avaient pas une idée commune, sentaient instinctivement qu'ils avaient un égal besoin l'un de l'autre : l'un, pour conserver le pouvoir ; l'autre, pour le reconquérir.

Le Président de la République envoya à la tribune le ministre de l'intérieur, Victor Lefranc, un très honnête homme, qui n'était pas à cela près d'une gaucherie. Il me rappelait un mot de Sainte-Beuve sur un de ses confrères de l'Académie : « Ne le défiez pas de faire une maladresse ; pour vous prouver qu'il en est capable, il en fera deux ! »

Il se défendit de son mieux, rappelant qu'il avait fait tout ce qui était légalement possible pour empêcher l'agitation de s'étendre et bien marquer, aux yeux de la France entière, la *séparation* irréductible qui existait toujours entre le gouvernement et l'homme qu'on lui reprochait de ménager. Qui donc osait parler de solidarité et de connivence?

Gambetta était là, attentif et muet, et, comme on le provoquait à prendre la parole, il déclara dédaigneusement qu'il s'y refusait, ce qui confirma le soupçon que les amis de M. Thiers l'avaient fait prier de s'en abstenir. Il est certain que son intervention aurait pu gêner le gouvernement.

Ce fut le duc de Broglie qui répondit au ministre de l'intérieur, et sa présence à la tribune irrita visiblement M. Thiers. Le Président de la République, après toutes les avances qu'il lui avait faites, ne lui pardonnait pas d'avoir abandonné l'ambassade de Londres pour revenir à Versailles se mettre à la tête des mécontents. Il le considérait maintenant comme son plus dangereux ennemi, et la suite prouva qu'il ne se trompait pas.

Le duc fut cependant tout miel et tout sucre pour lui. A une attaque violente et directe contre les manœuvres de Gambetta et contre Gambetta lui-même qu'il affecta de traiter comme un simple émeutier, il rappela que, dans la Commission de permanence, le Président de la République s'était prononcé avec une extrême énergie contre les doctrines scandaleuses professées à Grenoble. Or, que lui demandait-on aujourd'hui? Uniquement de répéter, pour le pays, pour la France entière, ce qu'il avait dit ce jour-là. De politique, de controverse constitutionnelle, pas un mot. On priait, on suppliait le chef de l'État de prononcer une parole qui marquât nettement la séparation entre les révolutionnaires et lui. Rien de plus.

Il n'y consentit pas. Il se déclara blessé, humilié qu'après une vie tout entière consacrée au service de l'ordre, on osât lui demander une nouvelle profession de foi, une déclaration de principes. Quoi ! On le mettait sur la sellette, comme un écolier ; on l'interrogeait sur ses doctrines ; eh bien, ce mot qu'on exigeait de lui, il ne le dirait pas ; il refusait de répondre à une injonction offensante, même déguisée en prière.

Il fallait voir l'état de l'Assemblée lorsque, dans une dernièr bravade, il quitta la tribune et regagna le banc où il siégeait au milieu de ses ministres. Les républicains, tous les républicains sans exception, applaudissaient à ce défi. Ils le reçurent dans leurs bras, tandis que les royalistes, déçus, mortifiés, se précipitaient pour lui répondre. Ce fut le général Changarnier qui, au milieu du bruit, fit tête et essaya de rendre attaque pour attaque. Les quelques paroles qu'il improvisa en cette occasion sont restées historiques :

« Plus rapproché que l'illustre M. Thiers de l'heure inévitable où chacun doit rendre compte à Dieu des dons qu'il en a reçus, je n'ai aucune ambition personnelle, je n'aspire pas au pouvoir, je n'ai pas pour le pouvoir une passion sénile... » Sur ce mot, considéré comme une insinuation désobligeante, les fureurs de la gauche éclatèrent, et il y eut comme un nouveau branle-bas dans l'Assemblée. Le général n'en fut pas intimidé. Hué par les républicains, énergiquement soutenu par les royalistes, il déplora que le Président de la République préférât ses nouveaux amis aux anciens, mais il n'en continua pas moins à lui prodiguer les témoignages de la plus vive affection.

Le duc de Broglie remonta ensuite à la tribune et prit la France à témoin qu'il n'avait pas dit un seul mot susceptible de désobliger M. Thiers. C'était la vérité, mais il y a des crises où la parole en apparence la plus inoffensive pique et choque. Le duc savait très bien ce qu'il voulait dire et son interlocuteur le savait aussi. Celui-ci répliqua. Il rejeta sur la droite de l'Assemblée la responsabilité de ce qu'il appelait une provocation et qui en avait au moins l'apparence. Il se plaignit amèrement des procédés qu'on employait à son égard, du blâme qui se dissimulait sous les compliments, des embarras qu'on lui créait en l'attaquant ainsi, et du peu de prix qu'on attachait à ses efforts. N'était-ce donc rien que les résultats obtenus depuis dix-huit mois? L'ordre matériel, il en répondait ; l'ordre moral? Ah ! les factions l'avaient profondément troublé, mais à qui la faute? Et il exigeait impérieusement, comme conclusion de ce débat, un ordre du jour de confiance. Autrement il donnait à entendre qu'il abdiquerait.

Que faire? Le duc de Broglie avait proposé un ordre du jour neutre où il n'était question ni de méfiance ni de confiance ; l'Assemblée y réprouvait simplement les doctrines professées au banquet de Grenoble et c'était précisément cette rédaction impersonnelle que M. Thiers repoussait. Il y eut un tumulte qui dura plus d'un quart d'heure et que le président Grévy eut toutes les peines du monde à dominer. C'était à qui s'emparerait de la tribune. Baragnon, toujours débrouillard, réussit à y monter et répéta, sans conviction, que la majorité ne voulait aucun mal à M. Thiers et qu'il n'y avait dans tout cela qu'un malentendu. La clôture fut prononcée au milieu du bruit, et l'amiral Jaurès déposa un ordre du jour de pleine confiance. Quelques députés, plus sages que les autres, firent observer que, si celui du duc de Broglie était trop sec, celui qu'on y opposait était trop large, et l'un d'eux s'écria : « Il faut les marier ! »

On les maria en effet, et M. Mettetal, qui ne manquait pas d'autorité, en proposa un troisième : « L'Assemblée nationale, confiante dans l'énergie du gouvernement et réprouvant les doctrines professées au banquet de Grenoble, passe à l'ordre du jour. »

« J'accepte ! » répondit M. Thiers. Il répéta deux fois qu'il acceptait. Et Dufaure, à son tour, accepta au nom du gouvernement, si bien qu'on crut tout fini ; mais la gauche y vit une reculade, et Lepère, l'auteur du *Béret rouge*, qui devait être plus tard ministre de l'intérieur, demanda l'ordre du jour pur et simple. On se trouva immédiatement en plein gâchis, car le mot désordre serait trop faible pour exprimer ce qui se passa en ce moment. L'hémicycle était envahi et il y eut un moment jusqu'à trois députés à la tribune. Il faut dire que, dans des circonstances aussi graves, l'ordre du jour pur et simple, malgré son air innocent, est bien tout ce qu'il y a au monde de plus fallacieux. Il signifie tout ce qu'on veut et semble donner la victoire à chaque parti, qui d'ailleurs ne manque pas de se l'attribuer. Mais on n'en était plus, ni d'un côté ni de l'autre, à se contenter de ce cataplasme, et il disparut dans une tempête de cris sous une avalanche de 490 voix. Il y eut encore d'autres votes qui ressemblèrent à des batailles

et, en fin de compte, Grévy exténué parvint à faire voter la
rédaction conciliante que Thiers et Dufaure avaient acceptée,
faute de mieux. Si la modération est une vertu politique, ce
texte, avec sa couleur terne, était le bon. Tous les intransigeants de droite et de gauche votèrent contre. Deux cent vingt
fanatiques blancs et rouges s'abstinrent.

Cela se passait le 18 novembre. Le mois qui suivit mit aux
prises presque tous les jours le gouvernement et l'Assemblée. A
vrai dire, ils ne pouvaient faire un pas, ni l'un ni l'autre, sans
marcher sur des pétards. En vain, ici et là des médiateurs de bonne
volonté s'efforçaient de détourner les esprits vers des objes moins
brûlants que la question constitutionnelle : tout, le budget, le
jury, la broutille quotidienne, devenaient matière inflammable.

Dans ces conditions, le projet de loi présenté par le gouvernement sur la restitution des biens de la famille d'Orléans ressemblait à une véritable torche incendiaire. Pascal Duprat et
Lepère la promenèrent tout allumée, à travers les groupes
républicains. Ils trouvaient que la confiscation avait été un
crime, mais que la restitution serait une faute. Dufaure leur
fit honte de ce cas de conscience qui transformait la République en receleuse ; mais ils avaient en face d'eux, en cette
affaire, un autre orateur de premier ordre, qui, même en dehors
de son talent, était inspiré par son profond dévouement aux
Princes, Édouard Bocher, le plus sympathique des hommes.
Il les cloua d'un mot : « Selon vous, l'État est un voleur d'un
genre spécial, il n'a pas le droit de prendre ; mais, quand il a
pris, il a le droit de ne pas rendre. » C'était bien leur thèse :
elle montre à quel point la politique obscurcit les notions les
plus élémentaires de la probité. Voleur, non ! receleur, oui. Je
passe sur ce *distinguo*. L'honnêteté l'emporta.

Il y eut encore, avant la fin de l'année parlementaire, deux
rencontres semblables, et même plus violentes, entre le gouvernement et l'Assemblée. L'issue en fut différente ; on se tint
à quelques voix, et ce faible écart créa une situation périlleuse,
car il encouragea toutes les tentatives, chacun des deux camps,
opposition et majorité, pouvant espérer la victoire définitive

La première de ces collisions était à peu près inévitable. Je l'ai déjà notée au passage. M. Thiers l'avait provoquée par ce hardi message dans lequel, rompant le pacte de Bordeaux, il proclamait de son autorité privée la République conservatrice. Je rappelle que les royalistes irrités obtinrent de l'Assemblée qu'elle y répondrait par une sorte d'adresse où elle exprimerait franchement son opinion et son désir. Une Commission de vingt-cinq membres fut nommée, quinze de droite et dix de gauche, une Commission *soignée*, le mot courut alors, qui confia la rédaction du rapport à Batbie, professeur de droit. On appelait ce jurisconsulte *l'éléphant subtil*, parce qu'il était à la fois très gros et très fin. Nul n'était plus capable que ce mastodonte d'imaginer une formule qui ne fît pas trop crier. Il possédait en outre une cuirasse de placidité sur laquelle s'émoussaient les protestations et les invectives. Je n'ai jamais vu d'homme plus calmé au milieu du feu que *l'éléphant subtil*. Il semblait plutôt fier que fâché de ce surnom. Aussi bien n'était-il pas le seul qui eût ainsi son écriteau attaché à sa personne. On s'amusait, les journalistes et nous, — c'était sans doute une réminiscence des romans de Fenimore Cooper — à gratifier les députés de qualifications analogues assez souvent grossières, mais généralement justes. Audren de Kerdrel, qui avait demandé et obtenu la nomination d'une Commission spéciale pour répondre par une adresse au message de M. Thiers, n'avait pas échappé à nos plaisanteries. Nous l'avions baptisé *Loyale-Ficelle*, parce que sa loyauté, dont il se prévalait volontiers et qui était parfaite, ne se refusait pas toujours à chercher la petite bête et à argumenter sur des pointes d'aiguille.

II

Le jeudi 28 novembre, Batbie apporta à l'Assemblée le fruit de ses méditations. C'était une proposition modeste et en apparence innocente, en un seul article :

« L'Assemblée décide qu'une Commission de quinze membres présentera un projet de loi sur la responsabilité ministérielle. »

C'était là, en effet, le gros grief de la majorité royaliste. Elle estimait que le gouvernement parlementaire était faussé, que la responsabilité ministérielle n'existait pas, parce que M. Thiers, chef du pouvoir exécutif, abusait de la tribune et qu'au lieu de se faire couvrir par ses ministres, il les couvrait à tout propos de son autorité, de son nom et de son inamovibilité. Les contestations, les interruptions même, s'arrêtaient spontanément devant lui, enchaînées par le respect qu'on devait à son passé et à ses services. En un mot, avec le système de discussion inauguré depuis la constitution Rivet, il devenait difficile à la majorité de témoigner son mécontentement en renversant un ministère. Le Président de la République avait beau s'offrir en sacrifice et répéter sans cesse : « Moi ! moi ! C'est moi qu'il faut frapper, nous ne faisons qu'un, mes ministres et moi », on hésitait à lui infliger un désaveu direct et personnel. Les ultras eux-mêmes, qui, dans l'intimité, le traitaient volontiers de vieux gredin, n'osaient pas manifester trop violemment en public les sentiments que leur inspirait ce qu'ils appelaient sa trahison.

Voilà pourquoi ils cherchaient à l'atteindre de biais en réglant avec plus de précision les conditions de la responsabilité ministérielle.

Thiers le sentit et fit son plan en conséquence. La bataille s'engagea deux jours après le dépôt de la proposition, le jeudi 28 novembre, et ce fut Dufaure, alors garde des sceaux, qui parut le premier à la tribune. De tous les ministres, c'était le plus cher au cœur de M. Thiers et celui en qui il avait certainement le plus de confiance, bien qu'il appréciât aussi à toute sa valeur l'habileté de Jules Simon. Thiers et Dufaure avaient fait si longtemps et si souvent campagne ensemble, sous Louis-Philippe ! Un seul petit nuage s'était élevé entre eux pendant les négociations laborieuses auxquelles donna lieu la formation d'un nouveau ministère à la suite de la coalition de 1838.. Thiers s'était cru un moment *lâché* auprès du roi par Dufaure

avec qui il avait lié partie. Dufaure ayant été appelé aux Tuileries par Louis-Philippe, il avait été entendu que Thiers et
Vivien attendraient en se promenant sur la terrasse du bord
de l'eau le résultat de cette consultation. Du plus loin qu'ils
virent revenir Dufaure, ils s'efforcèrent de deviner, à son attitude, s'il leur apportait la bonne nouvelle qu'ils étaient ministres. Mais il paraissait plutôt soucieux. Quand il approcha
d'eux, Vivien observa qu'il avait les yeux gros et gonflés. « Ah !
fit Thiers, je le connais, le Roi l'a pris par les sentiments, ils
ont pleuré ensemble. Nous sommes fichus. »

Je tiens cette histoire d'une personne qui vivait à cette époque,
honorée et consultée, en marge du grand monde politique
orléaniste et qui devait à sa proche parenté avec plusieurs de
ses chefs de piquantes informations sur ses petites misères intérieures. Elle était presque toujours au courant des mesquines
intrigues qui s'y tramaient. Il faut lire, dans les *Mémoires* de
Dupin, comment elles aboutirent au ministère du 12 mai 1839
dont Dufaure fit partie, sans son ami Thiers. Aussitôt qu'une
combinaison semblait possible, c'était à qui la ferait manquer.
Les ministrables se récusaient tous au dernier moment. Celui-ci
ne voulait pas entrer sans celui-là. Tel autre, au contraire, se
retirait si l'on admettait un voisin qu'il considérait comme son
ennemi personnel, ou comme un gâte-métier. Il paraît que
Thiers en voulut assez longtemps à Dufaure d'avoir accepté
un portefeuille dans un Cabinet présidé par le maréchal Soult.
Quant aux pleurs de Dufaure, je n'y crois guère ; quand j'eus
l'occasion de le connaître, il n'avait pas l'air si sensible. En tout
cas, le 28 novembre 1872, lorsqu'il fit l'apologie de M. Thiers,
il y avait trente-trois ans que ces choses étaient passées, et les
deux vieillards, les deux compères, comme les appelait l'extrême
droite, avaient eu le temps de se réconcilier dans l'intervalle,
sur le dos de la République qu'ils s'apprêtaient à défendre
ensemble aujourd'hui.

Le vieux dogue rentra d'abord ses crocs. Il commença par
déclarer qu'il n'apportait à l'Assemblée que des paroles de
conciliation ; mais en même temps il exprima la crainte que

ce mot si vague de responsabilité ministérielle ne dissimulât quelque arrière-pensée hostile au Président de la République, et il cita un passage du rapport :

« La majorité de la Commission est d'avis que le malaise tient à l'intervention personnelle du chef du pouvoir exécutif dans nos débats. Le Président de la République, bien que son titre légal ne dépasse pas les droits d'un simple délégué, occupe de fait une situation éminente qui lui est propre, et la confiance dont il jouit dans le pays lui donne une autorité que nul ne peut méconnaître. »

C'était bien la vérité et Dufaure insistait sur le commentaire dont l'avait accompagné la Commission : L'Assemblée, disait-elle, ne pouvait garder, en présence du chef du pouvoir exécutif, une liberté morale entière, et, d'autre part, le Président de la République, montant à la tribune, se trouvait exposé comme tout le monde à des interruptions qui pouvaient être des offenses. L'équilibre se trouvait ainsi rompu entre les deux pouvoirs et la responsabilité déplacée.

C'était encore vrai ; mais Dufaure répondait que cette situation avait été réglée une première fois par une résolution du 31 août, qui reconnaissait au Président de la République le droit de monter à la tribune dans des cas graves, à la seule condition d'en prévenir le président. Et pouvait-on le lui contester ? L'avait-on chicané au général Cavaignac lorsqu'il était le chef du pouvoir exécutif dans une situation analogue ? A défaut de cette faculté, le Président de la République des États-Unis n'avait-il pas à son service un *veto* suspensif qui pouvait arrêter l'action des lois ?

Tel était le raisonnement de Dufaure. Il en concluait que, si l'on dépouillait le Président de la République de cette intervention oratoire qui était sa plus précieuse prérogative, il fallait lui donner une compensation et substituer à la proposition de la Commission un texte à la fois plus clair, plus juste et plus large. Il l'avait lui-même rédigé d'avance :

« Une Commission de trente membres sera nommée dans les bureaux à l'effet de présenter à l'Assemblée nationale un projet de loi pour régler les attributions des pouvoirs publics et les conditions de la responsabilité ministérielle. »

C'était un véritable projet de Constitution. Et l'orateur ajoutait avec sa malice de pince-sans-rire : « Une Commission, *comme vous savez les choisir*, ne sera pas au-dessous de cette délicate besogne, qui sera un pas de plus, un progrès vers le définitif. »

Batbie riposta sur le même ton : il releva les mots *bienveillants* prononcés par Dufaure en l'honneur de la Commission ; mais, en même temps, il fit observer que la contre-proposition du gouvernement était trop grave pour qu'on pût en délibérer immédiatement et demanda le renvoi à cette Commission « si bien choisie ».

On ne pouvait guère le lui refuser ; la séance fut suspendue. Une heure après, Batbie revint annoncer que la Commission repoussait l'amendement et qu'elle maintenait sa rédaction. Dufaure, de son côté, maintint la proposition du gouvernement. Il n'y avait plus qu'à en découdre. Il était près de sept heures. L'ardeur combative était égale dans les deux camps, et on eût voté à l'instant même, dans le tumulte et le bruit, si Thiers lui-même n'eût indiqué qu'une remise au lendemain lui permettrait de prendre la parole. On avait hâte d'en finir, et quelques impatients, à droite comme à gauche, demandèrent la clôture. Elle fut repoussée, et alors on se rabattit sur une nouvelle suspension de séance. Avait-on peur d'un combat de nuit? Pourquoi ne pas se retrouver face à face après dîner, à neuf heures du soir? L'idée prévalut un instant, mais, en fin de compte, on convint de part et d'autre qu'on n'aurait pas le sang-froid nécessaire pour délibérer sérieusement, on se dit que la nuit porte conseil et la bataille fut remise au lendemain.

Ce fut M. Thiers en personne qui mena l'attaque. J'ai tort de prononcer ce mot, car il se répandit en cajoleries, et rarement séducteur fit pareils frais de patelinage pour ramener à soi une Assemblée hostile. A l'entendre, on ne l'avait pas compris, il s'était mal expliqué, il était et se glorifiait d'être l'humble

serviteur des représentants du pays ; seulement... seulement
le pays faisait entendre clairement, par toutes ses voix auto-
risées, qu'il désirait sortir du provisoire, et c'était l'unique
signification de ce message suspect qu'on lui reprochait aujour-
d'hui. Jamais il n'avait voulu dire autre chose. Et comment,
après un passé comme le sien, après les garanties de toute sa
longue carrière, avait-on pu s'y tromper ?

Toutefois, il resta ferme, avec infiniment de précautions et
de caresses à l'Assemblée, sur son terrain de la République...
de la République conservatrice, archi-conservatrice, qui lui
paraissait, à lui vieux monarchiste, la seule forme de gouvernement possible, dans l'état des partis. Il paraphrasa sa formule :
« C'est elle qui nous divise le moins », et ne nia pas qu'il s'était
engagé en ce sens, pendant la Commune, vis-à-vis de certaines
grandes villes, prêtes à la soutenir. Puis il finit par un serment
renouvelé de Scipion l'Africain : « Je jure devant vous, devant
Dieu, que j'ai servi deux ans mon pays avec un dévouement
sans bornes. » Il n'osa pas dire avec un dévouement absolument désintéressé.

Son succès eut tout l'éclat d'un triomphe. Il fut tout au
moins, comme on ose écrire aujourd'hui, *ovationné*. Les bravos
de la gauche et du centre gauche étouffèrent les timides murmures de la droite royaliste, qui d'ailleurs avait écouté sa
longue apologie avec déférence et respect. On pensa l'étouffer
lui-même sous les félicitations et les hommages. J'ai vu des
républicains se prosterner, s'agenouiller presque devant lui
et manifester une furieuse envie de l'embrasser.

Deux royalistes pur sang, Ernoul et Lucien Brun, lui répondirent. Il leur fallait une conviction bien forte et du courage.
Ernoul dut rester plus de dix minutes à la tribune sans obtenir
le silence, tant cette ferveur d'admiration était bruyante et
désordonnée. Quand il parvint à placer un mot, il déclara que
l'équivoque et le malentendu, cause de cette grande querelle,
n'étaient pas dissipés. Personne ne contestait les services
rendus depuis deux ans par le chef du pouvoir exécutif ; il ne
s'agissait pas davantage de se prononcer entre la Monarchie

et la République; non, ce qui avait ému une partie de l'Assemblée, c'était la question sociale, c'était ce péril révolutionnaire auquel il semblait que le gouvernement n'opposât pas une suffisante résistance. En d'autres termes, ce prétendu gouvernement conservateur ne montrait pas assez sa fermeté conservatrice. « Ne voyez-vous pas ce flot de la barbarie qui monte? » s'écriait l'orateur. En quoi il avait évidemment raison. Puis, il revenait sans cesse au principal grief d'où était née toute la querelle : la responsabilité ministérielle n'existait pas puisqu'on ne pouvait pas renverser un ministre dont on était mécontent sans atteindre par ricochet le chef de l'État lui-même qui s'offrait spontanément à tous les coups, comme une cible. Et Ernoul terminait en demandant à M. Thiers de se placer hardiment au centre du parti conservateur. M. Thiers n'en avait nulle envie et résistait visiblement à l'invite.

Son ministre des affaires étrangères, Rémusat, le soutenait de quelques apartés agressifs. Quant à Ernoul, il était très ému, et il avait l'émotion éloquente, d'une éloquence de province un peu sentimentale; il parlait la main sur son cœur, glissant çà et là parmi les compliments de doux reproches et les regrets attendris d'un ami délaissé. Il finit sur un mot préparé : « Ne coupez pas le câble qui tient l'ancre de miséricorde », et ses amis de la droite, ne voulant pas demeurer en reste, lui prodiguèrent des salves aussi nourries que celles dont la gauche et le centre gauche avaient assourdi M. Thiers.

Celui-ci répondit très brièvement, reconnut à plusieurs reprises la bienveillance de l'adversaire, mais déclara en même temps qu'il lui était impossible de ne pas maintenir la proposition du gouvernement. Autrement, le vote manquerait de clarté, on dirait le lendemain que le Président de la République avait été battu dans une lutte contre l'Assemblée. En cela il voyait juste, mais cette lutte, qui donc l'avait engagée? Qui donc avait combiné avec tant d'art et renouvelé tout à l'heure les petites provocations papelardes du message? Sa force était dans la façon dont il mettait aujourd'hui la majorité au pied du mur :

« Pas de cote mal taillée, pas de mesure équivoque. Confiance ou défiance ! Choisissez ! »

Ce fut Lucien Brun, avocat renommé, qui répliqua. On le tenait dans la Bresse et le Lyonnais pour un grand orateur. Il s'efforça de démontrer à quel point il était nécessaire de dissiper le malentendu. Le seul moyen d'y arriver était, selon lui, d'organiser la responsabilité ministérielle, qui permettrait à l'Assemblée d'exercer une action vraiment efficace sur le gouvernement.

Tout était dit, on réclama la clôture. Batbie témoigna le désir d'ajouter quelques mots, mais il était tard, le train de Paris attendait les députés ; il ne voulut désobliger personne et compromettre par là le succès de la Commission. Rien n'y fit. La proposition du gouvernement fut votée à une majorité de 37 voix, 372 contre 335. L'Assemblée était invitée à régler les attributions des pouvoirs publics, c'est-à-dire à faire une Constitution.

III

Batbie avait déclaré au commencement de son rapport qu'une crise de gouvernement était ouverte. Le léger avantage obtenu par M. Thiers, loin de prévenir ce danger, le rendait plus menaçant et plus prochain. Naturellement les républicains s'en réjouirent. Pareils au moucheron de La Fontaine, comme ils avaient sonné la charge, ils sonnèrent la victoire. Ils criaient sur les toits que c'étaient eux les vrais conservateurs, puisqu'ils s'étaient ralliés en masse à la République conservatrice. La plupart le croyaient et le firent croire au pays. Thiers se vantait non seulement de les avoir apprivoisés, mais de les avoir convaincus. Mourut-il avec cette illusion? Il aurait pu voir, dès lors, qu'il y en avait parmi eux un certain nombre plus près du cœur de Raoul Rigault et de la Commune que d'un gouvernement pacificateur et modéré. Leur nom, dans ce scrutin si étrangement panaché où Target figurait à côté de Naquet et Fourtou à côté d'Esquiros, ne l'étonna même pas. Il jugeait ce résultat excellent, alors que ses prétendus alliés, ayant déjà fait leurs preuves comme révolutionnaires, ne songeaient qu'à détruire la société française de fond en comble et que Camille Pelletan, qui n'était encore qu'un simple journaliste, révélait franchement leur pensée dans sa juste image du cheval de renfort.

Pendant toute la durée de la bataille, Gambetta avait fait le mort pour ne pas créer d'embarras au parti républicain en laissant soupçonner par quelque parole imprudente le traité de paix plus ou moins occulte que « le fou furieux » avait conclu avec celui qui l'avait ainsi baptisé. En quoi il se montra tacticien avisé et remplit son entourage d'admiration, en prouvant que l'oubli des injures, qui est une vertu chrétienne, est aussi une qualité politique de premier ordre.

Tout allait donc à souhait pour la République conservatrice et les 372 se frottaient les mains en se congratulant les uns les autres du pique-nique parlementaire qui les avait ainsi rassemblés. Mais il leur fallut bientôt déchanter. Dès le lendemain, une interpellation sur les Adresses, dans lesquelles certaines municipalités insolentes sommaient l'Assemblée nationale de proclamer immédiatement la République, retourna les esprits.

L'affaire fut engagée par un député bonapartiste, Prax-Paris, qu'on appelait M. Prax à Montauban où il était populaire, et poussée ensuite plus énergiquement par Raoul Duval, qui n'avait pas encore cessé de plaire à la majorité royaliste par l'impétuosité juvénile de son caractère et son penchant aux initiatives hardies.

Bravant les cris et les colères, les cherchant presque, l'orateur n'eut pas de peine à établir que toutes ces manifestations étaient truquées, machinées, frelatées, et surtout que les Conseils municipaux avaient impudemment violé la loi au nez et à la barbe d'un gouvernement débonnaire et peut-être complice. Au lieu de méconnaître et de contester le déplacement qui s'était produit la veille de droite à gauche, son ironie le souligna au contraire et en fit, pour ainsi dire, le clou de son discours, y revenant sans cesse, et rappelant à la *nouvelle majorité* que le vote obtenu par elle lui créait de nouveaux devoirs. C'était à elle maintenant qu'il appartenait de respecter et de faire respecter la loi. Partant de là, il demanda à l'Assemblée de marquer sa réprobation dans un ordre du jour sévère dirigé contre le ministre de l'intérieur qui était toujours Victor Lefranc et ce blâme fut voté à la majorité de 7 voix, 305 contre 298. C'était, à vingt-quatre heures de distance, un revirement complet et la première revanche de l'ancienne majorité. Le ministre donna sa démission.

Elle eut un grand retentissement et ce ne fut pas la seule. On put dès lors prévoir ce qui se passerait six mois plus tard. Le 24 Mai était en germe dans le 30 novembre. Les vainqueurs de la veille en eurent le pressentiment surtout, lorsque dix jours après, le 11 décembre, Lambert de Sainte-Croix demanda que, dans une délibération directe, on fît un sort à ces fameuses pétitions municipales, qui conviaient joyeusement l'Assemblée à une sorte de harakiri japonais. La gauche n'osa pas reculer et cette fois Gambetta lui-même, qui avait provoqué ces manifestations aussi injurieuses qu'illégales, et peut-être embauché des pétitionnaires, se joignit aux impatients qui prévoyaient et souhaitaient un nouveau conflit. Il y eut là une petite échauffourée d'avant-garde dans laquelle son intervention lui valut quelques récriminations désobligeantes. Il dut, suivant sa propre expression, avaler encore des couleuvres. Baragnon lui jeta à la face sa fuite à Saint-Sébastien ; mais comme des deux côtés on avait une égale envie de se battre, on attacha peu d'importance à cette première escarmouche et on prit un rendez-vous sérieux pour le samedi suivant. Ce fut la dernière rencontre de l'année, mais plus acharnée et plus meurtrière encore que les précédentes.

Plusieurs rapports avaient été lus qui concluaient invariablement, sous une forme plus ou moins polie, à jeter au panier ces pétitions, dont la plupart étaient grossières ou absurdes. Gambetta se dirigea vers la tribune, et l'Assemblée, qui commençait à dormir, se réveilla brusquement lorsque le président Grévy, redoublant de solennité, annonça : « La parole est à M. Gambetta. »

L'ex-dictateur excellait, quand il le voulait, à amadouer un auditoire. Ce jour-là il y fit l'impossible, sans y réussir complètement, mais ses promesses de modération suffirent néanmoins à lui assurer le silence et l'attention nécessaires pour se soulager d'un mutisme de dix-huit mois.

Il se défendit d'être un homme de violence et il affirma — témérairement — que les partisans de la dissolution n'avaient aucune envie de provoquer contre l'Assemblée soit un coup d'État d'en haut, soit une tentative révolutionnaire d'en bas. Il s'agissait simplement de savoir si l'état de l'opinion ne s'était pas modifié depuis les élections de Février et si les événements qui s'étaient produits n'avaient pas condamné la politique et épuisé le droit de la majorité. Il lut même à ce propos un extrait de *la Gazette de France* où Janicot protestait d'avance contre le résultat du scrutin. Enfermé alors dans Paris et ignorant l'état des esprits en province, Janicot était convaincu que Gambetta dictateur avait soigneusement fait son jeu et préparé la victoire de la République. Le contraire étant arrivé, ce fut Gambetta qui s'efforça de diminuer la portée du vote. Les politiciens n'en font jamais d'autres, et ces revirements donnent l'exacte mesure de leur sincérité. Ils estiment que la polémique a des privilèges, qui s'ajustent à leurs intérêts, et ils se les passent réciproquement, pour faciliter la discussion, comme une nécessité inévitable, comme une chose due. Généralement ils ne l'avouent pas. Aussi fut-on très étonné quelques années plus tard lorsqu'on entendit un président du Conseil, aujourd'hui sénateur un peu délaissé et solitaire, M. Charles Dupuy, dire avec une simplicité charmante : « J'ai changé mon fusil d'épaule ! » Gambetta refit à sa façon toute cette histoire, rappelant que certains journaux conservateurs avaient écrit le mot « d'Assemblée bâclée ». Le président invita trois fois de suite l'orateur à quitter ce terrain brûlant. Alors il se contenta de tourner autour sans l'abandonner complètement. De qui l'Assemblée tenait-elle ce pouvoir constituant dont elle se pré-valait sans cesse? D'elle-même et d'elle seule. C'était elle qui se l'était attribué...

Il oubliait d'ajouter que le pouvoir exécutif, M. Thiers, le lui avait formellement reconnu à vingt reprises; Dufaure se leva pour le lui rappeler; mais il s'accrochait désespérément à cet article de *la Gazette de France*, où se trouvait ce mot de *majorité bâclée*.

On mit l'orateur au défi de donner la date de l'article; elle le gênait un peu. Le marquis de Castellane et· le marquis de Dampierre lui firent observer que les rédacteurs du journal, alors prisonniers dans Paris, ne pouvaient savoir ce qui se passait ailleurs.

En échec sur ce point, il eut recours à l'argument des « nouvelles couches ». La démocratie républicaine n'avait-elle pas pris tout récemment possession des conseils locaux? Il développa cette idée à loisir, en félicitant M. Thiers d'en avoir compris la signification et de s'en être inspiré. Il essaya, par la même occasion, d'englober Dufaure dans la même adhésion à ce mouvement démocratique; mais l'autre lui répondit par un « Comment! » si sec, qu'il n'insista pas. Toutefois, comme il était homme de ressource, il se tira de cette imprudence par une habileté qui fit rire toute la gauche. Il venait de rappeler que les derniers scrutins attestaient les divisions de l'Assemblée, à droite comme à gauche, et que, dans un tel déchirement des partis, il était à peu près impossible de réunir une majorité stable et capable de faire quelque chose de sérieux. C'était la vérité même. On lui cria de la droite :

« Eh bien, vous allez voir ! »

Et c'est là qu'il reprit l'avantage.

« Qu'est-ce que nous allons voir? Nous allons voir peut-être que sur la question de dissolution, vous réunirez beaucoup de voix. Mais qu'est-ce que cela prouvera? Cela prouvera purement et simplement, non pas que vous êtes d'accord sur la politique, non pas que vous êtes d'accord pour organiser un gouvernement, non pas que vous êtes d'accord sur les **réformes** à entreprendre ; mais que vous êtes d'accord pour ne pas mourir. »

Le lion avait retrouvé sa griffe. Il employa toute la dernière partie de son discours à la limer et à l'émousser. Tous ses amis et lui-même étaient de petits saints que l'on calomniait à plaisir en les accusant de menées révolutionnaires. Sur quoi il se proclamait hardiment conservateur et jurait que l'esprit de conservation n'était le monopole de personne. Que signifiait cette étiquette de radicaux qu'on leur appliquait sans cesse pour les compromettre aux yeux du pays? Et il essaya du mot radical une définition entortillée et obscure qui ne satisfit personne. Le pauvre Gavardie lui lança une interruption anodine qu'il n'entendit pas et dont il se débarrassa d'un geste :

« Je n'ai pas entendu l'interruption, mais j'en connais assez l'auteur pour penser qu'elle ne fera pas lacune demain au *Journal officiel.* »

Bien qu'il fît patte de velours, les choses entre lui et la droite finirent par se brouiller. Elles se gâtèrent tout à fait lorsque, rappelant un mot mal interprété de je ne sais plus quel général, il parut mettre l'Assemblée en garde contre l'éventualité d'un coup de force, auquel, pour sa part, il déclarait ne pas croire. Les démentis tombèrent sur lui en averse ; à son tour il se fâcha et s'esquiva sur une menace : « Rira bien qui rira le dernier ! » La gauche en masse l'applaudit dans un élan d'enthousiasme, dont la séance demeura un instant suspendue.

Quand on se calma, ce fut le duc d'Audiffret-Pasquier qui se chargea de répondre et on prévit que la rencontre de ces deux électricités de nom contraire aboutirait à un formidable coup de tonnerre. Le duc se montra, dès ses premiers mots, beaucoup moins modéré que le tribun. Je l'avais vu se frotter avec son index l'arête du nez, ce qui était chez lui un tic et généralement le signe d'une grande colère. Il chercha tout de suite le corps à corps et fonça droit sur l'adversaire. C'est souvent, à la tribune, la bonne manière. Les interruptions étant défendues, on ne risque pas de s'enferrer. Voici son début, absolument personnel : « Nous n'avons pas été de banquets en banquets, de balcons d'auberge en balcons d'auberge, sous les parapluies de La Ferté-sous-Jouarre. On prétend que ce petitionnement est spontané et récent, qu'il est né d'hier ; c'est faux ! Dès notre arrivée à Bordeaux, on protestait contre nous. On a toujours protesté contre nous. Ceux qui nous ont quittés pour entrer dans la Commune protestaient déjà... »

Toute la droite l'encourageait : « C'est vrai ! C'est vrai ! » Les députés se rappelaient que des forcenés, dûment stylés, leur mettaient le poing sous le nez en criant : Vive la République !

Gambetta avait eu l'imprudence d'invoquer certaines stipulations, assez obscures d'ailleurs, du traité de Francfort ; l'orateur eut un beau mouvement : « Je ne laisserai pas dire que c'est l'étranger qui a borné notre mandat à faire cesser la dictature de M. Gambetta ! » Et, à partir de ce moment, l'attaque devint tout à fait directe et personnelle : « Vous vous faites l'avocat de nos libertés. Comment les avez-vous traitées, dans la détresse de la France? Et ce droit de pétition que vous revendiquez aujourd'hui, qu'en avez-vous fait vous-même? Ne l'avez-vous pas flétri et condamné pendant votre dictature comme une sorte de complot ourdi par vos adversaires? Dans ces heures sinistres il ne vous paraissait pas loyal et spontané... »

Et le champion des droites lisait certaine instruction au préfet de la Loire, dans laquelle l'ex-dictateur dénonçait les pétitionnaires d'alors, recommandait de les traquer et se promettait de les punir.

Je n'ai pas l'intention d'analyser de point en point le fougueux discours du duc d'Audiffret-Pasquier. Il me suffira de dire que ce fut une de ces éruptions dont il avait besoin pour être éloquent. Discuter froidement lui était à peu près impossible, et j'ai entendu dire par plusieurs de ses amis, que même dans les conversations les plus anodines, les plus étrangères à la politique, il ne pouvait pas supporter la contradiction. Il se grattait le nez et partait.

Il s'appliqua à prouver que jamais Assemblée française n'avait exercé un pouvoir plus légitime et rappela le mouvement irrésistible dont elle était sortie, précisément parce que les fabricants d'élections n'avaient pas eu le temps de sophistiquer le suffrage universel. Il énuméra toute la besogne que l'Assemblée avait encore à faire, et les enquêtes, notamment celle du 4 Septembre, qui n'étaient pas finies. Puis il suivit pas à pas Gambetta et définit à son tour ces radicaux, loups dévorants que celui-ci avait présentés comme de petits moutons inoffensifs. Il s'éleva contre la souveraineté du nombre : « Est-ce qu'un peuple est libre parce qu'il a le droit de tout faire? Et ce droit de tout faire, n'est-il pas la plus insupportable des tyrannies? Je vous repousse, non parce que je suis monarchiste, mais parce que je suis libéral ! »

Enfin il emprunta à un livre de Naquet quelques citations *radicales*, sur Dieu, sur l'âme, sur la patrie, sur la vertu, sur la famille, sur la propriété, et il en tira cette conclusion que les radicaux étaient le parti de la destruction ; ses dernières paroles furent un appel à la conciliation pour la défense des libertés parlementaires et des intérêts conservateurs.

Plusieurs députés de la gauche lui répondirent que personne ne voulait les sacrifier. Et ils étaient sincères ! Loyauté et cécité ne sont pas nécessairement incompatibles, au contraire ! Ai-je besoin de dire que le duc d'Audiffret-Pasquier fut acclamé et félicité comme l'avaient été tous les orateurs, chaque fois que la question constitutionnelle avait précipité les deux partis l'un contre l'autre. Ce fut Louis Blanc, le plus distingué des sophistes, qui succéda au duc d'Audiffret-Pasquier. Il s'éleva, non sans habileté, contre « le provisoire énervant » dont le pays, selon lui, était victime. Ce provisoire énervant était alors le grand cheval de bataille des républicains. Louis Blanc en usa et abusa dans un discours bien écrit et appris par cœur. Il soutint que la France marchait vers l'inconnu, sans ajouter qu'elle redoutait le connu. Il se retrancha derrière l'autorité de M. Thiers qu'il enguirlanda de son mieux, lui, Louis Blanc, homme du 15 Mai, au point que sur les bancs du centre gauche on entendit ce murmure : « Trop de fleurs ! »

Il parla longtemps et fut interrompu souvent. On commençait à s'ennuyer. Au fond, sans trop oser le dire, il défendait le

« droit divin de la République ». Cela déplut. Quelques députés de la gauche, sentant la partie perdue, demandèrent le renvoi au lundi suivant ou tout au moins au lendemain dimanche. Raoul Duval, qui se multipliait depuis quelque temps, objecta qu'il fallait en finir, fût-ce au prix d'une séance de nuit, par égard pour les intérêts commerciaux si considérables en cette fin d'année.

L'Assemblée comptait alors parmi ses membres un député républicain des Deux-Sèvres, nommé Ricard, qui commençait à jouir d'une certaine réputation d'orateur, bien qu'il n'eût presque jamais abordé la tribune. Il devait, disait-on, cette renommée naissante à une certaine faconde, qu'il déployait volontiers, soit dans les commissions, soit dans les conciliabules hors cadre. Cette particularité lui avait valu un surnom bizarre. On l'appelait « une voix de corridor ». Il était antipathique aux conservateurs, parce qu'il avait fait, pendant la guerre, je ne sais quel petit coup d'état dans un tribunal de son pays. Il se rattrapait auprès des gauches, qui disaient : « Vous verrez Ricard ! » On le vit ministre en effet, mais plutôt médiocre. Il mourut quelques années après, en décadence après avoir été ministre. Ce jour-là, il demanda le renvoi de la séance au lendemain et ne l'obtint pas. Le nouveau ministre de l'intérieur, M. de Goulard, qui venait de succéder à Victor Lefranc, battu et presque content de l'être, se rangea du côté de Raoul Duval et répéta après lui qu'il y aurait, dans l'état des esprits, un inconvénient et même un danger à ne pas liquider cette affaire sans désemparer. C'était l'avis du gouvernement. Naturellement il prévalut, et tout ce qu'on put accorder aux temporiseurs, qui voulaient faire traîner la séance, fut un court repos de deux heures et la reprise à neuf heures du soir pour en finir.

A cette époque, on n'avait pas encore fait une expérience complète de ces séances de nuit. Nous avons appris depuis qu'après dîner on s'y jetait volontiers les encriers à la tête et que les huissiers avaient fort à faire pour éviter une séance de boxe. Peu à peu les présidents des assemblées suivantes durent s'en convaincre, si bien que Casimir-Perier, Charles

Dupuy, Floquet et surtout Brisson mirent tout en œuvre pour s'épargner cette guerre nocturne, pendant laquelle nombre de députés dormaient tandis que les autres se colletaient.

A l'heure dite on rentra dans la salle, et Raoul Duval, qui n'était pas encore l'homme des pacifications politiques, poussa une charge à fond contre les entrepreneurs de pétitions. Une fois de plus, il montra tout ce qu'il y avait de superficiel et de factice dans cette levée soi-disant spontanée de pétitionnaires malgré eux. Il n'y allait pas de main morte, tout en gardant la politesse dont il se fit une règle dans sa trop courte existence parlementaire. A gauche, on hachait son discours d'interruptions violentes et continuelles, auxquelles les conservateurs ripostaient en montrant par des démonstrations contraires qu'ils étaient de cœur avec lui.

Des deux côtés, on s'animait, on s'échauffait, et il n'était pas nécessaire d'en savoir bien long sur ce genre de séances pour comprendre qu'il y aurait bientôt une explosion ; il suffisait de regarder les figures.

Déjà Langlois, Tirard, Lepère, Edmond Adam et quelques autres habitués, entre autres Laurent-Pichat, s'étaient offert diverses apostrophes plus ou moins blessantes, que le président affectait de ne pas entendre pour éviter les incidents personnels et les diversions qui en résultent. De son côté, Raoul Duval allait son train, sans trop s'y arrêter, lorsqu'un ancien préfet de Gambetta, M. Mestreau, député de la Charente, lui cria : « Vous êtes un calomniateur ! » Or il n'avait rien dit qui autorisât une pareille injure : il s'était borné à constater que, parmi les principaux pétitionnaires, il y avait des revenants de la Commune. Or, cette observation ne pouvait offenser ni les plus irritables de ses collègues, ni l'Assemblée elle-même, où ne siégeait aucun communard. La droite, soutenue par le centre, se leva tout entière, indignée, exaspérée. Dufaure lui-même déclara que M. Mestreau s'était mépris sur le sens des paroles prononcées par Raoul Duval, et Grévy fut obligé d'intervenir. Si l'interrupteur ne retirait pas son mot, il le menaçait d'un rappel à l'ordre. L'interrupteur essaya d'équivoquer. Pendant dix longues

minutés, il chicana, après quoi il finit par refuser et se vit
infliger le rappel à l'ordre, châtiment aujourd'hui usé et ridicule,
relativement sérieux en ce temps-là. Plus tard, il aurait mérité
l'exclusion temporaire, inventée par son ami et protecteur
Gambetta.

Raoul Duval quitta la tribune sur une dernière adjuration
à la majorité de faire son devoir, c'est-à-dire d'achever son
œuvre sans se presser, et l'émotion générale dura longtemps.
Quand elle fut un peu calmée, il fallut subir Le Royer, député
de Lyon, alors obscur, presque célèbre depuis. Ce n'était pas
précisément un orateur, mais il avait un mérite, une assez
rude franchise qui ne le préservait pas des gaffes, sans pour
cela le desservir, puisqu'il mourut président du Sénat. Il
disait sa pensée toute crue, sans tempéraments d'aucune sorte,
d'une voix sourde et enrouée. Il fit ce que plusieurs de ses collègues avaient fait avant lui : il loua le message, contesta à la
majorité le pouvoir de fonder un gouvernement, déclara qu'il
soutenait le Président de la République, insinua toutefois,
comme correctif, que ses idées républicaines allaient beaucoup
plus loin que la République conservatrice de M. Thiers. Il
ajouta que son groupe, c'est-à-dire la gauche républicaine,
prêtait au gouvernement un appui de pur à-propos, absolument
désintéressé, qui prouvait sa parfaite abnégation, et reprocha
à la droite de n'avoir d'autre but, en réclamant la responsabilité ministérielle, que « d'escalader le pouvoir ».

L'agitation de l'Assemblée était à son comble et il était impossible de prévoir quand et comment finirait la discussion, lorsque
Dufaure, poussé par Thiers, prit la parole et, comme le Condé
de Bossuet, « calma les courages émus ». Il était temps !

Je viens de relire son discours, un des plus beaux, des plus
pressants qu'un ministre, que Dufaure lui-même ait jamais
prononcés. Il produit l'effet d'un arc-en-ciel dans une tempête.

Si l'on fait encore des manuels ou des recueils oratoires, des
anthologies d'éloquence analogues à nos anciens *Conciones* du
lycée, il mérite d'y figurer au premier rang. C'est le modèle
du genre délibératif. Dans chaque discours important il y a

toujours une phrase, un trait qui se détache en plein relief et qui laisse son nom à l'ensemble. C'est ainsi que les discours de Gambetta sur le parti orléaniste, sur l'amnistie, sur le libérateur du territoire, sur le traité du Bardo sont restés dans la mémoire des hommes. Celui de Dufaure, pour ceux qui se le rappellent, est encore aujourd'hui le discours des *personnalités voyageuses;* je dirai pourquoi dans un instant.

L'orateur commença par se débarrasser de la partie la plus délicate de sa tâche, à savoir l'aveu que, dans cette affaire, le gouvernement marchait avec la Commission et qu'il était d'avis comme elle qu'il suffisait d'opposer à ce fatras de pétitions un ordre du jour pur et simple. Je n'ai pas besoin de dire que plusieurs républicains firent la grimace. Au rebours, les conservateurs, ainsi prévenus, commencèrent à se détendre. Il les flatta en se plaignant « qu'un orateur » — c'était Gambetta — eût introduit les Prussiens dans cette discussion de famille. Il leur fut encore plus agréable en affirmant, contre Louis Blanc qu'il nomma, que le mandat donné par le peuple à l'Assemblée n'avait été accompagné d'aucune réserve et qu'elle seule était souveraine maîtresse de sa dissolution.

A partir de ce moment, chaque argument fut suivi de salves de plus en plus nourries, assez puissantes pour étouffer les réclamations de Lepère et les murmures d'un Rouvier, qui, à cette époque-là, n'avait pas encore dépouillé le révolutionnaire marseillais.

Il reprocha aux organisateurs du pétitionnement d'avoir tout exagéré. Il n'était pas vrai que l'industrie languît, que le travail fût suspendu, que le commerce eût disparu, que les magasins fussent fermés. Non, rien de tout cela n'était vrai, et, en tout cas, si le pays subissait une crise, il en était redevable beaucoup moins aux divisions de l'Assemblée qu'aux excitations des meneurs, qui s'étudiaient à le faire infiniment plus malade qu'il ne l'était.

Mais quand, visant directement Gambetta, il s'en prit aux commis voyageurs en anarchie, aux *personnalités voyageuses* qui couraient les provinces pour arracher à des paysans, à des ouvriers grisés par leur éloquence, des signatures souvent inconscientes, toute la droite se leva pour mieux l'acclamer, et ce fut du délire, un délire justifié par une admirable péroraison :

Oui, Messieurs, croyez-nous. Cet état d'agitation continuelle n'est pas un état tolérable pour un pays. Sachez bien que, lorsque vous paraissez dans une ville ou dans quelque petite bourgade, vous êtes entourés de braves ouvriers ou d'excellents campagnards, qui sont attirés là par la curiosité ou, si vous voulez, par le désir légitime d'entendre votre mâle et chaude éloquence. Cela est vrai, il y a un jour où ils se laissent animer en vous entendant. Cherchez-les le lendemain ; l'un est rentré dans son atelier, l'autre a repris sa charrue, et demandez-leur ce qu'ils veulent. Ils veulent du repos, de la tranquillité, un travail assuré, une famille dans l'aisance, la joie paisible et pure de voir grandir et de bien élever leurs enfants, et, à leur dernier moment, cette pensée consolante, que des lois protectrices et toujours respectées assureront à ces enfants la libre transmission du champ qu'ils ont cultivé ensemble et de la maison où ils vont rendre le dernier soupir. Voilà, Messieurs, notre conviction : la nation entière a besoin de repos ; dissolution est synonyme d'agitation, nous voterons l'ordre du jour.

Un frisson courut. Les plus réfractaires à l'émotion la subirent malgré eux, parce qu'elle jaillissait de la vérité elle-même, sincèrement observée et fidèlement rendue.

L'accueil fut triomphal et l'enthousiasme se prolongea pendant vingt minutes. On eût dit qu'à gauche, comme à droite, un transport de fièvre soulevait l'Assemblée. Les yeux jetaient des éclairs, les bouches s'ouvraient toutes grandes sans qu'un son en sortît. Il y a quarante ans que ce discours a été prononcé ; les occasions n'ont pas manqué aux orateurs pour le refaire tant bien que mal, et, à vrai dire, il faudrait le refaire deux ou trois fois par mois ; personne ne s'y est risqué. La surenchère a remplacé les bons conseils Pour parler ainsi, le vieux Dufaure n'avait pas eu besoin de mettre beaucoup d'eau dans son vin ; mais il avait fallu que Thiers en mît sérieusement dans le sien pour l'y autoriser.

En vain quelques républicains voulurent prendre la parole, on ne le permit pas. La clôture, impérieusement réclamée, fut votée sans nouvel accroc, avec l'affichage du discours dans toutes

les communes de France. Lambert de Sainte-Croix avait déposé
une motion sévère contre les agitateurs ; il s'empressa de la
retirer, en expliquant que le discours du Garde des sceaux
donnait à l'Assemblée pleine et entière satisfaction. Le pays
averti saurait maintenant à quoi s'en tenir. En vain quelques
politiciens militaires, comme le général Billot et l'amiral
Jaurès, qui devaient leur grade à Gambetta, essayèrent de
faire passer une rédaction émolliente ; l'ordre du jour pur et
simple, qui avait un droit de priorité, fut voté par 483 voix
contre 196. Une voix cria : « C'est la vraie majorité ! »

Sur la liste des opposants, je retrouve aujourd'hui à l'*Officiel*
MM. de Mahy et Méline, et je m'étonne de les y voir. De Mahy
était un républicain modéré, que l'île de la Réunion avait envoyé
à l'Assemblée et qui devait souffrir de se voir dans la compagnie
des révolutionnaires et des socialistes. Je l'ai beaucoup connu.
C'était le plus honnête homme du monde et un patriote passionné, qui avait voué à l'Angleterre et aux Anglais une haine
violente. Il eût beaucoup souffert de l'entente cordiale d'aujourd'hui ; il a eu la chance de mourir avant cette douleur.
Quant à M. Méline, le hasard des circonstances l'avait d'abord
introduit, je ne sais comment, dans la peau d'un anarchiste ;
on s'amusait même quelquefois à lui reprocher d'avoir flirté
avec la Commune, ce qui était une mauvaise plaisanterie. Il
ne fut pas long à jeter cette carmagnole aux orties. Plus tard,
il devint président du Conseil et fut renversé comme réactionnaire. La France lui doit un régime protectionniste, dont elle ne
semble pas avoir envie de se plaindre.

Cette séance historique du 14 décembre fut levée à minuit
trente-cinq. Nous tombions de fatigue. A moitié endormi et
balbutiant, comme en rêve, des bribes de discours, je regagnai
la rue André-Chénier, où une chambre m'avait été louée, au
prix fort, par la vieille dame qui aimait à visiter ma valise et
qui se croyait des droits sur mes menus objets de toilette.
Savons, brosses et même quelques boutons de manchettes y
passèrent. J'y étais mieux toutefois, moyennant ce léger sacrifice, que chez mon serrurier ; mais, crainte de pire, je m'en

allai habiter, rue Berthier, chez de braves gens, à côté d'un poêle où ils faisaient leur pot-au-feu. Ma chambre était ornée de deux tableaux vertueux, que le fils de la maison avait gagnés à un tir aux macarons. L'un était intitulé : *Croyez!* et l'autre : *Espérez!* J'avais pour voisins quelques députés républicains, entre autres Charles Rolland, député de Saône-et-Loire, qui, étant arrivé trop tard à Versailles, n'avait pu trouver meilleur gîte. Je le rencontrais souvent dans l'escalier ou dans la cour. Connaissait-il ma collaboration à quelques journaux très conservateurs? Je l'ignore. Toujours est-il qu'il me regardait de travers, comme un ennemi.

Cette soirée mémorable, qui nous mit si tard dans les rues de Versailles et dans laquelle la lourde main de Dufaure administra une si rude douche au gambettisme renaissant, eut, le lundi suivant, son petit épilogue.

Sous prétexte de rectification au procès-verbal, Naquet se plaignit amèrement de la façon dont le duc d'Audiffret-Pasquier l'avait mis en cause. Était-il juste d'attribuer à tous ses amis républicains des idées absolument personnelles, qui n'appartenaient qu'à lui et dont son parti n'était à aucun degré responsable. Avait-il jamais dissimulé sa philosophie matérialiste? Ne savait-on pas depuis longtemps qu'il ne croyait ni à Dieu ni à l'âme? Quel rapport son livre intitulé *Religion, Propriété, Famille* avait-il avec la politique? Et puis était-il légitime d'extraire d'un volume quelques phrases savamment choisies pour en condamner l'ensemble. Taine, cher à la droite, n'avait-il pas écrit le premier : « Le vice et la vertu sont des produits comme le vitriol et le sucre. »

Le sophisme parut un peu fort, et un collègue lui répondit : « Cela engendre le pétrole. » Un autre aurait pu ajouter : « Puisque ce sont des produits, nous voulons en surveiller la fabrication. » Rouvier, désavouant Naquet, ajouta que la famille et la propriété n'avaient pas de défenseurs plus ardents que les républicains. Il omit la religion.

Au reste, ce ne fut qu'un peu de paille. On était fatigué... On vota quelques chapitres du budget restés en panne ; l'Assemblée s'égrenait peu à peu, et, après avoir expédié, comme on dit, les affaires courantes, ses derniers fidèles s'en allèrent. La rentrée était fixée au 6 janvier. On se quittait aigris, ulcérés, rancuniers, avides de nouveaux combats et, pour tout dire, brouillés à mort. Les poignées de mains entre adversaires furent plus rares et plus froides que jamais. La nouvelle année qui s'avançait promettait d'être décisive ; elle le fut et trancha enfin cette interminable querelle.

CHAPITRE XXV

LA VEILLÉE DES ARMES

I

Me voici arrivé à cette année 1873, qui marque une date dans l'histoire de l'Assemblée nationale et qui sépare les deux principaux chapitres de son existence : avec M. Thiers, après M. Thiers ! Au retour des vacances du Jour de l'an, le lundi 6 janvier (la coutume n'avait pas encore prévalu de ne rentrer que le mardi), les esprits n'étaient point calmés ; il semblait qu'on eût au contraire repris haleine pour de nouvelles fureurs. Cependant les premières séances furent relativement pacifiques. On ne recommença, des deux côtés, à montrer ses vrais sentiments que le jour où le projet de loi relatif au rétablissement du Conseil supérieur de l'instruction publique vint en discussion. Le duc de Broglie en était le rapporteur, et c'était assez pour piquer au jeu les chercheurs de chicanes. Nul ne leur fut plus antipathique. Non qu'il s'étudiât à les irriter ; mais sa politesse même, un peu hautaine et *distante*, comme on dit aujourd'hui, agaçait leur démocratie. Chaque fois qu'il se dirigeait vers la tribune, on entendait une sorte de grossier murmure, ponctué de gentillesses comme celle-ci : « Encore cette tête à gifles ! » Au fond, c'était un hommage à son talent. Ils avaient deviné chez le duc leur vrai ennemi et ils se le représentaient redoutable. Un peu plus tard, ils parvinrent à communiquer au peuple l'insurmontable aversion qu'il leur inspirait à eux-mêmes, et les cochers de fiacre cinglaient leurs haridelles d'un : « Hue ! Broglie ! » qui donnait la mesure de sa popularité. J'essaierai, lorsque le moment sera venu, de faire un départ exact entre ses mérites et ses lacunes. Il y avait une scie que les républicains lui montaient journellement et qui consistait à lui opposer son père, chef des doctrinaires sous la monarchie de Juillet. « A la bonne heure, celui-là ! c'était un vrai libéral ! » Et chaque fois qu'un de ses amis ou lui-même rappelait son zèle très sincère pour le développement des libertés publiques, un interrupteur lui criait : « Vous voulez parler de votre père, il est mort ! »

Dans cette affaire du Conseil supérieur de l'instruction publique, la passion antireligieuse, qui avait sévi si violemment à la fin du second Empire, se réveilla âpre et obstinée, chez des sectaires dont la pensée devançait le fameux cri de guerre de Gambetta : « Le cléricalisme, voilà l'ennemi ! » La gauche se plaignait, non sans quelque raison, que les auteurs du projet se réclamassent à tout propos de la fameuse loi de 1850, la loi Falloux, qui leur était odieuse ; mais elle voulait en même temps qu'on éliminât du Conseil supérieur les évêques et les professeurs libres, ce qui était en même temps une absurdité et une injustice. Henri Brisson, qui, toute sa vie, fut obsédé de ce fantôme et qui mourut sans avoir réussi à s'en débarrasser complètement, se multiplia, secondé par quelques fanatiques, pour arracher à la majorité ce commencement de laïcisation officielle. La droite fit donner le bataillon sacré, commandé par Mgr Dupanloup, qui l'emporta. On vit encore, dans cette escarmouche d'avant-garde, deux hommes destinés l'un et l'autre à devenir ministres, et qui semblaient avoir devant eux un long avenir. Le premier était M. de Meaux, le gendre un peu éteint de Montalembert, dont il avait endossé toutes les opinions. Le second, sur lequel le parti conservateur fondait de grandes espérances, était l'archéologue Beulé, qui ne les réalisa pas et qui, dans un coup de dépit, se tua de ne les avoir pas réalisées. Sa pauvre tête, perdue de travail, ne résista pas au désenchantement qu'il en surprit dans son propre entourage. Je le retrouverai bientôt ministre de l'intérieur, peu de temps avant sa mort.

Il y eut aussi une interpellation sur certaines réformes glissées dans les programmes universitaires par Jules Simon, alors ministre de l'instruction publique : il avait décrété, par circulaire, l'abolition à peu près complète du thème latin et la suppression des vers latins, au profit des langues vivantes. C'était alors très demandé ; on en revient aujourd'hui. Vigoureusement attaqué, le ministre répondit par une éloquente profession de foi en faveur de l'enseignement classique. On avait, disait-il, méconnu ses intentions et travesti sa pensée :

> Quant au latin et au grec, je ne consentirai jamais, pour ma part, à les rendre facultatifs. Je tiens essentiellement à ce que nos jeunes gens les étudient ; je n'admets pas que ces études soient utiles pour une carrière et négligeables pour d'autres carrières. Je tiens que l'étude de ces deux nobles langues est indispensable à la connaissance sérieuse de l'histoire de l'humanité et qu'en même temps qu'elles nous donnent la possibilité de commercer habituellement avec les plus grands chefs-d'œuvre de l'esprit humain, elles font entrer dans nos esprits cette grande morale que tous les hommes de génie, à tous les âges, ont adorée et professée, et que, par conséquent, si elles ne nous préparent pas nécessairement à la carrière d'avocat ou de médecin, elles nous préparent à une autre carrière, qui est notre carrière à tous : elles nous préparent à la carrière d'hommes instruits et civilisés.

On n'a jamais mieux dit, et c'est ce que l'on recommence à dire. Il n'en est pas moins vrai que la circulaire de Jules Simon avait pratiqué dans notre ancien système d'enseignement classique une assez forte brèche pour que l'évêque d'Orléans jugeât nécessaire de donner à l'Assemblée une seconde ou une troisième édition de son fameux panégyrique des humanités. On vota, avec le consentement de Jules Simon lui-même, que le nouveau Conseil supérieur serait consulté. Il y a quarante ans que la querelle dure.

En somme, ce premier mois de l'année eût été assez terne sans un incident d'une violence inouïe, auquel demeure attaché le nom de Challemel-Lacour. Préfet de Lyon pendant la dictature de son ami Gambetta, ce professeur de philosophie, devenu homme politique et député, tenait à faire juger sa conduite par ses collègues de l'Assemblée. Plusieurs rapports de la Commission des marchés, un entre autres de M. Blavoyer, député de l'Aube, lui en fournissaient l'occasion ; il en demanda l'inscription à l'ordre du jour, et la discussion, qui devait durer trois jours, s'engagea le jeudi 30 janvier. Challemel-Lacour y apporta toute l'âpreté de son caractère et d'accusé se posa en accusateur. On lui en fit l'observation, il la releva sur un ton de méprisante fierté et continua à se défendre en attaquant la Commission des marchés, coupable, suivant lui, de prévention, de légèreté et d'injustice. Il se donna facilement raison sur des vétilles qui n'ôtaient rien au fond des choses. Comment éviter de menues erreurs, dans cette énorme enquête à laquelle présidait le duc d'Audiffret-Pasquier? Challemel-Lacour s'en arma et en abusa contre la Commission ; mais rien ne peut rendre l'espèce de rage concentrée qu'il y mit. Sa voix, naturellement sèche et rêche, grinçait. Dans un compte rendu parlementaire que je faisais alors au *Paris-Journal*, je ne pus m'empêcher d'insister sur cette rauque sirène d'usine et je vis bientôt qu'il ne me le pardonnait pas. Il en voulait surtout à ce pauvre M. Blavoyer, dont il affectait d'écorcher le nom chaque fois qu'il le prononçait, jusqu'à l'appeler très distinctement — pardon de cette scatologie ! — M. Merdoyer. On murmura, il s'excusa et l'excuse aggrava l'injure.

Je m'empresse d'ajouter que son honneur sortit sain et sauf de cette épreuve. Quelques fricoteurs subalternes, comme il s'en rencontre toujours dans les grandes désorganisations sociales, profitèrent des facilités que l'état de Lyon leur offrait pour faire leur main ; mais aucune tache n'en rejaillit sur l'exacte probité du préfet. Elle resta toujours intacte et hors de cause. Son rôle politique parut plus contestable et fut plus contesté ; on l'accusa d'avoir au moins pactisé, dans une certaine mesure, avec le Comité de Salut public de Lyon, c'est-à-dire avec une Commune qui dura près de cinq mois, et, en tout cas, d'avoir reculé devant elle ; mais, en dernière analyse, il fallut bien reconnaître que, secondé par le procureur général Le Royer et par le procureur de la République Andrieux, le seul survivant aujourd'hui de cette fournaise, il avait plusieurs fois risqué sa vie pour éviter les dernières catastrophes. Une lettre trouvée chez Delescluze, après la mort de la *vieille hyène* sur les barricades, attestait l'effort quotidien qu'il avait dû faire pour maintenir dans ce bouleversement un semblant d'ordre. On la connaît, elle a pris place dans l'histoire : « Je suis ici entouré de ce qu'il y a de pire dans le mauvais. Ce sont les républicains des faubourgs. Je tâcherai de les discipliner, s'ils ne m'ont pas égorgé auparavant. »

Je n'ai pas cette lettre sous les yeux ; j'ai pu y changer un mot ou deux ; mais le sens y est et, à cela près, le texte parfaitement exact. Elle fit une bonne diversion et ramena à Challemel-Lacour ceux qui n'étaient pas trop prévenus contre lui ; mais le plaisant de l'affaire, c'est qu'il manifesta lui-même le regret qu'on l'eût produite et publiée. A l'entendre, on n'en avait pas le droit. Elle était tout à son avantage, mais il craignait sans doute qu'elle ne lui aliénât un certain nombre de ses électeurs, parmi ceux qui, de son propre aveu, semblaient disposés naguère à l'égorger.

Quoi qu'il en soit, l'effet général de sa défense lui était plutôt favorable, lorsqu'une allusion au combat de Nuits, dans lequel s'étaient distingués les mobiles de la Gironde, commandés par M. de Carayon-Latour, changea tout à coup la face des choses. Raoul Duval apostropha Challemel : « M. de Carayon-Latour ! vous avez voulu le faire fusiller ! »

Aussitôt, un dialogue s'engagea.

« Qui dit cela? demanda Challemel.

— C'est moi ! répondit Raoul Duval.

— Vous êtes mal informé, monsieur.

— J'en appelle à M. de Carayon-Latour lui-même.

— Si M. de Carayon-Latour l'a dit, il a été induit en erreur. »

Des deux côtés on s'en tint là pour le moment ; mais, à la fin de la séance, le principal intéressé intervint.

M. de Carayon-Latour, vivement sollicité par ses amis, releva le gant. C'était un homme jeune encore, d'allure robuste, qui n'avait d'autre signe particulier qu'une sorte de rougeur écarlate dont tout son visage était envahi à la moindre émotion. Il raconta à l'Assemblée qu'envoyé à Lyon, avec son bataillon de mobiles, par le commandant de la 14e division militaire, le premier objet qui avait frappé sa vue était le drapeau rouge flottant sur l'Hôtel de Ville et sur la Préfecture. Il l'avait fait enlever, mais cet acte l'avait immédiatement désigné à la haine de toutes les fortes têtes de l'agglomération lyonnaise, et le maire de Vénissieux où il était cantonné ne lui avait épargné aucune des tracasseries dont dispose une administration municipale mal disposée. A quelque temps de là, le hasard lui avait montré, chez le général Bressolles, un rapport sur la première page duquel il avait lu ces mots : « Faites-moi fusiller tous ces gens-là ! » signé Challemel-Lacour.

Je ne puis rendre l'effet de ce récit ; on aurait dit que le tonnerre venait de tomber dans la salle. Des furieux se précipitaient le poing levé sur Challemel-Lacour. Il se dirigea vers la tribune, affectant un grand calme, mais plus d'un quart d'heure se passa avant que le bruit lui permît de parler. Quand il put enfin glisser un mot dans le tumulte, il répondit qu'il ne doutait pas de la parole de M. de Carayon-Latour, mais qu'il ne se souvenait de rien. En même temps, un de ses collègues, M. Daguihon-Lasselve, du Tarn, affirma que le général Bressolles lui avait confirmé le fait, et alors vingt députés hors d'eux-mêmes, la face convulsée, coiffèrent comme une meute, sans en demander davantage, la bête acculée, qui leur tenait tête. Challemel objectait avec raison qu'une pièce de cette gravité avait dû laisser des traces, qu'elle était quelque part, qu'on la cherchât, qu'on la trouvât, qu'on fît une enquête, que l'on interrogeât le principal témoin ; qu'on en donnait certainement une fausse interprétation, qu'il y avait là une énigme dont il ne se rendait pas compte, et d'une voix rauque, qui ressemblait au dernier grognement du sanglier à l'hallali, il ne cessait de crier : « La pièce ! la pièce ! »

On en avait assez, et le président put renvoyer chez eux ces épileptiques. Le lendemain, MM. Blavoyer et Louis de Ségur justifièrent leurs rapports, et, après leurs discours, j'assistai à un spectacle d'un nouveau genre, qui a pris dans la mémoire des hommes la valeur d'une légende.

Un député du Var nommé Ferrouillat, qui avait été membre et secrétaire du Comité de Salut public de Lyon, entreprit d'énumérer les titres que la seconde ville de France s'était acquis, pendant la guerre, à la reconnaissance publique. Il n'y omit aucun détail et parla quatre heures d'horloge, d'une voix égale, avec l'accent le plus monotone, sans s'animer, sans sourciller, sans saliver, sans boire. Je vois encore son grand corps maigre s'allonger vers son auditoire et ses mains, tachées de rousseur, tourner les innombrables feuillets dont il s'était pourvu et qui s'élevaient comme une pyramide autour de lui. L'auditoire en semblait médusé. On croyait à chaque instant qu'il avait fini, et il recommençait toujours, sans même donner à ses collègues l'espérance qu'il allait bientôt finir. Avec cela ennuyeux comme une pluie fine qui dure toute une journée. De temps en temps, le président Grévy se penchait vers lui et lui disait tout bas : « Abrégez ! abrégez ! » mais il n'en avait cure. Si bien qu'aujourd'hui encore, lorsqu'un orateur donne un trop libre cours à sa prolixité, on se dit : « Prenez garde, c'est un Ferrouillat. » La séance ne fut levée qu'à huit heures un quart du soir et il fallut chauffer un train spécial pour ramener les Parisiens à Paris.

Les Lyonnais sont tenaces. Le troisième jour, on entendit Ordinaire, qui couvrit de fleurs Garibaldi et les garibaldiens. Le duc d'Audiffret-Pasquier mit son impétueuse éloquence au service de la Commission des marchés et ne se priva pas de ramener l'Assemblée à un sentiment plus juste des services rendus par Garibaldi. Édouard Millaud prétendit que le drapeau rouge signifiait simplement que la patrie était en danger. M. de Pressensé, qu'on appelait « le doux pasteur » parce qu'il avait un talent spécial pour faire battre les gens, tint à placer son mot ; mais on avait d'autres soucis. L'affaire Challemel-Lacour dominait toutes les préoccupations, et l'accusé tenait à ce qu'elle fût une bonne fois tirée au clair.

Il avait naturellement à cœur de se disculper, et la scène de l'avant-veille recommença, plus aigre et plus violente. Il se plaignit que la grosse question, la question de la fusillade, ne fût point réglée, et surtout qu'on essayât de la trancher contre lui, sans preuves. La pièce à conviction était-elle donc perdue? L'avait-on détruite? Pourquoi ne pas s'occuper avant tout de la retrouver? Pourquoi ne pas mettre le tribunal, devant lequel il s'inclinait maintenant, à même de juger et de condamner au besoin en connaissance de cause? Ce fameux document, cette annotation avait-elle bien l'importance et même la signification qu'on lui attribuait! Savait-on seulement qui elle visait? N'était-ce pas une hyperbole, voire une galéjade méridionale? En tout cas, on n'avait fusillé personne et, à chaque reprise d'haleine, il répétait dans un grognement, ou plutôt dans un râle sauvage de bête blessée : « La pièce ! la pièce ! » tandis que ses amis debout autour de la tribune imitaient en cœur ce jet de bile : « La pièce ! la pièce ! », répondant ainsi aux violentes provocations de ses adversaires. Ce cri sonnait d'une façon si aigre qu'on n'entendait plus qu'une espèce de vomissement dans la salle. Quelqu'un ne manqua pas de rappeler l'exécution sommaire d'un épicier nommé Arbinet, fusillé comme espion sur un ordre pareil et qui, deux jours après, avait été reconnu innocent.

Je n'ose pas dire que je fus convaincu par les raisons de Challemel, mais il est certain que j'en fus impressionné parce qu'il y en avait de très fortes, et ceux qui avaient conservé quelque sang-froid hochaient la tête comme des gens qui doutent. L'absence vraiment inexplicable du papier accusateur les mettait en garde ; mais la grande majorité ne voulait rien admettre et j'eus bien là le sentiment des extrémités auxquelles peuvent se porter, dans un paroxysme de passion, les hommes réunis, peuple ou assemblée. C'est une des journées de ma vie qui m'en ont le plus appris sur la témérité des jugements humains. Il y avait là des vieillards que j'aurais crus pleins d'expérience et qui se laissaient emporter sans réflexion à leur premier mouvement.

L'Assemblée finit par adopter à une immense majorité — 533 contre 41 — un ordre du jour fort disgracieux pour la ville de Lyon. Il s'y mêlait, je crois, un peu de rancune contre le terrible Ferrouillat. Plusieurs républicains subtils s'efforcèrent d'établir une distinction entre le drapeau rouge qui leur inspirait de l'horreur et ceux de leurs amis qui l'avaient arboré ou toléré. Ils expliquèrent qu'ils ne votaient que contre ce drapeau.

Quinze jours après, cette étrange scène eut un épilogue. L'affaire semblait enterrée dans une sorte de prétérition réciproque, lorsque, d'un commun accord, l'accusateur et l'accusé s'expliquèrent de nouveau devant l'Assemblée. Chacun d'eux avait réuni des preuves et des témoignages qu'il considérait comme décisifs, mais que la passion politique rendait suspects.

Le document capital, la vraie pièce à conviction, le rapport sur lequel Challemel-Lacour était censé avoir écrit sa fameuse phrase et où M. de Carayon-Latour l'avait lue de ses propres yeux continuait à se dissimuler. Était-il perdu? L'avait-on étouffé? Nul n'a jamais pu le savoir. Son absence donna lieu à un nouveau vacarme, qui se prolongea pendant deux heures, et ce fut fini. Carayon-Latour mourut convaincu que Challemel-Lacour avait voulu le faire fusiller. Challemel répéta jusqu'à sa mort qu'il ne savait pas ce qu'on voulait lui dire. L'énigme est restée indéchiffrable.

Ces échauffourées devenaient périodiques. On en avait au moins une par quinzaine. Dans l'intervalle, on s'efforçait de rattraper le temps perdu : on faisait des lois, qui montraient l'Assemblée sous un jour plus favorable, lois financières, économiques et même sociales. C'est, je crois bien, la première fois qu'on s'occupa de régler le travail des enfants dans les manufactures. Je reste étonné aujourd'hui de ce que cette réunion d'hommes supérieurs planta ainsi de jalons utiles, dont la démocratie niveleuse fit plus tard des perches mal jointes et démesurées. Savez-vous à qui nous devons le monopole des allumettes? A l'un des hommes politiques les plus éloquents et les plus expérimentés de ce temps, à Édouard Bocher, qui fut le rapporteur de presque toutes les lois d'impôts. On aborda aussi la grosse question du régime des sucres, qui mit aux prises le nord et le midi. Marseille comptait alors parmi ses députés un homme des plus compétents, le bon Clapier, un gros homme avec une tête monstrueuse, qui avait le tort de mettre toute sa compétence dans chacun de ses discours et de noyer ainsi le bon argument dans d'interminables conférences. Ils étaient plusieurs comme lui qui ne savaient pas se borner et qui allongeaient prodigieusement les discussions. Ajoutez que chaque loi exigeait trois lectures, qu'on s'y perdait un peu et qu'on n'en voyait presque jamais la fin.

Malgré tout, ces séances reposantes ne me déplaisaient pas. Elles distillaient une certaine dose d'ennui, mais je m'accoutumais sans peine à les préférer aux journées fiévreuses, qui laissaient toujours après elles un peu de fatigue, et je m'apprêtais à en savourer les somnolences, lorsqu'un incident inévitable ralluma la grande querelle entre l'Assemblée et l'Exécutif et précipita le dénouement.

II

On se rappelle qu'à la suite du dernier *Message* de M. Thiers et des violences qu'il avait provoquées, une Commission de trente membres avait été chargée de régler les attributions des pouvoirs publics et surtout d'organiser le fonctionnement de la responsabilité ministérielle. C'était surtout cette dernière question qui irritait la majorité royaliste. Elle était convaincue que la responsabilité ministérielle, cette clé de voûte des gouvernements représentatifs, ne serait qu'un mot dépourvu de sens, tant que le chef de l'État aurait le droit de discuter ses opinions personnelles à la tribune, et ce droit, elle était aussi résolue à le lui ôter qu'il était résolu lui-même à ne pas s'en dessaisir. Au fond de toutes leurs querelles, il n'y avait guère que ce détail ; mais ce détail était tout, puisque la majorité se sentait incapable de faire prévaloir sa volonté, tant que M. Thiers conserverait le moyen d'expliquer la sienne.

J'ai hâte et j'ai peur en même temps d'arriver à cette mémorable journée du 24 mai 1873, qui, en tranchant la question suivant le désir de la majorité royaliste et conservatrice, jeta un trouble profond dans le pays. Quelque jugement qu'on en porte, il est certain qu'il en fut bouleversé, du matin au soir, comme par un tremblement de terre. On n'y croyait pas, on n'y voulait pas croire, tant on s'était habitué à considérer M. Thiers comme le président inamovible d'une République française quelconque. L'idée qu'il pût être renversé entrait d'autant moins dans les esprits que sa popularité grandissait de jour en jour.

Quelques historiens ont prétendu que ce coup de théâtre du 24 mai avait changé le cours de nos destinées. C'est, à mon avis, une grosse erreur. Aucun événement, heureux ou malheureux, ne peut rien contre l'ancienne ἀνάγκη. Chaque nation arrive nécessairement où elle doit arriver, quels que soient les courants auxquels elle semble obéir. Les facilités ou les obstacles qu'elle rencontre sur sa route accélèrent ou ralentissent un peu sa marche ; mais rien ne peut l'écarter indéfiniment du poteau final, qui lui est marqué et où elle doit aboutir.

La Commission des Trente avait choisi pour rapporteur un homme en qui la majorité conservatrice s'habituait peu à peu à voir son chef, le duc de Broglie. Il ne jouissait pas auprès de tous ses membres du même crédit, car sa modération le rendait suspect aux ultras, qui le traitaient dédaigneusement de libéral, mais nul ne contestait sa valeur politique et on le savait haï de M. Thiers, qui le redoutait. C'était une recommandation, d'autant que le duc, averti du petit jeu d'épigrammes auquel on se livrait contre lui dans l'entourage du chef de l'État, affectait de le dédaigner et n'essayait même pas d'y répondre.

Il apporta son rapport le vendredi 21 février et, dans un mouvement général de curiosité, l'Assemblée en ordonna la lecture immédiate. Il était fort long ; j'en extrais seulement quelques lignes, qui en sont la substance et la moelle :

> Monsieur le Président de la République représente trop dignement, aux yeux de l'Europe, la France malheureuse pour que nous puissions l'entendre, sans alarme, parler d'abandonner le mandat que nous lui avons confié (*rumeurs à droite*) ; mais l'Assemblée a son mandat aussi, qu'elle tient de la France et qu'elle ne peut déserter. Il est pénible pour elle d'être réduite trop souvent à choisir entre deux partis dont l'un consisterait à laisser descendre du pouvoir celui qu'elle y a placé et veut y maintenir, et l'autre à incliner des convictions très arrêtées devant les vues personnelles du chef de l'État.

Cette alternative, qui faisait la fausseté de la situation, s'était déjà produite deux fois et avait profondément remué le monde politique : d'abord, lorsque l'Assemblée avait donné, puis retiré aux Conseils municipaux la nomination des maires et, plus récemment, avec plus d'éclat, lors du vote sur les matières premières. La chose, en cette circonstance, avait été fort loin. M. Thiers faisait ostensiblement ses paquets, et il avait fallu lui envoyer une ambassade, soumise et respectueuse, pour le décider à *reprendre son tablier*. Il est bien certain que la menace d'une retraite éventuelle de M. Thiers pesait de tout son poids sur l'Assemblée nationale et ne lui laissait plus son entière liberté.

Cependant le duc de Broglie s'était appliqué à velouter son rapport, et cette précaution avait indisposé les intransigeants de l'extrême droite. Nous venons de voir, à certains murmures, qu'ils n'avaient pas caché leur mécontentement, aggravé par les approbations d'une partie de la gauche et du centre gauche.

Chaque fois que le rapporteur insistait sur la puissance de parole de M. Thiers, d'autant plus dangereuse qu'elle vous prenait comme dans un filet dont on n'avait ni le courage ni le pouvoir de se tirer, ces ultras tenaient à marquer d'un murmure le déplaisir que leur causait, même vinaigré, l'éloge du président de la République.

M. Thiers représentait pour eux le principal obstacle à la restauration monarchique, et on comprend que tous les autres griefs, même 1830, même la captivité de la duchesse de Berri, disparussent devant celui-là.

Le projet n'avait que quatre articles, bien caractérisés par un droit de veto suspensif qu'on accordait au chef de l'État en échange de son droit de parole non pas précisément supprimé, mais ligoté dans les plus étroites et les plus minutieuses formalités. Pour le récupérer, il lui fallait envoyer à l'Assemblée un message, après lequel on remettait la séance au lendemain. Et cela ne leur suffisait pas. Les Franclieu, les Fresneau, les Hervé de Saisy accusèrent la Commission de servilité.

La discussion fut remise au jeudi 27 février, non pas, comme on le dit, par politesse, pour donner aux gens le temps de réfléchir, mais pour leur permettre de se reposer pendant le carnaval. On avait ainsi presque une semaine devant soi.

Personne ne manqua au rendez-vous. On sentait dans chaque parti que, sous toutes ces machines, c'était la République elle-même qui était en jeu. Versailles offrait alors à ses habitants un singulier spectacle qui semblait les intéresser, mais qui les déconcertait un peu. Cette ville morte, réveillée deux fois en moins d'un an de sa léthargie séculaire par l'invasion allemande et par l'émigration parisienne, était plongée comme dans un rêve de résurrection. Elle s'était enrichie de la présence des Prussiens, et son commerce local nous savait gré du nouveau surcroît que nous lui apportions. Le dommage de l'un est le profit de l'autre. Les couples, qui se promenaient bras dessus bras dessous dans ces magnifiques avenues où l'herbe pousse entre les pavés, s'arrêtaient à nous regarder comme des échantillons spéciaux de la race humaine. Et leur curiosité trouvait à se satisfaire dès le matin. Un certain nombre de députés avaient trouvé avantageux de coucher à Versailles, malgré le prix des locations. Les hôtels, les Réservoirs, le Petit Vatel, la Chasse, le Plessis, d'autres encore regorgeaient de monde ; on se visitait, on s'allait chercher pour déjeuner ensemble, surtout pour causer des affaires publiques et s'entendre sur la question qui était à l'ordre du jour. On s'envoyait des estafettes ; je me figurais Versailles au commencement de 1789. C'était positivement une Renaissance.

Mais le beau moment était celui du débarquement de Paris, vers deux heures, par les deux gares. On se rendait à l'Assemblée les uns à pied, les autres dans des fiacres plus ou moins confortables, quelques-uns dans un petit tramway animal qu'un hardi entrepreneur avait installé exprès pour nous et qui déraillait régulièrement à chaque voyage, mais en douceur et sans jamais nous faire de mal. Là, nous étions sûrs d'avoir notre public, toujours le même, sympathique et reconnaissant, qui nous reconduisait jusque sur la place d'Armes, quelquefois jusqu'au seuil de la galerie des Tombeaux, non sans nous questionner un peu sur ce qui allait se passer et, plus ou moins timidement, sur la retraite toujours possible de M. Thiers. Je tiens à le constater parce que c'est un signe des temps. A Versailles, et probablement ailleurs, on ne s'inquiétait guère que du maintien ou de la chute du Président de la République.

Aussi que d'émotion autour de cette séance du 27 février, qui s'annonçait comme la première attaque décisive contre son pouvoir, et dont il devait dire lui-même, dans la discussion, que c'était une journée solennelle, décisive, pour le pays. Il faut bien le croire, puisque le débat dura treize séances et ne se termina que le jeudi 13 mars.

L'action s'engagea, comme à l'ordinaire, par d'inoffensifs feux de file. Ce fut M. de Marcère qui tira le premier. Comme il était très poli et très modéré, aussi bien dans ses idées que dans sa parole, il reprocha courtoisement au duc de Broglie de ne pas dire toute sa pensée. Puis, comme il ne voyait que par les yeux de M. Thiers, il exprima son admiration pour la fameuse for-

mule développée dans le message de novembre : « La Répu
blique sera conservatrice ou elle ne sera pas ! » Il a eu le temps,
depuis cette époque, de regretter la confiance sans bornes
qu'elle lui inspirait, car il reste aujourd'hui, après quarante
ans, le dernier ou l'avant-dernier des sénateurs inamovibles
On serait curieux de savoir exactement le nombre de ceux qui
ont connu les mêmes repentirs.

Après M. de Marcère, l'Assemblée entendit encore trois
orateurs, MM. de Castellane, Ferdinand Boyer et Haentjens,
de souffle inégal, mais également déçus par le projet de la Com·
mission. Le marquis de Castellane était un tout jeune homme
qui aimait à traiter ces hautes questions constitutionnelles et
qui les abordait avec une sorte de désinvolture que quelques-uns
trouvaient au-dessus de son âge. Ce qui les inclinait à penser
ainsi, c'est que le marquis était non seulement un des cadets
de l'Assemblée, mais un de ceux dont la jeunesse s'épanouissait
le plus visiblement sur un frais visage, presque imberbe, encadré
d'une forêt de cheveux blonds.

Seul, le jeune M. Duvergier de Hauranne, qui était presque
un albinos et qui semblait avoir sur la tête une petite perruque
en paille de riz, aurait pu lui disputer cette palme. J'ai admiré
aussi, dès le Corps législatif, mais plus âgé, avec forte barbe et
forte moustache, le beau Magnin, Magnin aux cheveux d'or, *re
giallo, re d'oro*, comme les Allemands le disaient de Gustave-
Adolphe, en italien.

Le marquis de Castellane a montré depuis, dans les journaux
et dans les Chambres, ce même goût pour les grands problèmes
de la politique générale, intérieure ou extérieure, et, à plusieurs
reprises, il y a fait preuve de clairvoyance.

M. Ferdinand Boyer était le roi des avocats de Nîmes. Un peu
provincial, mais élégant et disert. Sa politesse égalait celle de
M. de Coislin ; il saluait les fauteuils vides pour être sûr de
n'oublier personne. Il était d'avis, comme le marquis de Castellane, que l'Assemblée se hâtât de faire une Constitution
monarchique ; après quoi, elle inviterait tous les princes, tous
les prétendants à se présenter, chacun muni de ses mérites,

et le plus digne serait proclamé roi. Ce concours général parut
. bizarre.

Quant au bonapartiste Haentjens, il prêcha naturellement
pour son saint et réclama l'appel au peuple, la nation étant
seule capable, suivant lui, de dire à qui elle voulait confier ses
destinées. Dans l'état des esprits il n'avait pas beaucoup de
chances d'être écouté, mais il suffit quelquefois d'une démonstration platonique pour interrompre la prescription.

La discussion se corsa le lendemain. Les gros bonnets parlèrent, y compris Gambetta. Il déclara que l'œuvre à laquelle
on conviait l'Assemblée était à la fois puérile et périlleuse, puérile parce qu'elle instituait un cérémonial ridicule, périlleuse
parce qu'elle engageait l'avenir et constituait « une véritable
usurpation sur les pouvoirs des successeurs de l'Assemblée ».
C'était évidemment ce dernier point qui l'inquiétait. On l'interrompit beaucoup sans précisément l'interrompre, c'est-à-dire
qu'on ne se fit pas faute de causer et de chuchoter pendant son
discours. Et il s'en plaignit.

Un certain malaise régnait dans l'Assemblée, qui venait de
ce que les conclusions de la Commission n'avaient contenté
personne, sauf peut-être le gouvernement. Les légitimistes les
trouvaient tièdes, et les républicains les jugeaient vagues. Les
uns et les autres étaient convaincus que, pour en arriver à
un résultat aussi neutre, M. Thiers et le duc de Broglie avaient
joué au plus fin et réussi réciproquement à se tromper, laissant aux commentateurs le soin d'épiloguer sur leur vraie
pensée. On se rappelait qu'avant toute discussion Dufaure
était monté à la tribune pour annoncer, avec cette espèce
d'âpreté qui donnait tant de poids à sa parole, que le gouvernement et la Commission étaient complètement d'accord.
Un vers de Racine courait sur toutes les lèvres :

> J'embrasse mon rival, mais c'est pour l'étouffer.

Qui donc avait cédé? Qui donc avait enveloppé son arrière-
pensée dans des restrictions mentales, dont on verrait bientôt
l'effet? Eux, d'accord! Le gouvernement et la délégation de

la majorité? Ce n'était pas possible. Il y avait un gros mensonge sous roche. M. Thiers donnait toujours le nom de chinoiseries aux toiles d'araignée dans lesquelles la majorité se flattait de paralyser sa parole et son action. Par des intelligences pratiquées un peu partout, il croyait savoir qu'il lui suffirait d'un mouvement d'épaule pour crever ce fragile réseau. L'opinion travaillait pour lui. Il aimait d'ailleurs, sans doute depuis Deutz, à employer, en dehors de sa police officielle, de bas indicateurs hors cadre qu'il rémunérait grassement, sauf à leur donner l'argent avec des pincettes. On en nommait plusieurs tout haut dans son entourage.

Le discours du duc de Broglie laissait les choses en l'état, et, des deux côtés, on restait sur la défensive. Dufaure reprit encore une fois ces explications où l'expectative jouait le principal rôle. Il prêcha de nouveau « la trêve des partis ». C'était le jeu même du duc de Broglie. On avait demandé à celui-ci sur quel terrain la conciliation avait pu se faire. Il avait répondu sans rire : « Sur le terrain du pacte de Bordeaux ! » Ce fameux pacte, ébréché à mainte reprise, semblait vieux de cent ans. Et, comme les amateurs de définitif objectaient que c'était la consécration du provisoire : « Parfaitement ! expliquait avec une pirouette l'éminent rapporteur ; le provisoire a ses inconvénients, mais le définitif a les siens ; c'est la lutte déclarée des partis, c'est le déchaînement des tempêtes. »

Je passe rapidement sur un discours de Laboulaye, qui se prononça pour une seconde Chambre comme en Amérique ou en Suisse et annonça que le radicalisme perdrait la République. La gauche lui fit grise mine. On lui rappela durement qu'il avait approuvé et soutenu le plébiscite de 1870. On lui rappela même l'encrier, ce fameux encrier qui projeta une ombre noire sur toute la fin de sa vie. Sait-on encore aujourd'hui l'origine de cette histoire. C'est à peine si elle me revient à l'esprit. A la suite de je ne sais quelle manifestation libérale, un groupe d'électeurs reconnaissants lui avaient fait don, en signe d'admiration, d'un magnifique encrier artistique. Mais, lorsqu'il leur paraissait trop modéré pour leur goût, on racontait que ces mêmes électeurs, ou d'autres moins qualifiés, ne manquaient jamais de lui écrire : « Rendez l'encrier ! » On lui en fit une scie d'atelier jusqu'à ses derniers jours, et en somme il mourut légèrement démonétisé, victime de l'ingratitude des partis.

Dans l'incertitude où tous ces discours laissaient l'Assemblée, on se demandait avec une curiosité qui, après cinq séances de discussion sans résultat, devenait plus vive d'heure en heure, si le Président de la République prendrait la parole pour revendiquer cet accès à la tribune qu'on prétendait lui ôter et contre lequel était dirigé le projet. Rien qu'à le voir s'agiter à son banc, on devinait sans peine qu'il en mourait d'envie. Il se levait, se rasseyait, parlait à l'oreille de Saint-Hilaire, faisait quelques pas dans l'hémicycle, puis se calmait, fermait les yeux, paraissait s'endormir et se réveillait brusquement pour risquer une courte interruption. A droite, les paris étaient ouverts : « Parlera ! parlera pas ! » mais la majorité était convaincue qu'il ne résisterait pas à la tentation.

Il parla, refit son message, refit le discours de Dufaure, jura qu'il acceptait franchement le nouveau petit bout de constitution avec toutes ses entraves et s'efforça de rassurer les royalistes en reconnaissant que ce serait une faute de proclamer trop vite sa République conservatrice, tout inévitable qu'elle lui parût. En résumé, il s'en tenait, lui aussi, au pacte de Bordeaux, très modestement révisé, et jurait une fois de plus qu'il ne tromperait personne.

L'effet fut très grand, mais la confiance n'y était pas, et, à partir de ce moment, chacun eut à cœur d'exprimer ses vœux, ses idées, ses craintes, ses espérances dans des propositions plus ou moins bizarres, qui furent toutes enterrées dans la fosse commune, sauf une seule qui détermina une transaction sans conséquence entre le gouvernement et la Commission. Quiconque se sentait capable de dire trois mots sans implorer la bienveillance de l'auditoire voulut en avoir sa part, et il en résulta un amalgame où le texte primitif finit par ressembler à un écheveau de fil dans la patte d'un chat. Quelques orateurs sérieux, comme M. Lucien Brun, essayèrent de le démêler sans y parvenir et ne réussirent qu'à l'embrouiller encore davantage. Je ne crois pas devoir insister sur ce fatras, qui finit par assommer tout le monde.

III

Il me reste un mot à dire de quelques excentriques, qu'on traitait quelquefois de toqués et dont les fantaisies détendaient un peu çà et là les nerfs des hommes graves. Il y avait d'abord Tillancourt, qui a laissé un nom comme faiseur de bons mots. Ils n'étaient pas toujours bons, mais l'homme était toujours gai. Il vivait alors dans la compagnie d'une divorcée, Mme Claude Vignon, qui recevait beaucoup d'artistes, étant artiste elle-même et connue pour manier honorablement la terre glaise. Elle possédait une jolie maison bourgeoise dans la banlieue élégante de Paris. Un peu plus tard, Maurice Rouvier l'épousa en justes noces. Elle lui apporta en dot la maison et un fils que son jeune beau-père poussa dans la diplomatie.

Rouvier, qui sortait à peine de chez son premier patron le trafiquant grec Zaphiropoulo, n'était pas en odeur de sainteté auprès du gouvernement, qu'il attaquait à outrance dans les feuilles révolutionnaires de Marseille. Dufaure, alors garde des sceaux, qui ne pouvait pas le sentir et qui, malgré sa très sincère piété, ne pardonnait pas volontiers les offenses, lui fit un vilain procès de petites filles, à la suite de scènes qui s'étaient, dit-on, passées au Palais-Royal. Rouvier s'y démena comme un beau diable avec le tempérament — c'était déjà le sien — d'un homme qui ne se laisse pas égorger sans résistance. On fit comparaître les enfants, dont plusieurs se contredirent, se coupèrent. Toutes ne le reconnurent pas. Bref, il s'en tira et devint peu à peu ce qu'il fut, un des piliers de la République triomphante, sans changer de caractère, toujours dans les circonstances les plus critiques provoquant et bravant.

Je le vois encore, à peine arrivé à l'Assemblée nationale de Versailles ; on discutait une petite affaire de clocher, où la majorité le prenait sur un ton attendri et semblait donner raison au sentiment plutôt qu'au droit. Rouvier se lève furieux : « Ah ! vous méprisez les intérêts, s'écrie-t-il ; eh bien, vous m'en direz des nouvelles ! Les intérêts sont la seule politique qui compte ! » C'est à peine si l'on prit garde à ce néophyte. Vingt ans après, très assagi, très modéré, et surtout modérantiste, mais aussi franc du collier et aussi prompt à la riposte violente, comme on lui reprochait d'avoir exigé du Panama à bout de souffle une contribution électorale, je vois encore mon Rouvier, irrité, presque menaçant ; un poing tendu vers la Chambre, l'autre frappant à grands coups sur le bois de la tribune : « Allons donc ! Si je ne l'avais pas fait, les trois quarts d'entre vous ne seraient pas ici aujourd'hui. »

Son goût pour les questions d'affaires, son réalisme financier finirent par faire de lui l'idole des banquiers et des gens de Bourse ; chaque fois qu'il paraissait devoir entrer dans une combinaison ministérielle, la cote montait. Au contraire, ce même penchant à s'isoler dans la politique des intérêts le rendait suspect à certains puritains envieux qui le jugeaient fort capable de faire ses propres affaires en faisant celles de la France. Un jour, agacé de cette insinuation perpétuelle qui flottait sans cesse autour de lui, il voulut en avoir raison et, se précipitant à la tribune : « Quoi ! qu'y a-t-il encore ? Que me veut-on ? J'ai été deux fois à la tête du gouvernement, deux fois président du Conseil, et je n'ai pas onze mille livres de rentes. » On voit qu'il aimait à regarder ses accusateurs en face et à prendre le taureau par les cornes. Plus tard, en 1885, lors du terrible crack de l'Union générale, qui fut une des grosses erreurs de Gambetta, on sut qu'il avait dit : « C'est un désastre irréparable ! Si j'avais été là, j'aurais bien su l'empêcher ! » Et on n'en douta pas, lorsqu'on le vit conjurer, ou du moins amortir si vite et si énergiquement le crack du Comptoir d'Escompte. Il redoutait avant tout ces trous subits dans la fortune publique, et se faisait ainsi une juste réputation, qui le poussa d'échelon en échelon aux grandes charges. Tout compté, pour ou contre lui, le bilan restait en sa faveur, et il avait moins de détracteurs que d'amis. Je dois dire qu'il excellait dans l'art de prodiguer des promesses et dans l'art plus difficile, plus dangereux encore, de ne pas les tenir. Sans trop indisposer les gens, il les payait en paroles méridionales, sans nier, sans éluder, par des atermoiements et des remises, comme son compatriote Numa Roumestan. On savait un peu à quoi s'en tenir, mais on l'aimait quand même, et ceux dont l'avenir dépendait de lui avaient foi dans le sien. Pareil à un long échassier, juché sur deux grandes jambes grêles qui semblaient gêner sa marche, il trouvait encore le moyen de vous prendre familièrement le cou et de vous enchaîner par un sourire. Cette rare faculté de séduction, qui s'alliait de façon bizarre avec l'impétuosité de son humeur et la véhémence de ses premiers mouvements, lui permit de rendre de grands services dans deux grosses crises, l'une intérieure, l'autre diplomatique, dont notre pays fut sérieusement menacé ou humilié. On le comprit, et le sentiment qu'on en eut l'aida à faire oublier l'impression assez fâcheuse de ses débuts et les incorrections hardies qui lui avaient mis le pied à l'étrier. Il mourut sénateur, les yeux fixés sur notre budget en capilotade. Jamais homme ne fut plus vraiment le fils de ses œuvres.

Il m'a fait oublier un moment — son souvenir en valait la peine — les amuseurs de la Chambre, loustics inoffensifs, que le président regardait comme un fléau. Outre Tillancourt, il y avait parmi eux ce Descat, député du Nord, qui, au milieu de la plus solennelle discussion, criait à l'orateur : « Parlez ! Parlez ! » d'une voix de Jean Hiroux qui semblait sortir des catacombes. J'ai déjà dit un mot de l'immortel Gavardie, mais je n'ai encore rien dit d'un autre personnage, le général Du Temple, qui avait servi ou failli servir pendant la guerre et qui devait son titre à cet emploi. Il appartenait à l'extrême droite, où il jouait le rôle du plus endiablé des ultras. Il haïssait M. Thiers, il le haïssait dans l'âme, comme Hernani hait Don Carlos, et, dans cette épaisse discussion sur la responsabilité ministérielle, il s'en donna à cœur-joie contre ce chef d'État, qu'il appelait dans l'intimité sa bête noire, l'accusant, à chaque mot, de trahison, de forfaiture, et appelant sur sa tête coupable toutes les foudres des vengeances divines et humaines. Le président Grévy essayait en vain de l'arrêter. Il le menaçait de le rappeler à la question, de lui retirer la parole ; mais le moulin à battre allait toujours, au mépris des admonestations et des avertissements : « La question? mais j'y suis en plein. La question, toute la question, c'est lui ! C'est M. Thiers ! » et il s'y accrochait comme à une ancre de salut, ou plutôt il mordait la galère ennemie comme Cynégire, soutenu par quelques timides et intermittentes approbations qui exaspéraient le président.

On en était réduit à se dire que, s'il mettait autant de ténacité sur le champ de bataille à défendre une position importante, il avait au moins une qualité militaire de premier ordre.

Le projet de loi fut voté par 407 voix contre 225, majorité considérable qui prouve qu'on n'avait pas jugé à propos de se battre à fond sur cette paix boiteuse et provisoire qui laissait tout en suspens. A quoi bon s'opiniâtrer, puisqu'il était évident qu'il faudrait bientôt recommencer? L'inquiétude restait et à chaque pas on se sentait marcher sur du feu à peine recouvert de cendre. Les plus pressés se consolaient : il sera toujours temps ! Et cette patience relative leur venait de ce qu'une autre affaire capitale passionnait alors les esprits. Le gouvernement, après avoir longtemps tergiversé, s'était décidé, sous la pression de l'opinion publique, à traduire le maréchal Bazaine devant un conseil de guerre et on instruisait son procès. L'homme de Metz était l'homme universellement maudit. Trop d'ignominie s'était révélée. La France exigeait une expiation. La condamnation à mort était attendue avec espoir. On la salua, comme un soulagement. Ce soldat hypocrite, dont l'inertie calculée nous avait ôté nos dernières chances, n'excitait aucune pitié.

On admirait et on se répétait une réponse que lui avait adressée le duc d'Aumale, président du conseil de guerre. Bazaine s'excusait :

« Que pouvais-je faire? Il n'y avait plus de gouvernement, plus rien...

— Monsieur le maréchal, il y avait la France ! »

L'Assemblée nationale acheva, dans cette fin de mars 1873, quelques lois d'affaires. Elle eut le plaisir de voir deux hommes éminents et même supérieurs, M. Léon Say, ministre des finances, et M. Édouard Bocher, qui ne voulut jamais être ministre, recommander aux populations l'impôt sur les allumettes.

Elle s'occupa aussi de la peste bovine et des indemnités réclamées par les propriétaires de bestiaux morts ou abattus.

CHAPITRE XXVI

LE BAGAGE

Petites causes et grands effets. — Le régime municipal de Lyon. — M. Le Royer. — Son mot. — Le *bagage*. — Une tempête dans un verre d'eau. — Altercations successives. — Les impressions de Grévy. — Mécontentement de la droite. — La démission de Grévy. — Il la maintient, malgré sa réélection. — Buffet indiqué. — Il est élu.

Que la grande déchirure, qu'on ne pourrait plus recoudre, fût désormais inévitable et prochaine, qu'en d'autres termes un dernier corps à corps dût terminer, un jour ou l'autre, le duel à mort engagé depuis deux ans entre le Président de la République et l'Assemblée nationale, il eût fallu être aveugle pour ne pas s'en apercevoir ; on en parlait couramment, dans les cercles politiques et dans l'entourage de M. Thiers, comme d'une nécessité d'avance acceptée ou subie. Advînt que pourrait?

Cependant il faut reconnaître que le hasard y mit du sien et que tous les éléments dont il se compose conspirèrent pour précipiter le dénouement. Un mot, un seul mot, de physionomie absolument bénigne, le mot *bagage,* fut l'étincelle sur la poudrière. Jamais les générations contemporaines, même averties par le récit des historiens et par le compte rendu détaillé des *Annales parlementaires*, ne pourront se douter de ce que fut la séance du 1er avril 1873, du tapage qui s'y fit et qu'elle fit dans le monde politique, encore moins des conséquences incalculables qu'elle eut. A y regarder de près, ce bagage et ce tapage, grossis bientôt par un second incident d'importance plus justifiée, aboutirent à deux résultats en apparence contradictoires, la chute de M. Thiers et la fondation de la République.

L'Assemblée discutait depuis quelques jours un gros proje
de loi relatif à l'organisation de la municipalité lyonnaise. Lyon,
pendant la Commune de 1871, avait été plus révolutionnaire
que Paris ; on savait qu'un Comité de Salut public, qui s'était
donné sa mission lui-même, s'était plu à terroriser non seulement la ville, mais toute la région aux alentours et qu'il avait
tenu à un fil que le sang ne coulât. On savait également qu'une
certaine partie de la population avait manifesté, comme sous
la Convention et dans toutes les crises anarchiques dont la
Commune affranchie fut le théâtre, des velléités séparatistes.
Au reste, la grande querelle de Carayon avec Challemel-Lacour
et surtout la lettre accusatrice de ce dernier trouvée dans les
papiers de son ami Delescluze avaient suffisamment révélé à
l'Assemblée tout ce qu'il avait fallu de prudence et de courage
à Challemel-Lacour lui-même, préfet imposé, aux magistrats
et à Andrieux, procureur de la République, non seulement
pour éviter les grandes catastrophes, mais pour se tirer eux-
mêmes sains et saufs de cette dévorante fournaise où ils ris-
quaient chaque jour leur vie. Seulement les situations étaient
bien changées. Réconciliés vaille que vaille sur l'étiquette républicaine, les révolutionnaires du Comité de Salut public faisaient maintenant cause commune avec ceux qu'ils avaient
pensé égorger, et ceux-ci, de leur côté, en étaient réduits à
plaider les circonstances atténuantes en faveur de ces forcenés
devenus leurs électeurs. La défense de Challemel-Lacour, très
molle contre eux, s'était visiblement ressentie de ce revirement,
et on allait en avoir d'autres preuves.

Le projet de la Commission assimilait en partie Lyon à
Paris pour son régime municipal. La mairie centrale était
supprimée. C'était le préfet du département qui remplissait
les fonctions de maire et de préfet de police dans une agglomération qui comptait près de trois cent cinquante mille admi-
nistrés. Sauf quelques divergences de détail, le gouvernement
ne repoussait pas cette combinaison. Le rapporteur était encore
M. de Meaux. Il avait dû, malgré sa modération naturelle,
exposer les raisons péremptoires qui déterminaient la Com-

mission à chercher dans ce système quelques garanties. Mais ces précautions ne faisaient plus l'affaire des députés de Lyon, sauf deux qui appartenaient à la majorité conservatrice, et plusieurs avaient déjà témoigné, non sans une certaine colère, du peu de goût qu'elles leur inspiraient. La plupart avaient accepté, sur ce point, un mandat impératif, et nous avons vu comment l'inexorable Ferrouillat l'avait compris en obligeant nombre de Parisiens à coucher à Versailles. D'autres, Ordinaire, Édouard Millaud, Jules Favre lui-même, avaient à plusieurs reprises froncé le sourcil et prononcé des paroles amères.

Ce 1er avril 1873, un de ces mécontents, le cassant Le Royer, était à la tribune. Il jouissait d'un certain crédit parmi les républicains, et il avait fait preuve de courage et de sang-froid pendant que Lyon était au pouvoir « de ce qu'il y a de pire dans le mauvais ». C'était un assez bon esprit, de complexion grave et pondérée, mais volontiers frondeur et surtout pédant, aimant à régenter et à faire la leçon. Il s'en prit directement au rapporteur, M. de Meaux, et à un orateur, l'aîné des Lefèvre-Pontalis, Antonin, beaucoup plus près, politiquement, que son frère Amédée, de M. Thiers, qui affectait malicieusement de les confondre sous le nom générique d'orléanistes. M. de Meaux était un orateur élégant. Antonin Lefèvre-Pontalis, homme aimable avant tout, cultivait volontiers la grande rhétorique, le style noble, et il ne détestait pas qu'on lui en fît compliment. Un peu bourru, à son ordinaire, M. Le Royer leur adressa d'abord quelques lourdes épigrammes. Il leur en voulait surtout d'avoir réuni dans leur attaque les principaux griefs qui avaient rendu le projet de loi nécessaire, et, avec une préméditation marquée, il les en raillait. Pourquoi sortir de nouveau tout ce vieux portefeuille, ce réquisitoire usé, ces phrases toutes faites, ces grands mots de conservation et d'ordre, ces clichés, ce *bagage*, etc.? Il s'efforçait de piquer ses adversaires à l'endroit où l'amour-propre le moins susceptible devient quelquefois chatouilleux. Cependant la première fois qu'il qualifia ce *bagage*, on n'y fit pas grande attention, et sa malice ne souleva d'abord à droite que quelques mur-

mures, mais alors il répéta le mot en appuyant sur ce *bagage*
du rapport, et la bombe éclata. Toute la droite se leva, comme
poussée par un ressort, et l'apostropha en termes violents,
tandis que ses amis républicains se précipitaient pour le soutenir. Au milieu de ces invectives réciproques, on ne saisissait
qu'un bruit confus, qui avait au moins l'avantage d'envelopper
certaines grosses injures, dont on ne parla que plus tard dans
des explications postérieures. On eût dit une subite éruption
volcanique, et les expressions me manquent pour en égaler
l'effet. *Sabbat d'enfer* serait un peu faible. Je ne puis que répéter
ce que j'ai déjà dit et ce que j'aurai encore à redire : « J'ai
rarement entendu un tel vacarme et assisté à une pareille
scène. » Tout à coup, un député conservateur de la Haute-
Saône, qui avait probablement la voix plus perçante que les
autres, s'approcha de l'auteur du tumulte et lui cria en plein
visage :

« Retirez votre expression, c'est une impertinence ! »

Cette ruade réveilla le président, qui, jusqu'alors, avait paru
un peu endormi, mais qui, dans le premier moment, se contenta
de dire : « Laissez donc parler. » Et comme Le Royer continuait,
il l'invita à s'expliquer.

Le coupable épilogua. Il y avait mis manifestement une mauvaise intention en heurtant la bonne habitude que les partis
avaient prise de louer la forme d'un discours hostile, même
quand ils en combattaient le fond.

Le Royer préféra louvoyer ; il tira de petites bordées obliques
et chercha un refuge dans l'ironie. A l'entendre, le mot *bagage*
n'avait rien pour froisser les oreilles les plus irritables ; il en
prenait à témoin la Commission, qui n'était pas loin d'en convenir, et l'Assemblée elle-même « aussi littéraire que souveraine ». C'était bien une nouvelle provocation, à la suite de
laquelle le marquis de Grammont, décidément en colère, le
somma une seconde fois de retirer son « impertinence ».

Ainsi harcelé, Le Royer n'attendait sans doute que cette
injonction pour reprendre l'offensive, car il y répondit immédiatement : « Je viens d'entendre dire que j'avais commis une

impertinence. Si M. de Grammont n'est pas rappelé à l'ordre, je descends de la tribune ! » Une immense exclamation de la droite couvrit presque sa voix, et le marquis de Grammont répliqua : « Que M. Le Royer retire son expression, je retirerai la mienne ; sinon, je la maintiens ! »

Il me sembla qu'à ce moment le président, assourdi, ahuri par une sorte de mugissement général, perdit un peu la tête, car, au lieu de saisir, avec sa prudence ordinaire, la perche que venait de lui tendre le marquis de Grammont, il commit la faute de le rappeler à l'ordre.

Ce fut, on le pense bien, le signal d'un nouveau déchaînement, où chacun fit sa partie. J'ai peur de me perdre un peu dans le détail ; mais je m'assure qu'autrement on ne comprendrait rien à cette invraisemblable tempête qui, née d'un premier petit souffle de zéphyr, se changea tout à coup en un mortel ouragan. Ceux qui, sans le vouloir sérieusement, l'avaient amenée peu à peu à l'état de trombe parlementaire, ne se gênaient pas pour avouer, deux jours après, que les suites qu'elle eut étaient absolument incompréhensibles et anormales.

Le président averti se remit vite et essaya, mais trop tard, d'un assez conciliant *quos ego*. « Veuillez, messieurs, écouter avec calme, si vous voulez voter avec justice ! » Ce n'était pas sa faute s'il avait dû, avant tout, rappeler à l'ordre l'auteur du mot *impertinence* qui n'était point parlementaire ; mais la droite le trouva un peu trop complaisant pour l'expression échappée à l'improvisation de M. Le Royer. Il reconnut qu'elle lui avait semblé peu convenable, mais qu'il ne l'avait pas jugée trop sévèrement, parce qu'on l'employait souvent dans un sens laudatif, par exemple lorsqu'on parle d'un beau bagage d'écrivain. J'avoue que ce commentaire, à moi qui me sentais bien impartial, me parut un peu sophistiqué et tiré ; mais il était visible que le président cherchait un moyen de pacification et ne demandait qu'à retirer le rappel à l'ordre, car il invita de nouveau M. de Grammont à s'expliquer. Celui-ci n'y mit pas beaucoup de bonne volonté. Il nia, contre Grévy lui-même, que Le Royer eût fait de son mieux pour atténuer et expliquer son bagage. Il alla même plus loin, avec l'encouragement de toute la droite rangée en bataille. Il affirma, ce que je n'affirme pas, que le mot de calomnie avait été adressé plusieurs fois aux développements contenus dans le rapport, non pas par M. Le Royer lui-même, mais par certains membres de la gauche. « Dix fois prononcé et entendu ! » insista le marquis, et il renouvela de nouveau sa promesse de retirer son impertinence, si le député de Lyon retirait son *bagage*.

On chicana longtemps encore sur le sens des deux mots pendables. On pesa, on compara les doses de criminalité parlementaire que l'un et l'autre pouvaient recéler. En voyant que M. Le Royer se refusait obstinément à sacrifier son *bagage*, la droite se montait de plus en plus. De son côté, le président s'impatientait. Il fit un dernier effort, peu énergique, pour ramener la paix ; mais, voyant qu'il n'y parvenait pas, il déclara qu'il ne croyait pas avoir mal usé de son pouvoir présidentiel et se tut un moment. Sa résolution était prise et il congédia l'Assemblée sur quelques mots significatifs :

« Il règne ici une animation que je regrette et qui, je le crois, ne laisse à personne la saine appréciation du fait qui vient de se passer sous nos yeux... »

Puis, après une petite altercation avec M. de Belcastel, il ajouta, en se tournant vers la droite :

« Si vous trouvez, messieurs, que je ne remplis pas mes fonctions comme vous avez le droit de l'attendre, il faut que je le sache... et alors je saurai ce qui me reste à faire... »

Il en dit plus long que cela, sur un ton assez raide, mais c'était assez pour qu'on annonçât qu'il donnait sa démission. Les députés se retirèrent par groupes agités, essayant de se rassurer sur les suites de l'événement, inquiets tout de même et déjà se rejetant mutuellement la faute, comme des enfants qui ont cassé une belle potiche. On se disait que ce n'était pas fini et on se demandait surtout comment finirait ce qui n'avait d'abord été qu'une étourderie. Les deux camps semblaient plus portés à s'en repentir qu'à s'en féliciter. Il y avait trop d'inconnu dans l'air.

· Le bruit se répandit dans la soirée que le président de l'Assemblée avait, en effet, envoyé sa démission. Quelques nouvellistes soi-disant bien informés ajoutaient même que c'était à la suite d'une visite à M. Thiers, ce qui donnait pointe à cette vinaigrette. Aussi, le lendemain, le premier regard des députés qui entraient dans la salle était-il dirigé vers le fauteuil présidentiel. Quand on le vit occupé par le premier vice-président, M. Vitet, personne n'eut plus de doute. M. Vitet lut la lettre du démissionnaire, lettre assez sèche et à peine accompagnée d'un regret. Il fallait nommer, sans désemparer, un autre président et il en résulta une discussion assez vive entre les partis. Les gauches et une bonne partie du centre, qui désiraient offrir à Grévy l'hommage d'une réélection spontanée, entendaient que l'opération eût lieu tout de suite. On craignait, dans ces deux groupes, quelque machination des conspirateurs royalistes qui demandaient la remise au lendemain, pour se donner le temps de réfléchir. Les plus pressés l'emportèrent, et Grévy fut réélu immédiatement par 349 voix contre 231 à M. Buffet.

Ses partisans étaient convaincus que cette satisfaction suffirait pour le faire accepter. Aussi furent-ils bien étonnés le lendemain, quand M. Martel, qui présidait, leur annonça que M. Grévy maintenait sa démission dans une seconde lettre qui exigeait un second vote. L'entêtement du Jurassien l'avait emporté sur l'intérêt politique, qui commandait nettement moins d'obstination. Soit que Grévy commençât à se fatiguer, étant un peu apathique par nature, de la stricte assiduité quotidienne à laquelle l'obligeait sa fonction ; soit que cette surprise lui inspirât maintenant une défiance insurmontable contre la difficulté d'une situation qui l'avait mis, lui, vieux républicain, à la tête d'une Assemblée royaliste, mais qui le laissait chaque jour à la merci d'un accident semblable, il se tint parole, et comme il savait que les gens à cérémonie, les fanatiques du protocole lui reprochaient de présider quelquefois en redingote, il jugea tout simple d'en prendre à l'aise et de ne plus présider du tout.

Le remplaçant s'imposait. On savait que M. Buffet hériterait du fauteuil ; mais, cette fois, l'Assemblée se donna un peu de répit, et le scrutin ne s'ouvrit que le vendredi 4 avril. Buffet fut élu par 304 voix. De l'aveu unanime, c'était le candidat le plus indiqué et le plus digne ; mais les républicains n'avaient pu résister à l'envie de lui opposer un concurrent, M. Martel, le meilleur et le plus honnête homme du monde, mais le plus mauvais choix qu'on pût faire. Il réunit 285 voix, et ce faible écart de 19 voix entre son vainqueur et lui montra une fois de plus que l'Assemblée était coupée en deux, presque par moitié. On en tira bien des conjectures en sens contraire. Je tiens pour certain que M. Martel n'aurait jamais pu présider. Il avait des tics qui le rendaient bizarre. Tantôt il dressait l'oreille comme un demi-sourd qui cherche à entendre ; tantôt il la couchait comme un écureuil aux écoutes. Bien qu'il fût déjà d'un âge assez mûr, il lui restait trois cheveux très noirs qui lui retombaient en pointes sur le front et qui faisaient songer à Cadet Rousselle. En outre, son invincible timidité et son effarement perpétuel devaient le rendre absolument incapable, à la moindre crise, de dominer une assemblée devenue ingouvernable.

Tandis que Buffet, oh ! Buffet !...

La droite sentait instinctivement ce qu'elle gagnait à son élection. Ce n'était pas un domestique, mais c'était un ami. Son indépendance se fût refusée à toute complicité, à tout engagement formel et explicite ; mais on pouvait compter sur la bienveillance, au moins sur la sympathique neutralité d'un homme qui connaissait à fond toutes les ressources du règlement. Pour les conspirateurs, le changement présidentiel constituait une demi-révolution et un commencement de victoire. Et voilà exactement le profit qu'ils retiraient du *bagage* de M. Le Royer.

Une autre chance non moins heureuse leur échut bientôt et les servit encore mieux.

CHAPITRE XXVII

LES SUITES D'UNE ÉLECTION

Les vacances de Pâques. — La Commission de permanence. — Nouveau débat sur le régime municipal de Lyon. — Encore Le Royer. — Allocution de Grévy. — M. Denormandie. — Barodet candidat contre M. de Rémusat. — M. Thiers journaliste. — Triomphe de Barodet. — Irritation de M. Thiers. — M. Latrade.

Le jour même où elle s'était donné un nouveau président, l'Assemblée avait nommé une Commission de permanence, fidèle ainsi à un usage qui s'était introduit peu à peu et qui annonçait qu'elle s'apprêtait à prendre ses vacances de Pâques. Elle s'était même accordé plus de loisir que de coutume, convaincue que cette Commission *soignée* surveillerait de près les événements pendant son absence. Elle se hâta d'en finir avec cette sempiternelle discussion, pleine d'embûches, sur l'organisation municipale de Lyon. Il lui fallut briser une nouvelle résistance des Lyonnais. L'indomptable Ferrouillat s'apprêtait à lui faire passer encore une mauvaise nuit, mais, avertie, elle y mit ordre en brusquant la clôture de la discussion générale. Alors Le Royer essaya de repiquer sur les articles avec les mêmes manières de moniteur d'école ou de cuistre de collège. Un vrai pion, armé d'un moi perpétuel, et une rage de se donner en exemple en rudoyant autrui : « Moi, je fais comme ceci ! Moi, je m'y prends comme cela ! Je ne ressemble pas à ces hommes… ! » Pharisien dans l'âme.

La Commission obtint 180 voix de majorité. Buffet avait pris possession du fauteuil. Il leur servit un discours émollient, où il sut encarter un éloge du président de la République, et fit appel au concours et à la confiance de toute l'Assemblée, sans toutefois envelópper ses bons conseils de flatteries excessives, qui n'étaient point dans son caractère. Il osa dire que la cause du régime parlementaire serait perdue, ce qui serait un malheur public, si les représentants du pays ne l'aidaient pas, de tout leur pouvoir, à maintenir la dignité de leurs délibérations. Ils l'aidèrent peu.

Enfin, on put se séparer le lundi 7 avril à onze heures du soir, après avoir voté des indemnités à la Ville de Paris et aux départements victimes de l'invasion prussienne. On entendit, à cette occasion, près de trente orateurs, entre autres M. Denormandie, enfant de la basoche, orateur clair et spirituel, qui n'aurait eu besoin que d'un peu de chaleur sur sa dialectique et qui fit honneur, dans la circonstance, à toute la corporation des avoués. Il avait, d'ailleurs, une réputation d'aimable mondain peu en rapport avec sa sévère profession. On disait qu'il jouait à ravir la comédie de salon, surtout celle qui est voisine de la farce. Long, souple et comme invertébré, il ressemblait de sa personne au vieux Sainte-Foix de l'Opéra-Comique et au grand cousin du *Déserteur*, que vous n'avez pas connu.

En se serrant la main au sortir du palais de Louis XIV, nos députés ne se doutaient certainement pas du pavé qui allait leur tomber sur la tête pendant leur sommeil.

Le bagage de Le Royer n'était qu'une dragée en comparaison.

Pendant la prorogation, il y avait eu des élections législatives à Paris et en province, le 27 avril, avec un second tour le 11 mai.

La plupart des sièges vacants étaient échus à des républicains et même à des radicaux. La majorité conservatrice s'en trouvait encore diminuée, et cette nouvelle déperdition de force ne lui avait pas rendu sa bonne humeur, depuis longtemps disparue. Mais c'était surtout l'élection de la capitale qui l'avait fait tomber de fièvre en chaud mal. Un député de Paris, M. Sauvage, s'étant laissé mourir sans prévoir qu'en mourant il ouvrait une crise, on était bien obligé de pourvoir à cette vacance. M. Thiers avait son candidat avoué, recommandé, soutenu par toutes les forces de l'administration. C'était son propre ministre des affaires étrangères, un vieil ami, un homme sui-

vant son cœur, M. de Rémusat, qu'on ne pouvait pas accuser
d'être le premier venu, mais qui, malgré tout l'éclat de son
passé, ne disait pas grand'chose aux simplistes du suffrage
universel. Les radicaux, ne pouvant pardonner à l'Assemblée la
loi récente sur l'organisation municipale de Lyon, s'ingénièrent
à lui faire pièce. Ils dénichèrent un ancien maître d'école,
devenu courtier en vins et en assurances, qui s'était distingué
comme boute-feu révolutionnaire pendant l'anarchie lyonnaise,
et ils s'empressèrent de présenter contre M. de Rémusat ce primaire infatué. Or, M. Thiers attachait une importance exceptionnelle au succès d'un ministre dévoué à sa politique, et il
paraissait n'en pas douter, ce qui est, dit-on, le meilleur moyen
de donner confiance aux moutons de Panurge. Il ne craignit
pas de mettre lui-même la main à la pâte électorale. On a
montré longtemps au *Figaro* la copie d'articles qui n'étaient
pas de son écriture, mais qui avaient été dictés par lui et qu'il
signait : *Un vieil abonné.* Il y a un style pour ce genre d'em-
bauchage. Il se l'était assimilé du premier coup, en exagérant
un peu, suivant moi, la note provinciale. Il y annonçait, en
propres termes, que les chevaux des uhlans allaient revenir
brouter les feuilles printanières de nos grandes avenues si
M. de Rémusat n'était pas nommé. Le propos est vrai, il a été
cité partout, avec quelques variantes.

Les électeurs parisiens ne le trouvèrent pas assez péremptoire, car M. de Rémusat et M. Thiers furent battus. Barodet
obtint sur son véritable concurrent une avance de 45 000 voix
et de 150 000 sur le colonel Stoffel, qui s'était glissé un peu
tard entre les deux. Alors la colère des conservateurs éclata.
Ils s'en prirent directement à M. Thiers, incapable, à leur avis,
de diriger ou de maîtriser l'opinion, et seul responsable des
progrès accomplis par le radicalisme depuis que M. Vautrain
l'avait si aisément emporté sur Victor Hugo. Tous leurs journaux entonnèrent à l'unisson un chœur de jérémiades, qui ne
servit qu'à incliner davantage l'accusé dans le sens républicain.

Depuis environ dix-huit mois, voyant comment les choses

tournaient, les chefs royalistes avaient imaginé, pour ramener
à eux M. Thiers, de lui envoyer en ambassade quelques-uns
de leurs plus gros bonnets, Batbie, Vitet, Saint-Marc Girardin,
le duc d'Audiffret-Pasquier, d'autres encore, chargés spécialement de lui adresser des représentations et de lui donner des
conseils. On en faisait des plaisanteries dans les journaux,
par une allusion aux grenadiers de la garde nationale de 1848,
qui avait quelquefois accepté des commissions semblables. Un
rédacteur des *Débats*, John Lemoinne, criblait d'épigrammes
ces graves délégués, ces fameux *bonnets à poil*. Le mot fit fortune et acquit à son auteur une réputation qui lui valut très
vite un fauteuil académique. On le comparait à Rivarol. Cet
humoriste, avec son chapeau à bords tout plats, posé précieusement sur sa tête dans un équilibre très instable, affectait je ne
sais quel chic anglais. On citait ses mots, on les colportait dans
les salons. On ne les colporta pas longtemps. Je dois dire qu'il
m'a toujours paru très surfait. En cette circonstance, il oubliait
que Saint-Marc Girardin avait été son maître dans ce journal des *Débats*, doucement républicanisé. Cela ne plut pas à
tout l'entourage. Son esprit n'était qu'une mousse laborieusement préparée, que les gobe-mouches savouraient comme un
régal.

M. Thiers, qui, à l'ordinaire, recevait avec une politesse de
commande les plénipotentiaires de la droite, y mit cette fois
moins de cérémonie. Il les accueillit en sautillant sur ses petites
jambes et ne leur cacha pas que le désaccord entre l'Exécutif
et l'Assemblée s'aggravait chaque jour davantage. Était-ce
donc sa faute à lui et à ses collaborateurs si le pays proclamait
chaque jour ce qu'il voulait, à savoir la République conservatrice. Pourquoi cet acharnement de l'Assemblée nationale à se
suicider? On m'a affirmé qu'il ne recula pas devant l'expression
et que le duc d'Audiffret-Pasquier, peu endurant de sa nature,
lui manifesta son mécontentement. Il n'y prit garde et continua
à se dandiner.

Ce fut la dernière entrevue et le dernier essai d'entente. Le
Président de la République avait fait son siège et n'y renonce-

rait plus. Le pays lui criait par toutes ses bouches qu'il était avec lui. Les négociateurs humiliés, mystifiés, regardèrent cette réception comme une offense, et on se sépara brouillés à mort. La perte de M. Thiers fut résolue. Le duc de Broglie n'assistait pas à cette entrevue. Il se réservait pour des interventions plus sérieuses.

Au reste, soit, comme on l'a dit, qu'elle ait la République dans le sang, soit qu'une restauration monarchique quelconque, tiraillée entre trois prétendants ennemis, ne la rassurât pas contre les périls d'une nouvelle révolution, la nation allait, enseignes déployées, à la République dite conservatrice, ce qui, d'ailleurs, n'empêchait pas Paris d'élire Barodet. D'autres populations, habituellement ennemies des révolutionnaires, avaient choisi également des représentants républicains. La Commune n'était déjà plus pour elles qu'un accident presque oublié. C'est ainsi que la Corrèze, un peu entamée, il est vrai, par le voisinage de l'Allier, avait nommé un débris de 1848, le vieux Latrade, qui, à peine arrivé à l'Assemblée, passa tout son temps à priser et à dormir. Quelquefois il se réveillait en sursaut et criait — ou essayait de crier — au milieu d'un débat sur une surcharge d'octroi, avec l'accent marécageux des cerveaux à tabac : « N'amnistiez pas le 2 Décembre ! » Son nez était énorme et difforme. Je ne lui ai jamais entendu faire d'autre discours que cette seule phrase aussi typique que celle de Caton sur la destruction de Carthage.

Ces nouvelles recrues, gagnées à sa cause, encourageaient M. Thiers à en finir ; et, au lieu de louvoyer et d'atermoyer, il résolut de mettre à ses adversaires le marché à la main et de brusquer le dénouement. On ne s'expliquerait pas autrement son ironie à l'égard des bonnets à poils. Cependant, pour ceux qui ont étudié à la loupe cette minute psychologique, il fut moins sensible aux vœux de la France qu'à ses offenses et à ses rancunes personnelles. Sa plaie saignante, sa blessure ouverte, c'était le *judicium Paridis*, le jugement de Paris qui lui avait refusé son Rémusat. Il n'arrivait pas à s'expliquer cet affront. Il se rendait compte que cette mésaventure semblait donner

raison à ses adversaires, et ce fut bien probablement sous cette
impression qu'il se décida, non sans peine, m'a-t-on dit, à
accentuer les tendances de son gouvernement en prenant
de nouveaux ministres. S'il espérait un Austerlitz, il n'eut
qu'un Waterloo. Je demeure convaincu que M. Thiers mourut
du bagage de Le Royer et de l'élection de Barodet.

LIVRE IV

CHAPITRE XXVIII

LE 24 MAI

I

J'arrive à ce qu'on appelle depuis des années un tournant de l'histoire; ce n'en était plutôt qu'un carrefour, car on ne pouvait savoir, malgré l'animosité des partis, quelle route elle allait prendre. Elle en a pris une que je ne me permets pas de juger, mais où, depuis ce temps-là, nous marchons d'un pas très accéléré. Est-ce le salut, est-ce l'abîme ?

Dès le jour de la rentrée (19 mai) les députés étaient à peine sur leurs bancs qu'une vive échauffourée préluda à la collision annoncée et désormais inévitable. La droite déposa une interpellation signée de plus de trois cents membres, et franchement agressive et comminatoire. C'était bien elle qui attaquait. Cette déclaration de guerre était ainsi rédigée : « Les soussignés, convaincus que la gravité de la situation exige à la tête des affaires un Cabinet dont la fermeté rassure le pays, demandent à interpeller le ministère sur les dernières modifications qui viennent de s'opérer dans son sein et sur la nécessité de faire prévaloir dans le gouvernement une politique résolument conservatrice. » La gauche grogna, puis cessa de grogner quand elle vit Dufaure à la tribune. Il demanda et obtint assez facilement que le jour du débat ne fût fixé que le lendemain, ce qui était juste puisque les membres du gouvernement n'avaient pas eu le temps d'en délibérer.

En même temps il releva le défi des interpellateurs, en déposant sur le bureau de l'Assemblée un projet de loi relatif à l'organisation des pouvoirs publics et à la création d'une seconde Chambre, en réalité un cadre de Constitution. C'était de bonne guerre, et cependant cette idée fut combattue par Peyrat, qui déposa une proposition en sens contraire. Peyrat, républicain avancé, moins orateur que journaliste, n'acceptait momentanément la République conservatrice que pour l'exploiter au profit de son groupe et laisser à *l'autre* le temps de mûrir. Il ne doutait pas qu'elle ne fût « une bêtise » ; mais il pensait que la principale ressource d'un parti était l'étourderie de ses adversaires et, en outre, il n'admettait à aucun prix que la nouvelle Constitution fût faite par l'Assemblée nationale. Sa proposition n'obtint que les honneurs d'un enterrement dans la commission d'initiative.

Le lendemain, on s'entendit sans trop de peine pour fixer

au vendredi 23 le jour de la rencontre, qui prenait d'ailleurs la tournure d'une lutte à mort. Et l'on procéda au renouvellement du bureau. Buffet fut réélu sans peine à une grosse majorité, et il remercia sans forfanterie ni platitude. La droite fournit aisément trois vice-présidents sur quatre et il n'y eut de véritable compétition que pour le quatrième siège. Trois tours de scrutin furent nécessaires. Le candidat de la gauche, M. Martel, l'emporta de 37 voix, 360 contre 323, sur son concurrent M. de Larcy, récemment éliminé du ministère et à qui les conservateurs auraient voulu donner une compensation. Immédiatement on en tira, sur l'issue de l'interpellation, des conjectures qui furent bientôt démenties par l'événement ; mais une pareille division de l'Assemblée était bien tentante pour les parieurs et pour les prophètes.

Enfin, après toutes ces opérations préliminaires, on se trouva face à face, et également prêts le vendredi suivant, 23 mai, à deux heures. Le théâtre où l'on joua *Esther* était plein du parterre au cintre et débordait littéralement sur les acteurs. La questure avait triomphé de l'incompressible et avait réalisé plus que le maximum. Des porteurs de cartes avaient dû se cacher dans les rideaux et se recroqueviller, comme des rats, dans les petits coins. Aucune des dames parlementaires ne manqua à l'appel. On remarquait, au bord d'une tribune, cette princesse Troubetzkoï qui était une amie et qu'on voulait absolument faire la confidente, même la conseillère, de M. Thiers. Ses admirateurs disaient qu'elle était pire que belle. Non loin d'elle, on remarquait la duchesse de Magenta, venue en simple curieuse pour assister à une séance importante. Comme elle fréquentait peu le monde politique, on fit beaucoup de commentaires sur cette visite inaccoutumée. On supposa que son mari avait été l'objet d'avances discrètes et qu'elle tenait à voir par elle-même ce qu'il pouvait y avoir de sérieux dans ce coup de sonde. Je crois qu'elle était moins disposée à en prendre qu'à en laisser ; mais je m'étonnerai toujours de cette témérité des gens qui, sur le plus insignifiant indice, prétendent lire, à livre ouvert, dans l'âme des autres.

Ces deux journées du 23 et du 24 mai sont tellement connues et acquises à la grande histoire qu'il me suffira d'en rappeler quelques détails. Tout s'y passa très simplement et avec un calme relatif, que, pour ma part, j'eus d'abord quelque peine à m'expliquer. Cependant, je compris bientôt que l'enjeu de ce défi était trop considérable pour qu'on se permît des deux côtés autre chose que de timides approbations ou de légers murmures. Aucun désordre, aucune de ces mêlées confuses dont les vicissitudes changent quelquefois l'aspect du combat et font hésiter un moment la fortune. A quoi bon manifester lorsque toutes les résolutions sont prises et bien prises? La chose ressemblait à quelqu'une de ces folles parties de club comme on en a vu à Paris et d'où l'un des deux joueurs ne s'en va que ruiné et prêt au suicide.

Le duc de Broglie avait pris sans contestation la tête du mouvement et s'était réservé la première attaque. A l'heure dite, il monte à la tribune, très soigné de sa personne, et prononce un discours où il se montre, en quelques phrases, manœuvrier supérieur. Que demande-t-il? Un peu plus de lumière. Le chef du gouvernement était-il décidément avec la droite ou avec la gauche? Que signifiaient les derniers remaniements du Cabinet? Que fallait-il penser de cette politique de bascule qui paraissait favoriser tantôt un parti, tantôt l'autre, pour aboutir, en fin de compte, à d'inquiétantes élections?

En effet, pendant la prorogation, il y avait eu dans la composition du ministère des remaniements, transactions, chassés-croisés et, à proprement parler, de petits concordats intimes qui déroutaient la majorité royaliste et l'empêchaient de discerner exactement l'orientation politique de son délégué, M. le Président de la République. Revenait-il aux conservateurs? Ne faisait-il pas plutôt des avances, des *mamours* aux radicaux. La droite l'en croyait fort capable, surtout lorsqu'elle l'avait vu substituer à M. de Goulard, qui la représentait comme ministre de l'intérieur, M. Casimir-Perier, le fils du grand Casimir, décidément converti à la République. Il est vrai que Jules Simon, ministre de l'instruction publique, dont elle se défiait

et qui était aussi màlin que M. Thiers lui-même, s'était spontanément offert en holocauste compensateur. Il avait cédé
son portefeuille au glacial Waddington, helléniste blafard,
sorte de fantôme lunaire qui n'était point un sot, mais dont on
disait qu'il lui suffisait d'approcher de la tribune pour frapper
le verre d'eau sucrée. Cet Esquimau de Picardie ne rassurait
qu'à moitié les gens soupçonneux. Ils se préoccupaient moins
de voir parmi les membres du gouvernement le centre gauche
Bérenger de la Drôme, que le 24 Mai ne laissa ministre que
quatre jours, mais dont la longévité parlementaire fut plus
longue que l'existence ministérielle, car il est encore aujourd'hui,
après quarante-deux ans, sénateur inamovible, avec son con-
temporain de Marcère.

On devinait bien que le duc de Broglie visait surtout la présence de M. Casimir-Perier dans le ministère et son influence
sur toute l'administration comme ministre de l'intérieur ; mais
il évitait de le nommer. Il se bornait à répéter que les ténèbres
s'épaississaient chaque jour davantage, et qu'il fallait absolument les dissiper, par de loyales et lumineuses explications.
Autrement, où allait-on? Une vaste éclaircie dans cette espèce
de forêt noire était d'autant plus nécessaire que les périls qui
avaient menacé la société deux ans auparavant semblaient la
menacer de nouveau et que, de politique, la question était
devenue sociale, il prononçait *chochiale*. Oui ou non, le Président de la République était-il avec les conservateurs ou avec
la Révolution? Oui ou non, voulait-il opposer aux passions
anarchiques, déjà renaissantes, une politique de résistance?
Que signifiait cette impunité de Ranc dénoncée par Raoul
Duval? Et l'orateur terminait cette mise en demeure en sup-
pliant le ministère et ses amis de se rappeler le ministère des
Girondins, suivi de si près par le 10 Août, châtiment mérité,
car l'histoire est « impitoyable pour les gouvernements et les
ministres dont la faiblesse livre à l'ennemi les lois et les sociétés
qu'ils sont chargés de défendre ».

Ce fut un des plus beaux triomphes oratoires du duc de
Broglie. Des extrémités de la salle on se précipitait vers lui

pour le féliciter ; jamais peut-être il ne jouit d'un tel crédit auprès de son parti. Entouré et comme étouffé dans cette foule, il fut près d'un quart d'heure sans pouvoir regagner sa place. Si l'on s'était promis de ne pas porter atteinte par des démonstrations trop violentes à la solennité de cette crise suprême, l'émotion rompit la consigne. Un sentiment se mêlait à cet enthousiasme. Ce n'étaient plus seulement des témoignages d'admiration, mais des transports de reconnaissance.

M. Thiers était là, impassible et muet, tenu par ce petit supplément de Constitution dont on l'avait ligoté le 13 août de l'année précédente. Vous n'avez pas oublié que ses « Chinois » lui avait mis sur la langue un bâillon légal qui jetait un peu de ridicule sur les inventeurs de cet engin. Il ne pouvait plus prendre la parole dans l'Assemblée sans en demander la permission, ou du moins sans en annoncer l'intention par un message *ad hoc* solennellement motivé.

Les regards allaient du duc de Broglie, acclamé, à ce chef d'État silencieux. Allait-il protester, essayer par quelque détour de briser le cercle où les Lilliputiens s'étaient flattés d'enfermer Gulliver ? Bientôt toute l'attention de la Chambre se tourna vers lui. Son abstention forcée ajoutait encore à la curiosité de cette bataille extraordinaire par les résultats immenses qu'elle produisit, plus extraordinaire encore si l'on songe aux formes bizarres qu'elle affecta et surtout aux prescriptions, aux subtilités, aux contraintes que l'une des deux armées imagina pour empêcher le général ennemi d'y prendre part. Ce fut une sottise puisqu'il y tint son rôle quand même — et quel rôle ! — et que sa présence réelle, soulignée par son absence fictive, ne fit que mettre dans un fâcheux relief cet insidieux exil auquel on avait prétendu le condamner. Ce jeu puéril illustrait son isolement. *Præfulgebat*, dit Tacite, en parlant des images de Brutus et de Cassius qui brillaient de tout leur éclat précisément parce qu'on avait pris soin de les voiler.

Ce fut Dufaure qui répondit au duc de Broglie et, lui aussi, il fit un discours digne de l'assaillant, digne de la circonstance.

L'action se déroula d'ailleurs en trois phases bien distinctes, séparées par de longs intervalles qui laissèrent toute la place nécessaire à la réflexion : le premier jour, l'offensive du duc de Broglie suivie de la riposte de Dufaure ; le lendemain, le discours du Président de la République, et enfin la cérémonie tragique du vote final, le dénouement. On n'en était plus à hésiter. Des deux côtés on risquait de gaieté de cœur le saut dans l'invisible et dans l'inconnu. On était venu là avec la ferme résolution de ne pas reculer d'une semelle. Vaincre ou mourir !

Dufaure se déclara, au même degré que le duc de Broglie, l'ennemi mortel du radicalisme.

« Et vous le savez bien ! » disait-il d'un ton qui n'admettait pas le doute. Mais que reprochait-on au gouvernement? Des complaisances républicaines? Lesquelles? Où sont-ils les actes qu'on suspecte ou qu'on incrimine? Vous lui faites un simple procès de tendance. Vous vous plaignez qu'il vous apporte quelques embryons de lois constitutionnelles ; mais n'est-ce pas vous-mêmes qui l'en avez chargé. Dans votre résolution du 13 août, ne lui avez-vous pas ordonné, à une immense majorité, d'organiser les pouvoirs publics et même d'apporter ici un projet de seconde Chambre?

C'était bien la vérité ; mais elle était aussi gênante pour l'orateur que pour son auditoire. Il y avait eu, à ce moment, imprudence et erreur des deux côtés. L'Assemblée ne pouvait méconnaître que, dans son impatience de faire passer sa loi sur la responsabilité ministérielle, et pour l'étoffer un peu, elle avait consenti à y ajouter cette invitation à organiser les pouvoirs publics. Elle n'avait pas vu le parti que le gouvernement allait en tirer contre elle. Thiers avait saisi la balle au bond et Dufaure avait le droit de répéter avec son écrasante logique : « Qu'avons-nous fait, que vous obéir? » L'Assemblée était prise là à son propre piège ; mais l'intrépide logicien et sa terrible bonne foi n'étaient pas à leur aise non plus, car il était obligé de se rappeler qu'il avait lui-même conseillé à l'Assemblée de ne pas se presser, d'étudier à loisir cette organisation des pouvoirs qui impliquait un changement de Constitution, et de ne pas baptiser trop vite le régime nouveau. Il s'en tirait en expliquant que c'était alors sa pensée, mais qu'à cette heure les circonstances et la pression exercée sur l'Exécutif par l'opinion publique l'obligeaient à édifier sans retard un régime définitif sous l'étiquette républicaine. Et, après tout, n'était-ce pas faire preuve de confiance et de respect envers l'Assemblée, à qui nous avons toujours reconnu le pouvoir constituant, que de la prier d'en user?

Dufaure ne fut pas beaucoup moins applaudi à gauche et (ce qui fit une grande impression) au centre gauche que le duc de Broglie ne l'avait été à droite, et, dans leur fièvre d'en finir, un certain nombre de députés demandèrent immédiatement la clôture. La bataille n'avait pas duré longtemps. Il était juste quatre heures. Alors se produisit un incident considérable. On vit Waddington, encore plus pâle qu'à l'ordinaire, monter au fauteuil du président et remettre à celui-ci un pli cacheté. Qu'y avait-il dans ce papier mystérieux. On s'en doutait ; mais on voulait en avoir le cœur net et Buffet ne les fit pas languir. C'était le message obligatoire, assez ironique. Je le donne comme l'unique document historique de ce genre :

Monsieur le président, conformément à la loi du 13 mars 1873 qui m'autorise à prendre la parole sur les interpellations lorsqu'elles touchent à la politique générale de l'État, conformément à la déclaration des ministres qui reconnaissent ce caractère aux interpellations actuelles, je vous prie d'informer l'Assemblée de l'intention où je suis d'intervenir dans la discussion, usant ainsi du droit que me confère la loi *et que la raison seule suffirait à m'assurer si la loi n'existait pas.*

La gauche se mit à rire et elle en avait bien un peu le droit. Les ministres ne se cachaient pas, et M. Thiers pas davantage, pour dire que la flèche finale était de la main du chef de l'État.

Il n'y avait pas à ergoter. Ses amis auraient voulu qu'il fût entendu le jour même et, au besoin, tout de suite. Il se leva même pour dire un mot :

« Je demande... »

Mais l'interdiction était formelle ; une immense et impérieuse exclamation lui coupa la parole :

« La loâ ! La loâ !

— Il faudrait un mandarin pour l'interpréter ! » s'écria Édouard Charton.

Raoul Duval insista pour le renvoi de la séance au lendemain, neuf heures du matin. Après un assez long tumulte, la date et l'heure furent acceptées. Quelqu'un demanda :

« Quel sera l'ordre du jour?

— L'*audition* de M. le Président de la République ! » répondit le président de la Chambre. Il ne peut pas y en avoir d'autre !

Je laisse à penser si Versailles fut curieux ce soir et cette nuit-là. J'en passai quelques heures dehors et jamais je ne le vis aussi vivant, même un jour de grandes eaux. Il se réveillait d'une léthargie de deux siècles. Les conciliabules durèrent jusqu'au jour, et la correspondance entre les divers clubs et les hôtels où ils se tenaient eût suffi pour galvaniser la capitale de Louis XIV. Le *Chien qui fume*, la *Chasse*, les *Réservoirs* étaient aussi affairés et aussi agités l'un que l'autre. On rencontrait à chaque pas des révolutionnaires et des chevau-légers qui se regardaient de travers et qui paraissaient se poursuivre. On s'envoyait des nouvelles entre groupes limitrophes, et des recommandations, et des pronostics. Des courriers se croisaient dans toutes les rues, dans les gares mal éclairées, et, pour monter au Palais, il fallait croiser sur la place d'Armes une foule d'aides de camp et d'officiers d'ordonnance civils. Paris était à Versailles. Un revenant du grand siècle eût cru qu'il y avait, là-haut, gala à la Cour.

II

Pendant ce temps-là, le Président de la République achevait de dicter au fidèle Saint-Hilaire ce message qui devait être un testament. Le lendemain, à neuf heures, il parut et fit peut-être, de tous les discours de sa longue carrière, le plus habile et le plus fort. Il y mit même, sans le vouloir, cet accent profond et comme lointain des *ultima verba* dont la mélancolie vous pénètre.

Je ne chercherai pas plus à l'analyser que je ne l'ai fait pour les deux discours du duc de Broglie et de Dufaure. Je veux simplement traduire ici l'impression que j'en ai gardée, et il me suffit de rassembler mes souvenirs. Je ne pus échapper à l'émotion qui gagna la salle entière lorsque ce vieillard de soixante-seize ans déroula devant nous toute sa vie.

Il commença, sans toutefois désavouer complètement ses collaborateurs et en leur rendant justice, par prendre tout sur lui : « Je suis le grand coupable de cette politique tant dénigrée hier. Je le déclare avec la fierté d'une conscience honnête et la franchise d'un citoyen dévoué ! » Il disait vrai, car son tort comme sa force était de n'avoir jamais cru qu'en lui-même. Une première explosion de bravos en salua l'aveu. Il rappela ensuite dans quel abîme de misères la France était plongée lorsqu'il avait non pas pris, mais accepté un pouvoir abreuvé d'amertume. Il ne fallait donc pas s'y tromper : l'attaque s'adressant à lui directement, il en comprenait la portée et, battu, il s'empresserait de rentrer dans le rang, il s'en irait ; là-dessus, pas d'équivoque, pas de doute.

De quoi l'accusait-on? D'avoir oscillé ou paru osciller quelquefois entre les partis. D'avoir pratiqué une politique hésitante et flottante, une politique double. L'avait-il donc choisie? Pouvait-il, dans l'état de la France, dans cet affreux déchirement des esprits et cet antagonisme des volontés, en adopter une autre? Qui donc l'eût osé, qui donc l'eût essayé? Elle s'imposait comme une fatalité nationale, à laquelle tout autre eût obéi comme lui. Avant tout il devait non pas réconcilier entre eux les Français, — tâche impossible, — mais les empêcher de se jeter les uns sur les autres comme des chiens enragés ; et, avant tout, éviter la guerre civile qui eût achevé la France, tombée plus bas qu'après Azincourt et Waterloo. Regardez et souvenez-vous ! Était-ce sa faute? Et il leur remettait sous les yeux cet horrible tableau devant lequel, en ce moment même, ma plume recule.

On lui objectait que les principes conservateurs lui commandaient de s'appuyer sur la majorité de l'Assemblée nationale pour sauver la société française en péril. C'était bien son opinion ; mais comment faire? Où était-elle, cette soi-disant majorité? N'avait-elle pas, dans les derniers scrutins, donné une preuve éclatante de son impuissance? On s'y tenait à une demi-douzaine de voix, et le pays était-il moins divisé que la Chambre? Oui, dans les classes élevées, préoccupées avec raison de l'ordre public, la forme républicaine se heurtait à des appréhensions, à de légitimes répugnances ; mais dans les masses — qu'on ne s'y trompât point — la République avait une immense majorité. Sans doute, les masses sont mobiles, mais, actuellement, le nombre était républicain.

Ici, on échangea des démentis : « Oui ! Oui ! Non ! Non ! » Mais l'orateur n'y prit garde et, ferme sur sa démonstration, continua. Cette division, cette désunion irréductible, ce schisme politique mortel existait-il seulement entre royalistes et républicains? Eût-on réussi, en se précipitant d'un côté, à faire pencher la balance? Non ; et on savait bien le contraire. Pouvait-on nier qu'il y eût trois monarchies, légitimiste, constitutionnelle, impérialiste, ennemies l'une de l'autre et deux républiques, la conservatrice et la radicale, en tout cinq partis, cinq factions, cinq armées prêtes à s'entre-dévorer aussitôt qu'elles verraient jour à se battre. Ne valait-il pas mieux les tenir en bride et s'efforcer chaque jour de leur faire entendre raison. Qu'on affectât de dédaigner cette politique modeste, celui qui s'y cramponnait comme à une planche de salut était au-dessus des dédains. Il plaignait, lui, ceux qui ne comprenaient pas sa conduite.

Son impartialité était-elle donc du scepticisme? Lui sceptique? Sa vie n'était-elle pas là tout entière pour protester? Ne lui reprochait-on pas tous les jours le contraire? Ne l'accusait-on pas de soutenir avec trop d'obstination ses idées politiques, économiques et sociales?

Cette politique on y était condamné. C'était le bon sens lui-même qui la dictait, lorsque le désordre et l'anarchie étaient partout. Un peu de mémoire, messieurs !

Et puis, quels étaient donc les engagements réciproques pris à Bordeaux, dans cette heure suprême où tout semblait perdu? Qu'avait-il demandé lui-même aux partis? Une trêve immédiatement consentie par tous. Y avait-il manqué? Où et comment? Deux ans s'étaient écoulés depuis cet espèce de renoncement mutuel. Comment les avait-il employés? Qu'avait-il fait? Il était loin de s'en attribuer tout l'honneur; mais son gouvernement avait vaincu la Commune et libéré le territoire. Dans quel état avait-il pris le pouvoir? Dans quel état s'apprêtait-il à le rendre? Comparez!

On invoque sans cesse le pacte de Bordeaux, alors que chacun, de son côté, cherche à le rompre. Aujourd'hui, si le gouvernement songe à faire quelque chose de définitif, ne l'y avez-vous pas invité, et croyez-vous que ce soit une impatience théorique, une satisfaction personnelle? N'est-ce pas plutôt une nécessité pratique? La Monarchie est impossible, mais il est également impossible de vivre longtemps en paix sans que le principe du gouvernement soit établi et respecté. Qui en doute et qui travaille en sens contraire n'a pas le droit de se dire conservateur. La République frappe à nos portes et nous voulons que ce soit l'Assemblée nationale qui la fasse, conservatrice! bien entendu, puisqu'elle ne peut vivre et faire vivre la société française qu'à ce prix.

Mais, en face des dernières élections, comment résister? Sont-elles donc si inquiétantes et, avec une nouvelle loi électorale, ne seront-elles pas meilleures? Hommes de peu de foi, pourquoi tremblez-vous?

En dehors des moyens légaux de pacifier le pays, l'orateur n'en voyait pas d'autre que la République ou la dictature; or, la dictature, on savait où elle nous avait conduits. C'était son spectre qui l'avait décidé à se prononcer résolument pour la République.

Jusque-là il s'était appliqué à ne pas dire un mot blessant contre les personnes. A peine avait-il fait une courte allusion à certain ton hautain — c'était cet air de morigéner, cette allure parfois cassante du duc de Broglie — dont il avait été plus offensé qu'il n'en voulait convenir — mais à la fin de son discours il n'y put tenir et, irritable comme il l'était, il lança à la tête du noble duc le mot qui lui parut le plus propre à le blesser : « Vous serez le protégé de l'Empire ! »

Cette piqûre, savamment préméditée, ne fut pas du premier coup comprise par tout le monde ; mais, en y réfléchissant, on constatait que les débris du parti impérialiste, reconstitués depuis la mort de l'Empereur, étaient devenus, pour la majorité conservatrice, un complément avec lequel il lui fallait compter ; et voilà pourquoi M. Thiers avait dénoncé, comme une tache dans le passé des Broglie, ces ménagements à l'égard d'un groupe qui, d'ailleurs, devint plutôt un dissolvant qu'un appoint.

J'ai dû reproduire en style indirect, à la manière latine (souvenir d'école), l'éloquente apologie d'un chef d'État provoqué. J'espère que, malgré les abréviations nécessaires, on ne contestera pas l'exactitude de cette traduction libre, mais loyale. On y verra du moins avec quelle habileté l'accusé sut monter au Capitole et y faire monter la République conservatrice avec lui. Son discours remua encore plus l'Assemblée que celui du duc de Broglie ; elle en resta comme démontée et il lui fallut un certain temps pour s'en remettre.

La dernière loi sur les rapports entre les deux pouvoirs ordonnait de lever la séance. La président en avertit l'Assemblée et l'on convint de se retrouver à deux heures. M. Thiers avait parlé très longtemps sans être à bout de souffle. Il était midi moins vingt minutes. On s'en alla déjeuner.

Nous avions fait la partie avec Sextius Aude de prendre notre repas ensemble aux Réservoirs afin d'entendre un peu ce qu'on dirait. Ce bon Sextius, un des hommes les plus sincères que j'aie connus, était, je le rappelle — sous Barthélemy Saint-Hilaire — et un peu au-dessus par certains côtés, le secrétaire particulier, intime, de M. Thiers, de Mme Thiers et de Mlle Dosne, l'ami, le familier ; on l'appelait quelquefois le *neveu* de la maison.

Les hors-d'œuvre n'étaient pas sur la table que nous échangions nos conjectures, en prêtant un bout d'oreille à celles qu'on échangeait autour de nous. On convenait généralement qu'il y avait dans le panégyrique du chef de l'État une forte part de vérité, mêlée toutefois de raisons qui n'étaient point inattaquables. On trouvait qu'il avait péché par omission, qu'il n'avait pas tout dit, en ajoutant qu'il lui était difficile de tout dire. Comment eût-il avoué que son ambition personnelle et son amour du pouvoir devaient l'incliner forcément vers la République? Celle-ci ne le déplacerait pas. Après l'avoir eu comme Président provisoire, elle serait trop heureuse de le garder comme Président définitif. Tandis que la Monarchie restaurée, que pouvait-elle lui promettre, sinon une sinécure de paresse et d'oubli, sous un gouvernement soupçonneux, tracassier, ingrat, une vague connétablie civile, dont on parlait quelquefois, Thiers-Warwick. Les *restaurateurs* lui cherchaient déjà la même querelle que Lamartine à Bonaparte :

> Ah ! Si rendant ce sceptre à ses mains légitimes,
> Plaçant sur ton pavois de royales victimes,
> Tes mains, des saints bandeaux avaient lavé l'affront,
> Soldat, vengeur des rois, plus grand que ces rois même, etc.

Mais on n'y comptait pas ; l'homme étant connu, on était même sûr qu'il était moins porté à venger les rois qu'à les remplacer. C'était précisément ce que les royalistes ne pouvaient lui pardonner, et c'est pour cela qu'ils avaient juré sa perte.

Sextius et moi n'y apportions pas le même parti pris, mais, tandis que je voyais déjà Thiers victorieux, mon commensal était mal impressionné. Avait-il des renseignements particuliers? Était-ce simplement appréhension d'ami inquiet? Toujours est-il qu'il croyait plutôt à une défaite. Alors nous fîmes un pari. Je souhaitais qu'il eût raison et je serais vraiment embarrassé de dire pourquoi, car il suffisait d'un peu de sagacité pour redouter les effets d'une pareille rupture. C'étaient sans doute les bravades et les impertinences fréquentes du patron de Sextius et sa façon de traiter les gens du haut en bas qui m'avaient agacé ; mais il est certain que je rêvais stupidement pour lui d'une bonne leçon qui l'eût rendu plus maniable. Je dois dire aussi qu'en me tâtant le pouls, je le sentais

battre pour la Monarchie constitutionnelle. Pourquoi celui qui,
le matin même, avouait encore sa préférence pour elle, n'avait-il
pas essayé d'en renouer les fils brisés par la Révolution de 1848?
Pourquoi avait-il témoigné une défiance aussi égoïste qu'injuste aux fils de Louis-Philippe, à un Joinville, à un d'Aumale,
alors que la France leur faisait tant d'accueil?

J'ai l'habitude — pourquoi ne l'avouerai-je pas en m'excusant d'une parenthèse aussi personnelle? — de parier toujours
contre ce que je souhaite, et la chose s'explique. Si je gagne,
c'est toujours cela; si je perds, je suis enchanté, puisque le
hasard a favorisé mon secret désir. Aude paria que M. Thiers
allait être renversé et, comme il était bientôt deux heures, nous
regagnâmes la salle des séances, en compagnie d'un certain
nombre de députés que le dénouement n'intéressait pas moins
que nous.

III

Après quelques chicanes réglementaires du Normand Bertauld, vrai type d'avoué de province retors et tenace, le ministre de l'intérieur, M. Casimir-Perier, réclama la parole et
protesta énergiquement, en son nom et au nom des nouveaux
ministres, contre certaines accusations, déjà oubliées, du duc de
Broglie. Avaient-ils donc cessé d'être conservateurs? Étaient-ils
devenus du jour au lendemain des révolutionnaires inconscients?
On les calomniait. On savait bien qu'ils étaient toujours les plus
fermes défenseurs, les garants de la République conservatrice
et, si elle tournait mal, ses otages entre les mains des radicaux.

On l'écouta sans l'interrompre, ce qui n'était pas une bonne
note, et la droite, tout d'une voix, demanda la clôture, qui fut
immédiatement prononcée; symptôme caractéristique d'où
il était facile de conclure que tous les sièges étaient faits, sauf
peut-être par quelques hésitants qui se tâtaient pour savoir
où ils ouvriraient la tranchée.

Bertauld tenta encore d'ergoter, il s'admirait à la tribune ; mais on lui refusa le plaisir de la garder longtemps.

J'arrive au troisième et dernier acte d'une rapsodie politique, dont il est bien difficile de dire si ce fut une comédie ou un drame.

Nous approchons du dénouement et tout à coup une sorte de tempête se déchaîne à partir de laquelle l'Assemblée nationale ne sera plus qu'une mer houleuse, soulevée à chaque instant par de subites et assourdissantes rafales. Un député de la Vienne, Ernoul, avocat célèbre à Poitiers et dans la région, orateur parfois éloquent et surtout ardent légitimiste, se lève sur les bancs de la droite, présente un ordre du jour motivé et se met en devoir de le lire. C'était plus qu'il n'en fallait pour affoler les gens. Dès les premiers mots, on l'interrompt, on l'arrête ; mais le président le soutient et il parvient, dans le vacarme, à épeler jusqu'au bout son terrible papier :

« Considérant que la forme du gouvernement n'est pas en discussion ;

« Que l'Assemblée est saisie de lois constitutionnelles présentées en vertu d'une de ses décisions et qu'elle doit examiner ;

« Mais que, dès aujourd'hui, il importe de rassurer le pays en faisant prévaloir dans le gouvernement une politique résolument conservatrice ;

« Regrette que les récentes modifications ministérielles n'aient pas donné aux intérêts conservateurs la satisfaction qu'ils avaient droit d'attendre, et passe à l'ordre du jour. »

C'était l'invite nette et franche à renverser M. Thiers.

Est-il nécessaire de dire que les divers paragraphes de cet impromptu fait à loisir eurent l'honneur d'un sabbat de premier ordre. Littéralement la gauche hurlait.

Et les rugissements succédèrent aux hurlements lorsque l'excellent Target, qui n'avait pas toujours le sens de l'à-propos, vint expliquer que le groupe centre gauche, dont il faisait partie, s'associait à cette motion, *sans repousser la forme républicaine*. Ce *distinguo* parut subtil, mais on finit par comprendre que Target prétendait en concilier les deux termes. Il voulait éliminer M. Thiers sans toucher à la République elle-même.

A peine a-t-il fini que droite et gauche marchent l'une sur l'autre, l'œil en feu, les poings fermés, avides d'en découdre. Les huissiers s'apprêtent à séparer les combattants. Cependant on s'arrête une minute pour voir l'effet d'une assez habile riposte au coup de Target. C'est M. Denormandie qui l'a savamment préparée. Il appartient, lui aussi, au centre gauche, mais à la fraction la plus foncée de ce groupe multicolore et il demande l'ordre du jour pur et simple qui a un droit de priorité sur toutes les motions contraires.

Le sabbat recommence ; mais je tiens à dire que je n'emploierai plus ces mots : bruit, tapage, haro, vacarme, bacchanal, tintamarre, charivari, ni aucun de leurs synonymes ; je serais réduit à en user trop souvent et je n'en trouverais jamais d'assez forts. Il suffit de rappeler que, pendant les deux dernières années de l'Assemblée, chacune de ses séances politiques dut subir ce savoureux régime, comparable à celui d'une foire régionale où tout se mêle, les voix des marchands et les cris des animaux.

Bon gré mal gré, il fallut avaler cette amère pilule de l'ordre du jour pur et simple, d'autant que Dufaure s'empressa de l'accepter, comme un dernier moyen de salut ; mais l'événement trompa son espoir. En dépit des commodités que cette façon de ne dire ni oui ni non offre aux timides et aux neutres, l'ordre du jour pur et simple fut repoussé à une majorité de 14 voix, 362 contre 348, et dès lors on put prévoir ce que seraient toutes les autres tentatives analogues et tous les autres scrutins. J'éprouvai même une maligne et sotte joie à l'idée que j'allais perdre mon pari. Sextius me regarda et me dit : « Eh bien ? » L'Assemblée demeura comme figée dans une de ces stupeurs que les Annales officielles appellent des *mouvements prolongés*.

Cependant le centre gauche n'avait pas encore dit son dernier mot. J'avance péniblement sur un terrain semé d'obstacles ; mais il me paraît intéressant de m'y arrêter et j'éprouve moi-même un certain plaisir à repasser par cette vieille route qui

nous a conduits où nous sommes. Deux modérantistes,
MM. Bröet et Antonin Lefèvre-Pontalis, qui désiraient « ne
rien casser », usèrent d'un des innocents stratagèmes qui étaient
dans les habitudes et les moyens de leur groupe. Ils présentèrent une nouvelle rédaction très adoucie, qui, sauf une
petite réserve, équivalait à un certificat de confiance. Mais
ils oubliaient qu'Ernoul avait réclamé la priorité pour la
sienne et que le règlement était de son côté. Un vote leur
donna tort. La priorité, c'est-à-dire le droit d'être mis aux voix
la première, fut maintenue à cette motion décisive qui tranchait péremptoirement la querelle, et la gauche acculée réclama
le scrutin à la tribune. Elle fut encore battue, elle avait même
perdu plusieurs voix, et n'en réunissait plus que 342 contre
366. Alors elle comprend, elle cède, et l'ordre du jour Ernoul
est voté dans la forme ordinaire à une majorité de 16 voix,
360 contre 344.

Désormais il n'y avait plus à y revenir. Les représentants
du pays se séparaient de M. Thiers. Le Président de la République était explicitement désavoué par l'Assemblée nationale.

IV

L'émotion qu'elle éprouva de son exploit se trahit d'abord
par un étonnement presque silencieux. Elle ne s'en croyait
pas elle-même et ne songeait guère à dissimuler son embarras,
qui devint un malaise et dégénéra bientôt en fièvre, surtout
chez les vainqueurs. Que faire? Ils tenaient à aller vite et à
donner, dans la journée même, un successeur à celui qu'ils
venaient de renverser. S'il était congédié, il n'était pas parti et,
à cette heure, le successeur n'était pas encore trouvé. On savait
que des pourparlers étaient engagés entre les principaux
meneurs, qu'on négociait même auprès de personnages en vue,
et que, sans doute, la solution ne tarderait pas; on parlait

même d'une pentarchie ou d'une tétrarchie présidée par le général Changarnier en Dioclétien ; mais comment amuser le tapis pendant ces conciliabules préparatoires et gagner un peu de temps pour en finir sans autre anicroche? Donc, il fallait attendre ; mais attendre quoi? en face d'une minorité irritée qui demandait déjà qu'on renvoyât la séance au lendemain, puisqu'il n'y avait plus rien à l'ordre du jour. Cette minorité elle-même, déçue et désemparée, se refusait à admettre que la chute de M. Thiers fût définitive. Elle voulait, elle aussi, attendre un peu, mais sans siéger, elle avait mis dans sa tête d'avoir encore une nuit devant elle ; pour tout dire, elle caressait vaguement l'illusion d'un miracle qui allait lui rendre M. Thiers plus résolu et plus fort que jamais.

Dans ce trouble général des esprits, la droite avait sous la main un serviteur zélé, ou plutôt une manière de factotum, Numa Baragnon, député du Gard, que nous avons déjà vu à l'œuvre. Elle le lança à la tribune ; elle l'employait toujours en éclaireur à chaque défilé scabreux, et lui-même recherchait volontiers ces initiatives ingrates. Elle l'appelait familièrement Numa ; son parrain l'avait baptisé ainsi, le prédestinant, sans le savoir, à fabriquer des lois. Ce Méridional qui est si parfaitement oublié aujourd'hui eut un peu plus tard de hautes visées ; il afficha sous le septennat de Mac-Mahon la prétention de *faire marcher* la France. Il n'en était pas encore là dans cette crise du 24 mai, cependant il croyait déjà qu'un gouvernement de combat peut pétrir à son gré le suffrage universel et la volonté nationale. Au demeurant, c'était un politicien de second plan, qui avait des qualités de premier ordre, notamment une justesse de coup d'œil qui lui révélait très vite le nœud d'une situation embrouillée, et un mépris des horions qui lui permettait de batailler ou plutôt de boxer longtemps et sans peur. Avec cela une voix forte, « le coup de gueule », disaient ses meilleurs amis.

Chargé tout spécialement ce jour-là de faire traîner la séance, pendant que les chefs de file s'employaient aux démarches nécessaires, son ingéniosité usa de toutes les ressources. Il y avait des inconvénients, disait-il, à prolonger outre mesure là vacance du pouvoir. Une admonestation maussade de Dufaure, qui lui rappela que le pouvoir n'était jamais vacant, même quand on en avait déposé le titulaire, parce qu'il y avait toujours des ministres pour expédier les affaires et maintenir l'ordre, ne démonta pas le bon Numa. Il reconnut qu'il était absolument d'accord avec le Garde des sceaux, mais il n'abandonna pas son idée. Il raconta qu'il venait de consulter, à leur banc, ces ministres toujours en fonctions, qu'il leur avait demandé s'ils n'avaient aucune communication à faire à l'Assemblée et qu'ils lui avaient répondu : « Aucune ! »

En conséquence, il demandait une troisième séance le soir même. Une violente exclamation des gauches lui répondit. Il ne se laissa pas intimider. On vota au milieu des huées, et il eut gain de cause. Il ne craignit même pas d'ajouter que, d'ici là, on recevrait sans doute d'autres nouvelles du gouvernement. Rendez-vous à huit heures.

Cette séance de nuit, après dîner, paraissait plus menaçante que jamais. Que va-t-il se passer entre ces loups dévorants? Tout respire la bataille, même l'exactitude des combattants. En effet, la lecture du procès-verbal est à peine commencée que Berthauld conteste ; mais le Président l'arrête en route et Dufaure s'empare de la tribune. Enfin, c'est la communication prévue. L'émotion ou plutôt l'oppression des cœurs se devine à la pâleur des visages. Le Garde des sceaux apprend à l'Assemblée que les ministres se sont rendus auprès du Président de la République et lui ont donné leurs démissions. Il les a acceptées et leur a remis un nouveau message, qu'il transmet au Président de l'Assemblée.

Il est connu, ce message. C'est la démission explicite et formelle : « Je résigne entre les mains de l'Assemblée nationale les fonctions de Président de la République qu'elle m'avait conférées (1). »

---

(1) Textuellement : *Monsieur le président, j'ai l'honneur de remettre à l'Assemblée nationale ma démission des fonctions de Président de la République qu'elle m'avait conférées...*
Et un salut très sec : *Recevez l'assurance de ma haute considération.*

Le successeur est trouvé, car le général Changarnier, que l'on avait désigné comme un des candidats éventuels, demande immédiatement la parole, probablement pour démentir le bruit qui en a couru. Mais alors un député de la Manche, nommé Foubert, noir et velu comme une casquette de loutre, fait observer qu'il faudrait d'abord savoir si l'Assemblée accepte la démission de M. Thiers. Les républicains, un moment consternés, se raccrochent à cet expédient dilatoire et confondent leur désir en un cri unanime : « Votons ! Votons ! » pendant qu'au pied de la tribune Foubert, de plus en plus hirsute, cherche querelle au Président.

Armé du règlement, Buffet était invulnérable et tout le poil de Foubert ne put l'empêcher de lire, dans le tumulte, une motion qu'il venait de recevoir :

« Les soussignés, vu la démission de M. Thiers, Président de la République française, proposent à l'Assemblée de procéder immédiatement au scrutin sur la nomination de son successeur. »

Consternés tout à l'heure, les républicains se remettent à vociférer, surtout quand ils connaissent les signataires ; en première ligne, le duc de Broglie et le général Changarnier.

Foubert obtient la parole et poursuit son idée. Il exige que l'Assemblée vote d'abord sur la démission de M. Thiers. Oui ou non, l'accepte-t-elle ? Et Foubert déplore l'ingratitude humaine. Il n'a pas, lui, la mémoire courte, il se souvient des services que le démissionnaire a rendus. Et il répète à chaque bout de phrase : « J'en ai, de la mémoire ; j'en ai toujours eu, de la mémoire ; j'en aurai toujours, de la mémoire. » Il y patauge et n'arrive pas à en sortir. Cependant cette intervention, dépourvue d'éloquence, le servira merveilleusement. Dans deux ans, M. Thiers, qui ne manque pas non plus de mémoire, le fera nommer sénateur inamovible, et son fils obtiendra de la République sauvée un fructueux emploi.

Aussi bien sa tentative a réussi. Plusieurs députés ont déposé une motion conforme à ses vœux. Ils demandent à l'Assemblée de ne pas accepter cette malheureuse démission qui met toutes les têtes à l'envers.

On passe les urnes et les gauches sont encore une fois battues. La majorité a grossi ; elle atteint maintenant 31 voix.

Buffet, toujours correct, essaie alors d'adresser un dernier hommage, un regret, un adieu sympathique de l'Assemblée tout entière à l'homme d'État dont elle se sépare ; mais, au premier mot, on devine sa pensée et on l'invective. La plupart des apostrophes que lui lancent les républicains sont des injures : « Taisez-vous ! Pas d'hypocrisie ! » Il réclame le silence : « Non ! Non ! Vous ne parlerez pas ! » Le *doux pasteur* Pressensé se distingue parmi les plus animés. En vain Buffet proteste contre un pareil scandale ; c'est à peine si on lui permet de relire la proposition de Broglie-Changarnier. Mais Lenoel (de la Manche) chicane à son tour comme Bertauld (du Calvados). Il prétend que la proposition doit être soumise à l'examen des bureaux, qui nommeront une commission, qui fera un rapport, qui sera discuté en séance publique, etc. On lui objecte qu'il s'agit d'une simple nomination, et après beaucoup de contredits et d'interlocutoires, le Président parvient à ouvrir le scrutin. Il reste entendu que le nouveau Président de la République qui sera élu se trouvera exactement dans les mêmes conditions légales et constitutionnelles que son prédécesseur.

Le vote et le dépouillement durent environ une heure et demie. On en connaît d'avance le résultat. A onze heures du soir, le maréchal de Mac-Mahon est nommé Président de la République par 391 voix contre une qui s'est égarée sur le nom de M. Grévy. La minorité, qui n'a pas pris part au vote, s'incline tant bien que mal, et d'assez mauvaise grâce, mais ce n'est pas encore fini. M. Buffet, sans lever la séance, cède le fauteuil à un vice-président et revient une demi-heure après. Il annonce à l'Assemblée qu'avec une députation du bureau il s'est rendu auprès du maréchal de Mac-Mahon et lui a appris son élection. Il a dû faire appel à son dévouement, et ce n'est pas sans peine qu'il a vaincu ses scrupules, ses objections et sa résistance. L'illustre Maréchal, qui a donné tant de preuves de son abnégation, en donne aujourd'hui une nouvelle, plus éclatante encore. Il compte sur les anciens ministres pour expédier les affaires jusqu'à la formation d'un nouveau Cabinet. La droite réunit ce qui lui reste de forces pour applaudir, et on se décide à quitter cet étouffoir où la représentation nationale siège et s'égosille presque en permanence depuis seize heures. Il est minuit moins dix. On peut sans inconvénient aller respirer un air moins vicié autour de la statue de Louis XIV. Le carrefour est franchi. Les mandataires de la nation ont fait leur choix à la croisée des routes. Ont-ils pris la meilleure?

Que se passait-il pendant ce temps-là chez M. Thiers, à la préfecture de Versailles? Le jour même où il fut renversé, il se forma une légende sur l'impression que lui avait causée la nouvelle de sa disgrâce. On a dit, on a même écrit qu'il en avait paru étourdi et comme atterré. Les renseignements que j'obtins alors de mon ami Aude, qui, je le répète, était la franchise même, présente la vérité sous un jour tout différent. M. Thiers s'était mépris, il avait compris que ce faible écart de 16 voix était en sa faveur, et déjà il se flattait de gouverner quand même, comme l'ont fait certains grands ministres anglais, avec cette majorité impondérable. Il fallut le détromper et il en éprouva certainement un désappointement très pénible; mais il se ressaisit aussitôt et passa toute sa soirée à cribler d'épigrammes ceux qui le forçaient ainsi à « rendre son tablier ». C'était la métaphore de garçons de café qu'ils lui appliquaient journellement quand ils travaillaient à lui « ôter sa serviette ». Les oreilles durent tinter au petit groupe défectionnaire, à Léonce de Lavergne et à Target.

Telle fut cette mémorable bataille du 24 mai 1873, dont le résultat réel fut de grossir encore la liste de ces Journées des dupes qui égaient si agréablement nos Annales politiques. Duperie fâcheuse pour les partisans de la Monarchie, qui crurent un moment que leur victoire ouvrait la porte toute grande à une restauration et qui ne tardèrent pas à se briser le front contre une muraille infranchissable; duperie heureuse et douce surprise pour les républicains, puisque leur défaite les conduisit précisément où ils n'espéraient plus aller, à la République.

C'est ainsi que l'événement, ce *demain* dont on ne peut

jamais dire au juste de quoi il sera fait, se plaît à leurrer la prévoyance humaine et à déjouer tous les calculs de probabilité.
Le baromètre est au beau fixe, on se met en route ; brusquement un petit souffle s'élève, le vent change, la girouette tourne
et la pluie tombe. Trop heureuses les campagnes quand elles
échappent à un de ces ouragans qui ravagent vignes et moissons.

Ces législateurs, qui se proclamaient souverains, en eurent
bien le sentiment, car, dès le lendemain, plusieurs d'entre eux,
redoutant ce qui allait se passer, exprimèrent, sur leur propre
vote, des doutes qu'on pouvait prendre pour des repentirs. Ils
n'oubliaient pas les grands services du vaincu. N'avaient-ils
pas décrété eux-mêmes qu'il avait bien mérité de la patrie?
Pouvaient-ils méconnaître qu'après avoir reçu de leurs mains
une France blessée, mutilée, malade, et que beaucoup disaient
condamnée, cet homme, ce médecin un peu exigeant sur les
honoraires, la leur remettait convalescente et presque guérie.

Un souvenir classique obsède ma pensée. La défiance qu'inspirait l'ambition de M. Thiers et qui l'emporta, en fin de compte,
sur tant de raisons qu'on avait de le maintenir au pouvoir,
n'a-t-elle pas beaucoup d'analogie avec cet ostracisme athé-
nien qui exila Miltiade et Thémistocle après Marathon et Sala-
mine? M. Thiers n'avait repoussé aucune invasion ; mais il avait
pansé d'atroces blessures.

Qu'arriva-t-il? Huit jours après sa chute, les partis, unis
contre lui, dans un intérêt commun, tant qu'il était au pouvoir,
retournèrent à leurs anciennes dissensions et, de sottise en sottise, lui préparèrent la plus glorieuse des revanches. Il avait
vécu assez longtemps pour la voir ou du moins la prévoir et
même pour en savourer les prémices, lorsque les nouvellistes,
curieux du détail, nous apprirent un beau matin qu'il venait
d'être frappé d'apoplexie sur la terrasse de Saint-Germain, « en
mangeant des haricots ». Il n'eut pas, avant de mourir, le chagrin de soupçonner ce qu'allait devenir sa République conservatrice. En la voyant péricliter, il eût juré que ce n'était pas sa
faute et que s'il avait été là... C'était une faiblesse chez lui que
de croire à la durée de son œuvre et à l'éternité de sa personne.

CHAPITRE XXIX

Le duc de Broglie. — Son premier ministère. — Son impopularité. — Le maréchal de Mac-Mahon. — Les attaques de l'opposition républicaine contre lui. — Fabrique d'épigrammes. — Le message. — Le soldat légal.

Lorsque le maréchal de Mac-Mahon, qui hésitait à prendre le pouvoir, ne s'y résigna, sur de pressantes sollicitations, que par pur dévouement, il parlait la main sur sa conscience. On a su depuis que, dès les premières ouvertures du duc de Broglie et de l'évêque d'Orléans, dans les heures qui précédèrent la troisième séance du 24 mai, il était allé, de son propre mouvement, trouver M. Thiers et lui avait exposé ses répugnances. « Un mot de vous, Monsieur le Président de la République, et je refuse ! » Mais M. Thiers lui ayant répondu très sèchement : « Vous savez ce que vous avez à faire, je n'ai pas de conseils à vous donner ! » il céda aux prières de Buffet. Et, dès lors, il fut l'ennemi. Les républicains ne lui pardonnèrent jamais d'occuper une place qu'ils avaient destinée à un autre homme, peut-être plus dangereux et assurément plus ambitieux que lui. Son évidente loyauté ne put triompher de leur rancune.

A la tête de ce premier ministère, il avait placé le duc de Broglie, que la logique des événements lui désignait, et ce grand vainqueur arrivait là entouré d'un prestige que justifiaient ses talents. Il était alors l'objet de l'admiration enthousiaste des uns et de la haine inexpiable des autres.

Le lundi 26, il annonça à l'Assemblée la formation du nouveau Cabinet. Elle en avait appris la composition par le *Moniteur*. Chacun des groupes coalisés avait eu sa part du gâteau ministériel. Magne y représentait l'Appel au peuple ; Beulé, du centre droit, aurait dû avoir l'instruction publique, qui lui revenait naturellement comme à un ancien élève de l'École normale et de l'École d'Athènes, déjà célèbre par ses découvertes sur l'Acropole. Il eut l'intérieur, et on s'aperçut bientôt qu'il aurait dû se cantonner dans les fouilles archéologiques. L'agriculture et le commerce, encore réunis, étaient échus à un chevau-léger de la droite pure, M. de la Bouillerie ; enfin on avait mis aux travaux publics un ingénieur, M. Deseilligny, qui était presque un centre gauche.

La lune de miel du duc de Broglie n'eut pas ces trente quartiers d'un baron saxon dont parle Musset. Cependant, on lui laissa quelque répit. Sauf quelques impertinences de temps à autre, la minorité subissait son ascendant. En revanche, elle s'en prit tout de suite au Maréchal, qu'elle s'imaginait n'avoir été mis là que pour favoriser une restauration monarchique. Je réunis et rappelle ici, pour n'y plus revenir, une série d'épigrammes plus ou moins injurieuses qui embrassent plusieurs années, mais dont, à peine installé, on l'honora. Pour quelques-unes, j'anticipe un peu leur date, en m'excusant de ces légers anachronismes sur la nécessité d'en finir une bonne fois avec cette gerbe de flèches quelquefois empoisonnées.

Il en est une, entre autres, que je me décide à reproduire telle quelle, malgré son parfum scatologique, parce que l'orthographe la sauve et qu'elle résume très exactement la fausse idée qu'on se faisait de Mac-Mahon. C'était au plus fort des démarches tentées auprès de celui qui ne voulut pas être Henri V. Les républicains étaient convaincus que le Maréchal y prêtait la main de son mieux, et ils se vengèrent de cette supposition absolument gratuite par le quatrain suivant :

> Mac-Mahon, l'illustre vaincu,
> Loyal, mais avide de gloire,
> Tient à se faire dans l'histoire
> La même place que Monck eut.

Déjà Jules Simon avait fait un rapprochement entre « l'épée de Sedan et l'épée d'Austerlitz », et l'on avait inauguré très vite cette petite guerre, sans se douter du peu d'importance que le destinataire y attachait. Allait-il visiter et secourir les inondés de la Loire, on répandait le bruit qu'il n'avait trouvé qu'un seul mot à leur dire : « Que d'eau ! Que d'eau ! »

S'il inspectait l'école militaire de Saint-Cyr où on l'avait averti qu'un nègre laborieux et intelligent faisait d'excellentes études, on racontait partout qu'il s'était borné à lui adresser cet encouragement :

« Ah ! c'est vous qui êtes le nègre, eh bien, continuez ! »

On tenait boutique de ces espiègleries ; il y avait dans certains journaux des officines spéciales,·de véritables ateliers où, sous la direction d'Edmond Texier, les Tallemant des Réaux et les Bussy-Rabutin de ce temps-là fabriquaient leurs historiettes.

Je n'en rapporterai plus qu'une, pittoresque entre toutes. Elle est très connue, elle a été racontée partout, même en Amérique, mais je crois qu'elle n'a jamais été écrite, et il ne faut pas la laisser perdre. Le Maréchal, harcelé de toutes parts par ses adversaires à moitié victorieux, s'était vu obligé de retirer je ne sais quel commandement à son vieil ami le général Ducrot. Celui-ci vint le trouver et lui reprocha doucement ce qu'il considérait comme une injustice :

« Ah ! mon cher ! lui répondit vivement Mac-Mahon, tu n'y peux rien comprendre, toi ! Tu ne sais pas ce que c'est que la politique, et les odieux sacrifices qu'elle réclame, et le nombre de couleuvres que je suis obligé d'avaler tous les matins. »

Et il ajouta qu'il en aurait bientôt assez, ce qui calma un peu le général.

« Alors, tu me pardonnes ! reprit Mac-Mahon. Dis-moi que tu me pardonnes et, pour me le prouver, viens dîner avec nous ce soir...

— Ah ! ce soir, je ne puis pas, je vais voir *Hernani* et je n'ai plus que le temps de m'habiller...

— Hernanie ! Hernanie ! Il me semble que j'ai déjà entendu ce nom-là. Eh bien, nous dînerons en tête à tête, amène-la avec toi, sans cérémonie ! »

Incontestablement, après celle-là, il faudrait tirer l'échelle, s'il n'était apparu que c'était une pure invention de la malice républicaine. A qui convient-il de l'attribuer? Personne ne le saura jamais ; on la cite encore, mais on n'en connaît même plus l'origine, et on l'adapte quelquefois à d'autres noms, qui lui ôtent de sa saveur. Ce qui est certain, c'est que le but poursuivi par tous ces railleurs était le même : ils voulaient persuader au peuple que cet intrépide soldat, qui fit si souvent parler la poudre, eût été incapable de l'inventer. C'est ainsi que la prétendue pauvreté intellectuelle du Maréchal fut quelque temps proverbiale dans une certaine classe de badauds ; mais cette scie qu'on lui montait perdit bientôt de son mordant, et on s'accorde à reconnaître, aujourd'hui, qu'un bon sens très aiguisé fut au contraire une de ses facultés maîtresses et ouvrit souvent ses yeux aux pièges que la perfidie environnante lui tendait.

Après avoir présenté son ministère à l'Assemblée, le président du conseil lut un message du Maréchal, dans lequel, à plusieurs reprises, le second Président de la République répétait qu'il n'était qu'un « soldat légal » chargé de la garde des institutions confiées à sa loyauté, à la tête d'une armée fidèle, qui serait toujours, sous ses ordres, la servante de la loi. « Je considère le poste où vous m'avez placé comme celui d'une sentinelle qui veille au maintien de l'intégrité de votre pouvoir souverain. » La majorité honora cette déclaration de bravos prolongés. Les républicains restèrent muets et soupçonneux, jusqu'au jour où ils durent se rendre à l'évidence. Depuis, leurs historiens rendent plus de justice au soldat légal.

Quant au duc, ce fut peut-être le plus beau moment de sa vie, bien que la foule l'attendît à l'œuvre sans grande conviction. Elle connaissait à peine son nom, qu'elle prononçait simplement *Brogli*, à la française. Elle n'était pas la seule. Beaucoup de bourgeois, qui se croyaient malins, s'y trompaient comme elle et suspectaient *Brogli*, tandis que, dans le monde politique, ce nom estropié devenait *de Breuil*. Un jour, j'en fis l'observation à un de ces négociants de la rue du Sentier qui s'intitulent eux-mêmes « le haut commerce ». Il consulta ses filles, qui suivaient plusieurs cours et qui lui jurèrent que tous leurs professeurs disaient Brogli, de sorte que j'en fus pour mes frais.

Brogli ou Breuil, il était alors l'homme en vue. Deux ans plus tard, après sa chute, je publiai, dans un journal très lu, les *Figures de mon temps*, où je fis de lui un portrait que je reproduirai quelque jour, parce que j'y retrouve, aujourd'hui encore, une assez juste image de ce qui était alors pour moi l'actualité.

CHAPITRE XXX

LES SUITES DU 24 MAI

L'opposition républicaine à l'Assemblée nationale. — Échec au président Buffet. — Vacances et retour. — Dufaure engage la lutte contre la majorité. — Gambetta et de Broglie. — Nouvelle séparation. — La Commission de permanence. — M. Étienne Lamy. — Interpellation de Jules Favre. — Sa décadence politique. — Les gens de bien. — Discours de Louis Blanc. — Tolain et le Sacré-Cœur de Montmartre. — Clôture de la session. — Le procès Bazaine. — Une lettre et un mot du duc d'Aumale.

Dans les jours qui suivirent ce coup d'État parlementaire du 24 mai, date mémorable d'où part, suivant moi, la fondation de la République, les partis éprouvèrent un irrésistible besoin de se reposer un peu. Vainqueurs et vaincus paraissaient également harassés. On se sépara, les uns défiants de leur victoire, les autres furieux de leur défaite, dans un état d'esprit où dominaient la colère et la rancune. Il était temps de quitter la lourde atmosphère de Versailles et de s'en aller respirer un peu en famille, car les quelques séances qui précédèrent l'adieu provisoire ressemblèrent à des *chahuts* d'étudiants. L'autorité du Président était à chaque instant méconnue et bravée. Il n'arrivait même plus à poser ou à éclaircir les questions. De nouveaux orateurs, jusque-là plus discrets, naissaient à la chicane parlementaire. Rouvier, Lepère, Ferry, Brisson, Bouchet criblaient d'interruptions embarrassantes ses moindres explications. Tous étaient doués d'un certain talent de parole, excepté pourtant ce Bouchet, député de Marseille, épais et massif, dont Andrieux a dit, dans ses *Souvenirs d'un préfet de police,* qu'au moment où il se sentait perdu, désavoué, condamné par l'Assemblée et par la presse à propos d'une arrestation dont on lui reprochait l'illégale témérité, il eut la suprême chance d'être attaqué — c'est-à-dire sauvé — par l'insuffisance de ce Bouchet.

Un jour, ce fut Choiseul, naturellement hargneux, mais encore plus revêche depuis la chute de M. Thiers, son grand ami et protecteur, qui chercha à ce malheureux Buffet une mauvaise chicane de règlement, jappa cinq longues minutes contre lui et essaya de le mordiller aux jambes. Il n'eut pas à se louer de cette tentative. Une querelle de règlement à Buffet qui était le règlement en personne et, contre toutes les attaques, s'y retranchait comme dans une citadelle ! Choiseul fut si durement ramené, que ses amis et voisins l'abandonnèrent à sa mésaventure.

Enfin, après quelques derniers corps à corps de batailleurs attardés qui ne peuvent pas se lâcher malgré l'envie réciproque qu'ils en ont et qui reviennent toujours à la charge, on se tourna le dos en ajournant les nouvelles rencontres au 2 juillet. Il est inutile de dire qu'ils revinrent les dents aiguisées, plus ardents que jamais à se manger les uns les autres, sous les yeux de la nation, comme des gladiateurs de cirque.

Le premier jour de la session, mercredi 2 juillet, Dufaure, qui n'était plus Garde des sceaux, mais à qui la majorité gardait une certaine indulgence affectueuse, comme au plus conservateur des ministres renversés avec M. Thiers, présenta une motion qu'il jugeait embarrassante pour le gouvernement du duc de Broglie. Il rappela que, le 13 mars précédent, lors de la réforme constitutionnelle qui avait écarté Thiers de la tribune, l'Assemblée avait décidé, par une loi explicite, qu'elle ne se séparerait pas sans avoir statué : 1º sur le mode d'organisation et de transmission des pouvoirs législatif et exécutif ; 2º sur la création et les attributions d'une seconde Chambre ; 3º sur la loi électorale.

Dufaure ajouta qu'il était impossible *d'enterrer* ces projets et demanda, non sans aigreur, la nomination d'une Commission pour les examiner. Comme on murmurait à droite de ce qu'on regardait comme une niche, les dents de son râtelier craquèrent

et il souligna sa pensée d'un petit commentaire désobligeant :
« Ces projets doivent renaître, grogna-t-il. Autrement, la loi
que vous avez votée serait vaine, illusoire, frustratoire, et vous-
mêmes la condamneriez en l'ajournant. » C'était évidemment
une nouvelle déclaration de guerre. Dufaure parla longtemps,
répétant presque à chaque phrase qu'il ne faisait que se conformer aux volontés exprimées par l'Assemblée elle-même et
affectant de rendre ainsi hommage à sa souveraineté. Alors
Gambetta intervint pour contester ce pouvoir souverain, dont
elle se prévalait et que lui refusait, disait-il, « l'infirmité de son
origine ». Le mot les blessa ; ils traitèrent Gambetta d'insulteur,
et le duc de Broglie repoussa dédaigneusement cette première
attaque : « La discussion actuelle n'a rien à faire avec le vieux
débat qui existe entre cette Assemblée et l'honorable préopi-
nant, débat qui a commencé avant même qu'elle fût élue et
alors qu'il voulait l'empêcher de prendre naissance... Elle n'a
pas attendu sa permission pour naître ; elle n'a pas besoin de
sa permission pour vivre... »

Cette courte et sèche réplique allait au cœur de l'Assemblée ;
elle fut saluée d'une acclamation retentissante, qui permit au
duc d'insinuer qu'il n'y avait pas péril en la demeure et qu'il
n'était pas nécessaire de se presser. Comme on parlait d'une
prorogation très prochaine, une forte majorité décida que la
Commission réclamée par Dufaure serait nommée à la rentrée.
Simple escarmouche, mais caractéristique. Léon Say, peu querelleur de sa nature, y mit un grain de sel où l'on sentit la main
de M. Thiers et un prurit de revanche qui ne pouvait pas
attendre. Le fait est que l'impatience des mécontents ne laissa
plus à l'Assemblée une minute de repos. La prorogation elle-
même, et la Commission de permanence qu'elle nécessitait,
devinrent matière à disputes. Brisson y chercha, dans un long
réquisitoire, des objections constitutionnelles d'une très inven-
tive subtilité, et un déluge d'interpellations tomba sur la tête
du nouveau gouvernement.

. D'abord, M. Étienne Lamy, député du Jura, en lança une
contre le maintien de l'état de siège dans quelques départe-

ments. M. Lamy, à cette époque, ne séparait pas la République de la religion. Depuis, il les a jugées incompatibles, et je crois bien qu'il a opté.

. La tactique de la majorité était de retarder le plus possible, et même de renvoyer aux calendes grecques, ces occasions de tumulte, ces *journées*, tandis que l'opposition brûlait toujours d'en découdre. Généralement, on remettait la bataille après la prorogation. Jules Favre voulut en tâter et demanda à interpeller « sur la politique intérieure du gouvernement ». Celui-ci l'avait dit avec autant d'énergie que de clarté : elle serait « conservatrice »; elle s'appliquerait à rétablir l'ordre moral aussi profondément troublé que l'avait été deux ans auparavant l'ordre matériel. C'était sa seule raison d'être, puisqu'elle avait fait, avec ce programme, une manière de révolution. Cette politique de conservation sociale, n'était-ce pas celle qui avait triomphé le 24 mai? Jules Favre le savait bien, mais il éprouvait le besoin de récriminer et de prendre part, pour son compte, au branle-bas qui avait transformé les délibérations en un scandale quotidien. Il lui en coûtait de ne pas figurer en nom dans cette révolte continue contre la majorité et le Président.

Cet homme, qui, à une certaine époque, avait été si populaire et avait paru si grand, oubliait l'immense déchet que sa personnalité avait subi. Il se croyait toujours — malgré ses fautes et ses aveux — l'idole encensée, le Jules Favre de 1868 et il n'était plus que le Jules Favre de 1871, complètement changé, vieilli, tombé, méconnaissable. Cinq mois de pouvoir l'avaient tué. On ne l'acceptait plus que comme le syndic d'une faillite dont il était en partie responsable et je crois qu'il en avait le sentiment, mais son orgueil n'en voulait pas convenir. Celui qu'on appelait autrefois maître Aspic avait usé son dard contre l'acier des événements.

Son interpellation, inspirée par M. Thiers, comme l'attaque récente d'Horace de Choiseul contre Buffet, se déroula triste et embarrassée. Il voulut bien reconnaître que la majorité n'avait jusque-là rien changé à l'institution républicaine et ne

paraissait pas encore conspirer contre elle ; mais il essaya de
semer la division dans ses groupes en l'accusant de pactiser
avec les bonapartistes. Il savait pourtant bien que, suivant
un mot souvent répété depuis, elle ne les aimait pas pour eux,
mais contre lui-même, Jules Favre, membre d'un gouvernement
qu'elle venait de renverser. Il trouvait aussi le ministère de
Broglie trop familier avec les princes d'Orléans ; mais sa parole
ne portait plus ; elle avait l'accent lointain des prophéties
sinistres d'un spectre sorti de son tombeau. Je me rappelai
mes anciennes admirations et je sentis vivement cette ruine.
Il espéra qu'une évocation mélodramatique du 2 Décembre
lui rendrait quelque faveur ; mais ce couplet hors d'usage ne
lui réussit pas mieux que les autres effets sur lesquels il avait
compté. Ce fut plus que l'écroulement d'un homme, ce fut la
fin d'une renommée.

Le duc répondit, ou plutôt essaya de répondre, car ses explications furent hachées de protestations et d'invectives. A cette
division entre les divers groupes de la majorité, signalée par
Jules Favre, il opposa la désunion des groupes de gauche, qui
n'étaient d'accord que sur le mot de République, et en pleine
dispute et hostilité sur la chose. Ils siégeaient mêlés, mais ce
voisinage apparent dissimulait à peine les prétentions contraires
de ces frères ennemis dont chacun avait ses convoitises personnelles et qui venaient là prêts à se battre pour l'héritage.
Quel rapprochement pouvait-on établir, par exemple, entre un
Casimir-Perier et un Challemel-Lacour, entre un Challemel-
Lacour et un Louis Blanc? Au moins la conservation sociale
créait un lien entre les vainqueurs du 24 Mai ; mais la victoire
des autres eût été un déchirement dès le lendemain.

Par malheur, le duc commit une imprudence ; il lui arriva
de dire que son programme conservateur était celui des gens de
bien, entendant par là que, sans distinction de parti, tout le
monde pouvait s'y rallier. Et alors ils prirent ou affectèrent
de prendre ce simple mot pour une injure, comme si l'orateur
les excluait de cette honnête société dont il espérait le concours.
Ils se précipitèrent vers la tribune, poussant des cris et mena-

çant du poing « l'insulteur ». Je crus un instant qu'ils allaient
le dévorer. L'enchiffrené Latrade se fit rappeler à l'ordre pour
quelque sottise échappée à son rhume. Lorsqu'ils furent
à peu près calmés, Louis Blanc prit la parole et glosa sur
cette ligue des « gens de bien » qui, suivant lui, apparaissait
régulièrement aux plus sinistres jours de l'histoire de France :
Ligue du Bien public sous Louis XI, Sainte-Ligue catholique
« soudoyée par Philippe II », etc... Ces anachronismes de rhéteur
à bout de souffle irritèrent la majorité et valurent à Louis Blanc
un tel accueil qu'il descendit de la tribune et refusa d'y remonter,
malgré l'invitation de Buffet. C'était un geste familier à Jules
Favre, mais un peu démodé. Il en usait avec une suprême impertinence. Un jour qu'à la fin d'une longue séance la Chambre
des députés de l'Empire l'avait un peu houspillé, il retourna
brusquement à sa place, et, au Président qui le priait très courtoisement de reprendre son discours, il répondit de sa voix la
plus sèche : « La Chambre est fatiguée, qu'elle se repose ! »

L'interpellation eut le sort que son peu d'à-propos lui méritait.

Un ordre du jour de confiance, présenté, en faveur du gouvernement, par le général Changarnier, obtint 388 voix contre
263, et ce gros écart — gros dans la circonstance — étonna la
gauche elle-même. Elle avait rappelé, au cours du débat, que,
le jour de la grande bataille du 24 Mai, ses adversaires ne
l'avaient emporté qu'à une faible majorité de 14 voix. Les
autres ne manquèrent pas de lui crier : « Eh bien ! Et les 14 voix?
C'était bien sa faute. Elle avait manœuvré, comme une débu-
tante, sous le coup du dépit.

Il y eut beaucoup d'autres journées semblables. On s'y
disputa comme des cochers de fiacre, et, quand on en parlait
avec n'importe qui, le mot de pétaudière appliqué à l'Assemblée
nationale, même par ses membres, ne paraissait pas exagéré.
La plus innocente parole, la plus naturelle réplique était qualifiée d'injure. On se traitait réciproquement de radicaux et de
cléricaux, et l'on se prétendait insultés.

Le Sacré-Cœur de Montmartre les mit aux prises plus enragés

que jamais. Dans leur état d'esprit, il n'y avait pas de plus beau champ de bataille. Les uns y apportaient toutes les passions de la philosophie voltairienne et toutes les grossières plaisanteries qu'elle a suggérées aux Homais ; les autres, toutes les violences d'une Sainte-Ligue à la tête de laquelle étaient MM. Keller et Belcastel. Ces derniers donnaient ainsi barre sur eux à des adversaires peu scrupuleux sur le choix des armes. Des deux côtés sévissait le plus pur fanatisme. Le protestant Pressensé saisit le joint. Il accusa les auteurs de la proposition de mêler le spirituel au temporel devant une Assemblée exclusivement politique. Il insista tout particulièrement sur ce vocable : *Le Sacré-Cœur,* et là il se sentait fort lorsqu'il rappelait que cette dévotion au Sacré-Cœur de Jésus était relativement une nouveauté, contre laquelle protestait « le plus pur passé de l'Église catholique de France, depuis Gerson jusqu'à Pascal et Bossuet ». Michelet l'a depuis qualifiée d'amour mystique et de « culte sensuel ».

Vint ensuite le chicaneau normand, Bertauld, qui ergota en légiste sur des pointes d'aiguille et combattit le projet, ou du moins le libellé du projet, au nom de la loi. Batbie, alors ministre de l'instruction publique et des cultes, se défit de ce bourdonnant gêneur avec quelques pichenettes qu'on n'eût pas attendues de sa corpulence, et ne daigna même pas en user de même pour chasser cette grosse mouche de Bouchet (de Marseille) qui s'efforçait de le piquer à travers sa cuirasse.

L'Assemblée, à une majorité qui allait sans cesse grossissant. décida qu'elle discuterait les articles, et les séances suivante furent employées à de nouvelles disputes. Chaque jour, les spectateurs assistaient à une attaque générale d'épilepsie : les cris rauques, les traits convulsés, l'écume aux lèvres, les yeux fous ; rien n'y manquait. Depuis, dans les Chambres de la République, j'ai revu le même spectacle, aussi sauvage mais moins souvent renouvelé. Tous les prétextes leur étaient bons. La séance à peine ouverte, la crise commençait et ne se calmait, à de rares intervalles, que pour sévir encore plus violemment ensuite. La prorogation annoncée et surtout le droit de poursuites donné à la Commission de permanence contre les insulteurs de l'Assemblée déterminèrent chez quelques énergumènes un véritable accès de rage. A les entendre, on voulait juguler la presse ; la vérité est qu'ils craignaient pour eux-mêmes, s'étant déjà signalés dans cet exercice. Gambetta, prenant la chose à son compte, se déclara personnellement visé et reprocha à la majorité de prendre des précautions *ad hominem*, ce qui était un peu vrai.

Je trouve encore dans cette fin de session un débat très intéressant sur la loi militaire. M. Raudot, toujours partisan des économies, affirme qu'avant la guerre l'armée allemande sur le pied de paix était moins nombreuse que la nôtre. Depuis, la proportion entre les deux armées a tellement changé qu'on espère la rétablir vaille que vaille par une transformation complète de la loi de 1905 et par le retour au service de trois ans, pour toutes les armes.

La cession fut close le 29 juillet, malgré la gauche qui reprocha à l'Assemblée d'abandonner son poste. La majorité lui rappela que, sous la présidence de M. Thiers, les républicains manifestaient un goût beaucoup plus vif pour les vacances, et enfin on consentit à se séparer pour trois grands mois, jusqu'au 5 novembre.

Une lettre du duc d'Aumale avait un peu douché cette longue démence parlementaire. La voici :

Monsieur le Président, M. le ministre de la guerre m'a désigné pour la présidence du Conseil de guerre chargé de juger l'affaire de la capitulation de Metz. L'Assemblée nationale n'ayant pas décidé qu'il y avait incompatibilité entre le mandat de député et les fonctions qui viennent de m'être conférées, et M. le ministre de la guerre ayant passé outre aux observations que je lui avais adressées, il ne me reste qu'à exécuter l'ordre que j'ai reçu.

J'ai l'honneur de demander à l'Assemblée nationale de m'accorder un congé.

Agréez, monsieur le Président, l'assurance de mon respect.

Henri d'ORLÉANS, duc d'AUMALE,
Député de l'Oise.

Ainsi, le gouvernement s'était arrangé pour que ce fût un ordre ; mais je suis convaincu, étant donné le caractère du Prince, qu'il ne l'avait pas sollicité. Sa lettre produisit une sensation d'un caractère particulier. La majorité y répondit par le plus profond silence. La minorité en fut comme atterrée, médusée. On eût dit qu'elle devinait quel surcroît de prestige cette présidence apporterait au duc d'Aumale. Elle lui rendait véritablement son grade de général et son rôle de soldat. Henri d'Orléans redevenait le gouverneur de l'Algérie et l'officier qui, à vingt ans, avait pris la Smala d'Abd-el-Kader. L'histoire n'a pas oublié la manière dont il conduisit ce procès tragique où l'on débattit le sort d'un homme, accusé d'avoir trahi la France. Le mot que le Prince cloua au front d'un malheureux qui se défendait en prétextant qu'au moment de cette heure de déchirante capitulation, il n'y avait plus rien : « Monsieur le Maréchal, il y avait la France ! », ce mot s'est perpétué même dans la mémoire des Français qui n'étaient pas encore nés. Il leur dicte leur devoir.

Les républicains eurent peur de la confiance qu'on témoignait à un prince du sang, et que sa loyauté méritait. Je veux finir là-dessus.

FIN

TABLE DES MATIÈRES

LIVRE PREMIER
BORDEAUX

CHAPITRE PREMIER
LA SITUATION

CHAPITRE II
LES PREMIÈRES QUERELLES

LIVRE II
LA GUERRE CIVILE

CHAPITRE VI
LE 18 MARS

CHAPITRE VII
LA COMMUNE

CHAPITRE VIII
LES PARISIENS

CHAPITRE XVI

LA CONSTITUTION RIVET

CHAPITRE XVII

VERSAILLES CAPITALE PROVISOIRE

CHAPITRE XVIII

PREMIÈRES HOSTILITÉS

LIVRE III

CHAPITRE XIX
LA CARTE A PAYER

CHAPITRE XX
LES MATIÈRES PREMIÈRES

CHAPITRE XXI   ⋅
LE FOSSÉ SE CREUSE

CHAPITRE XXVI

LE BAGAGE

CHAPITRE XXVII

LES SUITES D'UNE ÉLECTION

LIVRE IV

CHAPITRE XXVIII

LE 24 MAI

CHAPITRE XXIX

LENDEMAIN DE VICTOIRE

CHAPITRE XXX

LES SUITES DU 24 MAI

PARIS

TYPOGRAPHIE PLON-NOURRIT et Cⁱ

Rue Garancière, 8

www.ingramcontent.com/pod-product-compliance
Lightning Source LLC
Chambersburg PA
CBHW050553270326
41926CB00012B/2039